Arbitragem e Conexão

Arbitragem e Conexão
PODERES PARA DECIDIR SOBRE QUESTÕES DE CONEXIDADE

2018

Paulo Macedo Garcia Neto

ARBITRAGEM E CONEXÃO
PODERES PARA DECIDIR SOBRE QUESTÕES DE CONEXIDADE
© Almedina, 2018
AUTOR: Paulo Macedo Garcia Neto
DIAGRAMAÇÃO: Almedina
DESIGN DE CAPA: Roberta Bassanetto
ISBN: 9788584933969

Dados Internacionais de Catalogação na Publicação (CIP)
(Câmara Brasileira do Livro, SP, Brasil)

Garcia Neto, Paulo Macedo
Arbitragem e conexão : poderes para decidir sobre questões de conexidade / Paulo Macedo Garcia Neto. -- São Paulo : Almedina, 2018.

Bibliografia.
ISBN 978-85-8493-396-9

1. Arbitragem (Direito) 2. Conexão de causas 3. Conexidade 4. Processo civil I. Título.

18-19606　　　　　　　　　　　　　　　　　　CDU-347.91/.95

Índices para catálogo sistemático:

1. Arbitragem e conexão : Processo civil 347.91/.95

Cibele Maria Dias - Bibliotecária - CRB-8/9427

Este livro segue as regras do novo Acordo Ortográfico da Língua Portuguesa (1990).

Todos os direitos reservados. Nenhuma parte deste livro, protegido por copyright, pode ser reproduzida, armazenada ou transmitida de alguma forma ou por algum meio, seja eletrônico ou mecânico, inclusive fotocópia, gravação ou qualquer sistema de armazenagem de informações, sem a permissão expressa e por escrito da editora.

Agosto, 2018

EDITORA: Almedina Brasil
Rua José Maria Lisboa, 860, Conj.131 e 132, Jardim Paulista | 01423-001 São Paulo | Brasil
editora@almedina.com.br
www.almedina.com.br

"Things are similar if they are indistinguishable when each is observed by itself".

Gottfried Wilhelm Leibniz (1646-1716).
Math Schriften, V, p. 180.

"[A] *semelhança jamais permanece estável em si mesma: só permanecerá fixa se remeter a outra similitude que, por sua vez, requer novas semelhanças, de modo que cada semelhança tem valor apenas em virtude da acumulação de todas as outras*".

Michel Foucault (1926-1984),
Les Mots et les choses, 1966, II, p. 3.

"[Busca-se] *a atitude de olhar além das primeiras coisas, dos princípios, das 'categorias', das supostas necessidades; e de procurar pelas últimas coisas, frutos, consequências, fatos (...). As teorias, assim, tornam-se instrumentos, e não respostas aos enigmas, sobre as quais podemos descansar*".

William James (1842-1910),
Pragmatismo e outros ensaios, p. 48.

Ao passado:

Ao meu avô, Paulo Macedo Garcia (*in memoriam*)

Ao meu pai,
Paulo Macedo Garcia Filho (*in memoriam*)

E ao futuro:

Ao meu filho,
Pedro Paulo Pullen Parente Garcia Macedo

A OBRA E A ARBITRAGEM NO BRASIL

O físico Thomas Kuhn afirma que o progresso científico somente é atingido pela substituição de um paradigma por outro, por meio da revolução científica, eliminando e substituindo muitos dos processos e das crenças de velhos paradigmas.

A citação se encaixa como uma luva para a arbitragem, pois a Lei de Arbitragem Brasileira – LA (Lei nº 9.307/96) rompeu paradigmas ao inovar na forma da prestação jurisdicional. Vivemos, há mais de 20 anos, uma revolução silenciosa, que pode ser delineada em três fases distintas, do nascer à maioridade da LA. A primeira foi a fase da catequese e difusão, a segunda, de desenvolvimento e, a terceira, de desafio.

No início, havia a necessidade de se divulgar o instituto (catequese), fundamentado em duas premissas: a primeira, comparativa para demonstrar o que mudou diante da lei anterior; a segunda, o que era novo e inédito. A fase seguinte experimentou a fantástica aderência ao instituto e a pungente manifestação da comunidade jurídica, que não mediu esforços para abraçar a ideia, desde os estudantes de direito, os advogados e, especialmente o Judiciário, que traçou o caminho da segurança jurídica para trilhar a arbitragem.

Em 2015 tivemos o texto da LA aprimorado, com a inserção de muito do que a jurisprudência havia fixado em termos de interpretação da LA, a previsão da prescrição, da carta arbitral, da estipulação expressa da arbitragem nos contratos com a Administração Pública etc. e a bem-vinda supressão do art. 25 (suspensão da arbitragem por questão prejudicial a ser examinada pelo Judiciário).

A terceira fase denominada de desafio representa o compromisso e a responsabilidade de manter este avanço, aprimorar o instituto da arbitragem e sua utilização, bem como responder à complexidade que as relações jurídicas têm experimentado em âmbito mundial.

Essa nova realidade é fruto do progresso da arbitragem e representa a necessidade de aperfeiçoamento do processo arbitral. Muitas legislações foram alteradas nos últimos anos, tal como relatado neste livro. Os regulamentos de arbitragens de instituições arbitrais introduziram soluções processuais possíveis para tratar de arbitragens complexas relacionadas e concomitantes. Exemplo interessante e importante dessa nova tendência foi a solução encontrada e constante do Regulamento de Arbitragem da CCI de 2012, no que concerne à inclusão de novas disposições referentes à integração de partes adicionais, a multiplicidade de contratos e os efeitos da convenção de arbitragem. Também a doutrina vem desenvolvendo teorias e a jurisprudência judicial e arbitral contribuindo para dar solução a esses novos desafios decorrentes da complexidade de conflitos originados de cadeias de contratos das mais diversas origens.

É neste contexto que se insere o livro de Paulo Macedo Garcia Neto, decorrente de tese de doutorado apresentada na Faculdade de Direito da Universidade de São Paulo, sob a orientação do Professor Carlos Alberto de Salles, denominada *Processos Arbitrais Relacionados: Poderes dos árbitros para decidir sobre questões de conexidade*.

Já se vê, pelo tema indicado, que a tarefa foi árdua. O ineditismo do tema está diretamente relacionado à sua complexidade. Neste livro o autor analisa a questão de forma multidisciplinar e comparada (processo civil, arbitragem e contratos) o que lhe permite perpassar por conceitos específicos do processo civil e da arbitragem.

Dessa forma de abordagem se extraem duas aferições interessantes. A primeira, é poder constatar como a nova geração de arbitralistas brasileiros na qual Paulo se insere, consegue caminhar com desenvoltura no direito processual sem contaminar a arbitragem, vale dizer, sabe diferenciar perfeitamente o que pode ser transladado para a arbitragem e o que não encontra paralelo nela. Segundo, foi poder verificar que, ao tratar de tema específico sobre a multiplicidade de arbitragens complexas relacionais e a problemática, conveniência e possibilidade em efetuar a consolidação dos processos, o autor aborda sobre importantes princípios e conceitos da arbitragem, permitindo que o leitor deste livro se inteire de parcela considerável do sistema arbitral (o princípio do consentimento à arbitragem; convenção de arbitragem; cláusula arbitral cheia, vazia, patológica; indicação de árbitros; o papel do árbitro; a sentença arbitral etc.), bem como da legislação comparada atualizada sobre o tema.

Assim o autor entra no tema por diversas portas, atravessa um labirinto e encontra a saída, permitindo aos que se dedicarem à sua leitura uma viagem longa, mas verdadeiramente enriquecedora e proveitosa.

Note-se que este livro tem um viés pratico importante: estuda a dinâmica dos processos arbitrais paralelos no contexto estratégico dos árbitros, advogados e das partes envolvidas. Com isso, de modo pragmático, avalia que a economia processual, evitar e mitigar riscos de decisões contraditórias e inconsistentes proferidas por tribunais arbitrais díspares constituem motivos importantes para se propor a consolidação de processos arbitrais.

Um ponto interessante é introduzido pelo autor neste livro. Refere-se à discussão quanto à possibilidade de utilização do art. 7º da LA – que tem por objetivo dar tratamento à anomalia das cláusulas arbitrais patológicas (vazias ou em branco), em que um juiz pode suprir as lacunas da cláusula arbitral deficiente no sentido de instituir a arbitragem –, para estender sua utilização às arbitragens ad hoc, quando as partes discordam sobre a consolidação de processos arbitrais paralelos e se encontrar, portanto, diante de uma anomalia. Paulo reconhece que a proposta é ousada, mas por estar devidamente justificada, ao nosso ver, é plausível à luz da interpretação construtiva, sistemática e teleológica. Este proceder se encontra assentado pelo STJ, que na relatoria do saudoso Ministro Sálvio de Figueiredo Teixeira esclareceu que *"na interpretação das normas processuais o julgador não deve pautar-se por exegese literal e isolada. Em vez disso, partindo do texto da norma, deve orientar-se por uma interpretação não só construtiva, mas também sistemática e teleológica, como magistralmente ensina Alípio Silveira, na esteira dos melhores doutrinadores, entre os quais Recasens Siches, François Geny e Carlos Maximiliano"* (REsp. nº 503.073-MG).

Este livro de Paulo Macedo Garcia Neto, pela rica bibliografia utilizada, pela clareza de seu pensamento e redação escorreita, já se revela obra de consulta obrigatória para o estudo teórico e prático da questão referente a arbitragens complexas e relacionais e a possibilidade de consolidação de processos.

Por fim, uma menção especial à trajetória profissional de Paulo Macedo. Recordo-me que quando era estudante de direito auxiliou-me nas pesquisas históricas para a elaboração de tese de doutorado sobre arbitragem na Administração Pública. Tínhamos a sensação de que encontraríamos contratos com cláusulas compromissórias em arquivos de museus. Paulo Macedo aceitou o difícil desafio e efetuou pesquisas nos arquivos do Museu da Estrada de Ferro Santos-Jundiaí. Metaforicamente, encontrou joias da coroa imperial (cláusulas compromissórias) que dormitavam nos contratos centenários, empoeirados e bolorentos firmados pelo Império e suas províncias. Auxiliou-me a recuperar a memória e a história da arbitragem na Administração Pública brasileira e se encontram, referidos contratos, citados no meu livro.

Foi com essa perseverança, dedicação e inteligência que Paulo Macedo desenvolveu sua trajetória profissional e intelectual, como se constata pela qualidade deste livro. Oportuno, assim, lembrar os versos do poeta espanhol Antonio Machado: *"Caminhante não há caminho. Caminho se faz ao andar".*

São Paulo, agosto de 2018.

SELMA MARIA FERREIRA LEMES
Advogada e professora, integrou a Comissão Relatora da Lei de Arbitragem

APRESENTAÇÃO

Honrou-nos o Dr. Paulo Macedo Garcia Neto com o convite para que fizéssemos a apresentação de sua obra "Arbitragem e Conexão: Poderes para decidir sobre questões de conexidade", sua tese de doutoramento na Universidade de São Paulo, agora editada. Prefaciar um livro implica grande honra ao escolhido pelo autor para fazer a apresentação de sua obra. A missão atribuída ao prefaciador consiste na apresentação do livro ao leitor, tecendo os primeiros comentários sobre o trabalho intelectual realizado, indicando pontos relevantes e instigantes, com o escopo de ressaltar os pontos de destaque formulados pelo autor. Como já ultrapassamos quatro décadas de magistério e de magistratura, muitas vezes tive a honraria de prefaciar livros, notadamente de meus orientandos na academia de direito. Este prefácio, porém, para nós, em termos pessoais, tem uma conotação diversa, na medida em que atinge a esfera dos sentimentos e dos laços de família, circunstâncias que, por honestidade intelectual e ética, não podemos deixar de dar conhecimento aos leitores.

Meu primeiro posto na magistratura paulista foi a Comarca de São José do Rio Preto, quando assumi o cargo de juiz de direito substituto em 1976. Por longos anos exerci a judicatura na referida circunscrição, culminando com a titularidade da 1ª Vara Cível daquela Comarca, cumulada com a jurisdição eleitoral, mercê do que me relacionei com pessoas de todas as áreas e estratos sociais: na seara jurídica, médica, industrial, empresarial, agropecuária, educacional e da engenharia, notadamente na participação da atuação social do Poder Judiciário.

Conhecemos pessoas da mais alta respeitabilidade ética, moral, profissional e social. Entre tais pessoas, conhecemos o Dr. Paulo Macedo Garcia, médico ilustre, que, por mais de 50 anos, exerceu a medicina em toda a região, construtor e administrador de hospitais, chefe de família exemplar, agropecuarista, professor, com intensa dedicação às obras sociais. Da mesma forma, ocorreu com seu filho, Dr. Paulo Macedo Garcia Filho, advogado, agricultor e pecuarista. O respeito, a admiração e a amizade floresceram e frutificaram. Hoje, ambos, são saudades. Por tais motivos, acompanhamos a vida de Paulo Macedo Garcia Neto desde sua infância. Sua mãe, Dra. Emilia Mattos Garcia, amiga de Maria Amélia Junqueira de Andrade Pereira Calças. Nosso filho Thomaz Junqueira Pereira e o Dr. Paulo Macedo Garcia Neto cresceram juntos. Depois de estudarem em Rio Preto, vieram juntos para São Paulo. Aqui, foram colegas de turma no Colégio Bandeirantes e na velha e sempre nova Academia do Largo de São Francisco, onde se graduaram e pós-graduaram. A antiga e sólida amizade cada vez mais se consolida: agora, Pedro Paulo, a convite de Maria e Paulo Neto, é afilhado do Thomaz.

Vamos à apresentação do trabalho.

A obra intitulada "Arbitragem e Conexão: Poderes para decidir sobre questões de conexidade" constituiu-se na tese apresentada na Universidade de São Paulo, sob a orientação do Prof. Carlos Alberto de Salles, com o escopo de obtenção do título de Doutor em Direito na área de concentração de Direito Processual.

O trabalho é o resultado de longa e exaustiva pesquisa realizada na Faculdade de Direito da Universidade de São Paulo, na *Columbia Law School* da *Columbia University* (NY) e na *International Court of Arbitration da International Chamber of Commerce* (CCI), onde o autor hauriu o conhecimento teórico e o amalgamou à intensa prática da advocacia na área internacional e arbitragem.

O estudo versa sobre a conexão dos processos arbitrais quanto ao posicionamento sobre a consolidação das demandas arbitrais e sua aplicação instrumental para manter a consistência/coerência entre as decisões. Reconhecida a conexão como um fato jurídico-processual e formalizada sua qualificação pelo sistema, sustenta o autor a imprescindibilidade de se gerenciar a realidade fático-jurídica com o objetivo de: (1) reduzir o tempo para solução de disputas, (2) diminuir os custos

APRESENTAÇÃO

para a solução das disputas e (3) evitar a produção de soluções contraditórias ou conflitantes entre si, na busca da consistência. O fim maior da disciplina da conexão consiste na tutela da coerência para a credibilidade do sistema adjudicatório, o que só será atingido se houver a previsibilidade exigida no ambiente econômico. Em suma, impõe-se que o sistema consiga operar com potencial para transmitir a percepção social de que as questões fático-jurídicas semelhantes ou que ostentem pontos comuns sejam decididas de forma similar. Anota o autor que a fonte de legitimidade dos árbitros fundamenta-se no contrato firmado entre as partes e disso resulta seu poder jurisdicional. Em razão disso, é dever dos árbitros decidir de modo a impedir que haja inconsistência, incoerência ou contradição entre as decisões, evitando, desta forma, a percepção de injustiça pelas partes. Com esta visão o autor destaca a importância da mensuração dos fatores que deverão ser considerados pelos árbitros para ordenar a consolidação de processos arbitrais relacionados, o que determinará para as partes a análise sobre o acerto ou erro do julgamento consolidado.

Outro ponto importante estudado pela tese diz respeito a quem tem o poder-dever para determinar a consolidação de demandas arbitrais conexas. Sob a ótica do princípio da competência-competência, indica o autor que a primeira conclusão seria a de que as partes, ao convencionarem a arbitragem como mecanismo de solução de disputas, em rigor, pretenderiam afastar a intervenção judicial na definição do litígio. Malgrado tal assertiva, uma outra questão se apresenta: quem poderá ou deverá decidir sobre os efeitos da conexão diante da impossibilidade de se constituir o tribunal arbitral. Dentre os órgãos atuantes que poderiam exercer este poder teríamos: 1) a instituição arbitral eleita pelas partes; 2) a "appointing authority" definida no regulamento escolhido pelas partes; e 3) o juiz togado estatal. Com galhardia e pioneirismo, o autor sustenta que o artigo 7º da Lei de Arbitragem brasileira admite que o juiz togado poderá julgar a questão da consolidação, desde que: 1) haja resistência de uma das partes à consolidação; 2) a cláusula compromissória seja vazia ou patológica no sentido mais amplo desses adjetivos; e que 3) inexista inequívoca indicação convencional de instituição arbitral para decidir sobre questões processuais. Ademais, segundo sustenta o autor, para que o juiz estatal possa decidir sobre a consolidação de demandas arbitrais conexas deverão ser observados os seguintes requisitos: 1) utilidade (economia e grave risco de inconsistência) dessa consolidação à arbitragem; e, 2) existência de elementos mínimos de identificação do consentimento (ainda que implícito) das partes (critérios para a consolidação). Podemos afirmar que o autor, ao interpretar o art. 7º da Lei de Arbitragem brasileira, propõe a limitação das hipóteses de intervenção do Estado-Juiz na seara da arbitragem.

Destacados os pontos que reputamos mais relevantes na tese aprovada por unanimidade pela banca examinadora, que outorgou o título de Doutor em direito ao advogado Paulo Macedo Garcia Neto, cumpre-nos reconhecer que haveria muito mais a ser dito sobre o livro, que, com certeza, ao inovar e propor soluções para complexos problemas, inçados de dúvidas e perplexidades, muito contribuirá para os acadêmicos, advogados, magistrados, árbitros e professores que têm a arbitragem como tema importante para suas inquietações, reflexões e estudos. O trabalho, além de ensinar, provocará e instigará a inteligência de toda a comunidade jurídica que se dedica aos estudos da arbitragem.

Temos, portanto, justo orgulho e satisfação de recomendar e aplaudir este livro, agradecendo a honra que seu autor nos concedeu.

São Paulo, inverno de 2018.

MANOEL DE QUEIROZ PEREIRA CALÇAS
Presidente do Tribunal de Justiça do Estado de São Paulo
Professor Doutor de Direito Comercial das Arcadas de São Francisco (USP) e da Pontifícia Universidade Católica de São Paulo

PREFÁCIO

Conheci o autor, *Paulo Macedo Garcia Neto*, na condição de examinador na banca de seu Trabalho de Conclusão de Curso, à época pomposamente designado, na USP, por *Tese de Láurea*. O trabalho submetido a exame era erudito e ambicioso. Aliás, conhecendo bem o rigor de seu orientador, o Prof. José Reinaldo de Lima Lopes, um de nossos maiores pesquisadores em história do direito, eu poderia dizer que o trabalho era verdadeiramente audacioso. *Paulo* escreveu sobre o Supremo Tribunal de Justiça no Império, instituição que mais tarde iria se transformar no atual Supremo Tribunal Federal – STF.

No mestrado, *Paulo* foi meu aluno, mas continuou bandeado para os lados da História do Direito. Acabou escrevendo sua dissertação sobre *A Influência do Realismo Jurídico Norte-americano no Direito Constitucional Brasileiro*. Sem dúvida, um tema importantíssimo, mas eu brincava que ele precisava se voltar para coisas mais concretas, o processo civil, por exemplo...

Depois de um tempo como assistente jurídico no TJSP, no STJ e no STF, *Paulo* acabou indo fazer um LLM na Universidade de Columbia, nos Estados Unidos. Lá, muito pioneiramente, preocupou-se com o regime de precedentes norte-americano e com aquilo que se avizinhava em relação alguns julgados do nosso STF. Muito importantemente, sua estadia em Nova Iorque, o fez descobrir a arbitragem e suas grandes possibilidades jurídicas e profissionais.

Quando ele voltou dos Estados Unidos, encontrou-me, também, com grande foco na arbitragem, em pleno processo de apresentação de minha livre docência sobre *Arbitragem em Contratos Administrativos*. Para felicidade minha e de meu projeto de sempre disputar as melhores cabeças de nossa instituição de ensino, desta vez a História do Direito não falou mais alto e o Paulo resolveu "tratar de coisas mais concretas" e veio fazer doutorado comigo, em arbitragem, claro!

Aliás, por falar em coisas concretas, este trabalho, ora levado ao leitor, tem mesmo uma dose bastante grande de concreção.

Não poderia ser diferente mesmo, afinal, à época, o autor já estava de vento em popa em consistente carreira jurídica na advocacia de arbitragem e conhecia muito bem seus embates e dilemas jurídicos. De minha parte, como um estudioso e observador da arbitragem a partir da academia, essa sinergia não poderia ser mais oportuna. Afinal, com a arbitragem a mil no mercado jurídico, o papel a ser cumprido pela universidade tem mesmo de ser aquele de responder a problemas específicos, de buscar respostas que possam fazer avançar prática profissional.

Assim surgiu este livro, como uma tese de doutorado, exaustiva e brilhantemente desenvolvida para tratar de uma questão bastante específica e controvertida de nossas práticas arbitrais. No processo judicial, o tema tratado, de relação entre demandas, já não é fácil, envolvendo a matéria de conexão e continência entre causas, mas transbordando para questões como litispendência, coisa julgada e intervenção de terceiros. De todo modo, as questões dessa ordem estão submetidas ao comando único do Judiciário, que atua, bem ou mal, com um sistema de depuração e uniformização das decisões judiciais.

Agora, como fazer quando esse tipo de questão surge na arbitragem? Como conciliar uma série, a princípio, ilimitada de juízos arbitrais, dispersos e independentes, decidindo sobre matérias que podem estar relacionadas entre si? Essa me parece ser a principal questão que esta obra tenta responder. Foca para tanto nos poderes do árbitro para promover eventual *consolidação* de processos arbitrais que possuam algum vínculo de conexidade.

Ao leitor interessado em arbitragem, seja para solução de problemas concretos de sua prática profissional, seja por interesse acadêmico ou de aprimoramento profissional, este livro tem muito a acrescentar. Resta, portanto, parabenizar o autor e a editora por esta oportuna publicação.

São Paulo, julho de 2018

Carlos Alberto de Salles
Professor Associado do Departamento de Direito Processual da USP.
Desembargador do TJSP.

AGRADECIMENTOS

A tese de doutorado, ora publicada em forma de livro, é mais um dentre muitos longos passos na vida acadêmica. Desse modo, aproveito esse momento para agradecer a todas as pessoas que fizeram parte desse importante e difícil passo. Foram muitos aqueles que me ajudaram. A todos eles agradeço de forma sincera. Lembrarei aqui de alguns nomes, certo de que me esquecerei de muitos outros.

Agradeço ao meu orientador Carlos Alberto de Salles, que me apresentou já há quinze anos a uma nova forma de olhar para as instituições do direito e para o processo civil. Agradeço aos professores Carlos Alberto Carmona, Giovanni Nanni, Rodrigo Broglia Mendes e Rodolfo Amadeo pelos significativos comentários, críticas e sugestões que fizeram durante a banca avaliadora deste trabalho. Faço um agradecimento especial ao amigo e tutor acadêmico José Reinaldo de Lima Lopes, a quem agradeço pelo cultivo do que era apenas um olhar curioso sobre a história e o direito.

Agradeço aos sócios e amigos do escritório L.O. Baptista e, em especial, à Adriana Braghetta, ao Fernando Marcondes, ao Maurício Almeida Prado, ao Rafael Francisco Alves e à Silvia Miranda pelo intenso debate e aprendizado diário sobre a arbitragem. A todos eles agradeço por terem me confiado suas bibliotecas. Neste quesito, não há como não fazer um agradecimento especial ao Rafael, com quem dividi tantas trincheiras nas já três décadas de amizade. Agradeço ainda à Amanda Federico e ao Thiago Martins, meus braços direito e esquerdo na luta diária da advocacia. Estar ao lado desse time de advogados me faz crer na *Luta pelo Direito* todos os dias. Luta esta iniciada pelo Professor Luiz Olavo, cuja história de vida se confunde com a própria história da advocacia internacional no Brasil. Agradeço aos meus clientes, que me dão a oportunidade de representá-los em disputas que, tantas vezes, definem o futuro de suas vidas. Quantas não foram as lições e as reflexões tiradas de seus casos e aproveitadas nesta tese, tendo o mesmo ocorrido em sentido inverso: prova da necessária retroalimentação entre teoria e prática do direito.

Aos meus queridos amigos que me acompanham há uma longa jornada, dividindo os mesmos sonhos, desafios e seguindo tantas vezes pela via menos percorrida (como Robert Frost, em *Montain Interval*, "took the one less traveled by"), com sempre generosos incentivos e sempre sinceras críticas. Agradeço especialmente pelas últimas: Thomaz Pereira, Rafael Alves, Felipe de Paula, André Abbud, Igor Bedone, Regis Dudena, Guilherme Paiva, Daniel Arbix, Gustavo Bambini, Davi Tangerino, Leandro Galluzi, Octávio Orzari e Rui Murrieta. Agradeço ainda aos professores Cristiano Zanetti e Ricardo Aprigliano, que, muito generosamente, discutiram comigo diversos temas abordados nesta tese. Agradeço à professora Selma Lemes por confiar em meus primeiros passos acadêmicos no caminho da arbitragem. Agradeço ao Pedro Maciel pelos primeiros passos práticos neste mesmo caminho. Agradeço ao João Bosco Lee, que muito generosamente me indicou bibliografia de extrema relevância para esta tese. O mesmo se aplica aos amigos Gisela Mation, Diego Faleck, Thiago Marinho Nunes, Arthur Parente, André Monteiro, Daniel Levy, Guilherme Barros, Mateus Carreteiro, Marco Lorencini, Bruno Panarella, Giovanni Bonato, Ana Clara Viola, Carlos Elias, Nathalia Mazzoneto, Flávia Mange, Gustavo Scheffer, Mariana Cattel, Isabel Cantidiano e Susana Henriques da Costa. Agradeço também ao Damien Schoenstein, bibliotecário da CCI em Paris, que me auxiliou na busca por minhas fontes de pesquisa. Agradeço aos professores Alejandro Garro e Robert Smit, que me ajudaram a ter uma compreensão transnacional sobre a arbitragem. Agradeço ao Largo de São Francisco, Arcadas queridas. Agradeço à *Columbia Law School*, onde aprofundei o interesse por uma perspectiva global do direito. Agradeço à Escola de Direito da FGV, de cujo projeto inicial tenho orgulho de ter participado. Agradeço à FAPESP que financiou, 15 anos atrás, minha pesquisa de iniciação científica. Agradeço aos meus alunos. Agradeço ao Desembargador Luiz

Antonio de Godoy, ao Ministro Massami Uyeda e ao Ministro Ricardo Lewandowski. Nos gabinetes desses três Juízes aprendi o direito para além dos livros e das salas de aula.

Agradeço ainda aos queridos Manoel Pereira Calças e Maria Amélia, sempre tão generosos. Agradeço ao Pedro Pullen Parente, professor de vida. Agradeço à minha irmã, Marília, e aos meus pais, Emília e Paulo (*in memoriam*), tantas vezes trocados pelo trabalho, mas sempre presentes nos momentos mais difíceis. Por fim, agradeço àquela que mudou minha vida para sempre: minha esposa, Maria Elisa, *Marie*, muito obrigado por definitivamente me fazer uma pessoa melhor. A ela, devo o brilho dos meus olhos e o sorriso no meu rosto.

ABREVIAÇÕES

AAA	American Arbitration Association
ICDR/AAA	International Centre for Dispute Resolution of AAA
CCI ou ICC	International Chamber of Commerce
Corte da CCI	International Court of Arbitration of ICC
Regulamento CCI 1998	Regulamento da CCI de 1998
Regulamento CCI 2012	Regulamento da CCI de 2012
Regulamento CCI 2017	Regulamento da CCI de 2017
CAM-CCBC	Centro de Arbitragem de Mediação da Câmara de Comércio Brasil-Canadá
Regulamento CAM-CCBC 2012	Regulamento do CAM-CCBC de 2012
CPC/1973	Código de Processo Civil publicado em 17 de janeiro de 1973
CPC/2015	Código de Processo Civil publicado em 17 de março de 2015
DAC	Advisory Committee on Arbitration Law
AAC 1996	Lei de Arbitragem inglesa de 1996 ou *Arbitration Act 1996*
CIETAC	China International Economic and Trade Arbitration Commission
CNY	Convenção de Nova Iorque
IBA	International Bar Association
ILA	International Law Association

LCIA	London Court of International Arbitration
Regulamento da LCIA	Regulamento da LCIA
LL.M.	Master of Laws (Latim Legum Magister)
Câmara de Arbitragem do Mercado	CAM
Regulamento da CAM	Regulamento CAM
UNCITRAL	United Nations Commission on International Trade
Regras UNCITRAL	Regras de arbitragem da UNCITRAL (versão de 2010)
Lei Modelo da UNCITRAL (1985)	UNCITRAL Model Law on International Commercial Arbitration (1985)
Lei Modelo da UNCITRAL (2002)	UNCITRAL Model Law on International Commercial Arbitration (2002)
TJ	Tribunal de Justiça
STF	Supremo Tribunal Federal
STJ	Superior Tribunal de Justiça

SUMÁRIO

INTRODUÇÃO	31
1. Objeto e Finalidades	36
2. Hipóteses de Trabalho	49
3. Metodologia	50
4. Estrutura da tese	53
5. Estado da Arte e Contribuição Original da tese	55
PRIMEIRA PARTE	59
CAPÍTULO 1. O QUE É A CONEXÃO E O QUE É A CONSOLIDAÇÃO DE PROCESSOS ARBITRAIS CONEXOS?	61
1.1. A Conexão e Seus Efeitos – a Consolidação	61
1.1.1. Definição de reunião/consolidação de processos arbitrais	64
1.2. Diferença entre Cumulação Original e Cumulação Sucessiva – Consolidação de Arbitragens Conexas como Cumulação de Demandas Sucessivas Derivadas e Decorrentes de Múltiplos Contratos	66
1.2.1. Separação de demandas originalmente cumuladas	67
1.2.2. Momento da instituição da arbitragem e consolidação de demandas	68
1.3. Conexão e identificação da demanda	70
1.3.1. Os Elementos de Identificação da Demanda	70
1.3.2. Análise do objeto litigioso	75
1.4. Modalidades de Conexão	77
1.4.1. Reconvenção e conexidade	77
1.4.2. Conexão por Dependência e Fato Superveniente	79

1.4.3. A Relação de Prejudicialidade Como Modalidade de
Conexão 81
1.5. Conexão e Continência 84
1.6. Litispendência vs. Conexão 85
1.7. O Enquadramento da Consolidação de Demandas Arbitrais
Conexas na Teoria Processual 89

CAPÍTULO 2. POR QUE CONSOLIDAR PROCESSOS ARBITRAIS
CONEXOS? FINALIDADE, VANTAGENS E DESVANTAGENS 93
2.1. Especificidades da Arbitragem em Relação ao Judiciário 95
2.2. Risco de Decisões Contraditórias ou Conflitantes 99
2.3. Eficiência e Arbitragem 103
    2.3.1. A Consolidação de Demandas Arbitrais Não Pode Ser Vista
Como a Panaceia Para a Eficiência 104
2.4. Fatores Tempo e Custo 106
2.5. Complexificação Do Processo Arbitral Consolidado 110
    2.5.1. Dificuldades geradas pela complexificação 110
    2.5.2. *Big Picture* do problema como ganho decorrente da
complexificação 111
2.6. A Confidencialidade e a Consolidação de Demandas Arbitrais 112
2.7. O Direito das Partes de Escolher os Árbitros e a Consolidação
de Processos Arbitrais 114

CAPÍTULO 3. CONSENTIMENTO DAS PARTES COMO FONTE
DE LEGITIMAÇÃO PARA DECIDIR NA ARBITRAGEM
– PRIMEIRO CRITÉRIO 119
3.1. A Convenção Arbitral é o Resultado da Negociação Entre as Partes 123
    3.1.1. Negociações de cláusulas compromissórias em contratos
internacionais complexos 129
    3.1.2. Como superar as diferenças entre as cláusulas
compromissórias em processos arbitrais que precisam
ser consolidados? 134
3.2. Como interpretar o Consentimento das Partes para a
Consolidação? 135
3.3. Há Diferentes Gradações de Consentimento? 139
    3.3.1. Inaplicação Do Princípio *Favor Arbitrandum* Como
Favor Simultaneous Processus 142
3.4. Poderes dos Árbitros e Consentimento das Partes – Poderes
Inerentes d Implícitos 144

3.4.1. Consentimento Implícito Para a Consolidação de
Demandas Arbitrais Relacionadas ... 145
3.4.2. Circunstâncias Para o Reconhecimento do Consentimento
Implícito para a Consolidação de Processos Arbitrais
Conexos ... 147
3.4.3. Inexistência de Poderes Inerentes dos Árbitros Para Buscar
Medidas Eficientes ... 152
3.5. Poderes dos Árbitros vs. Autorização das Partes ... 154

CAPÍTULO 4. DEMAIS CRITÉRIOS PARA QUE SEJA
DETERMINADA A CONSOLIDAÇÃO DE PROCESSOS ARBITRAIS
RELACIONADOS ... 163
4.1. O Risco de Julgamentos Contraditórios Como Critério Para
Se Determinar a Consolidação – Utilidade da Consolidação ... 171
4.1.1. Pode Haver Consolidação de Processos Sem Que Exista
Conexão? ... 172
4.2. Momento processual para a consolidação de processos arbitrais ... 173
4.2.1. Impossibilidade de Conexão Após Julgamento ... 173
4.2.2. Momento Processual ... 174
4.3. Conveniência da Consolidação Como Critério Para Sua
Determinação ... 178
4.4. Conexão Probatória Como Critério Para Consolidação de
Demandas Arbitrais ... 179
4.5. Critérios Gerais vs. Critérios Específicos Para Consolidação
de Demandas Arbitrais Multipartes-Multicontratuais ... 180

CAPÍTULO 5. ARBITRAGENS MULTIPARTES E ARBITRAGENS
MULTICONTRATUAIS ... 181
5.1. As Partes Precisam Ser as Mesmas? Arbitragens Multipartes ... 183
5.1.1. Analogia com a Integração de Terceiro (*Joinder*) ... 186
5.2. Arbitragens Multicontratuais ... 194
5.2.1. Contratos Coligados E Contratos Conexos ... 195
5.3. Compatibilidade Entre as Convenções Arbitrais ... 197

SEGUNDA PARTE ... 207

CAPÍTULO 6. AUTORIDADE E COMPETÊNCIA PARA DECIDIR
SOBRE QUESTÕES DE CONEXIDADE – UMA PERSPECTIVA
DE DIREITO COMPARADO ... 209

6.1. Competência Para Decidir Sobre a Cumulação Originária de Demandas Arbitrais Conexas – Separação de Demandas Arbitrais Conexas ... 209
6.2. Competência-Competência e a Consolidação de Processos Arbitrais Conexos ... 212
6.3. A Consolidação de Processos Relacionados Por Instituições Arbitrais ... 216
   6.3.1. CCI ... 217
   6.3.2. Regras de Arbitragem Internacional da Câmara de Comércio da Suíça ... 223
   6.3.3. Regulamento CEPANI ... 225
   6.3.4. ICDR e a Figura do "Árbitro Consolidador" ... 229
   6.3.5. LCIA ... 232
   6.3.6. Outras Instituições Arbitrais Estrangeiras ... 233
   6.3.7. Regras da UNCITRAL ... 234
6.4. Consolidação de Processos Arbitrais Pelo Judiciário – Uma Perspectiva Comparada ... 234
   6.4.1. O Modelo Americano de Consolidação Judicial de Processos Arbitrais Conexos – da Intervenção ao Empoderamento dos Árbitros ... 238
   6.4.2. A Consolidação/Reunião Pela Via Judicial Prevista na Legislação da Holanda ... 245
   6.4.3. Inglaterra e Commonwealth – do consentimento estrito inglês à tendência pró-consolidação australiana ... 249
      Austrália ... 252
   6.4.4. A Contenção do Papel do Judiciário na Consolidação de Processos Arbitrais na França e Itália – a Solução Aparente ... 253
      França ... 253
      Itália ... 258

CAPÍTULO 7. O DIREITO BRASILEIRO E A CONSOLIDAÇÃO DE DEMANDAS ARBITRAIS RELACIONADAS ... 261
7.1. As Instituições Arbitrais Brasileiras e a Consolidação de Processos arbitrais relacionados ... 261
7.2. O Caso Brasileiro E O Art. 7º Da Lei De Arbitragem Brasileira ... 265
7.3. Convenções Arbitrais Divergentes ... 277
   7.3.1. Atribuir a decisão ao Tribunal Arbitral ... 278
   7.3.2. Conflito Positivo de Competência entre Instituições Arbitrais ... 279

7.3.3. Conflito Positivo de Competência entre Árbitros e Juízes 285
7.3.4. Conveniências e inconveniências da solução do art. 7º a demandas arbitrais conexas administradas por instituições distintas 288
7.4. O Precedente Brasileiro de Consolidação de Processos arbitrais relacionados por Decisão Judicial – O Caso Usina Hidrelétrica Corumbá III 289
7.5. Requisitos Para a Atuação Judicial em Demandas Arbitrais Conexas e Critérios Para Essa Consolidação *Prima Facie* 293

CAPÍTULO 8. TÉCNICAS DE CONSOLIDAÇÃO DE DEMANDAS ARBITRAIS CONEXAS 297

8.1. Consolidação em simultaneus processus 297
    8.1.1. Formação do Tribunal Arbitral 298
    8.1.2. Consequências da consolidação judicial fundada no art. 7º 299
    8.1.3. Julgamento *Ex Officio* e Princípio Dispositivo 299
    8.1.4. Necessidade de Se Ouvir as Partes – Necessidade de Informar e Possibilidade de Reagir das Partes 301
8.2. Nomeação dos Mesmos Árbitros Para Arbitragens Paralelas Conexas – Consolidação *Ex Facto* 303
8.3. Produção Conjunta de Provas entre Processos Arbitrais Relacionados e Conexos – A Solução Alternativa Inglesa 309
    8.3.1. A Produção Conjunta e Simultânea de Provas em Processos Arbitrais Relacionados – Conexão Probatória 309
8.4. Separação De Demandas Arbitrais 320

CONCLUSÃO 323

REFERÊNCIAS 329

ÍNDICE 357

Introdução

The Road Not Taken
Two roads diverged in a yellow wood,
And sorry I could not travel both
And be one traveler, long I stood
And looked down one as far as I could
To where it bent in the undergrowth;

Then took the other, as just as fair,
And having perhaps the better claim,
Because it was grassy and wanted wear;
Though as for that the passing there
Had worn them really about the same,

And both that morning equally lay
In leaves no step had trodden black.
Oh, I kept the first for another day!
Yet knowing how way leads on to way,
I doubted if I should ever come back.

I shall be telling this with a sigh
Somewhere ages and ages hence:
Two roads diverged in a wood, and I–
I took the one less traveled by,
And that has made all the difference.

Robert Frost (1874-1963).
Mountain Interval. 1920.

Ao escrever este livro em meu escritório quase não percebo que a energia elétrica da luz que ilumina minhas anotações e livros e que mantém em funcionamento meu computador é o resultado da produção de uma distante hidrelétrica[1] na região amazônica. Quantas redes contratuais não haveria por trás da gigantesca obra de infraestrutura que culminou na construção da distante hidrelétrica? No mínimo, haveria um contrato entre o dono da obra (possivelmente, uma concessionária pública) e a construtora, bem como outro(s) contrato(s) entre essa construtora e seus fornecedores. Isso para não falar dos contratos de financiamento, seguro e resseguro celebrados muitas vezes com empresas de outros países.

Como advogado dedicado à prática contenciosa não deixo de pensar nas disputas decorrentes desses contratos entre todos os múltiplos atores que, ao fim e ao cabo, são os responsáveis pela luz fosca de meu escritório. Muito provavelmente, tendo em vista a complexidade desses contratos e das relações envolvidas, as partes estipularam contratualmente que todas e quaisquer disputas decorrentes ou a eles relacionadas seriam solucionadas por arbitragem: atrasos, pedidos de alteração de preço e/ou prazo, falhas de desempenho (*performance*), e/ou baixa qualidade dos equipamentos, ou seja, questões diversas que podem opor entre si o dono da obra, a construtora, os fornecedores, os investidores e as seguradoras, entre outros atores relevantes.

Eis o problema a ser enfrentado pela tese proposta: o que fazer diante de todas essas disputas arbitrais paralelas e relacionadas? Como diz o conhecido poema de Robert Frost, o que fazer quando "*two roads diverge in a wood*"?

O fenômeno conhecido como *relacionados*[2] abrange a coexistência de (i) múltiplas disputas judiciais em diferentes tribunais; (ii) múltiplas

---

[1] FLÓREZ, Ramiro Ortiz. *Pequenas Centrais Hidrelétricas*. Trad. Sandra Martha Dolinsky. São Paulo: Oficina de Textos, 2014, pp. 18-19.

[2] Em relação ao tema dos processos paralelos, conf. AYMONE, Priscila Knoll. **A problemática dos procedimentos paralelos**: os princípios da litispendência e da coisa julgada em arbitragem internacional. 2011. Tese (Doutorado orientada pelo Professor Luiz Olavo Baptista em Direito Internacional) – Faculdade de Direito, Universidade de São Paulo, 2011. O fenômeno dos processos paralelos é intercambiável com a perspectiva processual sobre as *relações entre demandas*. De acordo com o Dinamarco: "Constitui fenômeno muito comum na vida das pessoas em sociedade a existência de relações jurídicas que se entrelaçam e se inter-relacionam ou interagem, apresentando elementos comuns capazes de gerar alguma

arbitragens; ou (iii) arbitragens e disputas judiciais. O recorte metodológico desta obra será o estudo sobre os processos paralelos no âmbito da arbitragem[3] e, portanto, limitar-se-á ao estudo da última modalidade de processos paralelos: os processos arbitrais paralelos.[4]

O tema dos processos relacionados, por sua vez, insere-se na discussão sobre as relações[5] entre demandas[6], bastante comum à teoria

---

dependência de uma relação a outra ou ao menos a conveniência de um coerente e harmonioso trato comum de todas elas. Essas relações entre direitos ou obrigações podem também gerar uma relação entre as demandas a serem propostas em sede contenciosa a seu propósito. Daí a riqueza do tema *relações entre demandas*, superiormente exposto por Calamandrei, sabendo-se que duas ou mais demandas se relacionam (a) porque as partes de uma e de outra são as mesmas, (b) porque o contexto de fatos é o mesmo na *causa petendi* de mais de uma demanda (c) ou porque coincide o concreto bem da vida pretendido. Se nenhum desses elementos for comum (partes, causa de pedir e pedido), elas são rigorosamente diferentes e, portanto, nenhuma relação há entre elas. Se todos coincidirem, a rigor não haverá uma *relação* entre elas, porque na pluralidade formal de demandas como ato de iniciativa residirá a unidade substancial de uma só e única pretensão (litispendência – CPC, art. 301, § 3º). DINAMARCO, Cândido Rangel. **A arbitragem na teoria geral do processo**. São Paulo: Malheiros, 2013, p. 135.

[3] "De acordo com Carmona, *arbitragem* é "meio alternativo de solução de controvérsias através da intervenção de uma ou mais pessoas que recebem seus poderes de uma convenção privada, decidindo com base nela, sem intevenção estatal, sendo a decisão destinada a assumir a mesma eficácia da sentença judicial – é colocada à disposição de quem quer que seja para solução de conflitos relativos a direitos patrimoniais acerca dos quais os litigantes possam dispor. Trata-se de mecanismo privado de solução de litígios, por meio do qual um terceiro, escolhido pelos litigantes, impõe sua decisão, que deverá ser cumprida pelas partes. Esta característica impositiva da solução arbitral (meio heterocompositivo de solução de controvérsias) a distância da mediação e da conciliação, que são meios autocompositivos de solução de litígios, de sorte que não existirá decisão a ser imposta às partes pelo mediador ou pelo conciliador, que sempre estarão limitados à mera sugestão (que não vincula as partes)". CARMONA, Carlos Alberto. **Arbitragem e processo**: um comentário à lei n. 9.307/96.3. ed. rev. atual. e ampl. São Paulo: Atlas, 2009, pp. 31-2. Para Charles Jarrosson, arbitragem "[...] est l'institution par laquelle un tiers, règle le différend qui oppose deux ou plusiers parties, exerçant la mission juridictionnelle que lui a été confiée par celles-ci". JARROSSON, Charles. *La Notion d'arbitrage*. Paris: Bibliothèque de Droit Prové, 1987, p. 372.

[4] De acordo com Carmona, há processo arbitral e não mero procedimento arbitral, uma vez que há exercício da jurisdição na arbitragem. *In* CARMONA, Carlos Alberto. O processo arbitral, **Revista de Arbitragem e Mediação**, São Paulo, ano 1, n. 1, jan.-abr. 2004, p. 22.

[5] Embora estivesse sendo escrita simultaneamente à tese de livre-docência de Paulo Lucon sobre relação entre demandas, nos beneficiamos do fato de que a defesa (e aprovação) da referida tese pelo Departamento de Direito Processual da Faculdade de Direito da USP ocorreu ainda em tempo para que seu estudo pudesse ser aproveitado e incluído nesta tese.

processual clássica. Demandas diferentes podem se relacionar de formas diversas, a depender dos "elementos concretos" que tenham em comum. As relações podem ser: *"(a) de conexidade, (b) de continência, (c) de prejudicialidade, (d) de mera afinidade, (e) de principal a acessória, (f) de subsidiariedade e (g) de sucessividade"*.[7]

As leis processuais de diversos ordenamentos jurídicos regulam essas relações e, em regra, partem da premissa de que seria mais conveniente que o juiz formasse convicção única para julgamento. Por esse motivo, são normalmente desenhadas técnicas processuais de reunião[8] das demandas para solução conjunta.[9]

Lucon, Paulo Henrique dos Santos. **Relação entre Demandas**. 2015. Tese (Livre-Docência em Direito Processual) – Faculdade de Direito, Universidade de São Paulo, São Paulo, 2015.

[6] "Ocorre que para o exercício do direito de ação é necessária a prática de um ato material, ato de natureza material este que é habitualmente chamado pela doutrina de demanda. Assim sendo se o vocábulo demanda nada mais significa do que pedir ou postular, a palavra demanda deve ser entendida juridicamente como o ato de movimentação ou de início do exercício do direito de ação". SILVA, Edward Carlyle. **Conexão de causas**. São Paulo: Revista dos Tribunais, 2006, p. 24. Dinamarco chama atenção para a necessidade de se utilizar adequadamente o termo demanda. De acordo com o autor: "É tempo, porém, de nos valermos dessa utilíssima palavra que bem servirá para a designação de fenômenos mal acomodados, segundo a linguagem vigente no Código de Processo Civil, nos vocábulos *ação*, *pedido* e até *lide*. [...]. Veja-se ainda a indecisão do Código, nos parágrafos do art. 301, quando fala uma vez em reprodução da *mesma ação* (§ 1º) e depois em *ações idênticas* (§ 2º): afinal, nos casos em que ocorre a tríplice identidade têm-se ações idênticas ou a mesma ação proposta duas vezes? Na realidade, uma só é a ação, mas tivemos duas *demandas* iguais, propostas sucessivamente (§ 2º). Multiplicar-se-iam os exemplos de aplicação do vocábulo em análise, se pensássemos na *identificação das demandas* (e não só das ações), *em conexidade entre demandas* (e não só entre ações) [...]". DINAMARCO, Cândido Rangel. **Vocabulário do processo civil**. São Paulo: Malheiros, 2009, p. 116-7.

[7] DINAMARCO, Cândido Rangel. **Instituições de direito processual civil**. v. II. São Paulo: Malheiros, 2005, p. 148.

[8] Embora Carmona afirme que "a reunião de processos, por conexão, é inaplicável à arbitragem", entende-se, pelo contexto de sua afirmação que o autor estivesse se referindo à reunião entre processos judiciais e arbitrais. Corrobora essa interpretação a continuidade de seu texto: "pense-se na hipótese de uma das partes promover demanda arbitral, enfrentando alegação do adversário de invalidade da convenção de arbitragem, ao mesmo tempo em que este último propõe demanda perante o juiz togado (onde o primeiro, alegando a validade da convenção de arbitragem, pleiteará a extinção do processo)". CARMONA, Carlos Alberto. **Arbitragem e processo**, op. cit., p. 176. Concordamos com o autor quanto à inadmissibilidade, no direito brasileiro, da reunião, por conexão, entre um processo judicial e outro arbitral.

INTRODUÇÃO

Os processos arbitrais relacionados que esta tese estudará são aqueles cujos elementos concretos de inter-relação indiquem sua conexidade[10]. Essa conexidade será entendida no sentido mais amplo possível, abrangendo todas as situações de conexão por identidade de objeto ou causa de pedir[11] como também as chamadas conexões por afinidade.

A multiplicidade de processos arbitrais pode ocorrer nas seguintes situações:[12] (i) múltiplas disputas entre as mesmas partes e relaciona-

---

[9] DINAMARCO, Cândido Rangel. **Instituições de direito processual civil**, op. cit., p. 148-9.

[10] "Ocorre conexidade quando duas ou várias demandas tiverem por objeto o mesmo bem da vida ou forem fundadas no mesmo contexto de fatos". DINAMARCO, Cândido Rangel. **Instituições de direito processual civil**, op. cit., p. 149-50.

[11] Leonel defende que, "A identificação da demanda deve ser utilizada por meio da observação do direito material afirmado pelo autor (*in status assertionis*), que se traduz, em outros termos, pela pretensão processual, ou pedido devidamente iluminado pela causa de pedir. E, para a especificação do direito substancial feito valer, terá maior relevância ou o fato constitutivo ou, então, o próprio conteúdo do direito: tudo a depender da possibilidade [...] de coexistência de mais de uma situação jurídica similar, contemporaneamente, entre as mesmas partes". Leonel, Ricardo de Barros. **Causa de pedir e pedido**: o direito superveniente. São Paulo: Método, 2006, p. 98. Para Tucci, a doutrina italiana moderna, "[...] considerando os pressupostos da teoria da substanciação e da individualização, tende a superar o cerne da discussão, afirmando que aquelas não representam mais do que as faces da mesma moeda, porquanto culminam por aludir ao direito substancial [...]". TUCCI, José Rogério Cruz e. **A causa petendi no processo civil**. São Paulo: Revista dos Tribunais, 2001, p. 104. Dinamarco entende que: "Vige no sistema processual brasileiro o sistema da substanciação, pelo qual os fatos narrados influem na delimitação objetiva da demanda e consequentemente da sentença (art. 128) mas os fundamentos jurídicos, não. Tratando-se de elementos puramente jurídicos e nada tendo de concreto relativamente ao conflito e à demanda, a invocação dos fundamentos jurídicos na petição inicial não passa de mera proposta ou sugestão endereçada ao jui, ao qual compete fazer depois os enquadramentos adequados [...]" DINAMARCO, Cândido Rangel. **Instituições de direito processual civil**, op. cit., p. 127. Por sua vez, L. Wambier entende que: "O CPC adotou a teoria da substanciação, pela qual são necessárias, além da fundamentação jurídica, a alegação e descrição dos fatos sobre os quais incide o direito alegado como fundamento do pedido. A fundamentaçãoo jurídica é, via de regra, a causa de pedir próxima, enquanto o fato gerador do alegado direito se constitui, também na generalidade dos casos, na causa de pedir remota". WAMBIER, Luiz Rodrigues; TALAMINI, Eduardo. **Curso avançado de processo civil**: teoria geral do processo e processo do conhecimento. 11. ed. São Paulo: Revista dos Tribunais, 2010, p. 119.

[12] AYMONE, Priscila Knoll. **A problemática dos procedimentos paralelos**: os princípios da litispendência e da coisa julgada em arbitragem internacional. 2011. Tese (Doutorado orientada pelo Professor Luiz Olavo Baptista em Direito Internacional) – Faculdade de Direito, Universidade de São Paulo, 2011, p. 11.

das à mesma cláusula compromissória;[13] (ii) múltiplas disputas entre as mesmas partes decorrentes de diferentes cláusulas compromissórias; e (iii) múltiplas disputas entre partes distintas e decorrentes de diferentes cláusulas compromissórias.[14] A obra explorará o fenômeno dos processos relacionados sob essas três vertentes.

Em muitos desses casos, as partes não terão, como fez Robert Frost em *The Road Not Taken*, optado por uma das vias que têm diante de si. A questão que se coloca é se podem os árbitros, a instituição arbitral ou o Judiciário, como substituto da vontade das partes, escolher uma dessas vias ou transformar duas ou várias em uma única, com o objetivo de tornar a jornada processual mais efetiva e útil às partes.

1. Objeto e Finalidades

O objeto deste livro é o estudo sobre as questões de conexidade decorrentes da multiplicidade de disputas complexas relacionadas, tendo como foco a consolidação[15] de demandas arbitrais conexas e de acordo com o direito brasileiro, ou seja, arbitragens cujas sentenças serão proferidas no Brasil. Por sua vez, a finalidade desta tese é apresentar soluções jurídicas que garantam efetividade e evitem que decisões contraditórias ou inconsistentes sejam proferidas em demandas arbitrais conexas decorrentes tanto (i) de um mesmo contrato; como (ii) de contratos relacionados (related contracts).[16]

---

[13] De acordo com o Professor Carmona, "compromisso e cláusula compromissória, em última análise, compartilham da mesma natureza, diferindo apenas pelo fato de que esta última tem por objeto controvérsias *nondu natae*". CARMONA, Carlos Alberto. **A arbitragem no processo civil brasileiro.** São Paulo: Malheiros, 1993, p. 85.

[14] AYMONE, Priscila Knoll. Op. Cit., p. 11.

[15] Embora no direito brasileiro o efeito da conexão de reunir processos em *simultaneus processus* seja identificado como *reunião* de demandas, internacionalmente, tal fenômeno, no âmbito arbitral, é reconhecido pela expressão *consolidação (consolidation)*. Com o objetivo de contemplar o fenômeno em sua acepção mais abrangente, optou-se por utilizar nesta tese a denominação adotada internacionalmente. Apenas quando nos referimos exclusivamente à *reunião* de demandas judiciais conexas, será adotada a expressão *reunião* de demandas. No mais, será adotada a expressão *consolidação* de demandas arbitrais.

[16] "*In the context of international comercial disputes, experience shows us that the real issue is not the consolidation of arbitrations and related court proceedings, but rather the consolidation of related arbitrations. This is most likely due to the fact that, notwithstanding the uncertainty created by a multiplicity of related arbitral proceedings, the existence of arbitration agreements in each of the interrelated*

INTRODUÇÃO

A conexão entre demandas é fato jurídico[17] processual[18] reconhecido pelo direito. Trata-se, desse modo, de qualificação jurídica atribuída à realidade já existente. O direito não cria a conexão, apenas a identifica com base em critérios jurídicos. Reconhecida a conexão, o direito lhe atribui consequências.[19] É nesse ponto que o direito passa a criar/constituir. Essas "criaturas" do direito são instrumentos que têm como objetivo gerenciar essa realidade identificada como conexão de demandas. Tal gerenciamento pode ter distintas finalidades: (i) reduzir o tempo para solução de disputas; (ii) reduzir os custos para a solução de disputas; e (iii) evitar a produção de soluções contraditórias e/ou conflitantes

---

contracts suffices per se for State Courts to decline jurisdiction over such cases". CRIVELLARO, Antonio. Consolidation of Arbitral and Court Proceedings in Investment Disputes. In: CREMADES, Bernardo M.; LEW, Julian D. M. **Parallel State and Arbitral Procedures in International Arbitration**, Dossiers. ICC Publication 662. Paris: ICC Publishing, p. 80.

[17] Para Marcos Mello, "o mundo jurídico é formado pelos fatos jurídicos e estes, por sua vez, são o resultado da incidência da norma jurídica sobre o seu suporte fáctico quando concretizado no mundo dos fatos. Disto se conclui que a norma jurídica é quem define o fato jurídico e, por força de sua incidência, gera o mundo jurídico, possibilitando o nascimento de relações jurídicas com a produção de toda a sua eficácia, constituída por direitos, deveres, pretensões, obrigações, ações, exceções e outras categorias eficaciais". MELLO, Marcos Bernardes de. **Teoria do fato jurídico**: plano da existência. São Paulo: Saraiva, 2001, p. 19.

[18] "Embora seja constatada a partir do exame do direito material deduzido em juízo, a conexão é fato jurídico processual, que produz relevantes efeitos: ao impor a reunião das causas no mesmo juízo, expurga julgamentos divergentes sobre a mesma situação jurídica material, prevenindo a iniquidade". DIDIER JR., Fredie. **Parecer sobre ações concorrentes**. Prejudicialidade e preliminaridade. Conexão. Suspensão do processo. Litispendência. Continência. Cumulação subsidiária de pedidos. Cumulação ulterior de pedidos. Honorários advocatícios, 2012, p. 16. Disponível em: <http://www.krediedidier.com.br/wp-content/uploads/2012/02/parecer-conexao-preliminaridade.pdf>. Acesso em: 23 dez. 2015.

[19] De acordo com Dinamarco, "*Conexidade* é o atributo de dois ou mais seres que sejam conexos entre si, ou interligados. *Conexão* é o ato de ligar dois ou mais seres. O Código de Processo Civil, porém, na linha de um costume bastante arraigado, emprega o vocábulo *conexão* para designar a própria relação existente entre demandas. Esse uso não é incorreto, mas leva os menos preparados a confundir a própria relação de conexidade, ou conexão, com a reunião de duas ou mais causas em um só processo – quando essa reunião é uma consequência da conexidade, não a própria conexidade. É errado, pois, dizer que 'o juiz deferiu ou indeferiu a conexão pedida pela parte': o que é suscetível de deferimento ou indeferimento nesse caso é a *reunião de causas* (art. 105), porque o próprio nexo de conexidade é uma realidade que pode existir em cada caso mas não comporta qualquer decisão do juiz ou de quem quer que seja". DINAMARCO, Cândido Rangel. **Vocabulário do processo civil**. São Paulo: Malheiros, 2009, p. 99.

entre si.[20] Tais finalidades podem, como veremos, ser tomadas sob perspectivas distintas se considerada a proteção ao sistema jurídico ou considerados os interesses individuais das partes envolvidas nos litígios.

O primeiro problema a ser enfrentado é o risco de que a mesma relação fático-jurídica[21] esteja submetida a decisões contraditórias ou conflitantes.[22] Em outras palavras, o que se busca aqui é consistência.[23]

---

[20] *"La ratio legis de una consolidación es la siguiente: 1. Eficiencia: se busca evitar duplicidad o desperdicio de procedimientos arbitrales o etapas procesales, mismos que en arbitraje son onerosos; 2. Congruencia: evitar la posibilidad de que se presenten decisiones (sean laudos o sentencias) contradictorias".* Cossio, Francisco Gonzáles de. **Arbitraje**. México: Editorial Porrúa, 2011, p. 576.

[21] Entende-se como identidade de *relação jurídica* a *"coincidência de determinada obrigação de uma pessoa contra outra (pouco importando sua natureza: de direito pessoal ou de direito real)"*. Tucci, José Rogério Cruz e. **A causa petendi no processo civil**, op. cit., p. 83.

[22] "Tornemos à conexidade ao tema da convicção única e aos das razões pelas quais a ordem jurídico-processual quer em certas circunstâncias sejam reunidas duas ou mais causas em um só processo, sob comando de um só juiz. [...] Todo raciocínio posto nos tópicos precedentes converge à demonstração da necessária coerência entre o que vier a se decidir em relação a cada uma das causas conexas e o que tiver de ser decidido em relação às demais. Estamos agora falando da razão mais nuclear e substancial da reunião dos processos, que é o empenho em preservar a harmonia entre julgados. A mesma relação entre causas, que autorizaria a reconvenção (CPC, art. 315) ou o litisconsórcio (art. 46, inc. III), impõe também que, propostas em separado duas ou mais demandas e sendo elas conexas, venham todas a ser depois reunidas em *simultaneus processus*, sob o comando de *judex unus* (art. 105) – inclusive mediante a prorrogação da competência, se for o caso (art. 102)" Dinamarco, Cândido Rangel. **Fundamentos do processo civil moderno**. t. I, 4. ed. São Paulo: Malheiros, p. 713-4. "O meio natural de impedir que as sentenças sejam contraditórias será reunir as várias ações perante o mesmo juiz e até no mesmo processo, para que única seja a decisão". SANTOS, Moacyr Amaral. **Primeiras linhas de direito processual civil**. v. I, n. 210. São Paulo: Saraiva Editora, p. 258.

[23] *"However difficult it may be to achieve perfect consistency in court adjudications, that goal is even more elusive in international arbitration decision-making, for several reasons. There is no system of precedent obliging arbitrators to follow earlier awards, and generally no appeal to a superior instance to overturn aberrational results or correct errors of fact or law. There is futhermore, no widespread and consistent publication of decisions and awards, so arbitrators and parties often do not know what a previous tribunal may have decided on the same issue. The power to consolidate arbitral proceedings is likewise more limited than in national courts, thus making it more likely that proceedings arising from the same events and transactions may proceed separately, possibly leading to divergent results. And, finally, the very international nature of international arbitration implies a greater breadth of perspectives on legal problems among arbitrators than among judges in a single national court system. As a result of these factors, arbitral decision-making is predictably less predictable than national judicial decision-making".* King, D. Brian. **Consistency of Awards in Cases of Parallel Proceedings**

E como resultado dessa consistência,[24] o que se busca, ao final, é dar legitimidade[25] para o mecanismo de solução de disputas como um todo. Afinal, uma das principais razões para que as partes optem por atribuir a um terceiro, no caso um árbitro ou um tribunal arbitral, o poder e a missão de decidir sobre um conflito existente entre elas está na sua confiança de (e, portanto, atribuem legitimidade a esse terceiro) que uma decisão justa será proferida.[26]

Concerning Related Subject Matters. parte 4, cap. 2 – Towards a Uniform International Arbitration Law, mar. 2005, p. 294.

[24] Destaca-se aqui que se optou por tratar de "consistência" entre as decisões e não "coerência" entre decisões. A diferença pode parcer sutil, mas como explica Neil MacCormick, professor da Universidade de Edimburgo, "[...] *'coherence' can usefully be distinguished from consistency. [...] interpret consistency as being satisfied by non-contradiction. A set of propositions is mutually consistent if each can without contradiction be asserted in conjunction with every other and with their conjunction. By contrast, coherence [...] is the property of a set of propositions which, taken together, 'makes sense' in its entirety. Complete consistency is not a necessary condition of coherence, since unlike consistency, coherence can be a matter of degree*". MACCORMICK, Neil. **Rhetoric and the Rule of Law**: A Theory of Legal Reasoning. Oxford: Oxford University Press, 2005, p. 190.

[25] A partir da ideia de dominação legal-racional weberiana, o poder deve ser legítimo quanto ao título e legal quanto ao exercício. O poder, segundo essa visão, é legítimo pelo simples fato de ser legal, ou seja, a autoridade é fundada na obediência, que reconhece obrigações estatuídas por regras racionalmente estabelecidas. WEBER, Max. **Economia e sociedade**. Trad. Gabriel Cohn. v. 2. Brasília: UnB, 2000. Legitimidade e legalidade seriam as duas faces que justificam o poder político. A legitimidade seria a qualidade do título do poder – no sentido da *tyrannia absque titulo* – e a legalidade seria a qualidade do exercício do poder na linha da *tyrannia quoad exercitium*. Weber procurou individualizar e descrever as formas históricas do poder legítimo (*Herrshaft*) – distinto da mera força (*Macht*) – como o poder capaz de "condicionar o comportamento dos membros de um grupo social emitindo comandos que são habitualmente obedecidos na medida em que seu conteúdo é assumido como máxima para o agir". Bobbio, Norberto. **Estado, governo, sociedade**: para uma teoria geral da política. Rio de Janeiro: Paz e Terra, 1986, p. 92. "A força vinculante dos negócios jurídicos tem origem e legitimidade na vontade livremente manifestada. [...] Tal é uma derivação da conhecida tese da *legitimação pelo procedimento*, lançada em sede de sociologia política e de valia em relação a todas áreas de exercício do poder (Niklas Luhmann). Na realidade, o que legitima os atos de poder não é a mera e formal observância dos procedimentos, mas a *participação* que mediante o correto cumprimento das normas procedimentais tenha sido possível aos destinatários. Melhor falar, portanto, em *legitimação pelo contraditório e pelo devido processo legal*". DINAMARCO, Cândido Rangel. **Instituições de direito processual civil**, op. cit., p. 220-1.

[26] Nessa linha, destaca-se o que diz Eduardo Parente sobre a qualidade pretendida pelas Partes em uma sentença arbitral: "A sentença arbitral deverá ser, obviamente falando em termos

No entanto, será mais difícil que as partes acreditem que uma decisão justa foi proferida quando, ao comparar julgamentos sobre questões semelhantes ou relacionadas, concluírem que as decisões alcançadas são inconsistentes entre si. A consistência[27] é um dos principais pilares da racionalidade e está na base de todo processo de legitimação-racional[28] de qualquer adjudicação[29] de controvérsias, seja ela judicial ou arbitral.

---

ideias, impossível de ser anulada judicialmente. Mas vamos além. A tutela arbitral tem de ser tão autorizada, proferida por árbitros senhores do assunto, escolhidos pelas partes e com tamanho grau de esgotamento em termos de profundidade da cognição (nos pontos principais, bem que se diga), que deve inibir o perdedor de até mesmo cogitar questioná-la no juízo estatal. [...]". PARENTE, Eduardo de Albuquerque. **Processo arbitral e sistema**. São Paulo: Atlas, 2012, p. 132-134.

[27] A importância da *consistência do direito* foi bastante tratada por Niklas Luhmann, de acordo com quem: "As necessidades de consistência [...] continuam a referir-se a própria expectativa: sempre que possível, a geração de expectativas opostas, que se bloqueiam mutuamente, devem ser evitadas no próprio indivíduo ou também na interação social. Mas o controle da consistência só pode ser realizado com o auxílio das abstrações de sentido, e por isso ele é superficial. A tão decantada 'consistência do direito', buscada em todos os meios da lógica, no sentido da ausência de contradições, não é uma garantia necessária, nem alcançável e sequer suficiente, para a consistência das expectativas, mas apenas um filtro valioso que separa a massa das contradições imagináveis e torna o resto passível de decisões". LUHMANN, Niklas. **Sociologia do direito I**. Trad. Gustavo Bayer. Rio de Janeiro: Tempo Brasileiro, 1983, p. 97.

[28] "O controle jurisdicional da lei e dos procedimentos judiciais se mostra plenamente legítimo quando se percebe que a jurisdição possui o dever de lançar mão de uma argumentação racional capaz de convencer a sociedade no caso em que aparece a desconfiança de que a decisão do parlamento toma de assalto a substância identificada em um direito fundamental". MARINONI, Luiz Guilherme. Da teoria da relação jurídica processual ao processo civil do estado constitucional. In: DIDIER JR., Fredie; JORDÃO, Eduardo Ferreira. **Teoria do processo**: panorama doutrinário mundial. Salvador: Podivm, 2008, p. 541-74.

[29] Aqui falamos de *adjudicação* no sentido de *adjudication* utilizado pelos norte-americanos, ou seja, como referência genérica a qualquer método heterocompositivo de solução de controvérsias. Conf. LUCY, William. **Understanding and explaining adjudication**. Oxford: Oxford University Press, 1999. Cumpre esclarecer ainda que a utilização desse termo nesta tese não tem relação direta com mecanismo de solução de disputas na área de construção que tem sido recentemente bastante utilizado com o intuito de se referir à "solução de certo conflito por um terceiro imparcial, de forma rápida e provisória, tendo as partes de obedecer a sua decisão até que, pela via arbitral ou em um processo judicial, chegue-se a outra conclusão". MESQUITA, Marcelo Alencar Botelho de. Adjudicação de conflitos na construção. In: MARCONDES, Fernando (Org.). **Temas de direito da construção**. São Paulo: PINI, 2015, p. 105.

INTRODUÇÃO

É por isso que nos mais diferentes sistemas jurídicos há mecanismos para reduzir o nível de inconsistência entre decisões que tratem de questões que possuam pontos comuns. Essa consistência almejada pode ser entre decisões que tratem de questões fático-jurídicas semelhantes ou simplesmente relacionadas. Dentre esses mecanismos, estão tanto as instâncias recursais e os precedentes[30] menos ou mais vinculantes como também os institutos da modificação de competência, da prevenção, do litisconsórcio[31] e da reunião de processos para que estes sejam decididos conjuntamente ou, ainda que separadamente, pelo mesmo julgador.

---

[30] Como afirma Raymond Aron ao descrever o pensamento de Max Weber sobre a dominção racional-burocrática, "a dominação burocrática caracteriza todas as sociedades modernas e constitui um setor importante de qualquer regime, mas o funcionário não foi feito para impulsionar o Estado ou para exercer funções propriamente políticas, e sim para aplicar os regulamentos de acordo com os precedentes". ARON, Raymond. **Etapas do pensamento sociológico**. São Paulo: Martins Fontes, 2002. [Ed. original: **Les Étapes de la pensée sociologique**. Trad. Sérgio Bath. 1982, p. 820-1. Há, contudo, autores que vêem com certa preocupação em relação à legitimidade de um sistema que atribua maio força aos precedentes sem a proporcional ampliação da participação. Nessa linha, podemos citar Cássio Scarpinella Bueno, de acordo com quem se "há nisso ecos de 'previsibilidade', de 'igualdade' e de 'segurança jurídica', não há como negar que também se pode ouvir uma questão que vem facilmente à tona: como alguém pode ser afetado de maneira tão intensa por um julgamento do qual não participou, do qual não podia participar e sequer sabe se existiu?". BUENO, Cássio Scarpinella. **Amicus curiae no processo civil brasileiro**: um terceiro enigmático. São Paulo: Saraiva, 2006, p. 37.

[31] Para Dinamarco, "[...] é a conexidade entre as pretensões que conduz à admissibilidade do litisconsórcio [...]". DINAMARCO, Cândido Rangel. **Instituições de direito processual civil**, op. cit., p. 332. Também na lição de Luiz Olavo Baptista, a "litispendência constitui figura processual que impede que um segundo processo tramite, quando se instaure outro entre as mesmas partes, tendo o mesmo objeto e a mesma causa de pedir. Mas isso dentro do mesmo sistema de solução de controvérsias. Seu objetivo é evitar decisões conflitantes e a duplicidade de processos para resolver a mesma controvérsia na mesma ordem jurídica". BAPTISTA, Luiz Olavo. **Arbitragem comercial e internacional**. São Paulo: Lex Magister, 2011, p. 218. No âmbito do direito internacional, Hermes Marcelo Huck ensina que há "litispendência internacional quando ações idênticas correm perante tribunais que exercem sua jurisdição em sistemas jurídicos nacionais diferentes". HUCK, Hermes Marcelo. **Sentença estrangeira e *lex mercatoria* – Horizontes e fronteiras do comércio internacional**. São Paulo: Saraiva, 1994, p. 10. Ressalta-se que o direito brasileiro (art. 90 do Código de Processo Civil de 2015) não admite litispendência entre processos judiciais que tramitam em diferentes ordens jurídicas. Conf. Luiz Olavo Baptista, BAPTISTA, Luiz Olavo. **Arbitragem comercial e internacional**. São Paulo: Lex Magister, 2011, p. 218.

Ressalta-se aqui que a conexão e, em especial, seus efeitos jurídicos, tem como objetivo enfrentar o problema do *risco* de existirem decisões contraditórias e/ou conflitantes, mas não tem como função resolver as consequências da contradição ou do conflito já configurado entre decisões prolatadas.[32]

Devido à sua importância como ferramenta para impedir ou, ao menos, mitigar esse risco de contradição[33] entre decisões arbitrais, bem como pela ausência de estudos sobre o tema no Brasil, esta tese terá como recorte metodológico a consolidação de processos em detrimento dos demais efeitos da conexão.

Destaca-se o caráter instrumental da conexão e de seus efeitos, em especial, a reunião de processos, afinal *"consolidation is not an end in itself"*.[34]

Em torno desse problema potencial (e ainda não configurado) de haver decisões inconsistentes gravitam o segundo e o terceiro problemas, ou seja, a preocupação com o custo e o tempo de duração dos processos (o que no Judiciário brasileiro é englobado pelo princípio da *economia processual*).[35]

---

[32] Para isso, há outros remédios processuais tanto no direito nacional como no direito internacional. Para o estudo sobre a contradição entre decisões e sentenças arbitrais internacionais, faz-se referência à premiada tese de Claire Debourg. Conf. DEBOURG, Claire. **Les coontrariétés de décisions dans l'arbitrage international**. Paris: L. G. D. J., 2011.

[33] De acordo com Claire Debourg, *"Il est fréquent que la notion de contrariété soit associée à celle de conexité. La référence n'est généralement qu'indirect, en ce qu'elle opère au travers de la notion d'inconciliabilité, c'est-à-dire au travers de l'un des effets de la contrariété. Elle n'est pas non plus véritablement éclairante, car la nation de connexité n'est généralement pas employée au servisse de la définition de celle de contrariété, ni même d'inconciabilité. Au contraire, c'est solvente la notion d'inconciabilité qui est supposé èclairer celle de connexité"*. DEBOURG, Claire, op. cit., p. 34-5.

[34] PAIR, P. Frankenstein L. M. The New ICC Rule on Consolidation: Progress or Change?", **Emory International Law Review**, v. 25, 2011, p. 1061.

[35] De acordo com Ada Pellegrini Grinover, "O princípio da economia preconiza o máximo resultado na atuação do direito com o mínimo emprego possível de atividades processuais. Típica aplicação do princípio encontra-se no instituto da reunião de processos em casos de conexidade e continência e do encerramento do segundo processo em casos de litispendência e coisa julgada. Mas os conceitos de conexidade, continência e litispendência são extremamente rígidos no processo individual, colocando entraves à identificação das relações entre processos, de modo a dificultar sua reunião ou extinção. No Anteprojeto de Código Brasileiro de Processos Coletivos o que se tem em mente, para a identificação dos fenômenos acima indicados, não é o pedido, mas o bem jurídico a ser protegido; pedido e causa de pedir serão interpretados extensivamente; e a diferença de legitimados ativos não será

INTRODUÇÃO

Quando se passa do gênero *mecanismo de solução de disputas* para a espécie *arbitragem*, um novo fator se soma aos mencionados anteriormente, qual seja, a necessidade de que as respostas atribuídas pelo direito à conexão levem em consideração o consentimento das partes. O consentimento das partes quanto à consolidação[36] de processos e/ou adoção de outros mecanismos correlatos não se confunde com o consentimento para participar da arbitragem. Ou seja, além do consentimento das partes para que a solução de disputas entre elas se dê pela via arbitral, é necessário também que haja o consentimento para que todas as demandas conexas entre elas sejam resolvidas por um único juízo ou tribunal arbitral.

Diante de dois ou mais processos arbitrais conexos, será preciso encontrar a solução mais adequada e efetiva não só para (i) impedir que decisões contraditórias[37] sejam proferidas; (ii) reduzir os custos das disputas; e (iii) reduzir o tempo de duração das disputas; como seria esperado em qualquer disputa judicial, mas também (iv) respeitar a vontade[38] das partes quanto às soluções para múltiplas arbitragens conexas.

---

empecilho para o reconhecimento da identidade dos sujeitos. Isso significa que as causas serão reunidas com maior facilidade e que a litispendência terá um âmbito maior de aplicação". GRINOVER, Ada Pellegrini. Direito processual coletivo. In: DIDIER JR., Fredie; JORDÃO, Eduardo Ferreira. **Teoria do processo**, op. cit., p. 31-2.

[36] A definição de consolidação de processos arbitrais será examinada no primeiro capítulo desta tese.

[37] "*The uncertainty of outcomes in dual track proceedings is known as the dispute resolution peril of 'double jeopardy' – the peril that economically inconsistent decisions will be rendered by diferente deciders of fact and law, who sit in different arbitral tribunals or courts, and whose decisions on appeal constrained by different standards and scopes of appelate review. All too frequently, factually and legally interwined multi-party disputes and claims arising out of the same intertwined facts (1) are decided by different arbitrators or judges in separate arbitration or litigation trial forums, and (22) are reviewed by different appellate courts under different scopes of judicial review*". BRUNER, Philip L. Dual Track Proceedings in Arbitration and Litigation: Reducing the Peril of "Double Jeopardy" by Consolidation, Joinder and Appellate Arbitration, **The International Construction Law Review**, 31 ICLR 537, 2014, p. 541.

[38] Entendida essa *vontade* como da *declaração de vontade* das Partes. Para Junqueira de Azevedo, "a vontade não é elemento do negócio jurídico; o negócio é somente a declaração de vontade. Cronológicamente, ele surge, nasce, por ocasião da declaração; sua existência começa nesse momento; todo o processo volitivo anterior não faz parte dele; o negócio todo consiste na declaração. Certamente, a declaração é o resultado do processo volitivo interno, mas, ao ser proferida, ela o incorpora, absorve-o, de forma que se pode afirmar que esse processo volitivo não é elemento do negócio. A vontade poderá, depois, influenciar a validade do negócio e às vezes também a eficácia, mas, tomada como *iter* do querer, ela não faz parte,

Todas essas finalidades podem ser sintetizadas a partir do objetivo dos árbitros de encontrar o resultado mais efetivo para que a disputa entre as partes seja resolvida da forma mais adequada possível.

Como passo inicial, a tese analisará os elementos que determinam a conexão entre processos arbitrais. A partir de uma comparação com o art. 103 do Código de Processo Civil de 1973 e o art. 55 do Código de Processo Civil de 2015, essa conexão ocorreria quando duas ou mais causas tiverem mesmo objeto ou mesma causa de pedir (próxima ou remota).

De acordo com o direito brasileiro, contudo, o Código de Processo Civil não é aplicável ao processo arbitral a não ser que haja determinação expressa de sua aplicação subsidiária na convenção arbitral ou no termo de arbitragem ou no regulamento eleito pelas partes.[39] Por essa razão, embora a lei processual civil brasileira possa ser e será utilizada

---

existencialmente, do negócio jurídico; ela fica inteiramente absorvida pela declaração, que é o seu resultado. O fato de ela poder vir a influenciar a validade ou a eficácia do negócio não a transforma em parte dele, como, aliás, também ocorre com diversos outros requisitos e fatores de eficácia". AZEVEDO, Antonio Junqueira de. **Negócio jurídico**: existência, validade e eficácia. São Paulo: Saraiva, 2002, p. 82-3.

[39] Cf. Montoro: "[...] deve ficar claro que é errado concluir que, havendo omissão das regras eleitas pelas partes, aplicam-se as regras do Código de Processo Civil. A doutrina tem defendido, com razão, que o CPC não se aplica em casos de omissão das partes. [...] A Lei de Arbitragem é clara em determinar que as partes podem criar as regras procedimentais. E na omissão delas, a mesma lei determina que cabe ao árbitro fixar o procedimento. [...] Não está previsto que quando as partes deixam de criar a regra procedimental, aplica-se o CPC. E essa 'omissão' da Lei de Arbitragem foi proposital, em razão de que, se constasse qualquer referência à eventual aplicação subsidiária do CPC na arbitragem, isso estaria em conflito com outros dispositivos da mesma Lei 9.637/96, que prevêem que: (i) as partes têm ampla autonomia para fixar as regras procedimentais, em decorrência do previsto nos arts. 2º, § 1º, 11, inciso IV, 19, parágrafo único, e 21, *caput* e §§ 1º e 2º, todos da Lei 9.637/96 [...], nos quais inclusive se apontou os modos através dos quais as partes podem escolher regras procedimentais, como a eleição do regulamento de um órgão institucional arbitral; (ii) em certas situações [...], as regras procedimentais de determinada aebitrafem são criadas por decisão do juiz estatal e/ou do órgão institucional arbitral; (iii) na omissão das partes, e não tendo sido fixada alguma regra [...], cabe ao árbitro estabelecer as regras procedimentais, pois ele tem o chamado poder normativo supletivo, que está previsto no § 1º do art. 21 da Lei 9.637/96 [...]". MONTORO, Marcos André Franco. **Flexibilidade do procedimento arbitral**. 2010. Tese (Doutorado em Direito Processual orientação do Professor Carlos Alberto Carmona) – Faculdade de Direito, Universidade de São Paulo, São Paulo, 2010, p. 115-6.

como base de comparação, a análise sobre as hipóteses de conexão não será a ela reduzida.

A depender do grau de conexidade existente poderá haver litispendência ou não. As hipóteses em que há litispendência fogem ao escopo desta tese, pelo menos na concepção de litispendência atribuída pelo direito brasileiro.[40] Inexistindo litispendência, os mecanismos à disposição dos árbitros, das partes e das câmaras serão (i) consolidação de processos; (ii) produção conjunta de provas; (iii) produção conjunta de determinadas provas ou meios de provas; (iv) escolha de um único tribunal arbitral (consolidação *ex facto*); (v) manutenção de processos arbitrais completamente autônomos uns dos outros, dentre outros instrumentos processuais que permitam aos árbitros alcançar o resultado mais efetivo para as partes. Esses mecanismos serão estudados nesta obra.

Mas, afinal, o que difere as decisões resultantes da conexão de quaisquer outras decisões procedimentais do processo arbitral? A conexão e, sobretudo, seus efeitos, possuem caráter chave, pois, em geral, trazem consigo a modificação da competência[41] para julgar a demanda.

No Judiciário, essa modificação de competência provoca traumas menos intensos, pois, ao final, o processo será julgado por um juiz que não foi escolhido pelas partes, mas foi determinado por lei.[42] Diferente-

---

[40] O tema da litispendência será melhor abordado no item 1.6 do Capítulo 1 desta tese.

[41] "Determinadas circunstâncias modificam, *em casos concretos*, a aplicação das regras gerais de competência em razão do valor e do território, fazendo com que a competência para conhecer de determinada causa venha a ser do juiz A, embora *em tese* o juiz competente devesse ser (ou continuar a ser) o juiz B (CPC, art. 102). [...] Supõe-se estejam tramitando perante diferentes juízos, juízos A e B, duas (ou mais) ações conexas, i.e., ligadas pela identidade de objeto (*eadem petitum*) ou pela identidade, total ou parcial, de causa de pedir (*eadem causa petendi*), ou pela identidade de ambos os elementos (CPC, art. 103). As causas *podem* ser reunidas, por economia processual, e até *devem* sê-lo quando necessário para evitar decisões eventualmente contraditórias (art. 105). Reunidas, assim, as causas no juízo A, este passou a ser competente para processá-las e julgá-las ambas, e portanto ao juízo B foi retirada a competência para julgar a causa remetida ao juízo A". CARNEIRO, Athos Gusmão. **Jurisdição e competência**. São Paulo: Saraiva, 2002, p. 87.

[42] Eis aí a importância do princípio do Juiz Natural, conforme definido pela Convenção Americana sobre Direitos Humanos (Pacto de São José da Costa Rica) – Dec. n. 678/92, em seu art. 8º, n. 1: "Toda pessoa terá o direito de ser ouvida, com as devidas garantias e dentro de um prazo razoável, por um juiz ou Tribunal competente, independente e imparcial, estabelecido anteriormente por lei, na apuração de qualquer acusação penal formulada contra ela, ou na determinação de seus direitos e obrigações de caráter civil, trabalhista, fiscal ou

mente do juiz togado/estatal que, ao se deparar com dois processos conexos, pode simplesmente determinar *ex officio* sua reunião sem se preocupar com a vontade comum das partes; diante de dois ou mais processos arbitrais conexos a vontade das partes quanto aos efeitos dessa conexão será, senão determinante, elemento muito relevante para sua ocorrência.

Dentre os motivos pelos quais isso ocorre, está justamente uma das principais características da arbitragem: a possibilidade de se escolher (ou, ao menos participar da escolha de) quem julgará a disputa.

Mesmo quando a definição do árbitro tenha se dado pela instituição arbitral ou por autoridade eleita na convenção arbitral com função específica de nomear os árbitros (*appointing authority* como, por exemplo, ocorre nos casos em que as partes adotam o Regulamento da UNCITRAL) e não diretamente pelas partes, a escolha do árbitro, ainda que indiretamente, foi feita pelas partes que elegeram determinada autoridade para escolher quem será o julgador de eventual disputa decorrente ou relacionada da/à convenção arbitral.

---

de qualquer outra natureza". De acordo com o STJ, em acórdão de relatoria do Min. L. Fux, "(...) é cediço que o juízo arbitral, mas ao contrario, implica realizá-la, porquanto somente cabível por mutual concessão entre as partes". STJ, 1a Sessão, MS 11.308/DF, Min. Luiz Fux, j. em 9.4.2008, DJ de 19.5.2008. Também Fichtner, Mannheimer e Monteiro tratam do tema: "A aplicação do princípio do juiz natural na arbitragem, reconheça-se, exige certa flexibilidade conceitual. Em relação ao primeiro aspecto – isto é, impossibilidade de constituição pelo Estado de um órgão específico para o julgamento daquela determinada controvérsia-, é possível dizer que também se aplica à arbitragem, pois não há na arbitragem imposição pelo Estado do é órgão que julgará a controvérsia. Muito ao contrário, são as próprias partes que escolhem o julgador, razão pela qual resta mantida a proteção de indevida intervenção política do Estado na constituição do órgão julgador. [...] Segundo a lei –, também é possível a sua aplicação na arbitragem, pois a competência do árbitro – ou melhor, a jurisdição – advém da convenção de arbitragem, razão pela qual não haverá, aqui também chance de o julgamento ser conduzido por julgador incompetente (...). O último aspecto, inerente à imparcialidade do julgador, não encontra nenhum obstáculo para a aplicanao na arbitragem. Aliás, a imparcialidade do árbitro e a autonomia privada integram o rol dos princípios mais caros da disciplina arbitral. Apesar de a Lei de Arbitragem brasileira não se referi ao juiz natural, há menção, em maus de um dispositivo, à imparcialidade do árbitro, como no art. 13, parágrafo 6o, no art. 14, no art. 21, parágrafo 2o e no art. 32, II, VI e VIII". Fichtner, José Antonio; Mannheimer, Sergio Nelson; Monteiro, André Luís. Princípios processuais fundamentais aplicáveis à arbitragem brasileira. In: _____. **Novos temas de arbitragem**. Rio de janeiro: FGV, 2014, p. 53.

Volta-se assim ao elemento fundamental da arbitragem: a vontade das partes é fonte direta de legitimação do poder daquele que julgará a disputa. Ou seja, ao decidir sobre os efeitos da conexão, o julgador poderá definir quem julgará o caso e estará, nesta medida, atuando como substituto da vontade das partes. Eis aqui a relevância de se saber se essa autoridade (árbitro, instituição arbitral ou *appointing authority* ou juiz estatal) que determinará os efeitos da conexão foi ou não imbuída desse poder pelas partes.

Outro ponto a ser abordado nesta tese será o estudo sobre quem tem competência para identificar a existência de conexão entre os distintos processos arbitrais e determinar as consequências cabíveis e instrumentos aplicáveis. Ou seja, saber de quem é a última palavra sobre o consentimento das partes para a consolidação de processos arbitrais: as instituições arbitrais, os árbitros ou o Judiciário.[43] Será examinada a possibilidade de o Estado-Juiz exercer seu controle sobre a arbitragem, determinando que processos arbitrais relacionados sejam reunidos ou consolidados. Há, então, uma relação de legitimidade[44] que se divide em

---

[43] "*Under the 'competence-competence' principle, an arbitral tribunal has jurisdiction to interpret the arbitration agreement on the basis of which it has been seized. However, the arbitral tribunal's decision on the meaning of the arbitration agreement will not be final. The courts of the situs of the arbitration will have jurisdiction to hear an application to set an award aside, and the courts of the place or places of enforcement will also exercise a certain control over the award. In both cases, the courts will consider the existence and scope of the arbitration agreement on the basis of which the award was made (or the lack of such basis when the arbitrators declined jurisdiction for want of a valid arbitration agreement)*". FOUCHARD, Philippe; GAILLARD, Emmanuel; GOLDMAN, Berthold. **International Commercial Arbitration**. Alphen aan Den Rijn: Kluwer Law International, 1999, p. 255.

[44] Tratar do tema da legitimidade da ordem jurídica é buscar o fundamento da obrigatoriedade político-jurídica do grau de solidez e aceitação de um sistema político e do grau de estabilidade de seu ordenamento jurídico. As respostas à questão de saber por que devem as normas de uma dada ordem jurídica ser observadas e aplicadas gravitam em torno dessa temática. A questão da legitimidade é um atributo da modernidade. "Pressupõe, na verdade, uma desvinculação da legitimidade de suas raízes éticas e o seu enfoque como um problema empírico, de constatação de um certo tipo de fenômeno dado na experiência política da era contemporânea. Trata-se do fenômeno da positivação do direito, isto é, do reconhecimento do direito como um objeto sujeito à mutabilidade constante dos processos históricos e fruto de decisões humanas". FERRAZ, Tércio Sampaio Jr. prefácio à ADEODATO, João Maurício Leitão. **O problema da legitimidade**. No rastro do pensamento de Hannah Arendt. Rio de Janeiro: Forense universitária, 1989, p. 5. Legitimidade e legalidade seriam as duas faces que justificam o poder político. A legitimidade seria a qualidade do título do poder – no sentido da *tyrannia absque titulo* e a legalidade é a qualidade do exercício do poder na linha da

dois níveis: (i) o primeiro dos árbitros e das instituições arbitrais (bem como outras autoridades indicadas contratualmente como *appointing authority*) e o (ii) segundo do Judiciário.

Não se trata aqui de uma interpretação restritiva sobre a supremacia da vontade das partes na arbitragem ou superlativa dos poderes dos árbitros em relação aos limites de sua investidura. O que se busca analisar são as zonas cinzentas nas quais se pode identificar o consentimento das partes para que os árbitros superem os desafios decorrentes das conexidades envolvendo processos relacionados e atendam à finalidade para a qual foram investidos de sua missão jurisdicional: decidir de forma efetiva a disputa entre as partes.

Sendo a arbitragem resultado da vontade das partes e, por consequência, o poder do árbitro ser resultante da vontade das partes, é necessário estudar os limites do consentimento das partes na investidura[45] de poderes aos árbitros para exercer sua missão jurisdicional.[46]

Dentre os principais desafios da tese estão aquelas situações e hipóteses em que as partes não atribuíram expressamente aos árbitros poderes para decidir sobre as questões de conexidade, razão pela qual passa a

---

tyrannia quoad exercitium. Para que um poder seja legítimo, é preciso que seus detentores tenham um título que justifique sua dominação, enquanto a legalidade depende, justamente, do exercício desse poder em conformidade com as leis estabelecidas. "De fato, segundo Bobbio, do ponto de vista do governante a legitimidade expressa o fundamento de seu direito de mando, enquanto a legalidade estabelece seu dever. Ao contrário, de acordo com a ótica dos cidadãos, se a legitimidade do poder é o fundamento de seu dever de obediência, a legalidade do poder é a mais importante garantia de seu direito de não ser oprimido". FARIA, José Eduardo Campos de Oliveira. **Poder e legitimidade**. São Paulo: Perspectiva, 1978, p. 88. Para Luhman, "legitimidade é uma disposição generalizada para aceitar decisões de conteúdo ainda não definido, dentro de certos limites de tolerância". LUHMANN, Niklas. **Legitimação pelo procedimento**. Trad. Maria da Conceição da Corte-Real. Brasília: Editora UnB, 1980, p. 30. Para Habermans, "só vale como legítimo o direito que conseguiu a aceitação racional por parte de todos os membros, numa formação discursiva da opinião e da vontade". HABERMAS, Jurgen. **Direito e democracia**: entre facticidade e validade. Trad. Flávio Beno Siebeneichler. 2 v. Rio de Janeiro: Tempo Brasileiro, 1997, p. 172.

[45] De acordo com Thomaz Clay, *"Le fondement de la compétence-competénce et de la 'competénce-investiture' est aussi celui du pouvoir juridictionnel dénéral de l'arbitre, don ils ne sont que la forme 'minimum', ou une 'conséquence accessoire'. C'est parce que l'arbitr est détenteur du pouvoir jurisdictionnel sur le litige qu'il sera comp'etent sur sa compétence et son investiture"*. CLAY, Thomaz. **L'arbitre**. Paris: Dalloz, 2001, p. 142.

[46] CLAY, Thomaz, op. cit., p. 43.

ser necessário se interpretar *se* e *em quais circunsâncias* esses árbitros possuem ou não poderes com base no consentimento implícito[47] das partes para tomar decisões que podem ter como consequência a utilização de instrumentos jurídicos destinados às finalidades mencionadas acima.

Como ilustração do que será melhor desenvolvido no decorrer da tese, entende-se que a adoção pelas partes de convenções arbitrais idênticas em contratos relacionados dos quais decorrem duas ou mais arbitragens conexas é um importante indício de que as partes implicitamente autorizaram a consolidação de arbitragens paralelas.

Diante dessa hipótese, seria recomendável que fosse realizada a consolidação das arbitragens paralelas ao menos que exista outro motivo que recomende o contrário, tal como, por exemplo, o fato de as arbitragens paralelas estarem em momentos processuais distintos que impeçam ou desaconselhem sua reunião.

2. Hipóteses de Trabalho

Esta tese é fundada em duas hipóteses concernentes ao direito brasileiro, a primeira relacionada aos (i) critérios para determinar a consolidação de demandas arbitrais conexas em consonância com as especificidades da arbitragem (*quais*); e a segunda relacionada à (ii) identificação de quem tem o poder-dever de determinar essa consolidação, alterando-se essa autoridade a depender da circunstância e do momento em que se verifica que a conexão entre as demandas passa a gerar o risco de inconsistência (*quem*).

Em relação ao primeiro item, ou seja, **quais** demandas arbitrais devem/podem ser reunidas/consolidadas, entende-se que a consolidação de demandas arbitrais conexas é admitida pelo direito brasileiro desde que atendidos determinados critérios e que tais critérios estejam em consonância com as peculiaridades da arbitragem. Nessa medida, o risco de inconsistência para o sistema e o desejo por um processo eficiente (em termos de tempo e custo) devem ser temperados pelas peculiari-

---

[47] PARK, William. Non-Signatories and International Contracts: An Arbitrator's Dilemma, **Multiple Parties in International Arbitration**, Oxford, 2009. Disponível em: <http://www.arbitration-icca.org/media/0/12571271340940/park_joining_non-signatories.pdf>. Acesso em: 23 dez. 2015.

dades da arbitragem, que se distingue em diversos graus da atuação judicial. Esta hipótese será objeto da Primeira Parte desta tese.

Em relação ao segundo item, ou seja, **quem** tem o poder-dever para determinar a consolidação de demandas arbitrais conexas, entende-se que o art. 7º da Lei de Arbitragem Brasileira admite que o juiz estatal possa examinar a questão da consolidação desde que (i) haja *resistência* de uma das partes à consolidação; (ii) a cláusula compromissória seja vazia ou patológica no sentido mais amplo desses adjetivos; e que (iii) inexista *inequívoca indicação convencional de instituição arbitral* para decidir sobre questões processuais (*requisitos de admissibilidade*). Por sua vez, para que o juiz togado esteja autorizado a consolidar demandas arbitrais conexas devem ser atendidos os seguintes requisitos: (i) utilidade (economia e grave risco de inconsistência) dessa consolidação à arbitragem; e (ii) existência de elementos mínimos de identificação do consentimento (ainda que implícito) das partes (*critérios para a consolidação*). Essa hipótese será objeto da Segunda Parte desta tese.

3. Metodologia

A presente pesquisa buscará a constante retroalimentação entre prática e pesquisa, reforçando a concepção desses mundos como espaços integrados e comunicáveis.[48] A compreensão de uma matéria instrumental, como é o direito, tem também grande impacto e relevância prática. As teorias jurídicas tornam-se acessíveis e tendem a se tornar parte do arsenal intelectual dos que têm interesse prático no direito. Os juristas (teóricos do direito) contribuem para o discurso prático, assim como os práticos do direito contribuem para sua produção teórica.[49]

Desse modo, a tese não se concentrará apenas em desenvolver um modelo estático voltado para a organização de um sistema teórico de harmonização dos processos arbitrais paralelos. Diferentemente disso, pretende-se estudar a dinâmica dos processos arbitrais paralelos no

---

[48] Nessa tarefa, esta tese buscará se afastar de vícios da produção jurídica brasileira, tais como o "manualismo", o "referencialismo" e o "sincretismo metodológico". In: SILVA, Virgílio Afonso da. (Org.). **Interpretação constitucional**. São Paulo: Malheiros, 2005, p. 133; OLIVEIRA, Luciano. Não fale do código de Hamurabi. **Sua Excelência o comissário**. Rio de Janeiro: Letra Legal, 2004.

[49] MacCormick, Neil. **H. L. Hart**. Stanford: Stanford University Press, 1981, p. 1-2.

contexto estratégico dos árbitros, advogados e, por que não, das partes envolvidas.

Considerando que a presente tese tem como objeto o estudo de mecanismos de harmonização de litígios, a pesquisa será desenvolvida com base em enfoque multidisciplinar do direito (processual, internacional e contratual) e sob a ótica da instrumentalidade metodológica do direito processual.[50]

Para tanto, as hipóteses de trabalho foram testadas a partir das dimensões analítica e normativa da dogmática.

A dimensão analítica do estudo é pautada pelo direito comparado[51] sem, entretanto, buscar-se com isso uma simples recepção[52] das respostas institucionais de outros países.

Importante dizer, ainda, que embora a tese busque encontrar respostas para a arbitragem cuja sentença é proferida no Brasil, não se pode perder de vista que nosso país adotou modelo que não dá tratamento normativo distinto, como fazem outros países, para a arbitragem

---

[50] SALLES, Carlos Alberto de. **Arbitragem em contratos administrativos**. Rio de Janeiro: Forense, 2011, p. 23-4.

[51] De acordo com Peter Gilles, *"What definitely stands out today among the more 'legal' purpose descriptions and task assignments is what I call the servient function of comparative procedure law in the área of assimilation or unification of law in general and of procedure law in particular as a resulto f modern-day internationalization or even globalization movements, among which the Europeanization of law, including procedure law, currently represents the strongest movement. [...] the achievements and positive effects have been, and continue to be, substantial in many other fields. Among other things, they have provided the impetus for many research projects and an entire series of so-called 'model laws of procedure' or 'model rules of procedure', such as the IBA Minimal Standards of Judicial Independence of 1982, the UNCITRAL model rules governing international comercial arbitration of 1985, the model draft of the Ibero-American rules of civil procedure of 1988, the Storme Project (submitted to the European Commission in 1989) of a draft of a European rules of civil procedure, or Hazard's and Tarufo's 'Code of Basic Principles for Civil Procedure in Transnational Litigation', or a (since 1999 unified) ALI/UNIDROIT project 'Principles of Transnational Litigation' with the substantial participation of Stuerner, and much more"*. GILLES, Peter. Comparative Procedure Law. In: DIDIER JR., Fredie; JORDÃO, Eduardo Ferreira. **Teoria do Processo**, op. cit., p. 820-1.

[52] *"Some implications of adopting a global perspective and a broaden conception of law are illustrated by the topic of diffusion of law – sometimes referred to as reception, transplants, or transposition. Diffusion (under different labels) has been subject of much attention, notably in long-running debates between Alan Watson and a number of leading scholars, including Otto Kahn-Freund, Lawrence Friedman, Pierre Legrand, and Esin Örücü"*. TWINING, William. Globalization and Comparative Law. In: ORÜCÜ, Esin; NELKEN, David. **Comparative Law**. Portland: Hart, 2007, p. 83.

doméstica[53] e para arbitragem internacional[54] (a não ser, claro, para fins de execução do laudo arbitral, conforme definido pelo art. 35 da Lei de Arbitragem Brasileira),[55] razão pela qual, eventuais soluções encontradas tenderão, muitas vezes, a ser úteis tanto a um como ao outro.

A despeito disso, *esta tese tem como recorte metodológico a análise da arbitragem conduzida de acordo com o direito brasileiro*. Quaisquer análises e aplicações dos conceitos e mecanismos aqui estudados à arbitragem internacional serão apenas circunstanciais e não alteram o recorte metodológico aqui escolhido.

---

[53] De acordo com Luiz Olavo Baptista e Silvia Bueno, "o critério adotado pela lei brasileira relativo à distinção entre arbitragens domésticas e internacionais, distinguindo-as com base no local onde a sentença foi proferida e não pela internacionalidade do contrato como ocorre em muitos países. Assim, sempre que for proferida fora do Brasil, a sentença será considerada estrangeira e será objeto de homologação. Já a sentença proferida em nosso país será considerada nacional e não objeto de homologação, mesmo que as partes, os árbitros e o objeto do contrato sejam internacionais. Por exemplo, se uma arbitragem for conduzida em português, aplicando lei brasileira, mas for sediada na Inglaterra, a sentença arbitral resultante será objeto de homologação no Brasil antes de ser exequível. Por outro lado, se uma arbitragem for conduzida no Brasil, em língua inglesa, aplicando a lei inglesa, sua sentença não precisará de homologação para ser executada no Brasil. 29 Em ambas as hipóteses, a lei de arbitragem permite a anulação da sentença arbitral em caso de violação da ordem pública brasileira, e esta é também obstáculo à homologação da sentença estrangeira, nos termos da Convenção de Nova York. Sendo assim, em nenhum dos casos ocorreria infração à ordem legal brasileira". BAPTISTA, Luiz Olavo; MIRANDA, Silvia Bueno. Convenção de arbitragem e escolha da lei aplicável: uma perspectiva do direito brasileiro. **Revista de Arbitragem e Mediação**, vol. 27/2010, p. 11 – 34, Out-Dez, 2010.

[54] Como ensina João Bosco Lee: "no caso da lei brasileira, considerar que a escolha de uma lei estrangeira pelas partes constitui um critério de internacionalidade seria confundir a qualificação com a norma". LEE, João Bosco. A Lei 9.307/96 e o direito aplicável ao mérito do litígio na arbitragem comercial internacional. In: PIMENTEL, Luiz Otávio; REIS, Murilo Gouvêa dos. **Direito comercial internacional: arbitragem**. Florianópolis: OAB-SC, 2002, p. 51.

[55] De acordo com o art. 35 da Lei de Arbitragem Brasileira (Lei 9.637/96 modificada pela Lei /2015), "Para ser reconhecida ou ser executada no Brasil, a sentença arbitral estrangeira está sujeita, unicamente, à homologação do Superior Tribunal de Justiça". De acordo com Carlos Alberto Carmona, "É preciso ficar claro, portanto, que a Lei foi enfática acerca das características que a sentença arbitral estrangeira deve ostentar para receber o *exequatur*, e dentre elas não está a homologação no país de origem, ainda que este procedimento seja requisito necessário, no direito interno alienígena, para que a decisão arbitral passe a ter a mesma eficácia da sentença arbitral". CARMONA, Carlos Alberto. **Arbitragem e processo**, op. cit., p. 447.

Por fim, a dimensão normativa da tese busca orientar modelos de gestão de processos paralelos.

4. Estrutura da tese

Esta tese é dividida em duas partes e oito capítulos (aos quais se soma esta Introdução e a Conclusão).

A primeira parte do texto segue do primeiro ao quinto capítulo e se destina ao estudo sobre a primeira hipótese de trabalho desta tese: os critérios para a consolidação de demandas arbitrais conexas devem estar em consonância com as especificidades da arbitragem.

O primeiro capítulo trata sobre a definição de conexão e a classificação desse fato jurídico processual na doutrinal processual, bem como sua aplicação à arbitragem. Sendo este fato jurídico o fenômeno que dará origem aos efeitos estudados nesta tese, parte-se deste. Após tratar das definições e conceitos mais relevantes para o tema estudado – dentre os quais, destacam-se (a) os processos arbitrais relacionados; (b) os limites de consentimento e o consentimento implícito; e (c) as diferenças entre a arbitragem e o Judiciário – a tese passa a abordar as questões de conexidade em processos arbitrais relacionados.

O segundo capítulo desta tese trata das causas e finalidades para que sejam ou não reunidos/consolidados processos arbitrais conexos. Afinal, a conexão é o fato jurídico que levará aos riscos de que sejam proferidas decisões contraditórias, sendo este risco e não a conexão em si a causa para a consolidação de processos arbitrais paralelos. São analisadas, aqui, as vantagens e desvantagens relacionadas à mitigação do risco de serem proferidas decisões contraditórias e os ganhos e perdas de eficiência de tempo e custo.

O terceiro capítulo aborda o consentimento das partes como principal critério para se determinar a consolidação entre processos arbitrais paralelos. Se a autonomia da vontade das partes é a fonte de legitimação para o processo arbitral, então, se as partes não convencionaram a possibilidade de consolidação de processos relacionados como podem ser reunidos aqueles processos? Por outro lado, como permitir que sejam gastos recursos das partes de forma ineficiente (e em especial da parte que propõe a consolidação) e, pior, correr o risco de se ter como resultado sentenças contraditórias que não serão úteis para as partes? De um lado, temos a autonomia da vontade das partes como fonte de poder dos árbitros[56] e base de legitimidade de todo o processo. De outro, temos a efetividade do processo arbitral, que, ao cabo, é o produto daquilo que as partes escolheram, ou seja, é a consecução da vontade das partes. Diante disso, se as partes optaram pela arbitragem, mas não dotaram expressamente o tribunal arbitral de poderes para consolidar processos arbitrais relacionados, podem os árbitros ou os juízes ou as instituições arbitrais preencherem essa vontade das partes com o objetivo de tornar efetivo o ato volitivo original das partes de ter suas disputas solucionadas via arbitragem?

O quarto capítulo examina outros critérios que devem ser observados pelo julgador para determinar a consolidação de processos arbitrais conexos ou relacionados. Dentre esses, destacam-se: conveniência, momento processual, dentre outros.

O quinto capítulo analisa o fenômeno das arbitragens multicontratuais e seu impacto sobre a consolidação de processos arbitrais.

Compreendida a conexão, avaliados o risco de incoerência do sistema e os ganhos de eficiência (tempo e custo) e presentes os critérios para que seja determinada a consolidação entre processos arbitrais, dentre os quais o consentimento das partes, passa-se, então, a examinar quem é (ou quem são) a autoridade competente para determinar a consolidação: instituições arbitrais, árbitros ou juiz togado.

Inicia-se, assim, a segunda parte do texto, na qual é examinada a segunda hipótese de trabalho desta tese: a admissão pelo direito brasileiro da atuação do juiz togado para determinar a consolidação de demandas arbitrais conexas diante da impossibilidade de se constituir o tribunal arbitral e/ou se identificar a autoridade e/ou instituição arbitral a qual as partes atribuíram poder para tanto. Essa segunda e última parte da tese abrange dos capítulos sexto ao oitavo do texto.

O sexto capítulo busca apresentar, no plano do direito comparado, as soluções que têm sido dadas a essa questão.

---

[56] De acordo com Carmona, os árbitros possuem "poder de decidir, impondo em caráter obrigatório e vinculativo a solução a um determinado e específico conflito de interesses, aplicando a norma ao caso concreto". CARMONA, Carlos Alberto. **A arbitragem no processo civil brasileiro**. São Paulo: Malheiros, 1993, p. 35.

O sétimo capítulo analisa as soluções brasileiras ao fenômeno dos processos arbitrais conexos. Aqui é estudado o modelo brasileiro para evitar que decisões contraditórias ou inconsistentes entre si sejam proferidas sobre demandas arbitrais conexas. Dentre outros instrumentos, serão propostas soluções *lege lata* a partir de uma interpretação ainda não explorada do art. 7º da Lei de Arbitragem Brasileira. Esse dispositivo legal tem como objetivo evitar que a resistência de umas das partes integrantes de convenção arbitral impeça a efetiva realização da arbitragem. A questão a ser explorada é se a aplicação de tal dispositivo também pode ser estendida para situações em que exista o risco de decisões inconsistentes. Além de verificar algumas respostas legislativas e doutrinárias que têm sido dadas ao problema, o texto apresentará uma análise do acórdão prolatado pela 19ª Câmara Cível do Tribunal de Justiça do Estado do Rio de Janeiro que decidiu reunir três processos arbitrais perante um único painel, composto por três árbitros indicados pela Câmara FGV de Conciliação e Arbitragem ("Câmara FGV").

Por fim, o oitavo capítulo trata das técnicas a serem utilizadas para a consolidação entre processos arbitrais paralelos para se evitar o risco de decisões contraditórias e permitir o ganho de eficiência. Além das variações da consolidação em *simultaneus processus*, serão analisadas (i) a nomeação de um mesmo tribunal arbitral para os processos arbitrais conexos; e a possibilidade de se realizar instrução probatória conjunta entre os processos arbitrais conexos.

5. Estado da Arte e Contribuição Original da tese

O estudo sobre as demandas relacionadas na teoria processual tem se dedicado a solucionar problemas relativos ao ordenamento jurídico brasileiro. Ainda em 2015, por exemplo, Paulo Henrique dos Santos Lucon defendeu e teve aprovada pela Faculdade de Direito da Universidade de São Paulo sua tese de livre-docência sobre *Relação entre Demandas*, na qual explora com profundidade o tema da conexão e da reunião entre demandas judiciais.

Não há ainda, contudo, um estudo sistemático no Brasil sobre a relação entre demandas arbitrais e muito menos um que o fizesse com enfoque na conexão e na consolidação de demandas arbitrais tal como esta tese pretende.

Sob a roupagem do fenômeno dos processos paralelos, a questão tem sido bastante estudada ao redor do mundo, mas pouco foi produzido no Brasil a esse respeito.

Os principais estudos sobre processos paralelos no âmbito da arbitragem transnacional foram realizados pelo Comitê de Arbitragem Comercial Internacional da *International Law Association* (ILA),[57] tendo dentre os maiores expoentes individuais desse debate Bernardo M. Cremades e Julian Lew.

O debate tem se desenvolvido mais em torno das múltiplas relações entre arbitragem comercial e arbitragem de investimento e reúne uma série de questões importantes do ponto de vista dos litígios transnacionais, tais como consolidação ou conexão de processos transnacionais, coisa julgada,[58] litispendência, *estoppels* e *forum shopping*.[59]

Em especial na Europa, muito se tem discutido sobre as dificuldades decorrentes de processos paralelos, mas em geral, esse debate se dá entre a existência de processos arbitrais paralelos a processos judiciais (e, na maior parte das vezes, dentro de um contexto de verificação de competência a partir da perspectiva do direito internacional privado) e não entre processos arbitrais paralelos.[60]

No Brasil, o tema dos processos paralelos no âmbito da arbitragem foi tratado por Luiz Olavo Baptista em seu texto *Parallel arbitrations – waivers and estoppels*[61] e em tese de doutorado por ele orientada e defendida no Departamento de Direto Internacional da Universidade de São Paulo, em 2011, por Priscila Aymone sob o título *A Problemática dos Procedimentos Paralelos: os princípios da litispendência e da coisa julgada em arbi-

---

[57] Conf. AYMONE, Priscila Knoll. Op. Cit, p. 14-6.
[58] Sobre o tema da coisa julgada em demandas arbitrais multipartes e multicontratuais conf. MAYER, Pierre. The effects of awards rendered in multiparty/multicontract situations. In: HANOTIAU & SCHWARTZ (Eds.). **Multiparty Arbitration, Dossier VII**, ICC Institute of World Business Law, n. 701, set. 2010, ICC Publication, p. 223-33.
[59] Conf. AYMONE, Priscila Knoll. Op. Cit.
[60] Conf. ERK, Nadja. **Parallel Proceedings in International Arbitration**: A Comparative European Perspective. Alphen aan Den Rijn: Kluwer Law International, 2014.
[61] In: CREMADES, Bernardo M.; LEW, Julian D. M. (Coord.). **Parallel State and Arbitral Procedures in International Arbitration**. Dossiers ICC Institute of World Business Law. ICC Publication, 2005, p. 127-42.

tragem internacional.[62] O texto de Luiz Olavo Baptista e a tese de Priscila Aymone foram os primeiros a tratar com profundidade no Brasil o tema da relação entre demandas arbitrais.

Esta tese, contudo, se diferencia do estudo desenvolvido por Priscila Aymone de duas formas: (i) diferente daquela que se concentra nos institutos da litispendência e da coisa julgada, esta tese tem como foco a conexão e a consolidação de demandas arbitrais; e (ii) ao contrário daquela que buscou uma abordagem internacional sobre os institutos, esta tese, embora busque no direito comparado elementos que possam ser aplicados ao direito brasileiro, está concentrada nas arbitragens conduzidas de acordo com o direito brasileiro.

Especificamente sobre a consolidação de demandas arbitrais relacionadas, o debate mais efusivo provavelmente tem ocorrido nos Estados Unidos, onde os tribunais têm se dividido sobre a possibilidade ou não de determinarem a reunião desses processos sem o consentimento expresso das partes.[63]

No Brasil, o caso mais notório de intervenção judicial para determinar a consolidação de demandas arbitrais conexas foi o que envolveu a construção da Usina Hidrelétrica Corumbá III. Discutia-se a possibilidade de se reunir três processos arbitrais perante um único painel, composto por três árbitros indicados pela Câmara FGV. Esse caso gerou alguns poucos textos de debate, dentre os quais se destacaram o parecer publicado por Pedro Batista Martins,[64] a favor da reunião pela instituição arbitral ou pelos árbitros (sem examinar, contudo, se o Judiciário teria poder para tanto); e o comentário de Eduardo Damião Gonçalves e Flávia Mange,[65] contrário à reunião dos processos pelo Judiciário em função do princípio da competência-competência.

---

[62] Conf. AYMONE, Priscila Knoll. Op. Cit., p. 182 e ss.
[63] A forma como a jurisprudência norte-americana tem lidado com o tema dos poderes implícitos dos árbitros para determinar a consolidação de processos arbitrais relacionados será tratada no item I.V desta tese.
[64] MARTINS, Pedro Antonio Batista. Consolidação de procedimentos arbitrais, **Revista de Arbitragem e Mediação**, v. 32, p. 251, jan. 2012, DTR\2012\2281.
[65] GONÇALVES, Eduardo Damião; MANGE, Flávia Foz. **Request for Consolidation of Parallel Arbitral Proceedings Led to Improper Intervention by the Courts**. Disponível em: <http://uk.practicallaw.com/6-503-8194?service=arbitration>. Acesso em: 23 dez. 2015.

Em relação à Segunda Parte da tese, embora muito já tenha sido escrito sobre a execução específica do art. 7º da Lei de Arbitragem Brasileira, entende-se que é original a abordagem desta tese sobre a possibilidade de o juz togado, dentro dos limites e requisitos restritos desse dispositivo legal, analisar e determinar a consolidação de demandas arbitrais relacionadas.

Primeira Parte

Inicia-se, aqui, a Primeira Parte desta tese que tem como objetivo examinar **quais** demandas arbitrais podem ser consolidadas.

O objeto desta Primeira Parte será a *conexão* e *seus efeitos*, dando-se particular atenção ao efeito da consolidação, mas sem também deixar de analisar o seu inverso, qual seja a separação de demandas. Inserido neste objeto está uma breve qualificação da conexão, bem como as particularidades e especificadades da aplicação de seus efeitos na arbitragem.

Para tanto, serão explorados os critérios que devem atendidos para que demandas arbitrais conexas sejam consolidadas, com especial destaque para o consentimento das partes e como esse consentimento pode ser identificado.

Ainda serão examinadas as demandas arbitrais conexas que são decorrentes de multicontratos e/ou envolvem multipartes. A consolidação e/ou a separação dessas demandas apresenta particularidades que exigem um capítulo próprio, bem como critérios complementares para a sua determinação.

São exatamente esses critérios que limitarão e circunscreverão os poderes dos árbitros e dos demais *players* responsáveis por determinar a consolidação ou separação de demandas arbitrais conexas.

O primeiro capítulo que se iniciará a seguir é conceitual e buscará localizar o tema desta tese na doutrina processual e arbitral.

Capítulo 1
O que é a Conexão e o que é a Consolidação de Processos Arbitrais Conexos?

> "Se mi fosse lecito il paragone, direi che la connessione consiste nella parentela, non nella somiglianza tra due o più liti; questa può tutt'al più costituire un indice di quella".[66]
>
> **Fancesco Carnelutti**. Lite e processo. Rivista di diritto processuale civile, 1928.

1.1. A Conexão e Seus Efeitos – a Consolidação

A conexão é a identificação de dada relação fático-jurídica comum a demandas distintas. Trata-se de uma classificação jurídica sobre fenômeno cuja existência não está sob o controle do julgador. Embora a declaração da existência deste fenômeno esteja sob seu controle, não há como o julgador fazer com que aquele fenômeno exista ou não. Diferen-

---

[66] "Se me fosse permitida a comparação, eu diria que a conexão consiste na relação, não na semelhança entre dois ou mais litígios; esta pode no máximo constituir um indício daquela". (tradução livre) CARNELUTTI, Francesco. Lite e processo (postilla). **Rivista di diritto processuale civile**, v. 5, 1928.

temente da conexão *per se*, os efeitos processuais que dela decorrerão somente existirão se determinados pela autoridade competente. Estes sim dependem exclusivamente do julgador.

A conexão por si só não teria razão de ser que não o enriquecimento da ciência jurídica. O direito, contudo, é um saber prático. As classificações jurídicas fazem sentido se tiverem uma aplicação prática. E qual seria a razão de existir a conexão como classificação jurídica? Qual foi o problema ou questão jurídica que demandou sua existência? O problema mais evidente é o risco de serem geradas decisões contraditórias[67] e conflitantes entre si que tornem ineficaz (ou menos eficaz) o sistema jurídico como mecanismo de adjudicação de controvérsias. A conexão seria dessa forma um mecanismo de depuração lógica que manteria a racionalidade e a eficácia do sistema jurídico.

Nos ordenamentos jurídicos de diversos países, haveria, segundo Carnelutti, tanto a (i) conexão material – que seria a conexão resultante da identidade entre os elementos de duas ou mais demandas – como a (ii) conexão instrumental – segundo a qual o julgamento de duas ou mais demandas deve depender dos mesmos instrumentos (mesma razão, mesma prova[68] ou mesmos bens).[69] Desse modo, o fundamento da conexidade instrumental[70] é a necessidade de formação única da con-

---

[67] *"Like other procedural tools designed to allow adjudication of multi-party, multi-claim cases, consolidation aims at avoiding contradictory judgments. Consistent judgements increase Faith in an adjuvative system. In western societies the rule of law reigns supreme. Results appear more just if no contradictions occur. Adjudication appears less arbitrary and more predictable [...]"*. PAIR, Laura Michaela. **Consolidation in International Commercial Arbitration**: The ICC and Swiss Rules. 2011. Tese (Doutorado em Filosofia do Direito) – School of Management, Economics, Law, Social Sciences and International Affairs, University of St. Gallen, St. Gallen, 2011, p. 15.

[68] Como se verá oportunamente nesta tese, a conexão probatória é uma decorrência direta da conexão instrumental.

[69] CARNELUTTI, Francesco. **Sistema de derecho procesal civil**. v. 2. Buenos Aires: Uthea Argentina, 1944, p. 19. Ver também COSTA, Susana Henriques da. **O processamento coletivo na tutela do patrimônio público e da moralidade administrativa**. São Paulo: Quartier Latin, 2009, p. 265.

[70] Para Paulo Roberto de Gouvêa Medina, "a conexão instrumental não é, propriamente, uma espécie distinta, senão um complemento da ideia de conexão. Ela apresenta-se, por isso, sempre entrelaçada à conexão material, de tal sorte que o fenômeno só adquirirá relevância no processo quando duas ou mais ações, além de terem um ou dois de seus elementos (*persona, res e causa petendi*), exigirem, ainda, os mesmos instrumentos para a sua composição (a mesma *razão*, no processo de conhecimento; o mesmo bem_s no processo de execução).

vicção do juiz, seja (i) pelo julgamento conjunto dos processos por um único julgador; seja (ii) pela reunião das demandas em um único processo.[71] Eis aqui mais uma vez a dificuldade de separar o conceito de conexão de suas consequências.

No estudo do processo civil brasileiro há significativa dificuldade em se separar a existência de conexão propriamente dos resultados dela decorrentes[72]. Apesar disso, é importante diferenciar os efeitos processuais (reunião dos processos, entre outros) da conexão propriamente.[73] Enquanto a conexão decorre, em geral, de uma dada relação de direito material antes e fora do processo (pré-processual), os efeitos dessa conexão repercutirão no processo.[74]

Essa interdependência entre as ações é que traduz, na sua integralidade, o fenômeno da conexão processual". MEDINA, Paulo Roberto de Gouvêa. **A conexão de causas no processo civil**. Repro, São Paulo: Revista dos Tribunais, ano 28, n. 109, jan. mar. 2003, p. pp. 63-70.

[71] De acordo com o Artigo 103 do Código de Processo Civil, "reputam-se conexas duas ou mais ações, quando lhes for comum o objeto ou a causa de pedir". A interpretação atribuída por Cândido Dinamarco ao Artigo 103 do Código de Processo Civil é a de que a "parcial identidade de títulos" seria suficiente para o reconhecimento da conexão pela causa de pedir que, ao decidir sobre as demandas propostas, o juiz forme "*convicção* única sobre os fundamentos de ambas, ou de todas". DINAMARCO, Cândido Rangel. **Instituições de direito processual civil**, op. cit., p. 499-500.

[72] Nesse sentido: THEODORO JÚNIOR, Humberto. **Curso de direito processual civil**. 37. ed., v.1. Rio de Janeiro: Forense, 2001; NERY JÚNIOR, Nelson; NERY, Rosa Maria de Andrade. **Código de processo civil comentado e legislação extravagante**. 8. ed. rev. e atual. São Paulo: RT, 2004; SANTOS, Moacyr Amaral. **Primeiras linhas de direito processual civil**. 21. ed. rev. e atual., v.1. São Paulo: Saraiva, 1999.

[73] "É preciso cuidado, pois, para não se usar o signo 'conexão' como significativo do ato ou do efeito de 'conectar' (isto é, reunir em um só processo) duas ou mais demandas ou dois ou mais recursos. Tal uso, além de incompatível com a carga semântica por séculos atribuída ao verbete 'conexão' (no específico jogo de linguagem da ciência processual), não poderia ser mais pernicioso, afinal, instaura desnecessária ambiguidade entre uma causa e seu respectivo efeito, razão pela qual devemos evitá-lo a todo custo". OLIVEIRA, Bruno Silveira de. **De volta à conexidade entre demandas**: com especulações sobre o tema no futuro código de processo civil, 2014. Disponível em: <http://pensodireito.com.br/03/index.php/component/k2/item/121-de-volta-à-conexidade-entre-demandas-com-especulações-sobre-o-tema-no-futuro-código-de-processo-civil>. Acesso em: 11 abr. 2015.

[74] De acordo com Fredie Didier, "essa distinção entre fato (conexão) e efeito (reunião) está bem posta no enunciado n. 235 da súmula da jurisprudência do STJ: 'a conexão não determina a reunião dos processos, se um deles já foi julgado'". DIDIER JR., Fredie. **Direito processual civil**: tutela jurisdicional individual e coletiva. 5. ed., v. 1. Salvador: Edições Jus Podivm, 2005, p. 143.

Embora a doutrina tradicional busque separar o conceito de conexão dos seus efeitos, a conexão só tem razão de ser por conta da decisão de se aplicar ou não os efeitos processuais dela decorrentes. Como ensina José Carlos Barbosa Moreira, a conexão "não se trata de uma *entidade*, de algo que existe *per se*, mas de uma relação entre entidades".[75]

Interessante que em muitos países, em especial aqueles de cultura jurídica de *common law*, o foco se dá sobre esses efeitos jurídicos (destacando-se aí a consolidação de processos), sendo a conexão tratada, em geral, como um requisito ou uma condição[76] para a ocorrência desses efeitos.

1.1.1. Definição de reunião/consolidação de processos arbitrais

Há diversas definições sobre a consolidação de processos.[77] Como esclarecem Greenberg, Ferris e Albanesi:

> No seu sentido mais amplo, alguns incluem nesta definição qualquer arbitragem em que pedidos ligeiramente não relacionados sejam ouvidos conjuntamente. Outros incluem na definição qualquer situação em que existam pedidos decorrentes de mais de um contrato, por exemplo, quando: (a) uma única arbitragem se inicia com base em mais de um contrato, ou (b) uma parte em uma arbitragem já existente apresenta um pedido contra ou-

---

[75] BARBOSA MOREIRA, José Carlos. **A conexão de causas como pressuposto da reconvenção**. São Paulo: Saraiva, 1979, p. 119.

[76] "Observa-se que, via de regra, quando se fala em 'pressuposto', se está no terreno da existência ou não existência do fenômeno jurídico; se se fala em 'requisito', já se alcança etapa supervenientem que é a da validade ou não do fenômeno jurídico; ao ser abordada a 'condição', ganha-se a linha de eficácia ou de extinção do fenômeno jurídico". VILHENA, Paulo Emílio Ribeiro de. O pressuposto, o requisito e a condição na teoria geral do direito e no direito público, **Revista de Informação Legislativa**, Brasília: Senado Federal, p. 116. Disponível em: <http://www2.senado.leg.br/bdsf/bitstream/handle/id/180797/000349622.pdf?sequence=1>. Acesso em: 31 mar. 2015.

[77] Hanotiau também explica essa variação conceitual: "*If multiple disputes that arise from, or in connection with, diferente contracts, must in the first place be the object of separate arbitration requests, can the arbitral proceedings be subsequently consolidated? This is the way the issue of consolidation is generally understood and how it will be dealt with here. However, in the United States, the word consolidation has a broader meaning*". HANOTIAU, Bernard. **Complex Arbitrations**: Multiparty, Multicontract, Multi-Issue and Class Actions. Alphen aan Den Rijn: Kluwer Law International, 2005, p. 179.

tra parte com base em um contrato diferente daquele sob o qual se funda a jurisdição do tribunal arbitral.[78]

Para Mary Woollett e Monique Sasson, por exemplo, "consolidação é o instituto por meio do qual as disputas decorrentes ou relacionadas entre várias partes (normalmente envolvendo diferentes contratos) são reunidas em um único processo".[79] Também, para Arben Isufi: "Consolidação na arbitragem commercial internacional é conhecida como um 'instrumento processual' que reúne dois ou mais processos arbitrais separados em um único processo".[80] O autor realça ainda que a utilização da consolidação é mais comum em relações muticontratuais e multipartes.[81]

Por sua vez, de acordo com Francisco Cossio, "a consolidação é um mecanismo processual que permite que dois ou mais procedimentos sobre temas relacionados sejam tratados de maneira conjunta".[82]

Por outro lado, de acordo com Julie C. Chiu, *"a consolidação é definida como a reunião forçada do que de outro modo seria um processo de arbitragem separado sem o consentimento específico das partes envolvidas"*.[83]

---

[78] "Há várias interpretações a respeito do significado do mecanismo procedimental 'consolidação', como é conhecido na arbitragem comercial internacional". ALBANESI, Christian; FERRIS, José Ricardo; GREENBERG, Simon. Consolidação, integração, pedidos cruzados (*cross claims*), arbitragem multiparte e multicontratual e recente experiência na Câmara de Comércio Internacional (CCI), **Revista de Arbitragem e Mediação**, São Paulo, v. 28, ano 8, jan. 2011, p. 85-100.

[79] *"Consolidation is a process whereby the disputes arising between the various parties involved (usually under different contract) are brought together into one set of proceedings"*. WOOLLETT, Mary; SASSON, Monique. Multi-Party Arbitration, Multi-Party Arbitration Report, Estolcomo, **Stockholm Arbitration Report (SAR),** 2002, p. 9. (tradução livre)

[80] *"Consolidation in international commercial arbitration is known as a 'procedural mechanism' of bringing two or more separate pending arbitration proceedings together into one case"*. ISUFI, Arben. **Multiple Parties and Multiple Contracts in Arbitration**. 2012. Dissertação (Mestrado em Estudos Avançados nos Estudos Europeus em Direito Europeu), Ghent University, 2012, p. 4. (tradução livre)

[81] Idem.

[82] *"La consolidación es un mecanismo procesal que permite que dos o más procedimientos sobe temas relacionados sean tratados en forma conjunta"* (tradução livre). Ainda de acordo com Francisco Cossio: *"En materia procesal se le conoce como 'acumulación'. La figura busca evitar dos peligros: (i) decisiones contraditctorias; (ii) ineficiencia (litigar en dos frentes). Es especialmente útil para casos multipartes o complejos"*. COSSIO, Francisco Gonzáles de, op. cit., p. 575.

[83] Conf. Julie Chiu: *"consolidation is defined as the forced joinder of what would otherwise be separate arbitration proceedings without the specific consent of the parties involved"* (tradução livre). CHIU,

Para os fins desta tese, adota-se a definição de consolidação de processos arbitrais desenvolvida por Giliéron e Pittet, segundo a qual consolidação de processos é o ato ou processo de reunir em um único processo várias demandas independentes que estejam em curso ou venham a ser instauradas.[84]

Compreendida a definição adotada de consolidação de demandas arbitrais, passa-se, então, a analisar como se enquadra esse efeito da conexão na teoria processual sobre a cumulação de demandas.

1.2. Diferença entre Cumulação Original e Cumulação Sucessiva – Consolidação de Arbitragens Conexas como Cumulação de Demandas Sucessivas Derivadas e Decorrentes de Múltiplos Contratos

Um mesmo conjunto de fatos jurídicos pode ter mais de uma consequência jurídica e uma mesma consequência jurídica pode ser suportada por mais de um conjunto de fatos juridicamente relevantes. Para Daniel Degenszjn é dessa constatação que "surge a técnica da cumulação de demandas que visa a garantir na medida do possível a harmonia das decisões, além de proporcionar economia processual".[85]

A partir disso é essencial se diferenciar a consolidação de múltiplas disputas em curso em um único processo arbitral da cumulação original de ações e/ou pedidos decorrentes de múltiplos contratos em uma única arbitragem. Como ensina Araken de Assis, há a cumulação inicial//original e há a cumulação sucessiva/superveniente.[86]

A cumulação de demandas original ou inicial pelas partes diferenciaria-se, assim, da consolidação de demandas arbitrais, espécie de cumulação sucessiva ou superveniente. A diferença entre ambas não é sem razão. Enquanto no segundo caso há a possibilidade de se alterar a

---

Julie C. Consolidation of Arbitral Proceedings and International Arbitration. **Journal of International Arbitration**, Kluwer Law International 1990, v. 7, n. 2, p. 53-76, p. 53.
[84] GILLIÉRON, Philippe; PITTET, Luc. **Consolidation of Arbitral Proceedings (Joinder)**, participação no congresso Swiss Rules of International Arbitration, ed. Tobias Zuberbuhler, Klaus Muller, Philipp Habegger. Alphen aan Den Rijn: Kluwer Law International, 2005, p. 3.
[85] DEGENSZJN, Daniel Raichelis. **Alteração dos fatos no curso do processo e os limites de modificação da causa petendi**. 2010. Dissertação (Mestrado em Direito Processual) – Faculdade de Direito, Universidade de São Paulo, 2010, p. 74.
[86] ASSIS, Araken. **Cumulação de ações**. 4. ed. São Paulo: Revista dos Tribunais, 2002, p. 24.

definição de *quem* julgará o processo, ou seja, há questões concernentes à prorrogação de competência, no primeiro se trata da cumulação de demandas em função da identidade de relação material em uma mesma relação processual.

Dentre as hipóteses de cumulação original decorrente de conexão está o litisconsórcio, definido pelo art. 46, III, do Código de Processo Civil de 1973 e do art. 113, II, do Código de Processo Civil de 2015[87]. De acordo com Araken de Assis, o "art. 46, III, não se presta a exemplificar as eventuais exceções porque ele, intencionalmente, harmoniza-se ao art. 103, ou seja, a conexão, quanto ao litisconsórcio, importa identidade total da causa ou do objeto".[88]

Por sua vez, a cumulação superveniente pode ocorrer por "*inserção* da nova ação no processo pendente, ou derivada da *reunião* de diversos processos [...] o segundo grupo inclui a reunião de processos, cujas ações sejam conexas, ou seja, parcialmente idênticas, considerando os respectivos pedidos e causas de pedir".[89]

Como se verá ao longo desta tese, os critérios para sua ocorrência são bastante distintos, em especial, se as partes tiverem escolhido o Regulamento da Corte Internacional de Arbitragem da Câmara de Comércio Internacional ("CCI") para administrar o processo arbitral, como abordaremos em item específico desta tese sobre arbitragens multicontratuais.

1.2.1. Separação de demandas originalmente cumuladas

Paralelo ao tema da consolidação de demandas conexas está o tópico da separação de demandas originalmente cumuladas.

---

[87] Art. 113. Duas ou mais pessoas podem litigar, no mesmo processo, em conjunto, ativa ou passivamente, quando: I – entre elas houver comunhão de direitos ou de obrigações relativamente à lide; II – entre as causas houver conexão pelo pedido ou pela causa de pedir; III – ocorrer afinidade de questões por ponto comum de fato ou de direito.

[88] "E a maior prova de que as ações, segundo o Código, agasalham relações outras, de menor intensidade ou importância, se encontra, afinal, no inciso imediatamente anterior, que exige apenas identidade do fato ou do fundamento, e não de toda a *causa petendi*, e no seguinte, que reclama somente questão afim, de fato ou de direito. Existe uma conexão em sentido amplo, que abriga outras formas de relacionamento das ações". Assis, Araken, op. cit., p. 179.

[89] Assis, Araken, op. cit., p. 24.

Diante da propositura de um processo com cumulação original de demandas, caberá à parte adversa, se assim entender, apresentar sua objeção/impugnação à manutenção de demandas conexas em um único processo, requerendo, desse modo, a separação dessas ações.

No âmbito arbitral, contudo, essa questão adquire importância, em especial, se as demandas propostas conjuntamente em um único processo tiverem como fundamento contratos distintos. Nessa hipótese, a questão do consentimento para que as diferentes demandas sejam processadas em conjunto será predominante.

Por essa razão, retornaremos a esse tema em capítulo próprio sobre os processos arbitrais multicontratuais e multipartes.

1.2.2. Momento da instituição da arbitragem e consolidação de demandas

Ao se considerar que a consolidação é uma cumulação superveniente de demandas passa a ser relevante determinar o momento em que se tem uma demanda arbitral.

A despeito da redação relativamente clara do art. 19 da Lei de Arbitragem Brasileira, de acordo com o qual, "considera-se instituída a arbitragem quando aceita a nomeação pelo árbitro, se for único, ou por todos, se forem vários", trata-se de tema bastante polêmico e de intenso debate acadêmico e prático nos últimos anos.[90]

Como ensina Dinamarco:

> a demanda se considera proposta já quando a petição inicial é entregue ao Poder Judiciário para distribuição. [...] No sistema da arbitragem o *iter* que conduz à formação do processo bem mais complexo porque os 'atos do início são bastante diferentes daqueles exercitados no ingresso de uma demanda judicial' (Eduardo de Albuquerque Parente). Tudo começa com a comunicação a ser feita por um dos sujeitos conflitados ao outro, endereçando-lhe um convite a vir à arbitragem (LA, art. 6º), ou por uma iniciativa junto a uma instituição arbitral.[91]

---

[90] Conf. Nunes, Thiago Marinho. **Arbitragem e prescrição**. São Paulo: Atlas, 2014.

[91] Dinamarco, Cândido Rangel. **A arbitragem na teoria geral do processo**. São Paulo: Malheiros, 2013, p. 140-1. Conf. na mesma linha: Amadeo, Rodolfo da Costa Manso Real. Há fraude de execução na arbitragem? **Revista Brasileira de Arbitragem**, nº 40, São Paulo, Out-Dez/2013, p. 14.

Embora a instituição propriamente da arbitragem somente se dê com a aceitação de sua missão jurisdicional pelos árbitros, nos termos do art. 19 da Lei de Arbitragem Brasileira, não se pode dizer que não exista uma demanda proposta com o requerimento de arbitragem ou, pelo menos, com a ciência à parte requerida sobre tal requerimento.

Fosse outro entendimento, ou seja, o de que a demanda arbitral só passaria a existir com a efetiva instituição da arbitragem, então, somente se poderia falar de demandas conexas ou relacionadas após a efetiva constituição do tribunal arbitral. Como resultado, a consolidação de demandas arbitrais também somente poderia ocorrer após a constituição do tribunal arbitral.

Tal entendimento não seria razoável, já que com o requerimento de arbitragem já estariam presentes os três elementos – partes, pedido e causa de pedir – que constituem o "ato voluntário" pelo qual o "sujeito processual rompe[rá] a inércia do julgador e postula[rá] tutela jurisdicional no tocante a determinada relação jurídica de direito material".[92]

Diante das diferenças quanto aos "atos de início" da arbitragem em relação ao Judiciário, poderia se dizer que seria problemático se conferir ao requerimento de arbitragem em si o sentido de ato voluntário de provocar o exercício da jurisdição arbitral. Adotando-se essa linha, concluir-se-ia que não seria o requerimento de arbitragem, mas a ciência desse requerimento pelo requerido que daria origem à existência da demanda.

No entanto, a alteração da Lei de Arbitragem Brasileira ocorrida em 2015, ao incluir o § 2º ao art. 19, pôs fim a qualquer dúvida sobre o tema, já que ao se estabelecer que "a instituição da arbitragem interrompe a prescrição, retroagindo à data do requerimento de sua instauração [...]", não há como se negar a existência da demanda desde a data de seu requerimento, uma vez que não seria possível ou razoável se admitir a existência da demanda apenas para o fim de se interromper a prescrição.

Defende-se, assim, que para fins de existência de demandas arbitrais pendentes e conexas, basta o requerimento de arbitragem, não sendo necessária, para esse fim, a ciência da parte requerida ou a efetiva *insti-*

---

[92] SICA, Heitor Vitor Mendonça. Velhos e novos institutos fundamentais do direito processual civil. In: ZUFELATO, Camilo; YARSHELL, Flávio Luiz (Org.) **40 anos da teoria geral do processo**: passado, presente e futuro. São Paulo: Malheiros, 2014, p. 449.

tuição da arbitragem nos termos do art. 19, *caput*, da Lei de Arbitragem Brasileira.

1.3. Conexão e identificação da demanda

Antes de nos debruçarmos sobre o estudo dos mecanismos processuais a serem utilizados diante da constatação da conexão entre processos arbitrais, é preciso se ter claro se há ou não conexão.

Nessa identificação tem especial importância a análise (i) dos elementos identificadores da demanda (teoria dos três *eadem*) e (ii) do objeto litigioso das demandas. Como explica Daniel Degenszjn, há "uma claríssima relação de complementariedade entre esses dois modos de visualizar o problema, cada qual funciona como um filtro da realidade do processo, enxergando-o de perspectivas parecidas, mas de algum modo distintas. [...] A terminologia empregada é distinta, pois abandona-se os termos 'estado de coisas' e 'objeto litigioso' e passa-se a utilizar a expressão causa de pedir".[93]

Passemos, então, a examinar esses dois modos de visualizar o problema da identificação e individualização das demandas, bem como seu impacto na definição da conexão.

1.3.1. Os Elementos de Identificação da Demanda

De acordo com Olavo de Oliveira Neto, há três correntes doutrinárias sobre o conceito de conexão: (i) a teoria tradicional (Matteo Pescatore),[94] segundo a qual há conexão se houver identidade entre o pedido ou a causa de pedir[95] de duas ou mais ações, a qual foi adotada pelo

---

[93] DEGENSZJN, Daniel Raichelis, op. cit., p. 23.

[94] "[...] *não seria difícil imaginar o ajuizamento de mais de uma demanda formulando diferentes espécies de pedidos imediatos (provimentos jurisdicionais), mas apenas um objeto mediato (res). Neste caso específico, a teoria tradicional de Pescatore não admitiria tecnicamente a ocorrência de conexão, não havendo identidade de quaisque de seus elementos consultivos*". SILVA, Edward Carlyle, op. cit., p. 73.

[95] "É extremamente difícil separar em dois campos opostos o pedido e a causa de pedir, dada a relação de instrumentalidade que existe entre os mesmos, na definição do objeto do processo. Há uma comunicação entre estes elementos processuais, o que fica claro através da relação entre autoridade e eficácia preclusiva da coisa julgada, prevalecendo uma interpretação sistêmica do direito processual que leve em consideração conexões cuja causa originária está na própria intersecção entre direito material e direito processual, entre a esfera conflitual e a jurídica". GABBAY, Daniela Monteiro. **Pedido e causa de pedir**. São Paulo:

Código de Processo Civil;[96] (ii) a teoria de Carnelutti, para a qual a noção de conexão deve observar a identidade de questões existentes entre as ações; e (iii) a teoria materialista, segundo a qual a conexão deve ser reconhecida quando houver identidade da relação jurídica de direito material.[97]

De acordo com Carnelutti, "são litígios conexos aqueles cuja decisão requer a solução de questões comuns ou, em outros termos, de questões idênticas. É a identidade das questões, não a identidade (total ou parcial) dos elementos do litígio, que determina ou constitui a conexão".[98]

Saraiva; Direito GV, 2010, p. 52. Por sua vez, José Carlos Barbosa Moreira ensina que "identificar a *causa petendi* é responder à pergunta: por que o autor pede tal providência? Ou, em outras palavras: qual o fundamento de sua pretensão?" BARBOSA MOREIRA, José Carlos. **O novo processo civil brasileiro**: exposição sistemática do procedimento. 25. ed. rev. e atual. Rio de Janeiro: Forense, 2007, p. 17.

[96] "Demandas judiciais conexas são aquelas que possuem alguns elementos comuns, e alguns diversos; se todos os elementos fossem comuns, disso resultariam ações judiciais idênticas e não apenas relacionadas: Se todos os elementos fossem diversos, não teriam qualquer vínculo de conexão. Agora, os elementos constitutivos de todas as ações judiciais são: 1o as pessoas contendedoras; – 2o o título da contenda, ou seja, aquilo em que se baseia a petição e a relativa exceção; – 3o Aquilo que se requer: (personae, causa petendi e causa excipiendi, res): onde aparecem dois tipos principais de ações judiciais conexas: o primeiro daquelas que possuem dois elementos comuns e um único diverso; o segundo daquelas que possuem dois elementos diversos, e um único comum. Cada um destes tipos se subdivide, além disso, em três espécies; por isso, sendo três os elementos, o elemento diverso no primeiro tipo, e o elemento comum no segundo pode variar três vezes". (tradução livre) "*Cause connesse sono quelle che abbiano alcuni elementi comuni, e alcuni diversi; se tutti gli elementi fossero comuni, ne risulterebbero cause identiche e non solamente connesse: Se tutti gli elementi fossero diversi, mancherebbe ogni vincolo di connessione. Ora gli elementi costitutivi di tutte le cause sono: 1o le persone contendenti; – 2o il titolo della contesa, cio è quello a cui si appoggia la domanda e la relativa eccezione; – 3o La cosa che si domanda: (personae, causa petendi e causa excipiendi, res): onde emergono due sommi generi di cause connesse: il primo di quelle che abbiano due elementi comuni e un solo diverso; il secondo di quelle che abbiano due elemeni diversi, e un solo comune. Ciascuno di questi generi si suddivide poi in tre specie; perocchè tre essendo gli elementi, l'elemento diverso nel primo genere, e l'elemento comune nel secondo può variare tre volte*". PESCATORE, Matteo. **Sposizione compendiosa della procedura civile e criminale**: nelle somme sue ragioni e nel suo ordine naturale, con appendici di complemento sui temi principali di tutto il diritto giudiziario. v. I. Turim: Unione Tipografico, 1864, p. 168.

[97] OLIVEIRA NETO, Olavo. **Conexão por prejudicialidade**. São Paulo: Revista dos Tribunais, 1994.

[98] "*Sono liti connesse quelle, la cui decisione richiede la soluzione di questioni comuni o, in altre parole, di questione identiche. É la identità dela questioni, non la identità (totale o parciale) degli elementi dela*

Já Antonio Junqueira de Azevedo, em obra quase desconhecida do civilista no âmbito do processo civil, entendia que "haveria conexão de causas toda vez que duas ou mais causas possuíssem algo em comum".[99]

Barbosa Moreira afirma ainda que "apesar da preocupação definidora manifestada no art. 103 o Código de Processo Civil de 1973 não aplica sempre à palavra 'conexão' no mesmo sentido".[100] Para o autor, diante de "conceitos puramente instrumentais ou funcionais, como indiscutivelmente é o de 'conexão', parece mesmo duvidoso que se haja de considerar defeito a mudança ocasional de sentido".[101]

Haveria para o autor fluminense, no Código de Processo Civil de 1973, "uma conexão em 'sentido largo', que abrangeria uma série de casos estranhos ao âmbito do art. 103; ou em reconhecer-se que na doutrina acolhida pelo Código 'não se acha toda a teoria da conexão, impondo-se a admitir a existência de 'outras hipóteses', conquanto não suficientemente sistematizadas'".[102]

O Código de Processo Civil de 2015 não soluciona o problema. De acordo com o art. 55, *caput*, "[r]eputam-se conexas 2 (duas) ou mais ações quando lhes for comum o pedido ou a causa de pedir".[103]

Para Paulo Lucon, a conexão deve ser entendida "não nos termos do Código de Processo Civil (art. 55, *caput*), mas em seu sentido mais amplo, defendido pela chamada 'teoria materialista', para a qual a concepção do Código é demasiadamente restritiva, devendo ser conside-

---

lite, che determina o costituisce la connessione". (tradução livre) CARNELUTTI, Francesco. **Lezzioni di diritto processuale civile**. Pádua: CEDAM, 1931, p. 18.

[99] AZEVEDO, Antonio Junqueira de. **Conexão, identificação e conexão de causas no direito processual civil**. São Paulo, 1967, p. 77.

[100] BARBOSA MOREIRA, José Carlos. **A conexão de causas como pressuposto da reconvenção**, op. cit., p. 130-2.

[101] Idem, p. 130-2.

[102] Idem, p. 125.

[103] "Art. 55. Reputam-se conexas 2 (duas) ou mais ações quando lhes for comum o pedido ou a causa de pedir. § 1º Os processos de ações conexas serão reunidos para decisão conjunta, salvo se um deles já houver sido sentenciado. § 2º Aplica-se o disposto no *caput*: I – à execução de título extrajudicial e à ação de conhecimento relativa ao mesmo ato jurídico; II – às execuções fundadas no mesmo título executivo. § 3º Serão reunidos para julgamento conjunto os processos que possam gerar risco de prolação de decisões conflitantes ou contraditórias caso decididos separadamente, mesmo sem conexão entre eles".

rado o mero fato de as causas serem derivadas da mesma relação jurídica material".[104]

Para Cândido Rangel Dinamarco, há conexidade quando "duas ou várias demandas tiverem por objeto o mesmo bem da vida ou forem fundadas no mesmo contexto de fatos".[105] De modo semelhante, segundo José Rogério Cruz e Tucci, "nas inúmeras situações nas quais a conexão se revela importante no âmbito do direito processual, nem sempre, em todas elas, é reclamado o mesmo grau de conexidade pela causa de pedir. (...) A conexidade aí estabelecida é justificada, não pela identidade de fundamentos, mas, sim, pela afinidade concernente à relação jurídico-material".[106]

Ainda de acordo com Dinamarco, "[e]mbora também os fundamentos jurídicos se reputem incluídos na causa de pedir e os exija a lei como requisito da petição inicial (art. 282, III), eles não concorrem para a determinação dos limites do julgamento do mérito a ser feito afinal. O que deve permanecer íntegro é a narrativa dos fatos, porque fora destes o juiz jamais poderá julgar (art. 128) e é dos fatos narrados que o réu se defenderá (regime da substanciação)".[107]

Será necessária uma interpretação extensiva tanto da causa de pedir como do pedido. É isso o que defende, por exemplo, Paulo Lucon e demais, no âmbito dos processos coletivos. De acordo com o autor, a causa de pedir é composta tanto pelos fatos (cusa de pedir remota) como pelos fundamentos jurídicos do pedido (causa de pedir próxima). O pedido também é constituído pelo provimento jurisdicional buscado (pedido imediato) e pelo bem jurídico a ser tutelado (pedido mediato). Segundo Lucon, vem daí "a íntima relação existente entre pedido e causa de pedir. Daí porque é importante permitir que ambos possam ser interpretados extensivamente, sob pena de se criar situações incongruentes e até mesmo contraditórias do ponto de vista lógico: conclusões não contidas nas premissas".[108]

---

[104] LUCON, Paulo Henrique dos Santos, op. cit., p. 84.
[105] DINAMARCO, Cândido Rangel. **Instituições de direito processual civil**, op. cit., p. 149.
[106] TUCCI, José Rogério Cruz e. **A causa petendi no processo civil**. São Paulo: Revista dos Tribunais, 2001, p. 170-1.
[107] DINAMARCO, Cândido Rangel. **Instituições de direito processual civil**, op. cit., p. 71.
[108] LUCON, Paulo Henrique dos Santos; GABBAY, Daniela Monteiro; ALVES, Rafael Francisco; ANDRADE, Tathyana Chaves. Interpretação do pedido e da causa de pedir nas demandas

Essa mesma visão estendida seria necessária para se determinar a consolidação de processos arbitrais conexos. E não só em relação à causa de pedir e ao pedido, mas também em relação a outros elementos de identificação da demanda, dentre os quais as partes.

Parece claro não ser cabível a reunião de processos que tenham entre si apenas o mesmo fundamento jurídico.

Como será abordado na sequência desta tese, ao longo dos anos, a doutrina tem defendido cada vez mais flexibilidade na interpretação sobre a identificação da conexão entre demandas relacionadas. Essa flexibilidade tem contribuído para uma visão mais abrangente sobre a definição da conexão, fazendo com que nas hipóteses em que haja dúvida sobre a existência de conexão, interprete-se em favor da conexão.

Alguns autores, como Ricardo Leonel, entendem que essa identidade entre as demandas deve ser compreendida em sentido ainda mais amplo, devendo ser a identidade da relação substancial o elemento definidor para a existência ou não de conexão. De acordo com Ricardo Leonel, "[...] não é a identidade de causa próxima e causa remota que justifica a reunião das ações a reunião das ações a título de conexão, mas sim a identidade da relação substancial, aqui compreendida em sentido amplo".[109]

Também Lucon entende que não "se exige para a configuração da conexão uma perfeita identidade dos elementos identificadores da demanda, mas a existência de um liame, vinculado à relação jurídica de direito material, que permita uma decisão unificada".[110]

Como se vê, a doutrina tem desde Junqueira de Azevedo, ainda na vigência do Código de 1939, seguido por Barbosa Moreira e Dinamarco na vigência do Código de Processo Civil de 1973, se movido no sentido de

---

coletivas: conexão, continência e litispendência. In: LUCON, Paulo Henrique dos Santos. **Tutela coletiva**: 20 anos da lei da ação civil pública e do fundo de defesa de direitos difusos – 15 anos do código de defesa do consumidor. São Paulo: Atlas, 2005, p. 11.

[109] Ainda de acordo com Ricardo Leonel, "haveria a possibilidade de reconhecimento da conexão, para os fins instrumentais e econômicos preconizados pelas normas comentadas, em diferentes graus de intensidade, maior ou menor conforme as situações consideradas". LEONEL, Ricardo de Barros. A causa petendi nas ações coletivas. In: TUCCI, José Rogério Cruz; BEDAQUE, José Roberto dos Santos. **Causa de pedir e pedido no processo civil**. São Paulo: Revista dos Tribunais, 2002, p. 163.

[110] LUCON, Paulo Henrique dos Santos, op. cit., p. 85.

dar maior flexibilidade para a identificação da conexão entre demandas. Em novo período de transcição legislativa, ou seja, no final da vigiencia do Código de Processo Civil de 1973 e às vésperas do início da vigência do Código de Processo Civil de 2015, Ricardo Leonel e Paulo Lucon dão novo passo na mesma direção que os autores antes mencionados, defendendo uma ampliação dessa flexibilidade, de tal modo que qualquer liame jurídico na relação de direito material que justifique a conexão deva ser considerado na sua determinação.

A despeito da ausência de desenvolvimento legislativo nesse aspecto, tendo o Código de Processo Civil de 2015 repetido as mesmas categorias que o código anterior na identificação da conexão, a doutrina avança para aproximar o sistema jurídico da realidade e para se desvencilhar de barreiras meramente conceituais.

Como se verá ao longo desta tese, essa flexibilidade[111] deverá ser levada em consideração diante das especificidades da arbitragem frente à atuação judicial.

1.3.2. Análise do objeto litigioso

A análise do objeto litigioso[112] do processo é, ao lado dos elementos de identificação das demandas, importante parâmetro para identificar a

---

[111] De acordo com Montoro, "apesar do processo civil brasileiro ter diversos elementos que caracterizam um sistema como sendo rígido, ele também tem diversas outras regras – e/ou 'interpretações – que o flexibilizam. [...] o procedimento arbitral é ainda mais flexível. Ou seja, os sistema processual brasileiro é, cada vez mais, flexível, sendo que isso já é uma efetiva realidade no que se refere ao procedimento arbitral". MONTORO, Marcos André Franco, op. cit., p. 28.

[112] O tema do objeto litigioso tem recebibo grande atenção do estudo de direito processual, em especial a partir da teoria ultraprocessualista de Heinz Karl Schwab que consolidaria um longo debate sobre o tema do objeto litigioso iniciado pela teoria materialista de Friedrich Lent. Schwab defende que o objeto litigioso é "*la petición de resolución judicial señalada en la solicitud*". SCHWAB, Karl H. **El objeto litigioso en el processo civil**. Buenos Aires. No direito brasileiro, dentre outros, José Rogerio Cruz e Tucci (TUCCI, José Rogério Cruz e. **A causa petendi no processo civil**. São Paulo: Revista dos Tribunais, 2001), Araken de Assis (ASSIS, Araken. **Cumulação de ações**. 4. ed. São Paulo: Revista dos Tribunais, 2002) e Fábio Peixinho Corrêa (CORRÊA, Fábio Peixinho Gomes. **O objeto litigioso no processo civil**, São Paulo: Quartier Latin, 2009) examinaram com profundidade o tema. Embora seja bastante relevante para o estudo sobre a relação entre demandas como um todo, esta tese partirá do ponto onde esses autores já avançaram, entendendo que maior aprofundamento do estudo sobre o objeto litigioso extrapola o objeto desta tese.

proximidade entre demandas e, por consequência, para identificar a conexão entre demandas.

No direito francês, o objeto litigioso também é essencial para identificar o risco de que decisões contraditórias sejam proferidas por conta da conexão entre as demandas. De acordo com Claire Debourg:

> Para se identificar claramente as conexões que apresentam risco de conflito, deve-se reduzir o objeto ao qual se referem as decisões às suas partículas elementares e determinar em quais casos uma mesma partícula pode ser submetida à apreciação de jurisdições diferentes. O critério do risco de conflito acaba sendo, portanto, o menor componente do objeto litigioso comum nas decisões: a questão litigiosa comum.[113]

Além disso, o objeto litigioso é relevante para se determinar a estabilização da demanda. Não há dúvida de que a reunião/consolidaçnao de processos não é a única forma de se evitar a prolação de decisões contraditórias e/ou inconsistentes entre si. Embora o ordenamento jurídico brasileiro tenha consagrado a regra da estabilização da demanda, é possível a modificação do objeto litigioso de um processo a partir de uma demanda conexa. Como ensina Lucon, "em demanda conexa poderá haver novas causas de pedir e novos pedidos, desde que haja uma questão ou pedido comum. Isso significa que o sistema jurídico brasileiro admite a alteração da causa de pedir ou do pedido em outro processo apto a propiciar a reunião".[114]

Afinal, "quanto maior a possibilidade de flexibilização do objeto litigioso do processo, menores tendem a ser os riscos de serem proferidas decisões conflitantes ou contraditórias, já que às partes é conferida a possibilidade de modificação do pedido e da causa de pedir de modo a evitar assim o ajuizamento de diversas novas demandas".[115]

---

[113] *"Pour identifier clairement les liens qui permettent d'établir un risque de contrariété, il faut ramener la matière sur laquelle portent les décisions à ses particules élémentaires et déterminer dans quels cas une même particule peut être soumise à l'appréciation de jurisdictions différentes. Le critère du risque de contrariété se trouve donc être le plus petit composant de la matière litigieuse commune aux décisions: la question litigieuse commune".* (tradução livre) DEBOURG, Claire, op. cit., p. 35.
[114] LUCON, Paulo Henrique dos Santos, op. cit., p. 75.
[115] Idem.

1.4. Modalidades de Conexão

Compreendidos os elementos de identificação da demanda e o objeto litigioso como parâmetros para se identificar a conexão e a possibilidade de sua extensão por meio da reunião de demandas conexas, é preciso examinar as distintas modalidades de conexão.

A questão da conexidade pode se apresentar ao julgador, seja ele juiz estatal ou árbitro, tanto (i) a partir de pedido de uma das partes para que reúna/consolide duas ou mais disputas conexas; como (ii) a partir de pedido reconvencional da parte requerida; como também (iii) a partir de pedido de uma das partes para modificar os limites objetivos da demanda em função de fato superveniente conexo; ou (v) porque há uma relação de prejudicialidade entre as demandas.

Passa-se, então, a analisar essas diferentes modalidades e tipos de conexidade.

1.4.1. Reconvenção e conexidade

Pelo menos no âmbito judicial, a reconvenção tem como requisito a presença de conexão entre ela e a demanda principal ou entre ela e o fundamento da defesa (contestação), nos termos do art. 315, *caput*,[116] do Código de Processo Civil de 1973, também mantidos pelo art. 343, *caput*,[117] do Código de Processo Civil de 2015.

Um dos principais clássicos da literatura jurídico-processual sobre o tema da conexão é a obra de Barbosa Moreira sobre a **Conexão de causas como pressuposto da reconvenção** publicada em 1979. Não bastasse a importância por si só desta obra para qualquer estudo sobre conexão no Brasil, uma vez que foi ali, seis anos após a entrada em vigor do Código de Processo Civil de 1973, que se estabeleceu com clareza a necessidade de flexibilização do conceito de conexão em relação à própria utilização polissêmica do termo legislador,[118] vemos como etapa

---

[116] Art. 315. O réu pode reconvir ao autor no mesmo processo, toda vez que a reconvenção seja conexa com a ação principal ou com o fundamento da defesa.

[117] Art. 343. Na contestação, é lícito ao réu propor reconvenção para manifestar pretensão própria, conexa com a ação principal ou com o fundamento da defesa.

[118] BARBOSA MOREIRA, José Carlos. **A conexão de causas como pressuposto da reconvenção**, op. cit., p. 167.

obrigatória desta tese o exame, ainda que perfunctório, sobre o papel da conexão na admissão da reconvenção.

O art. 315 do Código de Processo Civil de 1973 estabelece que: "[o] réu pode reconvir ao autor no mesmo processo, toda vez que a reconvenção seja conexa com a ação principal ou com o fundamento da defesa". O Código de Processo Civil de 2015 pouco alterou quanto a esse aspecto da reconvenção,[119] uma vez que, em seu art. 343, estabelece que "[n]a contestação, é lícito ao réu propor reconvenção para manifestar pretensão própria, conexa com a ação principal ou com o fundamento da defesa".

De acordo com Fábio Peixinho Corrêa, é necessário se identificar com precisão o nexo entre reconvenção e ação a partir de uma investigação sobre objeto litigioso das pretensões formuladas. Para o autor, o "estudo do ojeto litigioso traz relevantes contribuições para o juízo de probabilidade formulado pelo juiz em torno do nexo entre reconvenção e ação, na medida em que a determinação das pretensões processuais à tutela jurisdicional deduzidas indicará os pontos de contato existentes e futuros, reduzindo as chances de que a reunião de demandas mostre-se nociva à prestação da tutela jurisdicional".[120]

De acordo com o Barbosa Moreira: "[...] a admissibilidade da reconvenção em regra está sim condicionada à existência de um vínculo – chamemo-lo de *conexão* – entre as duas causas, mas a caracterização desse vínculo não se faz em termos rigidamente conceitualísticos [...] em matéria de cabimento da reconvenção, a diretriz prevalecente sempre foi a da flexibilidade [...]".[121]

---

[119] Outros aspectos da reconvenção, contudo, foram bastante alterados pelo Código de Processo Civil de 1973, dentre os quais se destacam o art. 343, §§3º e 4º que autoriza o réu a (i) apresentar reconvenção em face do autor e de terceiro; e a (ii) apresentar, em litisconsórcio com terceiro, reconvenção em face do autor, o que não era admitido pelo Código de Processo Civil de 1973, que exigia a identidade de partes entre ação principal e reconvenção. Também o §5º do art. 343 estabeleceque, "se o autor for substituto processual, o reconvinte deverá afirmar ser titular de direito em face do substituído, e a reconvenção deverá ser proposta em face do autor, também na qualidade de substituto processual", o que não se admitia pelo art. 315 do Código de Processo Civil de 1973.

[120] CORRÊA, Fábio Peixinho Gomes. **O objeto litigioso no processo civil**. São Paulo: Quartier Latin, 2009, p. 88.

[121] BARBOSA MOREIRA, José Carlos. **A conexão de causas como pressuposto da reconvenção**, op. cit., p. 163-72.

Em coerência com a defendida flexibilidade, Barbosa Moreira apresenta algumas *hipóteses sensíveis* em que seria conveniente ao julgador admitir a demanda reconvencional: (i) identidade (total ou parcial) do objeto ou da causa de pedir entre demanda originária e reconvencional; ou (ii) "comunhão ou entrelaçamento de questões relevantes", o que levaria ao aproveitamento da instrução para a formação do convencimento do julgador nas duas demandas; ou (iii) "inter-relação lógica entre os julgamentos com perigo de contradição nesse plano, se decididas separadamente as lides".[122]

1.4.2. Conexão por Dependência e Fato Superveniente

A conexão pode também se dar quando há relação de dependência entre duas ou mais demandas. De acordo com Enrico Tullio Liebman, "ocorre quando pelo título uma ação (acessória) é dependente de outra (principal), de tal modo que a decisão da primeira depende da que se der à segunda".[123]

Segundo Lucon, há hipóteses de demandas e processos nos quais ditas relações de comunhão ou influência podem ser facilmente antevistas pelo legislador, que determina então a sua tramitação incidental.[124] Dentre essas, estaria, de acordo com o autor, "a demanda acessória, que é aquela introduzida, também de maneira superveniente, no mesmo processo que já existia antes".[125]

De acordo com o art. 264 do Código de Processo Civil de 1973, "feita a citação, é defeso ao autor modificar o pedido ou a causa depedir, sem o consentimento do réu, mantendo-se as mesmas partes". Embora com modificações e mais adequado ao entendimento doutrinário sobre o tema, o art. 329, II, do Código de Processo Civil de 2015 mantem as bases para o debate, ao estabelecer que "até o saneamento do processo, aditar ou alterar o pedido e a causa de pedir, com consentimento do réu, assegurado o contraditório mediante a possibilidade de manifestação

---

[122] BARBOSA MOREIRA, José Carlos. **A conexão de causas como pressuposto da reconvenção**, op. cit., p. 164.
[123] LIEBMAN, Enrico Tullio. **Manual de direito processual civil**. Rio de Janeiro: Forense, 1984, p. 197.
[124] LUCON, Paulo Henrique dos Santos, op. cit., p. 99.
[125] Idem, p. 105.

deste no prazo mínimo de 15 (quinze) dias, facultado o requerimento de prova suplementar".[126]

A estabelização do processo arbitral é diferente, não se sujeitando às limitações do Código de Processo Civil. Nessa linha, questão a ser explorada é se o árbitro pode ampliar o objeto do processo arbitral para nele incluir fato superveniente ou de conhecimento superveniente.

De acordo com Fábio Peixinho Corrêa, caso um novo pedido tenha sido formulado com base em:

> fato superveniente ou de conhecimento superveniente pela parte [...] o entendimento majoritário é no sentido de o julgador conhecer o fato superveniente ou de conhecimento superveniente no processo já instaurado, na hipótese desse fato não constituir uma nova causa de pedir que justifique a propositura de nova demanda, ou seja, quando só dá azo a novas alegações ou provas que embasem ou repudiem pedidos já formulados [...]. Esse aproveitamento, a rigor, é do interesse de ambas as partes, por dispensar a instauração de novo processo, mas pode ocorrer de a parte adversa não consentir com a inclusão desse fato novo, não havendo, por conseguinte, consenso para ampliação dos limites objetivos da demanda. Nesse caso, restará ao tribunal arbitral apreciar se há conexão entre a causa nova e a anterior, a ponto de justificar que sejam julgadas em conjunto para se afastar o risco de decisões conflitantes [...].[127]

Questão não abordada por Peixinho é se o árbitro está condicionado ao consentimento das partes para ampliar o objeto do processo diante de fato superveniente. Entende-se que tal ampliação sem consentimento das partes depende (i) do momento processual em que a disputa se encontra e (ii) da compreensão da matéria superveniente pela convenção arbitral. Caso o fato superveniente seja revelado antes da estabilização da demanda (ou seja, antes de ser firmado o termo de arbitragem nas arbitragens institucioanais) e esteja circunscrito ao objeto da convenção arbitral, entende-se que seja admissível sua ampliação ainda que nem todas as partes tenham com ele consentido.

---

[126] Conf. DEGENSZJN, Daniel Raichelis, op. cit., p. 173.
[127] CORRÊA, Fábio Peixinho Gomes. Limites objetivos da demanda na arbitragem, **Revista Brasileira de Arbitragem**, São Paulo, Síntese, n. 40, out.-dez/2013, p. 66-70.

Observe-se que, aqui, não se está afastando de toda a exigência do consentimento, já que se a questão superveniente está dentro dos limites objetivos e subjetivos da convenção arbitral, então, houve consentimento para que aquela matéria fosse objeto de disputa arbitral. O que não houve foi consentimento para que, iniciada uma disputa arbitral sem a inclusão de determinada matéria, esta fosse incluída a *posteriori*. O limite temporal dessa inclusão é a estabilização das demandas.

1.4.3. A Relação de Prejudicialidade Como Modalidade de Conexão

Outra modalidade de conexão é a de prejudicialidade[128]. A prejudicialidade é "uma conexão muito mais intensa, porque parte-se da premissa da existência de um ato postulatório em uma determinada causa que tem influência em relação a outra".[129] Se há entre os processos essa relação, o mais indicado é que seja determinada a consolidação ou, ao menos, a suspensão[130] (por prejudicialidade externa)[131] do processo prejudicial até que o processo arbitral prejudicado tenha se encerrado.

De acordo com Dinamarco:

A relação de prejudicialidade entre demandas existe sempre que uma delas verse sobre a existência, inexistência ou modo-de-ser de uma relação jurí-

---

[128] "Prejudicialidade é uma relação entre duas ou mais situações jurídicas, consubstanciada na influência que o julgamento da causa prejudicial poderá ter sobre o da prejudicada. Mais precisamente, com maior ocorrência, o fenômeno da prejudicialidade de manifesta quando o julgamento do mérito de uma demanda condiciona o julgamento de uma questão prejudicial. A prejudicialidade é essa influência que o julgamento de uma causa ou de uma questão pode projetar sobre o teor do julgamento de outra". Lucon, Paulo Henrique dos Santos, op. cit., p. 120-1.

[129] Lucon, Paulo Henrique dos Santos, op. cit., p. 120.

[130] Para Lucon, "a suspensão nunca ocorre na figura genérica da conexão, mas em uma de suas notas específicas, denominada prejudicialidade externa (CPC, art. 313, inc. V, a e b e §4º)". Para Lucon, "a suspensão nunca ocorre na figura genérica da conexão, mas em uma de suas notas específicas, denominada prejudicialidade externa (CPC, art. 313, inc. V, a e b e § 4º)". Lucon, Paulo Henrique dos Santos, op. cit., p. 108.

[131] De acordo com o art. 313, IV, do Código de Processo Civil de 2015, haverá prejudicialidade externa nas hipóteses em que a sentença de mérito "depender do julgamento de outra causa, ou da declaração da existência ou inexistência da relação jurídica que constitua o objeto principal de outro processo pendente [...] ou tiver de ser proferida somente após a verificação de determinado fato ou a produção de certa prova requisitada a outro juízo".

dica fundamental, da qual dependa o reconhecimento da existência, inexistência ou modo-de-ser do direito controvertido na outra.[132]

O legislador italiano estabeleceu como obrigatória a suspensão de processos arbitrais relacionados diante da constatação de uma prejudicialidade externa (*art. 295 do Código de Processo Civil italiano*). *Esse instituto é denominado por* Giorgio Bernini como *"conexão imprópria" e ocorre quando a decisão de um processo arbitral pode ser afetada pela decisão de outra arbitragem pendente.*[133]

Diante do risco de que decisões contraditórias sejam proferidas como resultado da coexistência de processos paralelos conflitantes, o Comitê de Arbitragem Comercial Internacional da *International Law Association* recomenda como política de harmonização que um dos processos (normalmente o segundo) seja suspenso enquanto é aguardado o julgamento do primeiro.

Em relação à Recomendação 6 desse relatório, o Comitê do ILA estabelece que:

> tribunais arbitrais devem exercer poderes de gestão do caso e ter poderes para suspender seus próprios processos, mesmo quando a situação não preenche os critérios tradicionais de *lis pendens*. O objetivo principal deveria ser atingir um resultado justo entre as partes, e em algumas circunstâncias isso pode significar esperar pelo resultado de outros processos. Uma possível situação em que isso pode ser apropriado inclui quando um tribunal julgando uma controvérsia entre um proprietário e um contratado pode decidir suspender a arbitragem até que processos judiciais entre o contratado e seu subcontratado pertinente tenham sido decididos. Ou um tribunal julgando uma controvérsia entre duas partes em um contrato string ou cadeia de fornecimento de longo prazo venha a decidir que seria certo aguardar o resultado do processo judicial entre a vendedora original ou fabricante e a compradora original. Não obstante, o Comitê considera esse poder sendo exercido muito moderadamente.[134]

---

[132] DINAMARCO, Cândido Rangel. **Instituições de direito processual civil**, op. cit., p. 155.

[133] BERNINI, Giorgio. ItalyIn: BERG, Albert Jan van den (Ed.). **Yearbook Commercial Arbitration 1988**, Alphen aan Den Rijn, v. XIII, Kluwer Law International, 1988, p. 420-45.

[134] Conf. Recomendação 6 do ILA: *"arbitral tribunals should have confidence to exercise case management powers and be empowered to stay their own proceedings, even when the situation did*

O QUE É A CONEXÃO E O QUE É A CONSOLIDAÇÃO DE PROCESSOS ARBITRAIS CONEXOS?

De acordo com Ranzolini:

[...] havendo grau de incompatibilidade por prejudicialidade, incindibilidade ou dependência entre as matérias sub judice na via arbitral e na via jurisdicional que não envolverem as mesmas partes, a solução em prol do princípio da máxima admissão prática possível da arbitragem será a de suspensão do processo arbitral, até que se decida a questão na parte que for parcialmente prejudicial, incindível ou dependente do julgamento na via judicial. Se envolverem as mesmas partes, ambos o processo arbitral e o processo judicial prosseguem, e o status quo estabelecido pela primeira decisão em uma das duas vias terá eficácia para ser seguido pela outra, evitando que se estabeleçam julgamentos incompatíveis.[135]

Embora esse instrumento de harmonização de processos paralelos assemelhe-se, no âmbito do direito nacional, ao mecanismo da suspensão por prejudicialidade externa[136] (art. 265, IV, do Código de Processo

---

not fulfill the traditional criteria of lis pendens. The ultimate objective should be to achieve a fair result as between the parties, and in some circumstances this may mean waiting for the outcome of other proceedings. A possible situation where this might be appropriate includes one where a tribunal hearing a dispute between an owner and contractor might decide to suspend that arbitration until legal proceedings between the contractor and its relevant sub-contractor have been determined. Or a tribunal hearing a dispute between two parties in a string contract or long supply chain might decide that it would be right to await the outcome of legal proceedings between the original seller or manufacturer and the original buyer. Nevertheless, the Committee envisages such power being exercised very sparingly". (tradução livre) Final report on Lis Pendens and on Res Judicata in International Commercial Arbitration (2006).

[135] RANZOLINI, Ricardo. 2008. **Coexistência do juízo arbitral e do juízo estatal**: o enfoque constitucional. Dissertação (Mestrado) – Faculdade de Direito, Pontifícia Universidade Católica do Rio Grande do Sul, Porto Alegre, 2008, p. 24.

[136] De acordo com Barbosa Moreira, a prejudicialidade "não se deixa reduzir a simples fenômeno de ordenação procedimental, senão que postula, em sua essência, uma prioridade logicamente necessária na solução de determinadas questões em razão do condicionamento que daí resulta para a de outras e que se refletirá especificamente no sentido em que essas outras hão de ser, por sua vez, resolvidas". BARBOSA MOREIRA, José Carlos. 1967. **Questões prejudiciais e coisa julgada**. Tese (Livre-docência em Direito Judiciário Civil) – Faculdade de Direito, Universidade Federal do Rio de Janeiro, Rio de Janeiro, 1967, p. 41-2.Também, no direito italiano, de acordo com Mauro Cappelletti: *"Esatto è senza dubbio che pregiudiziale ('causa' pregiudiziale) può aversi sol quando un 'punto' non pacifico, ossia una 'questione', ancorché rilevante nella causa principale e tale quindi da costituire una questione di quella causa, sia però tale da uscire dai confini dell'oggetto che è proprio della domanda, e tale da poter costituire oggetto di un'altra domanda e quindi di un'altra causa la quale sia pertanto oggettivamente autonoma di fronte alla causa principale".*

Civil brasileiro),[137] a medida de suspensão por prejudicialidade parece ser uma exceção em relação à regra geral de reunião de processos.

De acordo com Eduardo Parente, caso haja impasse entre dois ou mais tribunais arbitrais que reputam que a outra demanda é a prejudicada/prejudicial, só poderia haver uma das seguintes alternativas: (i) se todos os tribunais arbitrais entenderem que sua demanda é a prejudicada, todos os processos "serão suspensos, o que redundaria em inaceitável *non linquet*"; (ii) se todos os tribunais arbitrais entenderem que a sua demanda é a prejudicial, todos "os processos continuarão, com possíveis decisões contraditórias, assumindo os árbitros os riscos inerentes desta escolha".[138]

1.5. Conexão e Continência

O ordenamento jurídico brasileiro reconhece ao lado da conexão o fenômeno da continência.

De acordo com o art. 104 do Código de Processo Civil de 1973, "[d]á-se a continência entre duas ou mais ações sempre que há identidade quanto às partes e à causa de pedir, mas o objeto de uma, por ser

CAPPELLETTI, Mauro. **La pregiudizialità constituzionale nel processo civile**. Milão: Giuffrè, 1957, p. 15.

[137] Art. 265, IV, a, do Código de Processo Civil, *in verbis*: Art. 265. Suspende-se o processo [...] IV – quando a sentença de mérito: a) depender do julgamento de outra causa, o da declaração da existência ou inexistência da relação jurídica, que constitua o objeto principal de outro processo pendente.

[138] Para o autor: "Aceitando prosseguir, podem não cumprir satisfatoriamente sua missão, mas o resultado ficará preservado de revisão via demanda do art. 33, pois se trata do conteúdo da decisão. Este segundo quadro não é tão grave quanto o primeiro. Ao menos decisões haveria, sejam ou não contraditórias. E isso acaba sendo sempre melhor do que decisão nenhuma. Tudo leva a crer que esse deve ser o modo de se tratar o impasse. [...] Ao contrário do processo estatal, no arbitral não há regra e não nos parece haver forma hermética para resolver a questão. Uma alternativa [...] seria as partes desistirem de uma das demandas, da que entenderem prejudicada, e passarem a apenas litigar na outra. Mas isso dependeria de consenso, o que, no geral, pode não ser muito fácil, pois sempre a parte que se sentir fragilizada, seja na relação substancial, seja no momento do processo, terá motivos de sobra para não concordar. [...] Não encontramos sugestões concretas na literatura pesquisada. Os autores, no geral, especialmente na doutrina estrangeira, tentam acomodar a situação com conceitos de litispendência não aplicáveis aqui, uma vez que falamos de prejudicialidade". PARENTE, Eduardo de Albuquerque. **Processo arbitral e sistema**. São Paulo: Atlas, 2012, p. 200-1.

mais amplo, abrange o das outras". O art. 56 do Código de Processo Civil de 2015 repetiu o dispositivo anterior apenas substituindo o termo *objeto* por *pedido*: "Dá-se a continência entre 2 (duas) ou mais ações quando houver identidade quanto às partes e à causa de pedir, mas o *pedido* de uma, por ser mais amplo, abrange o das demais".

A legislação processual atribui à continência as mesmas consequências da conexão, de tal modo que, nos termos do art. 105 do Código de Processo Civil de 1973, existindo continência ou conexão, as demandas serão reunidas para que seja proferida decisão simultânea e conjunta. O art. 57 do Código de Processo Civil de 2015 traz uma abordagem um pouco distinta, mas que, ao final, também leva à reunião entre as demandas: "Quando houver continência e a ação continente tiver sido proposta anteriormente, no processo relativo à ação contida será proferida sentença sem resolução de mérito, caso contrário, as ações serão necessariamente reunidas".

Diante disso, para Ada Pellegrini Grinover, a "conexão e a continência – quais gênero e espécie – recebem tratamento igual no estatuto processual. A distinção que existe entre as duas figuras é teórica, sendo idêntica a competência prática".[139]

Para os fins desta tese, a distinção teórica entre continência e conexão tem pouca relevância, já que, no âmbito da arbitragem, entendemos que deve se dar um sentido de tal amplitude à conexão que estaria a continência por ela abrangida.

No entanto, algumas vezes tal distinção superará sua importância meramente teórica, uma vez que para alguns regulamentos arbitrais, como se verá no decorrer desta tese, a definição sobre a consolidação de demandas arbitrais relacionadas estará condicionada a presença ou não das mesmas partes nas distintas disputas.

1.6. Litispendência vs. Conexão

Um dos tópicos mais lembrados quando se estuda a relação entre demandas é o da litispendência. Embora não seja este o tema desta tese, far-se-á um breve um breve delineamento conceitual desse instituto,

---

[139] GRINOVER, Ada Pellegrini. **O processo em evolução**. Rio de Janeiro: Forense, 1998, p. 491.

bem como serão apresentados os pontos que o diferenciam da conexão, esta sim tema desta tese.

A litispendência, como conhecida no Brasil, é a "identidade total dos elementos identificadores da demanda entre duas ou mais demandas [...] vista por seu enfoque negativo [...] constitui manifestação do princípio *bis de eadem re ne sit actio*".[140] Para Luiz Wambier e Eduardo Talamini, a "existência de um processo pendente entre A e B, baseado numa determinada causa de pedir, que resulta no pedido X, desempenha o papel de pressuposto processual negativo para um outro processo entre A e B, que tenha a mesma causa de pedir e em que se formule o mesmo pedido".[141]

Assim como a conexão, a litispendência tem como objetivo evitar a prolação de decisões contraditórias e inconsistentes e a economia processual. O risco de inconsistência na hipótese de litispendência é muito mais grave, já que aqui há integral identidade entre os elementos das demandas relacionadas.[142] Por essa razão o direito, em geral, atribui a esse fenômeno resultado mais grave. O Código de Processo Civil de 1973, em seu artigo 267, V, impõe a extinção de um dos processos de resolução do mérito.

Na lição de Dinamarco:

> Litispendência é a pendência de um processo (pendência da lide). Um processo reputa-se pendente desde quando a demanda é apresentada ao Poder Judiciário (CPC, art. 263) até quando se torna irrecorrível a sentença que lhe põe termo com ou sem o julgamento do mérito (arts. 162, § 1º, 267, 269). [...] A pendência de um processo no Brasil (litispendência) produz

---

[140] LUCON, Paulo Henrique dos Santos, op. cit., p. 88.

[141] WAMBIER, Luiz Rodrigues; TALAMINI, Eduardo, op. cit., p. 212.

[142] Não abordamos aqui a aplicação instituto da *litispendência* aos processos coletivos, nos quais há intenso debate sobre a necessidade ou não de que os elementos da demanda sejam integralmente idênticos para que se configure a litispenência, já que, muitas vezes, mesmo com partes distintas, pode ser configurada, no entender de parte da doutrina, a litispendência. Conf. WATANABE, Kazuo. Demandas coletivas e os problemas da práxis forense, **Revista de Processo**, São Paulo, n. 67, jul.-set. 1992, p. 18-9; OLIVEIRA, Marcelo Henrique Matos. Litispendência e conexão no processo coletivo brasileiro, **Revista da Faculdade de Direito de Uberlândia**, Uberlândia, v. 41-1, 2013, p. 109-32. Em sentido diverso: CARVALHO FILHO, José dos Santos. **Ação civil pública**: comentários por artigo (lei n. 7.347/85). 7. ed. Rio de Janeiro: Lumen Juris, 2009, p. 60.

certos efeitos substanciais e processuais em relação às partes e, em alguma medida, também perante terceiros [...]. A litispendência estrangeira não produz os efeitos processuais consistentes em prevenir o juízo, perpetuar a competência, estabilizar a demanda ou suspender outros processos em caso de prejudicialidade (art. 90, 1ª parte). É, porém razoável o entendimento de que a citação válida, ainda quando feita alhures, produz os efeitos substanciais de constituir o devedor em mora, interromper a prescrição ou tornar litigiosa a coisa [...].[143]

No âmbito da arbitragem internacional,[144] a concepção de litispendência é um pouco mais ampla. De acordo com James Fawcett, há litispendência nas "situações em que processos paralelos envolvendo as mesmas partes e a mesma causa de pedir estão em curso em diferentes jurisdições ao mesmo tempo".[145]

Questiona-se, contudo, a conveniência da aplicação dos efeitos da litispendência no âmbito da arbitragem: seja essa litispendência entre demandas arbitrais e judiciais seja apenas entre demandas arbitrais.[146]

---

[143] DINAMARCO, Cândido Rangel. **Instituições de direito processual civil**, op. cit., p. 49.

[144] De acordo com o *Report* do ILA sobre litispendência e coisa julgada: "Lis pendens *literally means a 'law suit pending'* (and lis alibi pendens, *which is the phrase more often used in Common Law jurisdictions, means a 'law suit pending elsewhere')*". Toronto Conference (2006), **International Law Association (ILA) Final Report on Lis Pendens and Arbitration**, p.3.

[145] Texto original: "situation in which parallel proceedings, involving the same parties and the same cause of action, are continuing in two different states at the same time". FAWCETT, James. Declining Jurisdiction in Private International Law, **Report to the XIVth Congress of the International Academy of Comparative Law, Athens**, 1994 (Oxford University Press, Oxford, 1995), p. 27. Conf. também em Toronto Conference (2006), **International Law Association (ILA) Final Report on Lis Pendens and Arbitration**, p.3.

[146] De acordo com as Recomendações 3 e 4 do *International Law Association* ("ILA"): "*Recommendation 3: where parallel proceedings are pending before a court of jurisdiction at the place of arbitration, the arbitral tribunal should consider the law at the place of arbitration (lex arbitri), in particular in so far as the lex arbitri might contain provisions rendering the setting aside of the arbitral award possible in the event of a conflict between the arbitral award and the court judgement; Recommendation 4: where parallel proceedings are pending before a court other than of the jurisdiction at the place of arbitration, the arbitral tribunal should proceed with the arbitration and determine its own jurisdiction in accordance with the principles of competence-competence, unless the party initiating the arbitration has effectively waived its right to rely on the arbitration agreement or save in other exceptional circumstances [...]*". ILA Report on Lis Pendens, para. 5.9 e 5.13, Recomendações 3 e 4.

De acordo com Priscila Aymone:

> [...] as Recomendações da ILA distinguem o tratamento dado a uma situação de verdadeira litispendência, em que existem procedimentos paralelos que requerem uma política de coordenação entre jurisdições igualmente competentes para evitar sentenças arbitrais contraditórias. Note-se que, para a configuração dessa litispendência, as Recomendações não fixam o mesmo critério da tríplice identidade, mas sim um conceito mais amplo e flexível, cabendo aos árbitros suspenderem o procedimento arbitral de acordo com a sua discricionariedade. [...] No caso de arbitragens entre as mesmas partes ou entre partes não idênticas, mas intrinsecamente envolvidas nos caso como se partes fossem, e sobre controvérsias relacionadas, mas não idênticas, as Recomendações da ILA entendem que não se aplica a litispendência, mas deve-se buscar uma coordenação entre os procedimentos com base na boa administração da justiça (*case management*).[147]

Na lição de Hermes Marcelo Huck, embora seja "flagrante o risco de sentenças contraditórias em situações de litispendência, [...] o direito à interposição da respectiva exceção é controvertido no direito internacional".[148]

Também para Nadja Erk:

> uma análise desfavorável tem sido feita a respeito da doutrina de lis alibi pendens: a norma lis pendens encoraja 'corridas ao Judiciário' e, portanto, promove ataques preventivos na forma de demandas de má-fé [...] a norma lis pendens não funciona como desincentivo ao início de processos paralelos, mas sim como um incentivo.[149]

---

[147] AYMONE, Priscila Knoll. **A problemática dos procedimentos paralelos**: os princípios da litispendência e da coisa julgada em arbitragem internacional. 2011. Tese (Doutorado orientada pelo Professor Luiz Olavo Baptista em Direito Internacional) – Faculdade de Direito, Universidade de São Paulo, 2011, p. 80-1.

[148] HUCK, Hermes Marcelo. **Sentença estrangeira e *lex mercatoria* – Horizontes e fronteiras do comércio internacional**. São Paulo: Saraiva, 1994, p. 10.

[149] De acordo com Nadja Erk, "*[c]riticism has been made of the lis alibi pendens doctrine as evolved in civil litigation: the lis pendens rule is said to encourage 'races to the courthouse' and hence to promote preemptive strikes in the formo f bad Faith proceedings [...] lis pendens rule does not act as a disincentive to the commencement of parallel proceedings, but rather as an incentive*". (tradução livre) ERK, Nadja. **Parallel Proceedings in International Arbitration**: A Comparative European Perspective. Alphen aan Den Rijn: Kluwer Law International, 2014, p. 199-200.

Assim, embora o objeto desta tese não abranja a litispendência e, em especial, quando se fala da listispendência como adotada e compreendida no direito brasileiro, haverá diversas questões comuns a esse *estado do processo* que também aparecerão em relação às demadas arbitrais conexas e relacionadas.[150]

1.7. O Enquadramento da Consolidação de Demandas Arbitrais Conexas na Teoria Processual

O tema da consolidação[151] (tal qual o da separação) de processos arbitrais paralelos ou relacionados[152] é complexo e envolve necessariamente a regulação das legislações nacionais e das regras aplicáveis ao processo arbitral.[153]

As leis processuais de diversos ordenamentos jurídicos, em regra, partem da premissa de que seria mais conveniente que o juiz formasse convicção única para julgamento. Por esse motivo, são normalmente desenhadas técnicas processuais de reunião das demandas para solução conjunta.[154]

Para alguns autores, a reunião de processos por conexão é incompatível com a arbitragem. Essa é a posição de Ranzolini, de acordo com quem seria "inaplicável a figura jurídica da conexão ou da continência

---

[150] De acordo com Dinamarco, "litispendência é o estado do processo que pende, não esse seu efeito". DINAMARCO, Cândido Rangel, *Instituições de direito processual civil*. Vol. II, São Paulo: Malheiros, 2005, p. 49.

[151] "*Consolidation is the act or process of uniting several independent proceedings which are pending or initiated into one single case*". GILLIÉRON, Philippe; PITTET, Luc, op. cit., nota 3.

[152] De acordo com S.I. Strong, "*Generally, consolidated arbitrations, like consolidated trials, share similar subject matter, involve common questions of law and fact, and determine similar issues and defenders. Unlike cases involving joinder and intervention, wherein third parties may or may not have signed an arbitration agreement, all potential parties to a consolidated proceeding have signed an enforceable arbitration agreement, though not necessarily with every other party*". STRONG, S. I. Third Party Intervention and Joinder as of Right in International Arbitration: An Infringement of Individual Contract Rights or a Proper Equitable Measure?, **Vand. J. Transnational Litigation**, v. 31, 1998, p. 937.

[153] Sobre a prática da CCI a esse respeito, com base no Regulamento anterior (versão de 1998), ver GREENBERG, Simon; FERRIS, José Ricardo; ALBANESI, Christian. Consolidation, Joinder, Cross-Claims, Multiparty and Multicontract Arbitrations: Recent ICC Experience. In: HANOTIAU & SCHWARTZ (Eds.). **Multiparty Arbitration, Dossier VII**, ICC Institute of World Business Law, n. 701, set. 2010, ICC Publication.

[154] DINAMARCO, Cândido Rangel. **Instituições de direito processual civil**, op. cit., p. 148-9.

entre processos arbitrais e entre processos arbitrais e judiciais. Tais institutos são fatores de modificação de competência intra Poder Judiciário, e a arbitragem é a escolha por via extrajurisdicional".[155]

No entanto, a doutrina majoritária entende que a aplicação da conexão é compatível com o processo arbitral desde que sejam observados uma série de requisitos. De acordo com o Professor Cândido Rangel Dinamarco, esses requisitos seriam aqueles:

> ordinariamente postos pela lei processual comum, como também da possibilidade de sujeitar ao árbitro cada uma das demandas assim interligadas de algum modo. É preciso que ambos ou todos os litígios estejam incluídos na convenção de arbitragem, não sendo lícito atrair ao processo arbitral algum que não o esteja. É igualmente indispensável que todos os sujeitos envolvidos o estejam. E é preciso também, antes mesmo disso, que todos esses litígios sejam arbitráveis, a saber, suscetíveis de solução arbitral (LA, art. 1º).[156]

O grande desafio aqui é como fazer com que a consolidação de demandas conexas, mecanismo de harmonização de processos paralelos judiciais, seja capaz de produzir respostas efetivas[157] para a arbitragem.[158]

---

[155] RANZOLINI, Ricardo, op. cit., p. 24.
[156] DINAMARCO, Cândido Rangel. **A arbitragem na teoria geral do processo**, op. cit., p. 136
[157] De acordo com Marc Galanter, a efetividade dos mecanismos de solução de conflitos pode ser mensurada a partir de dois argumentos: (i) de produção e (ii) de qualidade. Sob o critério dos argumentos de produção, a efetividade de determinado mecanismo de solução de conflitos será avaliada de acordo com a sua capacidade de alcançar o melhor resultado com o menor gasto de recursos. Para o autor, a maior parte das discussões sobre a superioridade de determinado mecanismo de solução de conflitos envolve os argumentos de produção. Os equívocos dessa escolha estariam (i) nos problemas na mensuração desses fatores, o que torna questionável qualquer conclusão sobre esses argumentos e (ii) no fato de que nem sempre aquilo que é mais barato ou mais rápido é o resultado mais desejável. GALANTER, Marc. Compared to What? Assessing the Quality of Dispute Processing, **Denver University Law Review**, v. 66, n. 3, xi-xiv, 1989, p. 12-3. No mesmo sentido: SALLES, Carlos Alberto de. **Processo civil e interesse público**: o processo como instrumento de defesa social. São Paulo: Revista dos Tribunais, 2003, p. 50.
[158] Segundo Salles, "A consideração da efetividade da tutela jurisdicional [...] impõe a formulação de um juízo sobre a *adequação* do procedimento e do provimento jurisdicional a uma determinada situação de fato, tomando em consideração não só seus objetos imediatos (prestação de tutela à parte reclamante), mas também àqueles mediatos (relacionados com os valores e objetivos do ordenamento jurídico), o que apenas será factível a partir de uma

Para que isso ocorra será essencial se compreender se as finalidades de um processo arbitral são as mesmas de um processo judicial e, se são diferentes, como se defende nesta tese, então, qual seria a medida dessa diferença e o que deve ser adaptado em relação ao instrumento comum da consolidação por conexão para que as especificidades próprias à arbitragem sejam alcançadas. É isso o que se fará no próximo capítulo desta tese.

---

visão externa do processo, isto é, não restrita aos seus próprios pressupostos". In SALLES, Carlos Alberto de. **Processo civil e interesse público**, op. cit., p. 51.

Capítulo 2
Por que Consolidar Processos Arbitrais Conexos? Finalidade, Vantagens e Desvantagens

> Não deliberamos sobre os fins, mas sobre os meios. [...] Dão a finalidade por estabelecida e procuram saber a maneira de alcançá-la; se lhes parece poder ser alcançada por vários meios, procuram saber o mais fácil e o mais eficaz; e se há apenas um meio para alcançá-la, procuram saber como será alcançada por esse meio, e por que outro meio alcançar esse primeiro, até chegar ao primeiro princípio, que é o último na ordem de descoberta.
>
> Aristóteles, *Ética a Nicômaco* [Livro III, 3]

A resposta simples e direta para a consolidação de quaisquer demandas conexas é evitar a prolação de decisões contraditórias e obter economia processual. Tal resposta, contudo, alcança apenas a superfície visível do problema. As especificidades da arbitragem em relação ao processo judicial exigem que se investigue mais profundamente o fenômeno destrinchando-se não só a conexão e seus efeitos, mas também a razão de ser do instituto para a arbitragem. Compreender essa razão de ser passa por examinar *para que* o processo arbitral existe e *a quem* deve atender.

O simples transplante dos mecanismos de harmonização de processos paralelos regulados pelo ordenamento jurídico brasileiro pode não ser capaz de produzir respostas efetivas para a arbitragem.

Do ponto de vista da efetividade,[159] é necessário se entender (i) as especificidades da arbitragem; e (ii) se os fins a serem alcançados pela arbitragem são os mesmos a serem alcançados pela tutela jurisdicional estatal.

Após serem definidos os fins a serem alcançados pela arbitragem, será possível, então, testar os meios para que tais fins sejam alcançados, ou seja, será possível aferir a maneira mais efetiva de se gerir demandas arbitrais conexas.[160]

---

[159] Esta tese priorizou os critérios de mensuração de efetividade a partir dos argumentos de qualidade definidos por Marc Galanter. In: GALANTER, Marc, op. cit., p. 13. Essa ideia foi incorporada na teoria processual brasileira por Carlos Salles. De acordo com Salles, "[...] o conceito de efetividade implica uma consideração de meios e fins, podendo ter-se por efetivo aquele processo que atinge as finalidades a que se destina, considerando o conjunto de objetivos implícitos no direito material e a totalidade da repercussão da atividade jurisdicional sobre dada situação de fato". SALLES, Carlos Alberto de. **Processo civil e interesse público**, op. cit., p. 51.

[160] Existem diversas definições de processos paralelos, sendo as mais referenciadas a da *International Law Association* (ILA), a da *Brussels Regulation*, da *Lugano Convention*, eo da *European Court of Justice* (ECJ). Nadja Erk trata sobre a dificuldade de se encontrar uma única definição de processos paralelos: "*there is no general definition of parallel proceedings; on the contrary, it appears that paralle proceedings litigation or arbitration is a generic term reffering to a wide range of situations in which disputes that are connected to some extent, or which have some similarities, are brought before diferente adjudicators. It should be noted in passing that the definitions of parallel proceedings as set out above evolve from the requirements for* lis pendens. *These limitations, hence, seem to mainly serve the purpose of triggering the application of the* lis pendens *rule, but are equally suited to serve as criteria to allow a conclusion on the features of parallel proceedings in general. [...]. A broad definition of parallel proceedings, encompassing case constellations in which the criteria for the identity of the cause of action and the parties is interpreted on a wide basis is, moreover, more capable of reflecting reality and can thereby cover the majority of concurrent actions. In particular, when taking into account the variety of corporate structures, the parties are often not identical, but belong to the same group of companies or to the same economic entity, or they may have a controlling stake in a company and thereby pursue identical interests. With regard to the requirement the the subject matter in dispute be the same, the identity test is to be applied on an extensive basis, encompassing both the actions where the main issues are identical, and actions where the issues are so closely related that it seems sensible, in light of the efficiency of legal proceedings and the coherence of the judicial system, to consider them as concurrent*". ERK, Nadja, op. cit., p. 23-4. Assim como Nadja Erk, esta tese adota uma

2.1. Especificidades da Arbitragem em Relação ao Judiciário

Antes de se discutir como e se as finalidades da consolidação de demandas – (i) evitar o risco de decisões contraditórias; e (ii) obter eficiência, com redução de tempo e custo – é preciso que se analise as especificidades da arbitragem.

Embora sigamos Dinamarco no entendimento de que a arbitragem integra a teoria geral do processo,[161] entendemos que a arbitragem possui distinções em relação à tutela jurisdicional prestada pelo Judiciário.

Como modalidades de tutela jurisdicional[162] buscam a "proteção, a salvaguarda, que o Estado deve prestar naqueles casos em que ele, o próprio Estado, proibiu a autotutela"[163] e devem ser entendidas como "tutela efetiva de direitos ou de situações pelo processo",[164] compreen-

---

concepção mais abrangente de processos paralelos, segundo a qual *"whenever proceedings (be they strictly parallel or consecutive) ought to be adjudicated in one and the same fórum for the sake of avoiding the costs of duplicative proceedings, the risk of inconsistent decisions, and even double recovery, they are herein considered to be parallel"*. ERK, Nadja, op. cit., p. 24.

[161] "A inserção da arbitragem na teoria geral do processo constitui uma postura de busca de um equacionamento organizado dos conhecimentos verdadeiramente científicos e, portanto, *confiáveis* de que nenhuma ciência pode prescindir. Essa postura é um penhor da segurança do processo arbitral, capaz de chegar a um indispensável equilíbrio entre o informalismo de seu procedimento e a observância do que há de essencial em todos os setores do exercício da jurisdição, que é a necessária observância da garantia constitucional do *due process*". DINAMARCO, Cândido Rangel. **A arbitragem na teoria geral do processo**, op. cit., p. 17.

[162] Acompanhamos Flávio Yarshell no entendimento de que "a locução tutela jurisdicional se presta a designar o resultado da atividade jurisdicional – assim considerados os efeitos substanciais (jurídicos e práticos) que o provimento final projeta ou produz sobre dada relação material – em favor do vencedor". O autor, contudo, não limita a designação *tutela jurisdicional* ao resultado, admitindo sua abrangência em relação aos *"meios ordenados e predispostos à obtenção desse mesmo resultado [...]"*. Prossegue Yarshell ao afirmar que: "[...] é inegável que a locução *tutela jurisdicional* designa o resultado final do exercício da jurisdição estabelecido em favor *de quem tem razão* (e assim exclusivamente), isto é, em favor de quem está respaldado no plano material do ordenamento". YARSHELL, Flávio Luiz. **Tutela jurisdicional**. São Paulo: Atlas, 1999, p. 28. Também Marinoni entende que a tutela jurisdicional não é somente "concedida quando a sentença é procedente". De acordo com o autor, a *"tutela jurisdicional* é a resposta da jurisdição ao direito de participação em juízo das partes". MARINONI, Luiz Guilherme. Teoria geral do processo. **Curso de processo civil**. v 1. São Paulo: Revista dos Tribunais, 2006, p. 261 (destaques no original).

[163] BUENO, Cássio Scarpinella. **Curso sistematizado de direito processual civil**. v. I, 2. ed. São Paulo: Saraiva, 2010, p. 267.

[164] BEDAQUE, José Roberto dos Santos. **Direito e processo**: influência do direito material sobre o processo. 3. ed. São Paulo: Malheiros, 2003, p. 29.

dendo-se aqui tutela jurisdicional em seu sentido mais amplo, ou seja, abrangendo tanto "o direito ao devido processo legal e à efetiva reparação do direito material violado ou ameaçado".[165]

A arbitragem, como mecanismo de adjudicação de disputas[166], exige modelos capazes de lidar com as especificidades desse mecanismo de solução de disputas.

Ao nosso entender, essa modalidade de adjudicação de conflitos enquadra-se naquilo que Gunther Teubner qualifica como normas de *private governance regimes*, "um direito genuíno, que não pode mais ser ocultado [...] cumpre[...] as tarefas legislativas, administrativas, regulatórias e de soluções de conflitos do direito clássico em novas formas e em novos contextos".[167]

Retornando aos conceitos de Marc Galanter sobre a efetividade dos mecanismos de solução de conflitos, sob o critério dos argumentos de produção, a efetividade de determinado mecanismo de solução de conflitos será avaliada de acordo com a sua capacidade de alcançar o melhor resultado com o menor gasto de recursos.[168] Já sob o critério dos argumentos de qualidade,[169] seriam consideradas situações concretas e com-

---

[165] SICA, Heitor Vitor Mendonça. Velhos e novos institutos fundamentais do direito processual civil. In: ZUFELATO, Camilo; YARSHELL, Flávio Luiz (Org.) **40 anos da teoria geral do processo**: passado, presente e futuro. São Paulo: Malheiros, 2014, p. 444.

[166] De acordo com Antonio Carlos de Araújo Cintra, Ada Pellegrini Grinover e Cândido Rangel Dinamarco: "a percepção de uma tutela adequada a cada tipo de conflito modificou a maneira de ver a arbitragem, a mediação e a conciliação, que, de meios sucedâneos, equivalentes ou meramente alternativos à jurisdição estatal, ascenderam à estatura de instrumentos adequados de solução de certos conflitos". GRINOVER, Ada Pellegrini; DINAMARCO, Cândido Rangel. **Teoria geral do processo**. 30. ed. São Paulo: Malheiros, 2014, p. 33.

[167] TEUBNER, Gunther. **Direito, sistema e policontextualidade**. Trad. Rodrigo Octávio Broglia Mendes. Piracicaba: Unimep, 2005, p. 277.

[168] Conf. Nota de rodapé 136, p. 77.

[169] Aplica-se aqui a terminologia *argumentos de qualidade* no sentido utilizado por Marc Galanter. De acordo com Galanter, "[...] *the term 'quality' as shorthand for the valued aspects of the process, including but not confined to justice, and including but not confined to those aspects that admit of quantification. The term was adopted to summarize and emphasize the wide range of valued characteristics, apart from cost, time and institutional convenience that are implicated in disputing. Although quality arguments, explicit or tacit, are everywhere in discussions of dispute resolution, much less attention has been given to analyzing and appraising quality effects than to the more readily measurable production effects*". De acordo com Marc Galanter, a maior parte das discussões sobre a superioridade de determinado mecanismo de solução de conflitos envolve os argumentos de produção. Os equívocos dessa escolha estariam (i) nos problemas na

parados diferentes resultados alcançados em determinado mecanismo de solução de conflitos, de tal modo que o sistema que produzir resultados mais adequados e satisfatórios na proteção dos valores protegidos pelo ordenamento jurídico será o mais efetivo.

A diferença de propósitos (fins) tem impacto direto na escolha dos meios a serem utilizados na sua consecução, de tal modo que a efetividade buscada na tutela jurisdicional estatal[170] pode não ser a mesma buscada na arbitragem.[171]

Entendemos que por ter como principais finalidades *evitar a prolação de sentenças inconsistentes* e *atribuir maior eficiência de custo e tempo* aos processos, o tema da consolidação de demandas conexas deve receber na arbitragem tratamento distinto daquele que recebe no Judiciário. Na arbitragem, o binômio harmonia-economia[172] deve atender às partes e não ao interesse público. E isso deve se dar justamente em função das diferentes finalidades a que se propõe Judiciário e arbitragem.

---

mensuração desses fatores, o que torna questionável qualquer conclusão sobre esses argumentos e (ii) no fato de que nem sempre aquilo que é mais barato ou mais rápido é o resultado mais desejável. In: GALANTER, Marc, op. cit., p. 13.

[170] Para Barbosa Moreira para se mensurar a efetividade será preciso avaliar (i) a existência de instrumentos de tutela adequados a todas as espécies de direitos reconhecidas pelo ordenamento jurídico; (ii) a possibilidade de utilização desses instrumentos por quaisquer sujeitos, ainda que indeterminados ou indetermináveis; (iii) a possibilidade de reconstituição dos fatos, de forma que o convencimento do juiz se forme conforme o realmente ocorrido; (iv) a garantia de que o resultado do processo "assegura à parte vitoriosa o gozo pleno da específica utilidade a que faz jus"; (v) a viabilidade da consecução desse resultado ideal com o menor dispêndio de recursos possíveis. BARBOSA MOREIRA, José Carlos. Efetividade do processo e técnica processual. **Temas de direito processual civil**, 6. série. Rio de Janeiro: Forense, 1997, p. 168. Para Cândido Dinamarco, o conceito de efetividade do processo depende de seus objetivos. Nesse sentido, efetividade do processo constitui expressão resumida da ideia de que "o processo deve ser apto a cumprir integralmente toda sua função sócio-político-jurídica, atingindo em toda a plenitude os seus escopos institucionais". DINAMARCO, Cândido Rangel. **A instrumentalidade do processo**. 11. ed. São Paulo: Malheiros, 2003, p. 270-1.

[171] Essa diferença entre arbitragem e Judiciário também se dá em relação à aplicação do direito. Como ensina Rodrigo Mendes: "Provavelmente, os árbitros empregarão regras de interpretação, privilegiarão certos sentidos normativos, por exemplo, do direito brasileiro que um juiz brasileiro não usaria". MENDES, Rodrigo Octávio Broglia. **Arbitragem,** *lex mercatoria* **e direito estatal – uma análise dos conflitos ortogonais no direito estatal**. São Paulo: Quartier Latin, 2010, p. 100.

[172] LUCON, Paulo Henrique dos Santos, op. cit., p. 97.

Afinal, embora árbitros e juízes togados possuam igualmente poder jurisdicional, a missão do árbitro distingue-se da missão do juiz togado. Ao julgar, o juiz togado tem como função resolver o litígio entre as partes tendo sempre em vista o impacto daquela decisão para o sistema judicial como um todo. A própria aplicação dos princípios processuais leva, muitas vezes, em consideração a preservação do interesse público sobre os interesses individuais. O insituto tem como razão de existir a boa administração da justiça e a economia de recursos públicos e atividades processuais. Por sua vez, o árbitro deve ter como principal regra norteadora de sua missão o interesse das partes em disputa.

Segundo Paulo Lucon:

> O intérprete (...) ao se deparar com demandas que guardem entre si alguma relação de semelhança deve voltar o seu foco de atenção em particular para as consequências que advirão para o sistema jurídico da tramitação isolada de cada uma delas. [...] Apenas após a materialização dos efeitos concretos que demandas com alguma relação de semelhança entre si podem produzir para o sistema jurídico, se tramitadas em separado, é que se justificará eventual adoção de alguma das medidas processuais previstas no sistema para essas situações.[173]

Concordamos com Lucon que, diante de demandas relacionadas, o intérprete ou julgador deve levar em consideração as consequências que advirão da tramitação isolada de cada uma delas. Em relação à esfera judicial, acompanhamos novamente Lucon no sentido de que as consequências a serem consideradas são aquelas que impactem o sistema jurídico como um todo.

No entanto, fazemos aqui uma distinção que não fazia parte do estudo de Lucon. No que tange à esferal arbitral, diferentemente da esfera judicial, os árbitros não devem ter como foco as consequências de sua decisão para o sistema jurídico, mas tão-somente com as consequências da consolidação ou não das demandas para os interesses das partes.

Como agentes detentores de poder jurisdicional, árbitros e juízes togados devem agir de acordo com suas missões e tais missões têm como parâmetro justamente as fontes originárias daquele poder. Nessa linha,

---

[173] LUCON, Paulo Henrique dos Santos, op. cit., p. 11.

não há como mitigar a importância da vontade das partes como fonte primordial do poder de julgar dos árbitros.

2.2. Risco de Decisões Contraditórias ou Conflitantes

Eis a principal razão de ser da consolidação de processos arbitrais conexos: o risco de que sejam proferidas decisões conflitantes ou contraditórias.

Como já tratado na Introdução deste livro (e mais uma vez será retomado na análise dos critérios para decidir consolidar processos arbitrais conexos), a preservação da consistência das decisões é fundamental para qualquer relação humana: afinal, o ser humano, em geral, busca conforto no conhecido e no previsível. Não é sem razão que as relações comerciais tendem a se desenvolver melhor em ambientes econômicos mais previsíveis, sendo essa previsibilidade,[174] muitas vezes, garantida por meio de instituições e agentes reguladores, tais como o Banco Central e outros órgãos.

Essa consistência se faz especialmente necessária quando essa relação estiver sistematizada em torno de uma autoridade e dos sujeitos das decisões dessa autoridade, já que a própria legitimidade dessa autoridade depende da consistência de suas decisões. Tal consistência permitirá que diante de uma situação semelhante seja possível se esperar[175] um mesmo tratamento. O sistema judicial é um desses sistemas de poder. A legitimidade do Poder Judiciário se dá tanto pela força de suas decisões como pela percepção social de que suas decisões são proferidas com o intuito de que sejam justas. Quanto mais frágil essa percepção social de justiça, menor será a legitimidade de suas decisões, embora sejam impostas pela força do Estado-Juiz.

---

[174] Embora, como ensina Bruno Oppetit, a modernidade e o pluralismo jurídico trazem consigo certo elemento de incerteza. OPPETIT, Bruno. **Droit et Modernité**. Paris: PUF, 1998, p. 92.

[175] Preocupado com a importância da expectativa de comportamento para o direito, Luhmann define o direito como "estrutura de um sistema social, a qual se baseia na generalização congruente de expectativas normativas de comportamento [...]". LUHMANN, Niklas. "Direito como generalização congruente". In: SOUTO, Cláudio; FALCÃO, Joaquim. **Sociologia e direito**. Trad. Dietlinde Maria Hartel. São Paulo: Pioneira, 2001, p. 129-38. [Ed. original: LUHMANN, Niklas. **Rechtssoziologie**. Reinbek bei Hamburg: Rowohlt Taschenbuch Verlang GmbH, "rororo studium", 1972, p. 94-106.]

A percepção social de justiça tende a diminuir na medida em que se verifica que casos semelhantes passam a ser tratados de maneira distinta pelo Judiciário, ou seja, na medida em que há inconsistência entre essas decisões, ainda aqui considerada essa inconsistência entre casos semelhantes, mas que não guardam entre si nenhuma relação. Com o objetivo de minimizar essa inconsistência, os ordenamentos jurídicos da maior parte dos países estabelecem instâncias recursais[176] e mecanismos de uniformização jurisprudencial, tais como aqueles que fortalecem os precedentes judiciais, dentre os quais, a edição de súmulas vinculantes. Em especial, os tribunais e as cortes superiores têm esse papel de conservar determinado entendimento judicial tendo como um dos objetivos preservar a coerência e a consistência das decisões judiciais.[177]

Essa percepção social de injustiça tende a se elevar quando se verifica que não só causas semelhantes estão sendo decididas de forma distinta, mas casos que tratam de matérias relacionadas e conexas estão recebendo tratamento distinto pela autoridade judicante. É com o intuito de reduzir esse risco que se estabeleceu o instituto da reunião de processos conexos.

No âmbito judicial, as decisões são públicas[178] e, com o objetivo de preservar a própria legitimidade do sistema, acabam por gerar prece-

---

[176] Conf. Bruno Oppetit : "a decisão arbitral não se submete [...] ao duplo grau de jurisdição: é sempre possível renunciar a um recurso que, de toda maneira, só poderia ser impetrado perante jurisdição estatal (exceto nas hipóteses excepcionais de arbitragem com duplo grau)". OPPETIT, Bruno. Justice étatique et justice arbitrale, Études offertes à Pierre Bellet. Paris: Litec, 1991, p. 415-26. Versão em português elaborada por VALENÇA FILHO, Clávio; Lemos, Bruno. Justiça Estatal e Justiça Arbitral. Clássicos da Arbitragem. **Revista Brasileira de Arbitragem**, São Paulo, n. 25, 2010, p. 192. Conf. também OPPETIT, Bruno. Justice étatique et justice arbitrale. **Théorie de l'arbitrage**. Paris: PUF, 1998.

[177] De acordo com Knijnik, "a função da cassação é tanto jus-unitária como resolutiva, mas os dois cetores devem articular-se, ou combinar-se, de modo que somente será legítima a sua atuação unificadora quando presente, de um lado, o interesse da parte, e o interesse da parte somente será levado na devida conta quando presente um relevante interesse jus-unitário ou nomofilácico, que justifique o funcionamento do Tribunal". KNIJNIK, Danilo. **O recurso especial e a revisão da questão de fato pelo Superior Tribunal de Justiça**. Rio de Janeiro: Forense, 2005, p. 95.

[178] Conf. Bruno Oppetit: "o tribunal arbitral não se submete ao princípio da publicidade, ao contrário, o segredo protege suas deliberações" OPPETIT, Bruno. Justice étatique et justice arbitrale, Études offertes à Pierre Bellet. Paris: Litec, 1991, p. 415-26. Versão em português elaborada por VALENÇA FILHO, Clávio; Lemos, Bruno. Justiça Estatal e Justiça Arbitral.

dentes judiciais,[179] que ao final, vinculantes ou não, serão seguidas por outros julgadores.[180] Como ensina Bruno Oppetit, enquanto "a jurisprudência dos tribunais estatais [...] tem autoridade considerável; a jurisprudência arbitral, embora rica, exerce menor influência, porque sua relatividade é agravada pela confidencialidade, pela dispersão, bem como pela ausência de hierarquia e de coordenação entre as diversas jurisdições de onde emana [...]".[181]

Clássicos da Arbitragem. **Revista Brasileira de Arbitragem**, São Paulo, n. 25, 2010, p. 193. Conf. também OPPETIT, Bruno. Justice étatique et justice arbitrale. **Théorie de l'arbitrage**. Paris: PUF, 1998.

[179] De acordo com o professor da Universidade de Edimburgo, Neil Maccormick, *"Why do lawyers argue so much about precedents? Why do they read the records of decisions in prior cases and seek to apply them to present problems? Why do judges think they can justify decisions by showing they square with precedent? A part of the answer to this is a reason of justice: if you ought to treat like cases alike and different cases differently, then new cases that are relevantly like ones previously decided ought (prima facie, anyway) to be decided in the same or an analogous way to the previously decided ones. Connected to this is the idea of an impartial legal system that does the same justice to everyone, regardless of who are the parties to a case and who is judging it. In a modern state with many judges in many courts, and a structured hierachy of appeals, the same rules and rulings should be acted on without regard to which judge is deciding the case. Faithfulness to the Rule of Law calls for avoiding any frivolous variation in the pattern of decision-making from one judge or court to another"*. MACCORMICK, Neil. **Rhetoric and the rule of law – a theory of legal reasoning**. Oxford: Oxford Universuty Press, 2005, p. 143.

[180] Aplicável aqui a lição de Benjamin N. Cardozo, de acordo com quem: "O trabalho do juiz é duradouro, em certo sentido, e efêmero, em outro. O que nele há de bom permanece. O que é errôneo com certeza perece. O bom continua sendo o alicerce sobre o qual novas estruturas serão erigidas. O mau será rejeitado e esquecido no laboratório dos anos. [...] Sempre em desenvolvimento, à medida que o Direito evolui através dos séculos, é esse novo credo que, de maneira silenciosa e constante, dissipa nossos erros e nossas excentricidades. [...] No infinito processo de examinar e reexaminar, há uma constante rejeição do entulho e uma constante retenção do que é puro, sólido e de boa qualidade". CARDOZO, Benjamin Nathan. **A natureza do processo judicial**. São Paulo: Martins Fontes, 2004 [1960], pp. 132-133.

[181] OPPETIT, Bruno. Justice étatique et justice arbitrale. Études offertes à Pierre Bellet. Paris: Litec, 1991, p. 415-26. Versão em português elaborada por VALENÇA FILHO, Clávio; Lemos, Bruno. Justiça Estatal e Justiça Arbitral. Clássicos da Arbitragem. **Revista Brasileira de Arbitragem**, São Paulo, n. 25, 2010, p. 193. Conf. original também em um dos últimos livros de Bruno Oppetit: *"la jurisprudence des tribunaux judiciaires, sans aller sans doute jusqu'à représenter une véritable source du droit, n'em pas moins empreinte, au sens où l'entendait Gény, d'une autorité considerable; la jurisprudence arbitrale, en dépit de as richesse, exerce sans doute um rayonnement moindre, car as relativité est accrue par le secret, la dispersion et l'absence de hiérarchie ou même de coordination des juridictions dont ele émane, qui ne forment em aucune manière um ordre homogène"*.

A despeito das inúmeras convergências entre a justiça estatal e a justiça arbitral, muitas são as diferenças entre uma e outra.[182]

Se é certo que ao exercer a jurisdição o juiz necessariamente tem de estar preocupado com as consequências de suas decisões para o sistema jurídico como um todo, o mesmo talvez não possa ser dito em relação ao árbitro, que tem como foco essencial de sua missão solucionar o conflito entre as partes. Deve ser nas partes, portanto, e não na sociedade como um todo o foco de atenção dos árbitros. Afinal, embora, assim como os juízes, sejam os árbitros dotados de jurisdição por força de lei, sua fonte de legitimidade decorre diretamente da convenção das partes: diferentemente do juiz togado, o árbitro é resultado do contrato e dele que advém a moldura de seu poder jurisdicional.

Essa constatação sobre distinção tão relevante entre jurisdição arbitral e estatal é importante não só para que seja pautado o papel do árbitro, mas para que, diante da delimitação de seu papel, poder e função, seja possível se visualizar a necessidade ou não de preencher os limites de seu exercício.

Preocupado primordialmente com a função hierarquizante e sistematizadora da decisão (coerência do sistema), o ordenamento jurídico brasileiro (assim como a maior parte dos ordenamentos do mundo desenvolvido e em desenvolvimento) parte da premissa de que demandas relacionadas e conexas devem, como regra geral, ser submetidas à formação única da convicção do juiz e ao consequente julgamento conjunto dos processos.

A preservação do aparato institucional a partir de instituições e regras de harmonização é preocupação central do Estado e do Estado-Juiz, mas pode não estar na agenda central das partes signatárias da convenção arbitral nem dos árbitros por elas constituídos.

Diferentemente da tutela jurisdicional estatal, a coerência do sistema pode não ser a finalidade a ser buscada pela arbitragem, pelo menos não na mesma intensidade. As partes podem ter outros interesses legítimos que justifiquem que dois processos arbitrais relacionados sejam julga-

---

OPPETIT, Bruno. Justice étatique et justice arbitrale. **Théorie de l'arbitrage**. Paris: PUF, 1998, p. 31.

[182] Conf. OPPETIT, Bruno. Justice étatique et justice arbitrale. **Théorie de l'arbitrage**. Paris: PUF, 1998, p. 34.

dos separadamente, ainda que, por lógica e economia processual, pudessem ser julgados em conjunto.

Fatores como a consistência entre as decisões, a formação única da convicção do julgador e o consequente julgamento conjunto dos processos também são relevantes para a tutela arbitral. Nesse aspecto, se não é atribuído ao(s) árbitro(s), como é dado ao juiz togado, o dever de se preocupar com a coerência do sistema como um todo, o mesmo talvez não possa ser dito em relação à consistência entre decisões que afetem o mesmo objeto litigioso das disputas entre as partes.

A missão dos árbitros de proferir uma solução efetiva para as partes não deveria, então, abranger de forma integral todas as disputas que tivessem entre si identidade tal que justificassem seu julgamento conjunto sob o risco de produzirem resultados conflitantes e/ou contraditórios e, consequentemente, inconsistentes entre si? Respeitados os limites estabelecidos pelas partes, tais como o consentimento, parece sim ser dever dos árbitros impedir que haja inconsistência/incoerência//contradição entre decisões e, em particular, nas hipóteses em que essa inconsistência ultrapasse a lógica jurídica e produza impactos diretos no mundo dos fatos. Dá-se aí, no mundo dos fatos, a percepção de injustiça diante da inconsistência/contradição/incoerência.

A mensuração da importância que tais fatores têm para as partes pode ser determinante na análise sobre o acerto ou não da consolidação de processos arbitrais relacionados.

2.3. Eficiência e Arbitragem

Compreendidas as principais diferenças entre a atuação do árbitro e a atuação do juiz togado naqueles pontos que interessam a esta tese, é preciso definir o que se entende por efetividade e/ou eficiência do processo arbitral.

De acordo com Eduardo Parente, a eficiência da arbitragem deve "ser o vértice entre dois vetores: presteza na entrega de tutela, mas qualidade nesta tutela, de modo que a efetividade traga alteração virtuosa no campo substancial [...]. No processo arbitral isso ocorrerá com a entrega de uma decisão de qualidade diferenciada da decisão do processo estatal".[183]

---

[183] PARENTE, Eduardo de Albuquerque, op. cit., p. 132-4.

2.3.1. A Consolidação de Demandas Arbitrais Não Pode Ser Vista Como a Panaceia Para a Eficiência

Alguns autores entendem que a reunião de processos relacionados deve ser privilegiada em relação à arbitragem, em especial por trazer mais eficiência ao processo e à solução da disputa. De acordo com Pedro Batista Martins:

> O objetivo da consolidação de diferentes processos de arbitragem é manifesto: visa permitir maior eficiência na condução do procedimento e evitar conflito ou inconsistências resultantes de sentenças proferidas por tribunais arbitrais distintos sobre matérias que deveriam ser julgadas de forma uníssona. A eficiência encerra a adoção de um procedimento capaz de extrair maior rendimento com redução de custos e dispêndios de tempo e dinheiro. Mira a melhoria do rendimento procedimental, como, exemplificativamente, a centralização da produção de prova oral e pericial nas mãos de um mesmo painel de árbitros, a redução de tempo das testemunhas, custos de locomoção e hospedagem e, mesmo, de honorários de advogados. Sendo um só o painel de árbitros, as provas, naturalmente, não necessitarão ser produzidas mais do que uma vez, bem como os fatos e direitos que lhes são comuns restarão analisados por um tribunal arbitral, ao invés de dois ou três. A economia processual é, pois, razoável fundamento lógico e jurídico a recomendar a reunião de processos de arbitragem instaurados de forma isolada. O julgamento uniforme das demandas, por seu turno, é fator fundamental no campo da administração da justiça. Volta-se para a utilidade da sentença arbitral. É corolário da segurança jurídica e da eficácia das decisões e, por certo, matéria de extrema relevância jurídica.[184]

Também para Gary Born:

> como no contencioso judicial, uma única arbitragem pode, em algumas circunstâncias, ser mais eficiente do que duas ou mais arbitragens separadas. Um único procedimento permite a mesma economia de custas gerais, tempo de testemunhas, esforços de preparação e outros custos que existem no contencioso. Ademais, um único procedimento arbitral evita os custos

---

[184] MARTINS, Pedro Antonio Batista. Consolidação de Procedimentos Arbitrais, op. cit.

únicos associados a múltiplos tribunais arbitrais – cada um de seus membros deve ser compensado pelas partes. [...] Em segundo lugar, um procedimento arbitral consolidado reduz o risco de resultados inconsistentes em duas ou mais arbitragens separadas.[185]

Por outro lado, autores como o australiano Jeff Waincymer entendem que embora existam diversos fatores de eficiência decorrentes da consolidação de demandas arbitrais, essa eficiência não pode ser, de plano, presumida. De acordo com o autor:

> [...] argumentos a favor da consolidação incluem eficiência geral, redução de custas de processos paralelos, tempestividade geral, e contenção de alguns dos imprevistos derivados da composição de múltiplos tribunais quando a sobreposição pode levantar questões de predisposição ou influência indevida. [...] Presunções baseadas em eficiência geral sozinhas são apenas uma pequena parte de uma análise realista de intenção provável na pequena quantidade de casos problemáticos em que contratos e regras ainda são ambíguos.[186]

Assim, apesar dos diversos benefícios e das inúmeras vantagens que possam ser atribuíveis à consolidação de processos arbitrais relacio-

---

[185] BORN, Gary. **International Commercial Arbitration**. Alphen aan Den Rijn: Kluwer Law International, 2009. p. 2068-9. Texto original: *"First, as with litigations, a single arbitration can in some page "2069" circumstances be more efficient than two or more separate arbitrations. A single proceeding permits the same savings of overall legal fees, witnesses' time, preparation efforts and other expenses that exist in litigation. Moreover, a single arbitral proceeding avoids the unique expenses associated with multiple arbitral tribunals – each of whose members must be compensated by the parties. [...] Second, a consolidated arbitral proceeding reduces the risk of inconsistent results in two or more separate arbitrations"*. (tradução livre)

[186] Texto original: *"[...] arguments in favour of admissibility of consolidation include general efficiency, reducing the transaction costs of parallel proceedings, overall timeliness, and the avoidance of some of the pitfalls flowing from the composition of multiple tribunals where overlap may raise questions of prejudice or undue influence. [...] Presumptions based on general efficiency alone are only a small part of a commercially realistic analysis of likely intent in the hopefully small number of troublesome cases where the agreement and rules are still ambiguous"*. (tradução livre) WAINCYMER, Jeff. Complex Arbitration, **Procedure and Evidence in International Arbitration**, parte II: The Process of an Arbitration, Kluwer Law International, 2012, p. 495-608.

nados, tal mecanismo está longe de não trazer problemas[187] ou de ser sempre a melhor medida a ser adotada diante de demandas arbitrais conexas.[188]

2.4. Fatores Tempo e Custo

As questões *tempo de duração* e *custo* da arbitragem têm sido duas das principais pautas nos debates acadêmicos e profissionais mais recentes tanto no Brasil[189] como no exterior.[190]

---

[187] Também de acordo com Gaillard: *"the consolidation of related proceedings is by no means always the ideal answer to the difficulties arising in complex international disputes. Consolidated arbitral proceedings involving more than two parties can potentially lead to a multitude of difficulties on a procedural level, not least of which is the requirement that all parties must be treated equally when constituting the arbitral tribunal. Further, the administration of arbitrations involving a number of parties may be prone to problems, particularly in light of the fact that most national rules of civil procedure, as well as international arbitration rules, are tailored to two-party proceedings. Giving three or more parties the opportunity to comment on each other's submission can be very time consuming and increases the risk of delaying tactis. It therefore takes clear rules as well as substantial experience on the part of the arbitral tribunal to ensure the respect of the principle of due process, while at the same time avoiding significant delays in a multi-party arbitration"*. GAILLARD, Emmanuel. The Consolidation of Arbitral Proceedings and Court Proceedings. **Complex Arbitrations**: Perspectives on Their Procedural Implications. Special Supplement, ICC, 2003, p. 35-42, p. 36-7.

[188] As dificuldades geradas pela reunião de múltiplas demandas em uma única consubstanciam-se em tópico bastante discutido também na esfera judicial americana. De acordo com Field, Kaplan e Clermont, *"[...] multi-claim actions sometimes pose peculiarly perplexing problems of both planning for the parties and management for the court. And multi-party actions raise special problem of planning and management. How far, for a minor example, may a court justifiably limit examination and cross-examination of a particular witness by the several parties to a lawsuit? May the court require that parties aligned in interest speak though one lawyer only? Often problems of this order are solved by informal arrangements. Multi-party actions may also aggravate the strategic problems of counsel. The tatic of divide and conquer, for example, is not unknown in courtroom. Plaintiff may join two defendants for the very purpose of driving between them"*. FIELD, Richard H.; KAPLAN, Benjamin; CLERMONT, Kevin M. **Civil Procedure**: Materials for a Basic Course. 9. ed. Nova York: Thomson West, 2007, p. 242-3.

[189] Apenas a título exemplificativo, o Brazilian Arbitration Day, o principal evento anual sob a organização da ICC Brasil, realizado no dia 1º de julho de 2015, contou com um painel dedicado à questão do *third party funding*, ou seja, o financiamento por terceiros em arbitragens internacionais e domésticas.

[190] Conf. evento organizado pela ICC cujo título era *Effective dispute management for better business* realizado no dia 10 de novembro de 2015 em Paris: http://www.iccwbo.org/Training-and-Events/All-events/Events/2015/6th-ICC-International-Mediation-Conference-2015/

Um dos argumentos mais comuns para que se determine a reunião de processos é de que se economizaria tempo[191] e custos[192] para a solução das disputas entre as partes se comparado com a existência de diversas disputas arbitrais relacionadas.[193]

A análise sobre a economia de custos e tempo de duração dos processos é comparativa, ou seja, se de um lado há economia de tempo e dinheiro para aquela parte que participaria de mais de um processo arbitral, de outro lado, significará aumento de custo e de tempo de duração processual para a parte que estaria em apenas um processo arbitral, se não ocorresse a consolidação de demandas.[194]

A força desse argumento, contudo, deve ser relativizada, uma vez que muito provavelmente haverá economia de tempo para aquela parte que teria de participar de mais de uma arbitragem ao mesmo tempo, mas não haveria economia de tempo para aquela parte que participaria apenas de um único processo arbitral.

Ou seja, um único processo arbitral envolvendo todas as partes durará menos do que vários processos arbitrais envolvendo as múltiplas-partes, mas não durará menos do que um único processo arbitral sob a perspectiva daquela parte que participaria, de todo modo, de um único

---

[191] Para Carnelutti, *"che il tempo ha nel processo è imenso e, in gran parte, sconosciuto. Non sarebbe azzardato paragonarei l tempo a un nemico, contro il qualer il giudice lotta senza posa"*. CARNELUTTI, Francesco. **Diritto e processo**. n. 232. Nápoles: Morano, 1958, p. 354.

[192] *"The main advantage of joinder or consolidation is that it can, at least when the costs of all the parties are aggregated, be cheaper for the parties and make the process quicker and more efficient. The costs of setting up a second or even third tribunal will be saved even if the one arbitration actually conducted will be rather more complex. It also reduces the risk of inconsistent awards and therefor increases the parties's confidence in process by delivering a more certain outcome"*. JENKINS, Jane; STEBBINGS, Simon. **International Construction Arbitration**: Law. Nova York: Kluwer Law International, 2006, p. 155.

[193] De acordo com Gaillard, *"the consolidation of related proceedings may also serve procedural efficiency and the 'good administration of justice' by saving time and cost, and particularly by coordinating the taking of evidence"*. GAILLARD, Emmanuel, The Consolidation of Arbitral Proceedings and Court Proceedings, op. cit., p. 36.

[194] *"For a variety of reasons, expenditures will tend to increase a litigant's chances of prevailing at trial or will influence beneficially the magnitude or character of the judgement. A party will generally make a litigation expenditure as long as it costs less than the expected benefit it yields. To assess the expected benefit due to a particular legal step, a party will often have to consider not only the court's reaction to it, but also the reaction of the other litigant to it"*. SHAVELL, Steven. Basic Theory of Litigation. In: DIDIER JR., Fredie; JORDÃO, Eduardo Ferreira. **Teoria do processo**, op. cit. p. 941.

processo arbitral. A mesma lógica parece ser verdadeira e aplicável ao argumento da economia de custos que provavelmente ocorrerá com a reunião de processos arbitrais paralelos.[195]

Necessário se entender, aliás, que, embora, muitas vezes, se confundam, os fatores tempo e custo se distinguem. De um lado está a esfera temporal do tempo de duração do processo. De outro lado está a esfera econômica do custo gerado pela necessidade de se dedicar mais tempo a determinado(s) processo(s). Nessa esfera econômica está o custo de ineficiência do tempo utilizado (ou desperdiçado) pelos árbitros, instituições arbitrais, partes, seus advogados e assistentes técnicos, mas não está necessariamente o custo em si da maior duração do processo. Este último está na esfera temporal do processo e certamente pode e deve ser "precificado", mas seu ingresso na esfera econômica se dá a partir de fatores econômicos que levam em consideração o cálculo do dinheiro no tempo, dentre os quais estão atualização monetária, juros e, muitas vezes, custo financeiro.

Outra preocupação que se deve ter em relação ao argumento de que a consolidação de demandas arbitrais conexas reduz custos é o de que, em determinadas circunstâncias, a pretensão de consolidar demandas pode ser trazida por uma das partes com o propósito de ampliar os custos da parte autora. Jeff Waincymer é um dos autores que expressa de forma clara essa preocupação. Para o autor, "fatores compensatórios incluem a preocupação de que pleitos reconvencionais podem ser apresentados com bases falsas para efetivamente atrasar processos, amedrontar o requerente no acordo e adicionar ônus financeiros imediatos por meio do adiantamento de custas arbitrais".[196] Árbitros, instituições arbitrais e juízes devem estar sempre atentos a estratégias que tenham esse fim.

Além disso, a análise sobre as razões para reunião de demandas judiciais conexas leva necessariamente em consideração o fato de ser menos

---

[195] FRICK, Joachim G. **Arbitration and Complex International Contracts**. Alphen aan Den Rijn: Kluwer Law International, 2001, p. 235.
[196] Texto original: *"[c]ountervailing factors include the concern that reverse claims might be brought on spurious grounds to actually delay proceedings, frighten the claimant into settlement and add immediate financial burdens through the arbitral advance on costs"*. (tradução livre) WAINCYMER, Jeff, op. cit., p. 559.

oneroso realizar uma única vez atos processuais que sejam úteis para um número maior de processos. De acordo com Cândido Rangel Dinamarco:

> [...] as razões pelas quais a ordem jurídico-processual querer que em certas circunstâncias sejam reunidas duas ou mais causas em um só processo, sob comando de um só juiz. A primeira delas é de ordem econômica (economia processual), porque obviamente é menos oneroso realizar de uma só vez atos que sirvam a duas ou mais causas em vez de realizar tantos atos, tantas instruções quantas forem as causas.[197]

A pergunta que se faz é: mais ou menos oneroso para quem? Para as partes? Talvez, mas predominantemente para o Estado.

É nesse aspecto que a discussão sobre custos do processo arbitral adquire novos contornos: afinal, quem arca com os custos do processo arbitral (ao menos, na arbitragem comercial envolvendo particulares) não é o erário, mas tão-somente as partes. Ora, não seria das partes o interesse e, por consequência, a vontade a ser respeitada quanto à aplicação de instrumento processual com o objetivo de supostamente reduzir os custos (ou maximizar a eficiência processual)? Entende-se que sim.

A mesma lógica parece ser aplicável quanto ao tempo de duração do processo arbitral. É claro que as partes têm o direito à aplicação do princípio constitucional da razoável duração do processo também na arbitragem. Não pode, contudo, o argumento da economia processual ser aplicado sem que antes se faça uma reflexão profunda se esta se coaduna ou não com o interesse das partes.

Como se verá no último capítulo desta tese, no qual se discutirá a possibilidade de reunião *ex facto*, ou seja, a possibilidade de se reunir duas demandas arbitrais conexas sob o crivo do mesmo tribunal arbitral, mas sem que esses processos sejam reunidos em *simultaneous processus*, há alternativas que permitem evitar o risco de decisões contraditórias ou inconsistentes e trazem economia de custos para o processo sem, contudo, gerar risco à razoável duração do processo.

---

[197] DINAMARCO, Cândido Rangel. **Fundamentos do processo civil moderno.** tomo I, 4. ed. São Paulo: Malheiros, 2001, p. 713.

2.5. Complexificação Do Processo Arbitral Consolidado

2.5.1. Dificuldades geradas pela complexificação

Reunir em um mesmo processo questões que, embora relacionadas, consubstanciam-se matérias diversas certamente dotará o processo de muito mais complexidade e poderá tornar muito mais difícil todo o curso processual. Essa complexidade[198] pode gerar aumento inesperado de custos e de tempo de julgamento. Muitas vezes, os árbitros terão de, após unir os processos, separar as questões discutidas, o que acabará por gerar a mesma duplicidade de trabalhos que já haveria se as demandas fossem processadas e julgadas separadamente.

Dentre as questões mais afetadas está produção de provas. Haverá um provável aumento da prova documental, mas é na prova testemunhal que serão verificadas as maiores dificuldades. Não só o número de testemunhas tende a aumentar como o escopo e extensão das perguntas também.

Tomaremos como exemplo duas arbitragens decorrentes de *Engineering, Procurement and Construction Agreements* ou EPCs para a construção de duas pequenas centrais hidrelétricas (PCHs). Na primeira arbitragem se discute a eficiência das turbinas de uma das PCHs (PCH1). Na segunda arbitragem se quesiona o atraso na entrega da outra PCH (PCH2). De um lado, o dono da Obra imputa à Construtora a responsa-

---

[198] Ao tratar da conflituosidade decorrente das disputas sociais na apropriação do espaço urbano, Carlos Salles trata das dificuldades geradas pela ampliação da complexidade fática resultante da cumulação de pedidos, afirmando que: "[...] deixando de lado aspectos relacionados ao cabimento jurídico e processual dos pedidos geralmente cumulados nessa modalidade de ação, é importante considerar a viabilidade prática de execução de um provimento jurisdicional com aquela abrangência. Nesse sentido, seria mais adequado que as iniciativas de ação civil pública, em quadros como aqueles, procurassem reduzir a complexidade fática existente em várias ações separadas e propostas em momentos diferentes, de acordo com uma estratégia global do legitimado". SALLES, Carlos Alberto de. A tutela jurisdicional do espaço urbano: técnica e estratégia processual. In: FREITAS, José Carlos de (Org.). **Temas de direito urbanístico**. São Paulo: Imprensa Oficial do Estado, Ministério Público do Estado de São Paulo, 2001, p. 243. Ver também GABBAY, Daniela Monteiro, op. cit., p. 67. De acordo com a autora: "[...] o requerimento de medidas judiciais diferentes e a complexidade do caso podem justificar seu processamento em ações diferentes, que demandam instrução probatória com finalidades distintas, para a proteção de interesses e direitos estrategicamente separados".

bilidade sobre a ineficiência da turbina da PCH1 e do atraso da entrega da PCH2. De outro lado, a Construtora se defende alegando que a ineficiência da turbina na PCH1 e o atraso na entrega da PCH2 se deram por falhas do projeto básico fornecido pelo dono da Obra.

De um lado, as partes e seus advogados terão maior dificuldade para traçar uma estratégia adequada de inquirição de testemunhas e apresentação do caso aos árbitros. O dono da Obra terá que se preocupar tanto em arrolar testemunhas de fato e testemunhas técnicas (*expert witnesses*) para mostrar que a operação inadequada da turbina se dá por falhas na sua instalação e/ou em sua fabricação e, para tanto, enfrentará as perguntas e questionamentos da Construtora em relação às PCHs. O mesmo se dará em relação aos argumentos trazidos pela Construtora em relação às falhas apontadas no Projeto Básico das Obras.

Essa plêiade de pleitos provavelmente fará com que o processo arbitral seja mais longo e dispendioso. Quanto maior o número de atores e interesses na sala, maior e mais complexo tende a ser o debate.

De outro lado, os árbitros deverão se preocupar em como não perder o foco na análise de múltiplos pleitos e respectivas fundamentações. Essa não será tarefa fácil, uma vez que os próprios advogados das partes tentarão, muitas vezes, dirigir a atenção do(s) árbitro(s) para os tópicos mais favoráveis aos seus clientes.

2.5.2. *Big Picture* do problema como ganho decorrente da complexificação

Um dos interessantes benefícios da consolidação de demandas arbitrais conexas está justamente na possibilidade de os árbitros terem uma compreensão mais ampla e profunda sobre os fatos decorrentes de toda a relação entre as partes e que compõe o cenário das relações jurídicas objeto da disputa.

Voltemos ao exemplo das disputas sobre o desempenho da turbina da PCH1 e do atraso na entrega na PCH2. Do ponto de vista do árbitro e da formação de sua convicção, seria mais efetivo que fossem reunidas em uma única disputa os litígios em torno das duas PCHs.

A própria multiplicidade de interesses envolvidos tenderá a minimizar o efeito da boa preparação e estratégia dos advogados das partes para ocultar as fragilidades da posição de seus clientes. Em meio às contradições entre as testemunhas, os documentos apresentados e as versões das partes, será dada aos árbitros a possibilidade de formar sua convicção a partir de um cenário mais completo e, dentro dos limites restritos do juízo de probabilidades, mais próximo da verdade, ou, mais propriamente, mais elevado o grau de probabilidade[199].

2.6. A Confidencialidade e a Consolidação de Demandas Arbitrais

Uma das importantes críticas feitas à consolidação de demandas arbitrais é o risco de possa acarretar na quebra da confidencialidade de matérias atinentes a contratos envolvendo partes distintas.

Como ensina João Bosco Lee, "[c]onsidera-se como confidência, a 'informação secreta, revelação que não pode transpirar'. A confidencialidade tem como essência manter secreta uma informação. O seu objeto principal é o segredo".[200]

Embora a confidencialidade da arbitragem seja, na maioria dos casos, desejável (pelo menos a arbitragem comercial),[201] a arbitragem não é necessariamente confidencial e, muito menos, é a arbitragem intrinse-

---

[199] Ensina Dinamarco sobre a impossibilidade de se atingir a certeza jurídica: "A verdade e a certeza são dois conceitos absolutos e, por isso, jamais se tem a segurança de atingir a primeira e jamais se consegue a segunda, em qualquer processo (a segurança jurídica, como resultado do processo, não se confunde com a suposta certeza, ou segurança, com base na qual o juiz proferiria os seus julgamentos). O máximo que se pode obter é um grau muito elevado de probabilidade, seja quanto ao conteúdo das normas, seja quanto aos fatos, seja quanto à subsunção destes nas categorias adequadas. No processo de conhecimento, ao julgar, o juiz há de contentar-se com a probabilidade, renunciando à certeza, porque o contrário inviabilizaria os julgamentos. A obsessão pela certeza constitui fator de injustiça, sendo tão injusto julgar contra o autor por falta dela, quanto julgar contra o réu (a não ser em casos onde haja sensíveis distinções entre os valores defendidos pelas partes); e isso conduz a minimizar o ônus da prova, sem, contudo, alterar os critérios para a sua distribuição". DINAMARCO, Cândido Rangel. **A instrumentalidade do processo**, op. cit., p. 318.

[200] LEE, João Bosco. O princípio da confidencialidade na arbitragem comercial internacional. In: LEE, João Bosco; VALENÇA FILHO, Clávio de Melo. **Estudos de Arbitragem**. 1ª. ed. Curitiba: Juruá, 2008. v. 1, p. 286.

[201] De acordo com Rodolfo Amadeo, a "confidencialidade do procedimento arbitral não está expressamente prevista na Lei nº 9.307/1996, mas é regra geral em quase todos os regulamentos dos órgãos arbitrais institucionalizados brasileiros e estrangeiros". AMADEO, Rodolfo da Costa Manso Real. Há fraude de execução na arbitragem? **Revista Brasileira de Arbitragem**, nº 40, São Paulo, Out-Dez/2013, p. 9.

camente confidencial.²⁰² Como esclarece João Bosco Lee, "em regra, não existem disposições nas legislações proibindo as partes de divulgarem questões pertinentes à arbitragem. O sigilo não se impõe naturalmente às partes no procedimento arbitral".²⁰³ De acordo com a lição de Luiz Olavo Baptista, a "maioria das arbitragens desenvolve-se sob um regime de confidencialidade. Embora não seja essencial, ela é exigida seja pelas regras das instituições arbitrais seja pelas partes". ²⁰⁴

Mostra-se adequado aplicar-se à consolidação de demandas arbitrais aquilo que Luiz Olavo Baptista denominou de confidencialidade relativa. De acordo com o autor: "ao se garantir a boa condução do devido processo legal e atendendo, de forma 'temperada', o interesse das partes, reforça o árbitro, tanto a segurança jurídica no instituto da arbitragem, quanto a sua atratividade do ponto de vista da discrição do procedimento".²⁰⁵ Nessa linha, Rafael Gagliardi afirma que "nos casos em que o dever de confidencialidade se faz presente, em razão da natureza da disputa ou das informações divulgadas no restrito círculo de envolvidos [...], incidirá o dever geral de abstenção de causar danos (*neminem laedere*)".²⁰⁶

O tema da confidencialidade envolvendo soluções para o risco de demandas conexas gerarem decisões contraditórias/inconsistentes será novamente examinado no Capítulo 8 desta tese, quando se falará da produção conjunta de provas para arbitragens conexas.

Tanto lá como cá, entende-se que embora a confidencialidade, quando aplicável, deva ser motivo de atenção por todos os envolvidos (árbitros, partes, instituições, Judiciário, dentre outros), não parece razoável que seja ela razão suficiente, ao menos não *a priori* e em abstrato, para

---

²⁰² Em sentido contrário, conf. NUNES PINTO, José Emílio. A confidencialidade na arbitragem. **Revista de Arbitragem e Mediação**. vol. 6. p. 25. São Paulo: Ed. RT, 2005.

²⁰³ LEE, João Bosco. O princípio da confidencialidade na arbitragem comercial internacional. In: LEE, João Bosco; VALENÇA FILHO, Clávio de Melo. **Estudos de Arbitragem**. 1ª. ed. Curitiba: Juruá, 2008. v. 1, p. 289-90.

²⁰⁴ BAPTISTA, Luiz Olavo. **Arbitragem comercial e internacional**. São Paulo: Lex Magister, 2011, p. 219.

²⁰⁵ BAPTISTA, Luiz Olavo. Confidencialidade na arbitragem. **V Congresso do Centro de Arbitragem da Câmara de Comércio e Indústria**. Lisboa: Almedina, 2012, p. 208.

²⁰⁶ GAGLIARDI, Rafael Vilar. Confidencialidade na arbitragem comercial internacional. **Revista de Arbitragem e Mediação**, vol. 36/2013, p. 95-135, Jan-Mar/2013, DTR\2013\2517.

impedir a consolidação de demandas arbitrais conexas ou quaisquer outras medidas que busquem mitigar o risco de contradição entre as arbitragens.

2.7. O Direito das Partes de Escolher os Árbitros e a Consolidação de Processos Arbitrais

O direito de participar[207] efetivamente da constituição do Tribunal Arbitral é uma das principais prerrogativas processuais de uma parte submetida ao processo arbitral, razão pela qual o direito de nomear pelo menos um dos árbitros seja tão significativo. Afinal, *"Arbitration is only as good as the arbitrator"*.[208]

Caso a convenção arbitral ou a lei aplicável e/ou regulamento escolhido não tenham determinado o número de árbitros, as partes terão ainda a possibilidade de reunir os tribunais arbitrais. Considerando a Lei de Arbitragem Brasileira, a pura e simples reunião de dois tribunais arbitrais não poderá ocorrer se isso fizer com que o novo tribunal arbitral tenha número par. Mesmo supondo que a *lex arbitrii* não estabeleça essa limitação quanto ao número de árbitros, o aumento do número de árbitros tende também a reduzir a eficiência da arbitragem.

No cenário mais comum e conhecido, a convenção arbitral, a lei aplicável e/ou regulamento escolhido define o número de árbitros a julgarem a disputa. Ainda nesse cenário mais comum, esse número será igual a três.

---

[207] Carlos Elias explica a importância da participação das partes para o modelo democrático de processo. De acordo com o autor: "[...] a processualística moderna substituiu não apenas o ideário liberal do processo como *coisa das partes* meramente fiscalizada pelo julgador, como também ultrapassou o ideário social e ativista do processo como *coisa do julgador* ao qual as partes se submetem. Esses padrões foram suplantados pelo *modelo democrático de processo*, que exige a *comparticipação* de todos os sujeitos processuais, agregando ao conteúdo do contraditório processual não apenas a possibilidade de as partes se informarem sobre (ou se oporem a) uma decisão, mas a possibilidade de que elas – efetivae concretamente – participem da sua construção. Sob essa ótica, o contraditório processual surge como garantia de *influência* das partes nas decisões proferidas no processo". ELIAS, Carlos Eduardo Stefen. 2014. **Imparcialidade dos árbitros**. Tese (Doutorado em Direito Processual sob a orientação do Professor Carlos Alberto Carmona) – Faculdade de Direito, Universidade de São Paulo, São Paulo, 2014, p. 73-4.

[208] DERAINS, Yves; LÉVY, Laurent. **Is arbitration only as good as the arbitrator? Status, powers and role of the arbitrator**. Dossiers ICC Institute of World Business Law. Paris, ICC, 2011, p. 7.

Para essa hipótese, ao menos que as partes aceitem alterar, de comum acordo, a convenção arbitral, se houver consolidação de processos nos quais se tenham mais de duas partes, será necessário recorrer às diversas fórmulas já testadas pelas instituições arbitrais, tribunais judiciais e arbitrais, dentre os quais o mais famoso e adotado, a solução dada pela Corte de Apelação Francesa para o *Caso Dutco*.[209] Essas fórmulas tendem a privilegiar o direito a igualdade de tratamento das partes (e o devido processo legal) sobre o direito a indicar um dos árbitros.

No caso *Dutco*, a Corte de Cassação francesa julgou que diante de impasse entre os litisconsortes a respeito da nomeação do árbitro que lhe competiria nomear (normalmente por existirem interesses divergentes desses litisconsortes em relação ao objeto da demanda), os três árbitros integrantes do Tribunal Arbitral deveriam ser todos nomeados pelo órgão arbitral institucional (no caso, a CCI), sob pena de se afrontar o princípio da igualdade das partes. Desse modo, se um dos polos da relação processual tivesse tido a oportunidade de nomear um árbitro e esse mesmo direito não pode ser exercido pelo outro polo da relação haveria afronta à igualdade das partes[210].

Esse precedente teve como consequência direta a mudança das regras de arbitragem da CCI para contemplar a orientação do Judiciário

---

[209] *Cour de Cassation francesa, 7 enero 1992, Siemens AG/BKMI Industrienlagen GMBH v Ducto Consortium Construction Co. Ltd.*

[210] De acordo com Selma Lemes: *"O conflito no caso julgado pela Corte de Cassação refere-se a um contrato de consórcio entre as empresas Dutco, construtora, e as empresas BKMI e Siemens para a edificação de uma indústria de fabricação de cimento em Dubai, em 1981. Surgido o conflito, foi iniciado procedimento arbitral na CCI. A cláusula compromissória estabelecia que a demanda fosse julgada por um tribunal arbitral de três árbitros, e, segundo o Regulamento da CCI, a indicação de árbitros em arbitragens multipartes determina que cada polo teria que indicar um árbitro, e, na ausência de consenso, o referido árbitro seria indicado pela CCI. As demandadas assim fizeram conjuntamente sob reservas e protestos da Siemens. Nas instâncias inferiores do Judiciário, foi decidido que a forma de indicação estava correta, mas a Corte de Cassação entendeu que, se a demandante teve o direito de indicar árbitro, as demandadas também teriam que ter o mesmo tratamento, ou seja, diante da impossibilidade e do impasse em m dos polos da arbitragem multiparte, todos os integrantes do tribunal arbitral teriam que ser indicados segundo idêntico procedimento, ou seja, nenhum polo indicaria árbitros, e os três árbitros seriam indicados pela CCI. O precedente é interessante por entender que o princípio da igualdade de tratamento se aplica também na forma de indicação de todos os árbitros e que segundo a legislação francesa é um preceito de ordem pública"*. LEMES, Selma. Arbitragem Multiparte. Notas sobre o caso Dutco, **Revista Brasileira de Arbitragem**, São Paulo, n. 29, 2011, p. 210-1.

francês[211]. Desde 1998, o Regulamento da CCI passou a prever que, na ausência de nomeação conjunta de um árbitro pelas partes requeridas, a Corte da CCI nomeará todos os membros do Tribunal Arbitral. O mesmo dispositivo foi reproduzido no Regulamento CCI 2012 (artigo 12.8[212]) e também foi incorporado ao Regulamento CCI 2017.[213]

Por sua vez, o Regulamento de Arbitragem de 2012 do Centro de Arbitragem e Mediação da Câmara de Comércio Brasil Canadá ("CAM-CCBC") definiu em seu artigo 4.16: "no caso de arbitragem com múltiplas partes, como requerentes e/ou requeridas, não havendo consenso sobre a forma de indicação de árbitro pelas partes, o Presidente do CAM/CCBC deverá nomear todos os membros do Tribunal Arbitral, indicando um deles para atuar como presidente, observados os requisitos do artigo 4.12 deste Regulamento".

Diante da ausência de consenso sobre a forma de escolha de árbitros, a solução encontrada seria a nomeação de todos os árbitros via instituição arbitral, *appointing authority* ou via Judiciário.

Ao substituírem a vontade das partes na nomeação dos árbitros, é necessário que essas instituições verifiquem se de fato se trata de hipótese de arbitragem envolvendo múltiplas partes. Esse escrutíneo deve ter o condão inclusive de impedir que um dos polos, de má-fe, tente criar situações para ampliação do número de partes com o objetivo espúrio de

---

[211] De acordo com Olivier Caprasse, "*o caso Dutco teve relevância para as instituições arbitrais e particularmente para a CCI, a qual modificou seu regulamento para prevenir quaisquer problemas*". CAPRASSE, Olivier. A constituição do tribunal arbitral em arbitragem multiparte, **Revista Brasileira de Arbitragem**, São Paulo, v. 8, 2005, p. 93.

[212] "*Na falta de designação conjunta nos termos dos artigos 12(6) e 12(7) e não havendo acordo das partes a respeito do método de constituição do tribunal arbitral, a Corte poderá nomear todos os membros do tribunal arbitral, indicando um deles para atuar como presidente. Neste caso, a Corte terá liberdade para escolher qualquer pessoa que julgue competente para atuar como árbitro, aplicando o artigo 13, quando julgar apropriado*".

[213] De acordo com Nadia Darwazeh e Krista Zeman, "*As the Dutco case in the French courts demonstrated, respecting parties' rights toe qual treatment when constituting an arbitral tribunal can be a complex exercise in multiparty cases. The ICC responded to Dutco by introducing into its 1998 Rules of Arbitration Article 10(2), which has become Article 12(8) in the 2012 Rules. This provision empowers the ICC Court to appoint the entire arbitral tribunal directly in cases where multiple parties are unable to nominate a co-arbitrator jointly*". DARWAZEH, Nadia; ZEMAN, Krista. Joint Nomination in Multiparty Arbitration: The Exercise of the ICC Court's Discretionary Power to Appoint the Entire Arbitral Tribunal Post-*Dutco*. **ICC International Court of Arbitration Bulletin**, v. 23, n. 1, 2012.

retirar do polo adverso o direito de nomear um dos árbitros (ainda que isso também faça com que lhe seja suprimido esse direito).

Para além desse controle a ser feito pela instituição arbitral, *appointing authority* ou Judiciário, é importante não se perder de vista que não é só a igualdade de tratamento que está em jogo no *direito da parte de nomear o árbitro*. Essa questão vai além do que tem sido levantado comumente com o *direito da parte de nomear o árbitro*. Tal temática tem sido normalmente desenvolvida sob a perspectiva do devido processo legal e da igualdade de tratamento às partes. Com base nisso, esse argumento tem sido constantemente rebatido a partir da nomeação institucional via instituição arbitral ou via Judiciário. A especialidade do julgador pode ter sido primordial para que as partes escolhessem a arbitragem como mecanismo de solução de disputa.[214]

De acordo com Eduardo Parente, o processo arbitral depende justamente da especialidade de julgador, tanto na questão de direito material, como no *modus operandi* processual/arbitral. Para o autor, a relação próxima entre o processo arbitral e a efetividade decorre do seu caráter sistêmico, notadamente pelas características do seu *fechamento operacional*, do conjunto de princípios e mecanismos que autorizam entregar a tutela de forma bem personalizada, feita sob medida".[215]

Argumento relevante é o de que as partes podem privilegiar a escolha de julgadores com expertise adequada para cada uma das diferentes matérias, ainda que essas estejam relacionadas. A razão para isso pode ser a vontade das partes de ter seu litígio decidido pelos árbitros mais especializados em cada uma das matérias objeto do julgamento. De acordo com Jeff Waincymer, *"a consolidação pode levantar questões quanto à adequação do tribunal para tratar de todas as múltiplas demandas e podem trazer vantagens táticas indesejadas na seleção do tribunal"*.[216]

---

[214] A preocupação aqui vai além daquela abordada pela Lei de Arbitragem Brasileira, art. 12, que trata dos árbitros insubstituíveis. Enquanto a preocupação da lei era só com o consentimento das partes, a preocupação aqui também é com a efetividade da tutela.
[215] PARENTE, Eduardo de Albuquerque. **Processo arbitral e sistema**. São Paulo: Atlas, 2012, p. 132-134.
[216] Texto original: *"admissibility of consolidation may raise questions as to the suitability of the tribunal to deal with all of the multiple claims and might provide undesirable tactical advantages in tribunal selection"*. (tradução livre) WAINCYMER, Jeff, op. cit., p. 559.

Se, no processo estatal, seria absurdo o fatiamento de duas questões de matérias relacionadas para serem decididas por diferentes juízes, não parece ser contrário à finalidade da arbitragem que essas causas sejam julgadas por diferentes árbitros em função de sua especialidade.

Aliado a isso, o aspecto mais importante para essa definição certamente é consentimento das partes para a consolidação desses processos paralelos. É isso que se analisará a partir de agora.

Capítulo 3
Consentimento das Partes como Fonte de Legitimação para decidir na Arbitragem – Primeiro Critério

> **Arbitragens e ornitorrincos**
>
> Quem vê um ornitorrinco pela primeira vez pode imaginar que se depara com uma lontra com bico de pato; quem maneja a arbitragem sem conhecimento pode pensar estar lidando com um processo igual àquele oferecido pelo Estado, que corre perante juízos privados. Duas imagens erradas, dois erros grosseiros. [...] arbitration is diferent.
>
> **Carlos Alberto Carmona**, Em torno do árbitro.

A arbitragem é ao mesmo tempo contratual[217] e jurisdicional[218] e é sobre os fios de equilíbrio entre essas duas características que a qualificam

---

[217] De acordo com Irineu Strenger: "Quando se fala no 'árbitro e o contrato' se tem em mente não somente a substância da convenção, mas, também e principalmente, a relação do árbitro com o que ali se estipula. Ao contrário de certa ideia equivocadamente existente, a convenção arbitral não é somente a estipulação que permite o futuro do procedimento, pois a nomeação dos árbitros somente adquire efeito vinculante depois que estes aceitem o encargo, momento em que se opera a consolidação do chamado 'contrato de arbitragem'. A importância dessa explicação reside no fato de natureza peculiar. Ao contrário da lei, o contrato passa a ser um dado vivente, por sua origem e natureza". STRENGER, Irineu. **Arbitragem comercial e internacional**. São Paulo: LTr, 1996, p. 67.

[218] "Será contratual ou jurisdicional? Para existir, depende a arbitragem de que as partes tenham celebrado uma cláusula compromissória em um contrato ou celebrem compromisso

como algo diferente do que uma *lontra com bico de pato* que se desenvolverá este capítulo da tese: de um lado, a jurisdição dos árbitros decorre do consentimento[219] das partes que elegeram a arbitragem como meio de solução de disputa; de outro lado, ao elegerem a arbitragem como meio de solução de disputa, as partes confiaram que aquele sistema seria apto a produzir título executivo que fosse não somente válido e eficaz, mas também eficiente para a obtenção do bem da vida disputado.[220]

Assim como em todos os países signatários da Convenção de Nova York ("CNY"), no Brasil, não há processo arbitral sem consentimento. Tal consentimento[221] é manifestado na convenção de arbitragem, que, pela lei brasileira, pode se dar tanto a partir de cláusula compromissória quanto de compromisso arbitral.[222]

Por outro lado, a lei brasileira determina que o árbitro é juiz de fato e de direito e que a sentença arbitral por ele prolatada tem a mesma

---

arbitral posteriormente ao surgimento do litígio. Inegável, pois, a base contratual que, se suprimida, não dará ensejo à utilização da arbitragem. Por outro lado, uma vez instituída, caberá aos árbitros analisar os pleitos, argumentos e provas produzidas a fim de decidir o feito, dirimindo a controvérsia e definindo quem está certo ou errado, enfim, dizer o direito. Há aí também, pois, o exercício de uma função jurisdicional equiparada à função do juiz togado". BRAGHETTA, Adriana. **A importância da sede da arbitragem**: visão a partir do Brasil. v. I. São Paulo: Renovar, 2010, p. 5.

[219] *"Un tribunal arbitral solo puede consolidar procediemientos arbitrales distintos (paralelos) cuando cuente con el consentimiento de las partes. Mucho del análisis de la jurisprudencia doctrina extranjera e internacional versa sobre cuando existe este consentimiento. Existen algunas legislaciones avanzadas que dan dicha facultad al Juez de la sede del arbitraje".* COSSIO, Francisco Gonzáles de, op. cit., p. 576.

[220] De acordo com Bruno Oppetit, *"L'arbitrage n'est plus réductible 'a um pur phénom »ene contractuel, ainsi que le proclamaient les philippiques enflammées de Merlin: sa nature juridictionelle n'est plus contestée, même si son origine reste contractuelle';[...] l'arbitr est investi de la jurisdictio dans toute sa plenitude, avez la souplees qu'autorise le cadre dans lequel elle s'exerce".* OPPETIT, Bruno. Justice étatique et justice arbitrale, Études offertes à Pierre Bellet. Paris: Litec, 1991, p. 415-26, p. 420. Conf. também OPPETIT, Bruno. Justice étatique et justice arbitrale. **Théorie de l'arbitrage**. Paris: PUF, 1998. Conf. também KASSIS, Antoine. Arbitrage juridictionnel et arbitrage contractuel – Tome I. In: **Problèmes de base de l'arbitrage en doit comparé et en droit international. Paris**: L.G.D.J., 1987.

[221] *"In international law the basic theory of arbitration is simple and rather elegante. Arbitral jurisdiction is entirely consensual. [...] An arbitral award redered within the framework of the common agreement of parties is itself parto f the contract and hence binding on them. But an award which is produced in ways inconsistent with the shared contractual expectations of the parties is something to which they had not agreed".* REISMAN, Michael. **Systems of Control in International Adjudication and Arbitration**. Breakdown and repair. Durban; Londres: Duke University Press, 1992, p. 6.

[222] Artigos 3º, 4º e 9º, da Lei 9.307/96.

eficácia da sentença judicial. Desse modo, a arbitragem possui natureza híbrida,[223] ou seja, ao mesmo tempo em que (i) possui origem contratual (ii) representa o exercício da jurisdição.[224]

Desse modo, o consentimento das partes é o primeiro critério a ser analisado para que ocorra a consolidação de processos arbitrais conexos.

O que se fazer, então, quando interessar para uma das partes (e não a outra) a consolidação/reunião[225] de dois ou mais processos arbitrais? Poderia o autor optar por iniciar uma arbitragem com uma das partes da convenção e outra nova arbitragem contra a outra parte? Segundo Bernard Hanotiau:

> se A, B e C tiverem celebrado um contrato e uma controvérsia surgir, A poderia iniciar duas arbitragens, uma contra B e outra contra C? Embora isso não seja comoum, tais situações aconteceram no passado. A menos que as obrigações decorrentes do contrato sejam claramente indivisíveis conforme a lei aplicável, com a possível consequência de que todas as controvérsias deveriam ser instauradas perante um único tribunal arbitral, nada impede A de instaurar dois processos arbitrais.[226]

Não parece razoável, contudo, que se possa sempre se fundar em eventual direito subjetivo do autor de escolher contra quem pretende

---

[223] Conf. KASSIS, Antoine, op. cit.

[224] Mesmo antes da edição da Lei Brasileira de Arbitragem, em 1996, em 1994, Hermes Marcelo Huck já dizia que "não se pode negar a natureza jurisdicional da arbitragem". HUCK, Hermes Marcelo. **Sentença estrangeira e *lex mercatoria* – Horizontes e fronteiras do comércio internacional**. São Paulo: Saraiva, 1994, p. 68.

[225] "Although it is a private dispute resolute system, arbitration should not remain a closed system, exclusively reserved for those parties that are contractually bound by an arbitration agreement. Instead, arbitration should be a dispute resolution system which, under particular circumstances, is flexible and able to communicate with third parties that have legitimate interests in a dispute pending before a tribunal". BREKOULAKIS, Stavros L. The Relevance of the Interests of Third Parties in Arbitration: Taking a Closer Look at the Elephant in the Room. **Penn State Law Review**, Pensilvânia, v. 113, 2009, p. 1172.

[226] Texto original: *"if A, B and C have concluded a contract and a dispute arises, may A start two arbitrations, one against B and the other against C? This is quite unusual but such situations have happened in the past. Unless the obligations arising under the contract are clearly indivisible under the applicable law, with the potential consequence that all disputes should be brought before one single arbitral tribunal, nothing prevents A from starting two arbitral proceedings"*. (tradução livre) HANOTIAU, Bernard. **Complex Arbitrations**: Multiparty, Multicontract, Multi-Issue and Class Actions. Alphen aan Den Rijn: Kluwer Law International, 2005, p. 192.

litigar. Parece mais correto dizer que essa escolha já foi feita pelas partes quando admitiram contratualmente que mais de uma parte celebrasse a mesma convenção arbitral.

Na ausência do consentimento das partes para a consolidação de processos arbitrais relacionados, o laudo arbitral proferido em arbitragem decorrente consolidação forçada poderá ser objeto de anulação ou não ser reconhecido em outra jurisdição com base no art. V.1(d) da CNY,[227] de acordo com o qual pode ocorrer referida anulação ou não reconhecimento se: "a composição da autoridade arbitral ou o processo arbitral não se deu em conformidade com o acordado pelas partes, ou, na ausência de tal acordo, não se deu em conformidade com a lei do país em que a arbitragem ocorreu".

Retorna-se, com isso, ao tênue equilíbrio entre a natureza contratual[228] e jurisdicional da arbitragem para se indagar quais são os limites para que o árbitro, ao exercer a jurisdição e mesmo definir os limites dessa jurisdição, interprete a vontade das partes.[229] Afinal, qual seria o *standard* de consenso necessário? Seria necessário que a convenção arbitral previsse expressamente a possibilidade de consolidação de processos arbitrais relacionados.

Diferentemente do processo judicial, o exercício mental das partes de decidir que qualquer disputa decorrente ou relacionada ao contrato que firmaram será adjudicada em processo arbitral ocorre muito antes que exista qualquer litígio entre elas, ou seja, esse exercício ocorre quando as partes celebram a convenção arbitral e é a esse momento que

---

[227] De acordo com Pierre Mayer, "*Article V.1.d of the New York Convention mentions another obstacle: 'The composition of the arbitral authority or the arbitral procedure was not in accordance with the agreement of the parties [...].' This situation can arise when there is consolidation* – stricto sensu – *of two arbitral tribunals into one, based on the fact that the two arbitrations are closely related but against the will of the parties*". MAYER, Pierre. The effects of awards rendered in multiparty//multicontract situations. In: HANOTIAU & SCHWARTZ (Eds.). **Multiparty Arbitration, Dossier VII**, ICC Institute of World Business Law, n. 701, set. 2010, ICC Publication, p. 223-33, p. 224.

[228] Segundo Thiago Marinho Nunes, "Apesar da natureza contratual da arbitragem, o seu fim é proclamar a justiça. O que importa dizer é que o árbitro, eleito de comum acordo pelas partes, entregará a prestação perseguida. Conquanto seja uma justiça privada, a arbitragem constitui um mecanismo que proclama o direito, que faz justiça". NUNES, Thiago Marinho. **Arbitragem e prescrição**. São Paulo: Atlas, 2014, p. 23.

[229] Conf. KASSIS, Antoine, op. cit.

devemos retomar quando vamos analisar se houve ou não o consentimento com a arbitragem. A razão para isso retoma a figura do ornitorrinco tão bem abordada por Carmona.

3.1. A Convenção Arbitral é o Resultado da Negociação Entre as Partes

Em meio às discussões acadêmicas sobre a arbitragem, muitas vezes se esquece que a cláusula compromissória é o resultado das negociações entre as partes, o que inclui, obviamente, todas a idiossincrasias comuns às relações e barganhas comerciais.[230]

Ao se redigir a cláusula compromissória em um contrato, as partes e seus advogados antecipam muitas das estratégias de uma eventual disputa (decorrente, por exemplo, do inadimplemento contratual da parte adversa), partindo-se da própria escolha pela arbitragem em substituição ao Judiciário.

Antes de a arbitragem ganhar espaço no Brasil como mecanismo relevante de solução de disputas, os advogados especializados em contencioso empresarial tinham pouca participação elaboração e em especial na redação dos contratos (salvo, talvez, a participação em auditorias – *due diligence*). O envolvimento desses advogados com o contrato iniciava-se, normalmente, quando já havia o cenário de disputa judicial entre as partes.[231] Com a consagração da utilização da arbitragem como mecanis-

---

[230] "*Players in a bargaining game are in an awkward position. They want to make the most favorable agreement that they can, while avoiding the risk of making no agreement at all; and, to certain extent, these goals are contradictory. If one party indicates a willingness to settle for any terms, even if the gain is marginal, he or she will very likely arrive at an agreement, but not a very attractive one. On the other hand, if he takes a hard position and sticks to it, he is likely to reach a favorable agreement if he reaches any agreement at all – but he stands a good chance of being left out of in the cold*". DAVIS, Morton D. **Game Theory**: A Nontechnical Introduction. Mineola: Dover Publications, 1997 [1983], p. 119-20.

[231] Se observarmos, contudo, sob a perspectiva da longa história, concluiremos que não é novidade a negociação sobre os termos da disputa. Como ensina José Reinaldo de Lima Lopes, a negociação sobre os termos da disputa ocorria já no processo formular romano. De acordo com o autor: "Conseguindo levar seu adversário à presença do magistrado, este se encarrega de verificar se o caso poderia ser transformado numa disputa 'adjudicável'. Sua tarefa consistia em transformar a queixa num conflito que pudesse ser decidido por um árbitro a ser nomeado e de acordo com uma fórmula muito semelhante a um 'quesito'. Esta fórmula deveria estar contida no edito, mesmo que de maneira geral [...]. A fórmula consistia na

mo de solução de disputas, o envolvimento dos advogados de litígio passou a ser necessário durante a própria elaboração dos contratos, uma vez que a redação da cláusula compromissória antecipa[232] vários passos do que será a estratégia para eventual litígio entre as partes.[233]

A própria redação tradicional de cláusulas compromissórias sobre o escopo da convenção arbitral[234] ainda que, em geral, não trate da possibilidade de consolidação de processos arbitrais, estabelece que todas as questões *conexas, relacionadas* ou *decorrentes* (ou, em inglês, *related to,*

---

designação do juiz (*iudex*) e no 'quesito'. Ela era, porém, *negociada* pelas partes perante o pretor: ou seja, as partes discutiam até que se esclarecesse qual era efetivamente o ponto a ser decidido (uma questão à qual o árbitro/ juiz pudesse responder *sim* ou *não*) e o pretor se convencesse de que o ponto era com a proteção anunciada no edito. O nome do juiz a ser indicado também era discutido. O pretor dispunha de uma lista de nomes de cidadãos romanos das classes superiores que deveriam prestar este serviço arbitral na cidade: a lista era conhecida como álbum". LOPES, José Reinaldo de Lima. **O direito na história**. 3. ed. São Paulo: Atlas, 2008, p. 35.

[232] *"The main issues which should be addressed at the earliest oppotunity so that any necessary provisions can be expressly set ou in the arbitration agreement are broadly: – Identification of likely disputes which may arise and the parties which those disputes would involve. – Ascertainment of whether those disputes would give rise to a bipolar or multi-polar arbitration. – Selection of the most appropriate procedure for the appointment of the tribunal in light of the answers to the above. – Decision on the stage after which additional parties cannot be joined to the proceedings and/or after which consolidation with other proceedings is not permitted. – Consideration of whether an umbrella clause is necessary".* BAMFORTH, Richard; MAIDMENT, Katerina. "All Join in" or Not? How Well Does International Arbitration Cater for Disputes Involving Multiple Parties or Related Claims?. **Asa Bulletin**, v. 27, n. 1, 2009, p. 18.

[233] *"For some parties, the unvailability of consolidation poses no problem. General contractors often favor consolidation; owners on construction projects often oppose it. Where, for example, a contractor seeks consolidation in order to guard against the risk of inconsistent awards in favor of the owner and subcontractor, the owner may be content to deal with the contractor alone without the distraction and expense of participating in the resolution of the contractor's dispute with the subcontractor".* FRIEDLAND, Paul. D. **Arbitration Clauses for International Contracts**. Huntington: JurisNet, 2007, p. 24.

[234] *"It is importante to ensure that the wording adpted in an arbitration agreement is adequate to fulfil the intentions of the parties. Most arbitration agreements are broadly worded, and, usually, when parties agree to resolve any disputes between them by thus method (unless a specific exception is made). This i salso the case when the model clauses of arbitration institutionas are adopted by the parties".* STEINGRUBER, Andrea Marco. **Consent in international arbitration**. Oxford: Oxford University Press, 2011, p. 120.

arising out of or in connection with) daquela relação contratual devem ser decididas por arbitragem.[235]

Quando isso envolve múltiplas partes e/ou múltiplos contratos, aumentam as chances de que seja necessária mais de uma arbitragem para solucionar as disputas decorrentes do mesmo negócio.[236] Nesses casos, o ideal é que as partes tenham tratado antecipadamente do tema.

Não há dúvida de que o melhor caminho para se evitar problemas como os que examinaremos aqui é estudar com cuidado (i) a legislação que será aplicável ao contrato ou aos contratos (tanto a *lex materiae* como a *lex arbitri*);[237] e (ii) o regulamento da instituição que será aplicável às disputas decorrentes ou relacionadas ao contrato ou aos contratos, com especial atenção para as soluções ali disponíveis para demandas paralelas ou relacionadas, dentre as quais está a consolidação ou reunião de processos. Muitas vezes, contudo, (i) a legislação aplicável à solução de disputas (ou adotam uma solução legislativa "falsa", dependente do consentimento das partes)[238] e (ii) o regulamento escolhido pelas partes são silentes sobre a consolidação de processos arbitrais.

---

[235] "A fim de evitar qualquer tipo de dúvida na instauração da arbitragem, especialmente se determinado ponto do dissenso é ou não abarcado pela cláusula compromissória, o ideal é que englobe todas as controvérsias em *conexão com* e *decorrentes* da avença, usando linguagem mais ampla possível". NANNI, Giovanni Ettore. **Direito civil e arbitragem**, São Paulo: Atlas, 2014, p. 81.

[236] "[...] *the 'jeopardy' problem typically is created by contract drafters who fail to tie the many parties participating in a Project to a common dispute resolution process that compell all parties to resolve their disputes and claims against each other in the same manner and in the same forum*". BRUNER, Philip L., op. cit., p. 541.

[237] "*The Convention does not contain provisions for the situation of two related arbitrations. It merely provides that a court shall, at the request of one of the parties, refer them to arbitration. In this circumstance, the solution for the problem must be found in domestic law. As very few arbitration laws contain provisions relating to consolidation, solutions are mainly developed by case law*". BERG, Albert Jan van den. Consolidated Commentary Cases Reported in Volumes XXII (1997) – XXVII (2002). In: _____ (Ed.). **Yearbook Commercial Arbitration 2003**, Alphen aan Den Rijn, v. XXVIII, Kluwer Law International, 2003, p. 562-700.

[238] De acordo com Philippe Leboulanger, "*Only a few countries have enacted legislative provisions regarding consolidation. [...] the solutions provided for by legislators can be divided in two categories, 'false' and 'real' legislative solutions. Some legislators, namely the arbitration law of British Columbia and the International Arbitration Act of Florida, are considered to be 'false' legislative solutions because, although they provide for consolidation, they condition its implementation to the consent of all parties. In other words, these 'false' solutions are closer to consensual rather than to legislative consolidation. 'Real' legislative solutions, on the other hand, allow the courts to compel consolidation as they are based*

Não é por acaso, contudo, que se utiliza comumente o adjetivo de *midnight clause* (ou, "cláusula de última hora") [239] como qualificador para a cláusula de solução de disputas.[240] O adjetivo reflete o fato de que a cláusula de solução de disputas é muitas vezes negligenciada pelas partes e mesmo por seus advogados, mais preocupados com as questões materiais envolvendo a transação comercial.

Quando essas negociações envolvem múltiplas partes e, em especial, múltiplos contratos, a cláusula de consolidação de processos arbitrais adquire ainda mais importância.[241]

---

on the intervention of the lawmaker and not only on the will of the parties. In 1982, Hong Kong issued a new Arbitration Act which provides for judicially ordered consolidation in its Article 6B. Article 1046 of the Dutch Arbitration Act contains specific provisions on consolidation of related arbitrations, which can be ordered by the President of the District Court in Amsterdam. The Argentine draft is another example of court-ordered consolidation implemented by the legislator. The State of California and Massachusetts in the United States have also adopted a legislative approach regarding consolidation". LEBOULANGER, Philippe. Multi-Contract Arbitration, **Journal of International Arbitration**, Alphen aan Den Rijn, Kluwer Law International, n. 4, v. 13, p. 43-97, 1996.

[239] De acordo com Luiz Olavo Baptista, "são conhecidas pelos que praticam a advocacia internacional pelo pouco lisonjeiro apelido de 'cláusulas da última hora', porque apenas os advogados se lembram delas, e ao fim das negociações". BAPTISTA, Luiz Olavo. Arbitragem e contratos internacionais: a proteção da parte mais fraca. In: PUCCI, Adriana Noemi. **Arbitragem comercial internacional**. São Paulo: LTr, 1998, p. 76.

[240] Conf. Poudret e Besson: *"[...] arbitration clauses are sometimes drafted in haste, at a point when the contract is almost complete (midnight clause), or by persons with little experience of international arbitration [...]"*. POUDRET, Jean-François; BESSON, Sébastien. **Comparative Law of International Arbitration**. Londres: Sweet & Maxwell, 2007, p. 153. "Na grande maioria das situações, a cláusula compromissória está inserta no contrato principal, sendo a sua assinatura concomitante à conclusão do negócio, momento esse que ainda não surgiu o conflito, pelo contrário, o que existe é a convergência das partes, a festa, o *champagne*, pois o negócio foi acertado". MONTORO, Marcos André Franco, op. cit., p. 92. Ver também REDFERN, Alan; HUNTER, Martin; BLACKABY, Nigel; PARTASIDES, Nigel. **Redfern and Hunter on International Arbitration**. Oxford: Oxford University Press, 2009, p. 85.

[241] De acordo com Paul Friedland: *"When parties to multiple, related contracts want to provide for consolidation of not-yet-arisen related disputes, three main complexities arise: (i) All related contracts must have identical or complementary arbitration clauses. While courts in certain jurisdictions have discretion to order consolidation of related arbitrations, they will not do so where the parties have provided for inconsistent arbitration proceedings. (ii) The parties must provide a procedure for consolidation, taking account of a wide range of circumstances, including the risk of multiple and overlapping proceedings commenced under multiple contracts before multiple arbitral tribunals. (iii) When, as is often the case, the related contracts involve more than to parties, the parties must account for the multi-party situation"*. FRIEDLAND, Paul. D., op. cit., p. 135-6.

Nessas hipóteses, além da autorização das partes para consolidação,[242] é essencial que as cláusulas entre os diversos contratos sejam compatíveis entre si, de tal modo que sejam eleitos em todos os contratos (i) a mesma instituição arbitral; (ii) a mesma lei aplicável; (iii) a mesma sede; (iv) possibilidade ou impossibilidade de julgamento por equidade; (v) mesma fórmula de escolha dos árbitros; e, se possível, (vi) mesmo idioma. Em relação à existência de múltiplas partes, também, pode ser importante que as partes tenham consentido com a sua participação em outras arbitragens relacionadas. Como afirma Pecoraro, caso isso não ocorra, "poderão surgir: decisões contraditórias entre diferentes tribunais arbitrais [...]; questões prejudiciais que paralisem algum processo até que sejam decididas em outro; dúvidas sobre competência; procedimentos paralelos [...]; aumento de custos com honorários de múltiplos árbitros e taxas de múltiplas câmaras arbitrais".[243]

De acordo com Fai e Dewan:

> Enquanto disposições uniformes para consolidação de demandas arbitrais livrariam as partes de resultados imprevisíveis, as chances de chegar a qualquer consenso no futuro próximo parecem ser poucas. Não apenas a questão não foi considerada em diversas leis de arbitragem nacionais, também

---

[242] De acordo com os *Guidelines* da IBA para redação de cláusulas compromissórias, "*[a] procedural complexity that arises in a multi-contract setting is that of consolidation. Different arbitrations may be commenced under related contracts at different times. It may, or may not, be in the parties' interest to have these arbitrations dealt with in a single consolidated arbitration. In some situations, the parties may reason that one single consolidated arbitration would be more efficient and cost-effective. In other circumstances, the parties may have reasons to keep the arbitrations separated. If the parties wish to permit consolidation of related arbitrations, they should say so in the arbitration clause. Courts in some jurisdiction have discretion to order consolidation of related arbitration proceedings, but ordinarily will not do so absent parties' agreement. Where the courts at the place of arbitration have no such power, or where the parties do not wish to rely on judicial discretion, the parties should also spell out in the clause the procedure for consolidating related proceedings. The applicable arbitration rules, if any, and the law of the place of arbitration should be reviewed carefully, as they may constrain the parties' ability to consolidate arbitral proceedings. Conversely, in some jurisdictions, the parties may want to exclude the possibility of consolidation (or class arbitration)*". **Guidelines for Drafting International Clauses 2010**, Public Source Materials, §§ 110 e 111. Disponível em: <http://www.kluwerarbitration.com/CommonUI/document.aspx?id=kli--ka-1l11001-n>. Acesso em: 23 dez. 2015.

[243] PECORARO, Eduardo. Arbitragem nos contratos de construção. In: SILVA, Leonardo Toledo da. **Direito e infraestrutura**. São Paulo: Saraiva, 2012, p. 231-56.

não há consenso entre as leis e normas arbitrais que consideraram a questão. Essa divergência torna necessário que as partes estejam alertas para a questão da cumulação ao fazer a minuta de suas cláusulas de arbitragem levando em consideração fatores tais como lei aplicável, lei processual, local da arbitragem e possíveis jurisdições em que a sentença poderia ser executada, se elas preverem que a adjudicação de sua controvérsia poderia envolver múltiplas partes.[244]

O ideal nessas hipóteses parece ser firmar entre todas as partes envolvidas um único documento que relacione todos os contratos envolvidos e defina que um tribunal arbitral único tratará de todos e quaisquer litígios deles decorrentes. Trata-se do chamado *Stand-alone Consolidation Protocol*.[245] Nas arbitragens multicontratuais, quando as

---

[244] Texto original: *"While uniform provisions for consolidation of arbitration proceedings would relieve parties from unpredictable outcomes, the chances of reaching any consensus in the near future appear to be slim. Not only has the issue not been considered in a number of arbitral statutes or arbitral rules, there is also no consensus amongst the arbitral statutes and rules which have considered the issue. This divergence makes it necessary that parties be alive to the issue of consolidation when drafting their arbitration clauses by taking into account factors such as the governing law, the procedural law, the seat of the arbitration and the possible jurisdictions where the award would be enforced, if they anticipate that their dispute adjudication could involve multiple parties".* (tradução livre). Ainda de acordo com Fai e Dewan: *"While arbitrators and practitioners may prefer consolidation of arbitrations based on common issues of law and fact, whether parties wish to allow for consolidation is best left to their intent and interests. What is important is for parties to set out their intention under the arbitration agreement because that would possibly be the overriding factor in any decision made by a court and would even set up grounds for differentiation in jurisdictions where courts may otherwise allow non-consensual consolidation in multi-party disputes raising common issues of law and fact or arising out of related transactions. This is presumably the best way forward until there is uniformity on the issue, whose horizon currently seems a bit afar".* FAI, Edwin Tong Chun; DEWAN, Nakul. Drafting Arbitration Agreements with "Consolidation" in Mind?, **Asian International Arbitration Journal**, Singapura, International Arbitration Centre (em cooperação com Kluwer Law International), v. 5, n. 1, 2009, p. 70-94.

[245] *"The best way to approach arbitration of related contracts is to establish a stand-alone arbitration protocol signed by all parties to all related agreements [...]. In the definition section of such protocol, the relevant agreements should be defined, as should the disputes and parties covered. Institution arbitration should be agreed upon with the institutions to appoint all arbitrators. Any contracting party should have the right to initiate arbitration against any other party or parties, with notice to all contracting parties and to the arbitral institution. Any respondent named in the initiating pleading could then, within a defined period of time, join any contracting party not named in the initiating pleading, with copy to all contracting parties. Any party thus joined could then likewise join any contracting party, within a fixed period of time. Any contracting party not already named or joined should then have the*

partes explicitamente indicaram que pretendiam que quaisquer disputas deles decorrentes de contratos relacionados deveriam ser consolidadas – *stand-alone consolidation protocol* –, as referidas demandas deverão ser consolidadas.[246]

3.1.1. Negociações de cláusulas compromissórias em contratos internacionais complexos

Embora a cláusula compromissória seja, em geral, uma das últimas preocupações das partes, algumas questões relacionadas à fórmula de solução de disputas são temas de longas negociações entre as partes e seus advogados (é necessário reconhecer o papel dos advogados em muitas dessas barganhas). Dentre essas, em especial, em contratos internacionais complexos[247] que envolvam partes de diferentes países,[248] as que costumam ter mais destaque são a lei aplicável,[249] o regulamento e a sede[250] da arbitragem.

---

right to intervene within a fixed period of time from receipt of the relevant notice of joinder or other pleading". FRIEDLAND, Paul. D., op. cit., p. 136.
[246] FRIEDLAND, Paul. D., op. cit., p. 137
[247] "*There is no strict bordeline which would allow a sharp distinction between Complex International Contracts and other contracts. A definition has to focus on the special economic and legal characteristics of the contracts. First, the 'obvious factors of culture, language and distance result in an international contractual relationship being more complex than a purely complex one'. Second, Complex International Contracts usually involve large volumes, both in terms of cost and size of the projects. It is for this reason that Complex International Contracts are usually of a long duration. Third, the complexity and long duration results in a so-called relational nature of the contract, leading to questions of transaction specific investments, framework tyoe character, mutual trust and cooperation duty need for special risk allocation systems, etc. Forth, Complex International Contracts are regarded differently than wholly domestic relationship by legislators and judges with respect to the selection of the governing law; for instance, while domestic contracts must besubmitted to local law, international contracts may be submitted to a law having no connection with any of the parties involved, or even to more than one law (depeçage)*". FRICK, Joachim G., op. cit., p. 6.
[248] "[...] a resolução pode até se complicar se envolver juízos arbitrais de diferentes países. Nesse caso [...], tudo dependerá da forma com que seja regrado o instituto da prejudicial nos respectivos países". PARENTE, Eduardo de Albuquerque, op. cit., p. 202.
[249] "[A] autonomia da vontade das partes está consagrada como o principal critério determinante das regras aplicáveis ao procedimento arbitral". LEE, João Bosco. **Arbitragem comercial internacional nos países do Mercosul**. Curitiba: Juruá, 2003, p. 146.
[250] "Faz-se imprescindível uma reflexão sobre a interpretação das duas expressões: 'local de proferimento' e 'sede da arbitragem'. As duas expressões devem ser tidas como equivalentes, de modo que se deve considerar proferido o laudo na sede da arbitragem, ainda que tenha

Durante essas negociações, é normal que cada uma dessas partes barganhe para que o método de solução de disputas siga o modelo com o qual as partes e seus advogados se sintam mais confortáveis[251], ou seja, com o qual possuam maior experiência.[252] Diante disso, o mais comum é que as partes e seus advogados[253] busquem que a lei aplicável seja a de seu país[254] ou outra lei com a qual tenham grande experiência (em geral legislações globalmente estudadas e aplicadas tal como a lei de Nova York). O mesmo ocorre em relação à sede da arbitragem, embora, como ensina João Bosco Lee, a sede tenha sido excluída, nas legislações

---

sido assinado pelos árbitros em local ou locais diferentes, sob pena de um caso – a assinatura do laudo em local diverso daquele escolhido pelas partes –, gerar consequências graves às partes [...]. A expressão 'local de proferimento' se equipara à 'sede da arbitragem'. Essa interpretação é a única que preserva a vontade das partes mediante a escolha da sede na cláusula compromissória". BRAGHETTA, Adriana, op. cit., p. 16-8.

[251] Wolfram trata da responsabilidade enfrentada pelos advogados das partes ao aconselhá-las sobre o direito de países diferentes daqueles onde atua: "*[...] not only are lawyers considered competent to know and apply the laws of many other states in practice, but he failure by a lawyer to possess and exercise that competence in advising a client on multistate transactions is actionable, for both legal malpractice and professional discipline purpuses*". Sneaking Around in the Legal Profession: Interjurisdictional Unauthorized Practice by Transactional Lawyers, **South Texas Law Review**, v. 36, 1995, p. 672-3. Disponível em: <http://scholarship.law.cornell.edu/cgi/viewcontent.cgi?article=1901&context=facpub>. Acesso em: 23 dez. 2015.

[252] Isso sem falarmos do papel do próprio idioma e diversidade cultural na interpretação de contratos internacionais. De acordo com Luiz Olavo Baptista, "[...] a diversidade cultural influi na elaboração dos textos do contrato. A diversidade cultural e, sobretudo, a problemática da linguagem fazem com que os contratos internacionais, em geral, celebrados numa língua franca qualquer, mais frequentemente o inglês que qualquer outro idioma, ofereçam problemas de coincidência na interpretação, por um lado e por outro, ainda que os signatários estejam de boa-fé, da mesma maneira. Forçosamente, a passagem de um idioma para outro implica em mudanças de sentido". BAPTISTA, Luiz Olavo. **Contratos internacionais**. São Paulo: Lex Editora, 2011, p. 173-4.

[253] "*An international business operator is not exactly a bystander but an experienced professional assisted by a team of lawyers. When it designates a seat of arbitration or refrain from doing so, it does so, or should do so, deliberately, i.e. with full knowledge of the consequences of this choice (...)*". GHARAVI, Hamid. G. **The International Effectiveness of the Annulment of an Arbitral Award**. Alphen aan Den Rijn: Kluwer Law International, 2002, p. 129.

[254] Como afirma Marcelo Huck, "não há um direito no espaço sideral. O direito há sempre de estar vinculado ao homem e suas várias e criativas relações jurídicas, econômicas e sociais". HUCK, Hermes Marcelo. **Sentença estrangeira e *lex mercatoria* – Horizontes e fronteiras do comércio internacional**. São Paulo: Saraiva, 1994, p. 128.

modernas (dentre as quais a legislação brasileira),²⁵⁵ como mecanismo de definição da lei aplicável ao processo arbitral.²⁵⁶

---

²⁵⁵ De acordo com João Bosco Lee "a Lei 9.637/96 não prevê que a lei do lugar onde se desenvolve a arbitragem tem um caráter imperativo. Ao contrário, as partes são livres para escolher as regras aplicáveis ao procedimento. Na verdade, o árbitro deve respeitar as regras imperativas da sede do tribunal arbitral. Isto não significa, entretanto, que todas as disposições da lei do lugar onde se desenvolve a arbitragem são imperativas. Assim, esta imposição das regras da sede do tribunal arbitral é afastada pelo direito brasileiro". LEE, João Bosco. **Arbitragem comercial internacional nos países do Mercosul**. Curitiba: Juruá, 2003, p. 148. Também de acordo com Rodrigo Broglia Mendes: "tal como no caso da determinação do direito aplicável ao mérito da disputa, não há uma razão *a priori* para aplicar as regras de direito internacional privado da sede da arbitragem, com o objetivo de determinar a aplicação ou não de regras imperativas dessa ordem jurídica. [...] não parece existir razões especiais para conferir um tratamento especial às regras imperativas de ordem jurídica do local da arbitragem, sendo que aqueles que investigam essa hipótese parecem estar presos a uma concepção jurisdicionalista da arbitragem". MENDES, Rodrigo Octávio Broglia. **Arbitragem, *lex mercatoria* e direito estatal – uma análise dos conflitos ortogonais no direito estatal**. São Paulo: Quartier Latin, 2010, p. 116.

²⁵⁶ Em relação à redução do papel da sede da arbitragem ou lei do "foro arbitral" conf. João Bosco Lee. De acordo com o autor: "direito aplicável ao procedimento arbitral era outrora intimamente ligado à sede do tribunal arbitral. A escolha de um país como sendo o lugar da arbitragem acarretava automaticamente a aplicação da legislação local ao procedimento arbitral. Esta concepção era amplamente admitida no direito comparado e consagrada por uma Resolução do Instituto de Direito Internacional adotado em Siena, em 1952. Em seguida, assim que o direito da arbitragem evoluiu, aceitando a autonomia das partes para regular o procedimento, a sede da arbitragem ficou em segundo plano em relação às regras aplicáveis ao procedimento arbitral. Era a solução reconhecida pelo art. 16 do Regulamento de arbitragem da CCI de 1955 e pelo art. V, § 1º, "d" da Convenção de New York de 1958. Esta subsidiariedade do direito da sede da arbitragem é finalmente descartada pelas legislações modernas e pelos regulamentos de arbitragem. Na falta de manifestação de vontade das partes, cabe aos árbitros escolher as regras aplicáveis ao procedimento arbitral". LEE, João Bosco. **Arbitragem comercial internacional nos países do Mercosul**. Curitiba: Juruá, 2003, p. 148-9. Cf. Também Rodrigo Mendes: "o conceito de 'sede da arbitragem' serve como uma ficção jurídica, uma vez que não é incomum que as atividades arbitrais ocorram em local físico distinto da 'sede', não possuindo, portanto, uma razão *a priori* para a utilização das regras de direito internacional privado do local da sede da arbitragem para a utilização das regras de direito internacional privado do local da sede da arbitragem para determinar a aplicação das regras imperativas, bem como para a própria aplicação das regras imperativas da ordem jurídica estatal do local da sede da arbitragem, uma vez que se pode atribuir aos árbitros um 'compromisso', ainda que tácito, em proferir decisões jurídicas adequadas aos negócios transacionais, ao contrário do que poderia ocorrer com os juízes estatais, a quem cometeria proteger a 'ordem pública' e a concretização do bem comum que as regras imperativas pre-

Claro que outras questões também são consideradas quando se trata da escolha da lei aplicável (*Lex Arbitrii*). Jurisdições e leis mais favoráveis à arbitragem acabam sendo escolhidas como um *safe harbour* para a arbitragem. Há, aliás, uma competição positiva entre muitos países com o objetivo de ter uma lei de arbitragem que garanta menos intervenção do Judiciário local na arbitragem privilegiando o princípio *Competence-Competence*, mas que ao mesmo tempo forneça instrumentos de cooperação com o Judiciário local que garantam eficiência e efetividade às arbitragens ali sediadas e/ou que apliquem a lei de seu país ao processo arbitral.

Há também aspectos da redação da cláusula compromissória que são objeto de barganha entre as partes por mera questão de comodidade ou conveniência para as partes e/ou seus advogados, tais como os locais onde deverão ocorrer as audiências ou ser ouvidas as testemunhas. Isso para não falar das diferenças culturais envolvidas, tais como aquelas em que as partes e/ou seus advogados são provenientes de países de sistema jurídicos distintos (*common law* e *civil law*). Nessa hipótese, as partes tenderão a buscar adequar o processo arbitral para que esse fique o mais próximo possível ao de sua prática local. Dentre os elementos de adequação, estarão, muito provavelmente, aqueles relacionados aos meios de produção de prova. Partes e/ou advogados oriundos de países de *common law* tenderão a trazer elementos como a *Discovery* ou o *witness statement* para a mesa, enquanto as partes e/ou seus advogados de outros sistemas jurídicos tenderão a refutá-los.

Por conta disso, não é incomum nos depararmos com situações em que as relações entre as partes são regidas por mais de um instrumento contratual com cláusulas compromissórias que tenham entre si diferenças relevantes, tais quais: a lei aplicável, a sede da arbitragem, o local onde ocorrerão as audiências, onde serão ouvidas as testemunhas, e/ou, mesmo, a instituição arbitral que administra o procedimento.

A despeito das barganhas entre as partes e seus patronos para que determinada lei seja eleita, ao menos *a priori*, parece razoável se especular que as partes tenderão a não desejar que sejam proferidas decisões contraditórias sobre as disputas que venham a decorrer desses contratos.

tendem". MENDES, Rodrigo Octávio Broglia. Regras imperativas e arbitragem internacional. **Revista de Arbitragem e Mediação**, São Paulo, v. 19, ano 5, out. 2008, p. 38-9.

Essa especulação não acarreta, contudo, que as partes tinham a intenção[257] de que demandas conexas fossem consolidadas. Em boa parte das vezes, para não dizer na maioria delas, aliás, as partes nada dizem nos contratos quanto à consolidação de demandas conexas. O fato de os contratos serem regidos por leis distintas e/ou tenham outros elementos de distinção contribuem justamente para que tal consolidação não ocorra.

---

[257] De acordo com o art. 85 do Código Civil de 1916: "Nas Declarações de vontade se atenderá mais à sua intenção que ao sentido literal da linguagem". Por sua vez, o art. 112 do Código Civil de 2002: "Nas declarações de vontade se atenderá mais à intenção nelas consubstanciada do que ao sentido literal da linguagem". Para Francisco Marino, "a alteração introduzida no art. 112 do Código Civil, ligeira, porém significativa, levou a eliminar a ambiguidade contida no art. 85 do Código Civil de 1916, atendendo à melhor doutrina [...]". MARINO, Francisco Paulo De Crescenzo. **Interpretação do negócio jurídico**. São Paulo: Saraiva, 2011, p. 259. Para Antonio Junqueira, orientador de Francisco Marino durante parte significativa de sua formação: "Do ponto de vista legislativo, não há qualquer dúvida: o art. 85 é claríssimo quanto à admissão da investigação da vontade real. Pelo que está no Código, podemos até mesmo ser tentados as dizer que o nosso sistema não é só de predominância, mas de verdadeira exclusividade da vontade real [...] cumpre dizer, para bom entendimento da questão, que, mesmo no mais subjetivo dos sistemas de interpretação, não se há de fazer tábua rasa da declaração. Ou seja, jamais se diz que a vontade pode ser pesquisada independentemente, da declaração. O ponto de partida é sempre a declaração. Parte-se da declaração para descobrir a intenção. O objetivo primeiro da interpretação nunca é uma vontade real não manifestada. [...] Pode-se até mesmo [...] ir contra a letra da declaração, porque o art. 85 e os artigos semelhantes de outras legislações estabelecem é o primado da intenção sobre a letra (*potenior est quam vox mens dicentis*), mas, ainda neste caso, objeto da interpretação é sempre a declaração. A intenção, aí, é a intenção que resulta da declaração". AZEVEDO, Antônio Junqueira de, **Negócio jurídico**, op. cit., p. 98-100. Não custa buscarmos as fontes históricas da doutrina sobre intenção das partes quando negociam e contratam com partes de outros países. De acordo com Friedrich Carl von Savigny, "A maioria dos autores considerou essa questão da interpretação dos contratps sob um ponto de vista diferente e a ligou aos prinípios do Direito local. Desse modo, admite-se geralmente que a interpretação deve ser feita Segundo a língua usada no local do contrato ou naquele da execução, se houver algum designado. Diversos, ao contrário, reconheceram com razão que se trata menos aqui de estabelecer uma regra de Direito do que de procurar para cada espécie a intenção verdadeira das partes, de acordo com as regras gerais sobre a interpretação dos contratos". SAVIGNY, Friedrich Carl von. **Sistema do direito romano atualizado**. v. VIII. Trad. Ciro Mioranza. Ijuí: Unijui, 2004, p. 222.

3.1.2. Como superar as diferenças entre as cláusulas compromissórias em processos arbitrais que precisam ser consolidados?

Há aquelas hipóteses em que as próprias partes fazem constar na cláusula compromissória dos distintos contratos que quaisquer disputas relacionadas àqueles instrumentos deverão ser consolidadas em um único processo arbitral.

Nesses casos, a despeito das diferenças entre questões relevantes das cláusulas, não há dúvida de que as partes pretendiam que as disputas decorrentes dos distintos contratos fossem resolvidas de forma conjunta de modo a evitar decisões contraditórias.

Como deverão atuar os árbitros nessas hipóteses em que as partes deixaram expresso que pretendiam a consolidação/reunião de processos arbitrais referentes às matérias conexas em contratos distintos, mas mantiveram sedes ou legislações aplicáveis distintas?

Uma das soluções seria fazer prevalecer a lei aplicável ao contrato que deu origem à primeira arbitragem instaurada. Os problemas dessa solução são pelo menos dois: (i) não atende à intenção das partes de ter cada um dos contratos decididos com base na lei que escolheram; e (ii) acaba por premiar a parte que tomou a iniciativa em instaurar a arbitragem sem nenhum fundamento outro que o próprio fato de ter sido a parte, ao menos em tese, mais litigante.

A *depeçage*[258] parece ser uma solução mais adequada, uma vez que parece se aproximar, ao menos sobre qual lei deve ser aplicável a qual con-

---

[258] "*Issue-by-issue analysis means that, if a case (or, more precisely, a cause of action) comprises more than one issue on which the substantive laws of the involved states conflict, each issue should be subjected to a separate choice-of-law analysis. If such an analysis leads to the application of the substantive laws of different states to the different issues, then the resulting phenomenon is called dépeçage. Thus, dépeçage is the application of the substantive laws of different states to different issues of the same cause of action. It is a possible but not inevitable by-product of issue analysis*". SYMEONIDES, Symeon C., Isue-by-Issue Analysis and Dépeçage in Choice of Law: Cause and Effect, **The University of Toledo Law Review**, v. 45, 2001, p. 6. De acordo com Selma Lemos, "Entendemos ser possível classificar a previsão de eleição da arbitragem e foro judicial num contrato como cláusua fracionada, valendo-se de conceito emprestado do Direito Internacional Privado, especialmente no âmbito dos contratos internacionais, denominado de *'depeçage' 'morcellement'* ou *'fracionamento'* no que concerne à escolha da lei aplicável ao contrato e o princípio da autonomia da vontade. Nestes casos, as partes podem fracionar o contrato e eleger leis diferentes (ou princípios gerais de direito) para reger matérias identificadas e determináveis no contrato submetido à arbitragem LEMES, Selma Ferreira. Cláusulas combinadas ou fracio-

trato, do que foi a intenção real das partes ao celebrar os contratos e a respectiva convenção arbitral.

No caso do direito brasileiro, a Lei de Arbitragem Brasileira não deixou dúvidas quanto à admissão do instituto da *depeçage* ao definir em seu art. 2º, parágrafo 2º, que as partes poderão escolher livremente as regras de direito a serem aplicadas no processo arbitral.

3.2. Como interpretar o Consentimento das Partes para a Consolidação?

Como ensina Mauro Cappelletti, "o intérprete é chamado a dar vida nova a um texto que por si mesmo é morto, mero símbolo do ato de vida de outra pessoa".[259]

Consideradas algumas importantes diferenças, tais como a sua autonomia em relação ao próprio contrato (*separability*) e o seu papel de eleição de via jurisdictional, a cláusula compromissória é uma cláusula contratual e, como tal, sujeita às regras de interpretação contratual. Da mesma forma, não parece haver qualquer óbice em se interpretar[260] o consenso entre as partes para que as disputas decorrentes ou relacionadas a determinado contrato sejam resolvidos por arbitragem. Também não parece haver qualquer razão para não se aplicar as regras tradicionais de interpretação contratual para se definir se houve ou não

---

nadas: arbitragem e eleição de foro, **Revista do Advogado**, São Paulo, edição especial sobre arbitragem, n. 119, abr. 2013, p. 153-8. "*Contractual depeçage creates many benefits that the other choice of law options cannot provide by themselves. Depeçage allows parties to take full advantage of their autonomy over the choice of law and tailor the rules to their greatest advantage. It retains, for the most part, the certainty and determinability of the single national system option. Unless unequal bargaining power exists, depeçage will also result in a neutral body of law. Further, this method may allow the resolution of some choice of law negotiation barriers: objection aspects of certain legal systems may be contractually excluded. Finally, the agreed system will most likely be able to handle any conflict issue that may arise*". GERTZ, Craig M. The Selection of Choice of Law Provisions in Int'l Commercial Arbitration: A Case for Contractual *Depeçage*, **Northwestern Journal of International Law and Business**, v. 12, 1991, p. 179.

[259] CAPPELLETTI, Mauro. **Juízes legisladores?** Trad. Carlos Alberto Avaro de Oliveira. Porto Alegre: Fabris, 1993, p. 22.

[260] "*Applying the law involves interpreting it. Any norm posed in an authoritative legal text has to be understood before it can be applied. Accordingly, in a wide sense of the term 'interpretation', every application of law requires some act of interpretation, since one has to form an understanding of what the text says in order to apply it, an any act of apprehension of meaning can be said to envolve interpretation*". MACCORMICK, Neil. **Rhetoric and the Rule of Law**, op. cit., p. 121.

consenso entre as partes para que suas disputas fossem resolvidas pela via arbitral.

De acordo com Andrea Marco Steingruber:

> Convenções arbitrais são, em geral, sujeitas aos mesmos tipos de normas de interpretação que todos os demais contratos, e todas as circunstâncias relevantes devem ser levadas em conta. Diversos princípios de interpretação podem ser aplicados para interpretar o consentimento das partes. [...] O primeiro princípio de interpretação e também o mais amplamente aceito aplicado a acordo de arbitragem é o princípio de interpretação de boa-fé; essa norma de interpretação significa que a intenção verdadeira de uma parte deve sempre prevalecer em relação a sua intenção declarada – quando essas intenções não forem as mesmas. Logo, as declarações devem ser interpretadas de boa-fé e a conduta das partes considerada, tanto no momento da contratação como posteriormente. [...] Um segundo princípio ao interpretar acordos de arbitragem é o princípio da interpretação efetiva. A norma de senso comum pela qual, em caso de dúvida, deve-se 'preferir a interpretação que dá significado às palavras, em vez daquela que as torna inúteis e sem sentido', é amplamente aceita não apenas pelos tribunais, mas também pelos árbitros que a reconhecem como uma 'norma de interpretação reconhecida internacionalmente'. [...] O terceiro princípio de interpretação, menos frequentemente encontrado na jurisprudência arbitral, mas amplamente reconhecido no direito comparativo, é o princípio de que o acordo deve ser interpretado contra proferentem, ou contra a parte que redigiu a cláusula controversa. De fato, não é incomum achar que uma parte simplesmente assinou documentos contratuais redigidos pela outra parte, e que uma questão surgiu posteriormente a respeito de se diversas disposições daquele contrato constituem um acordo de arbitragem ou, mais comumente, quanto ao escopo daquela convenção arbitral.[261]

---

[261] Texto original:*"Arbitration agreements are, in general, subject to the same type of rules of interpretation as all other contracts, and all relevant circumstances have to be taken into account. Several principals of interpretation might be applied for interpreting parties' consent. [...] The first and most widely accepted principle of interpretation applied to arbitration agreement is the principle of interpretation in good Faith; this rule of interpretation means that a party's true intention should always prevail over its declared intention – where the two are not the same. Thus, declarations should be interpreted in good faith and the parties' conduct considered, both at the time of contracting and subsequently. [...] A second principle when interpreting of arbitration agreements is the principle of effective interpretation. The common-sense rule whereby, if in doubt, one should 'prefer the*

De acordo com Lew, Mistelis e Kroll:

Pode ser possível interpretar cláusulas compromissórias menos explícitas como permissivas a consolidação de demandas. Se todos os contratos feitos em relação a um único empreendimento econômico entre as diferentes partes envolvidas contiverem cláusulas compromissórias redigidas de forma idêntica isso pode ser um indício do consentimento para consolidação. O mesmo se aplica quando o memorando de entendimento de um projeto específico contém uma cláusula compromissória que faz referência a diferentes contratos. Em ambas as situações o simples fato de uma redação idêntica em si não é conclusivo.[262]

No direito brasileiro, prevalece na interpretação do negócio jurídico e, portanto, na interpretação contratual, a interpretação da vontade das partes.[263] De acordo com A. Junqueira:

---

interpretation which gives meaning to the words, rather than that which renders then useless or nonsensical', is widely accepted nor only by the courts but by arbitrators who readly acknowledge it to be a 'universally recognized rule of interpretation'. [...] The third major principle of interpretation, less frequently encountered in arbitral case law but widely recognized in comparative law, is the principle that the agreement should be interpreted contra proferentem, *or against the party that drafted the clause in dispute. Indeed, it is not unusual to find that one party has simply signed contractual documents drafted by the other party, and that a question has subsequently arisen as to whether various provisions of that contract constitute an arbitration agreement or, more commonly, as to the scope of that arbitration agreement".* (tradução livre) STEINGRUBER, Andrea Marco. **Consent in International Arbitration**. Oxford: Oxford University Press, 2011, p. 126-7.

[262] Texto original: *"It may be possible to interpret less explicit arbitration clauses as permissive of consolidation of proceedings. If all contracts concluded in connection with a single economic venture between the different parties involved contain identically worded arbitration clauses this may be an indication of consent to consolidation. The same may apply when the heads of agreement of a specific project contains an arbitration clause to which the different contracts concluded in the execution of this heads of agreement refer. In both situations the mere fact of an identical wording in itself is not conclusive".* (tradução livre) LEW, Julian D. M.; MISTELIS, Loukas A.; KRÖLL, Stefan M. **Comparative Internacional Commercial Arbitration**. Alphen aan Den Rijn: Kluwer Law International, 2003, p. 393.

[263] "[...] a interpretação deve partir do princípio da boa-fé das partes. A interpretação da convenção de arbitragem deve levar em consideração a vontade real das partes em sobreposição à vontade declarada, rejeitando-se assim o princípio da interpretação estrita. Tal princípio, tradicional na doutrina internacional, foi adotado pelo art. 112 do Código Civil brasileiro quanto às declarações de vontade em geral". GUERRERO, Luis Fernando. **Convenção de arbitragem e processo arbitral**. São Paulo: Atlas, 2009, p. 32.

A forma mais adequada para se solucionar o problema da interpretação do negócio jurídico, especialmente no direito brasileiro, onde, por lei, é inegável a primazia da vontade, é, simplesmente aquele primeiro momento da operação interpretativa, em que se parte da declaração. Deve-se entender por declaração [...] não apenas o 'texto' do negócio, mas tudo aquilo que, pelas suas circunstâncias (pelo 'contexto'), surge aos olhos de uma pessoa normal, em virtude principalmente da boa fé e dos usos e costumes, como sendo a declaração. A essência da declaração é dada por essas circunstâncias. Depois, então, pode-se passar a investigar a vontade real do declarante. A solução consiste, portanto, em primeiramente se interpretar a declaração, objetivamente, com base em critério abstrato, e, somente num segundo momento, investigar a intenção do declarante (critério concreto); parte-se, assim, do objetivo (a declaração como um todo) para o subjetivo (a vontade real do declarante). Com essas duas operações, uma boa parte das dúvidas estará afastada (especialmente se se tratar de atos unilaterais não receptícios). Entretanto, se ainda houver possibilidade (e isso em geral ocorrerá nos atos bilaterais e em atos unilaterais receptícios, já que, particularmente nos contratos, as questões que normalmente dependem de interpretação são justamente aquelas que as partes não previram e sobre as quais, portanto, rigorosamente falando, não há intenção a procurar), deve-se utilizar, para completar o processo interpretativo, da vontade presumida, já, então, atendendo ao que *in concreto* se passou entre as partes e, principalmente, ao que razoavelmente se poderia supor que entre elas se passaria (interpretação integrativa).[264]

Definido tanto (i) que o consenso das partes para que as disputas contratuais entre elas serão dirimidas por arbitragem pode ser sujeito à interpretação contratual como (ii) que para essa interpretação poderão ser aplicadas as regras tradicionais de interpretação contratual, passa a ser necessário se analisar se outros "consensos" podem ser sujeitos à interpretação. Em outras palavras, é preciso se examinar se o consenso para se consolidar processos arbitrais conexos também pode ser interpretado e como essa interpretação deve se dar.

Nessa linha, uma questão terá de ser tratada com bastante atenção: o consentimento de todas as partes envolvidas pela via arbitral. De acordo

---

[264] AZEVEDO, Antonio Junqueira de, **Negócio jurídico**, op. cit., p. 102-3..

com Hanotiau, contudo, ainda "estamos longe de ampliar o conceito de consenso (e isso pode ocorrer na medida em que se considere certas condutas específicas como substituição do consentimento) não se deve esquecer de que o consentimento é o pilar fundamental da arbitragem internacional".[265]

3.3. Há Diferentes Gradações de Consentimento?

Importante distinguir aqui (i) o consentimento de cada uma das partes envolvidas para a arbitragem (ii) do consentimento para que ocorra a consolidação de processos ou outro mecanismo a este correlato.[266]

Seria possível dizer que essas duas espécies de consentimento podem ter intensidades diferentes? Em outras palavras, será que o consentimento exigido para que seja determinada a consolidação de processos arbitrais estaria submetido a crivos menos rigorosos que o consentimento necessário para a arbitragem?[267]

De acordo com Alan Scott Rau:

> supondo-se que alguém testasse a presença de "consentimento" em termos de uma série de círculos concêntricos radiando externamente. No centro,

---

[265] Texto original: "*However far one is ready to stretch the concept of consent (and it may go as far as considering certain specific conducts as a substitute for consent) one should not forget that consent is the fundamental pillar of the international arbitration*". (tradução livre) HANOTIAU, Bernard. Non-Signatories in International Arbitration: Lessons From Thirty Years of Case Law. In: BERG, Albert Jan van den (Ed). **International Arbitration**: Back to Basics?, ICCA Congress Series, n. 13, 2006, p. 341-58.

[266] De acordo com Gaillard, "*the parties' agreement that their disputes should be solved through arbitration is not the only condition for consolidating related proceedings. In addition, all parties involved must agree to consolidate their arbitral proceedings with the related arbitration*". GAILLARD, Emmanuel, The Consolidation of Arbitral Proceedings and Court Proceedings, op. cit., p. 41.

[267] "*One may choose ro cling to the dogma of consent and when no true an meaningful consent exists, rely on a fiction of consent. But if we merely preserve the appearance of consent, this justification for arbitration is no longer compelling. Indeed, it may be more accurate and intellectually honest to simply admit that arbitration without consent exists. Having made that admission, one can then investigate the requirements that have come to replace consent. Are there any? What are they? Simply the fairness of the process? Or others? Whuch ones? It seems clear that this type of investigation is more likely to identify the true forces at play and thus protect the interest of the arbitration users more effectively than insisting on an obsolete dogma*". KAUFMANN-KOHLER, Gabrielle; SCHULTZ, Thomas. **Online Dispute Resolution Challenges for Contemporary Justice**, International Arbitration Law Library. Alphen aan Den Rijn; Zurique: Kluwer Law International, 2004, p. 31.

círculo de dentro, seria feita a pergunta fundamental "as partes concordaram em arbitrar qualquer tipo de coisa, a qualquer momento?" Depois disso, a única pergunta relevante é o escopo preciso da submissão – qual seja, até onde as partes estão dispostas a ir ao confiar seus assuntos a 'seus' árbitros. E como nos movemos do centro para fora, o absolutismo a respeito de 'consentimento' pode muito bem ser moderado, e a insistência na exigência estrita de 'consentimento' se torna progressivamente menos apropriada – ou mais adequadamente talvez, considerando determinações arbitrais a respeito de 'consentimento' se tornar progressivamente mais apropriada. Então 'a linha', em qualquer caso específico, é não mais do que uma função de onde estamos na sequência contínua – e então, conforme a presunção a favor de uma determinação judicial se torna mais fraca, (1) quão forte é a evidência de 'consentimento' ou 'submissão', e (2) qual a proximidade da conexão da questão de 'consentimento' em relação aos 'méritos' principais, e (3) quais podem ser as consequências práticas de redigir a linha de qualquer modo específico – por exemplo, quão fortes são vantagens funcionais aqui do que foi denominado 'adjudicação no mesmo foro (one-stop)', quão reais são as projeções de adjudicações inconsistentes?[268]

Segundo Mustill e Bond:

Requerente e requerido concordaram em submeter suas controvérsias à arbitragem; e então, talvez incluir o requerido e o terceiro. Mas eles não

---

[268] Texto original: "*So, here: suppose that one were to test the presence of 'consent' in terms of a series of consentric circles radiating outward. In the core, inner circle, one would ask the critical question, 'did the parties agree to arbitrate anything at all, at any time?' After that, the only relevant inquiry is the precise scope of the submission – that is, how far the parties were willing to go in entrusting their affairs to 'their' arbitrators. And as we move from the core to the periphery, absolutism with respect to 'consent' may well be tempered, and insistence on a strict requirement of 'consent' becomes progressively less appropriate – or more properly perhaps, deference to arbitral determinations respecting 'consent' becomes progressively more appropriate. So 'the line', in any particular case, is but a function of where on the continuum we are – and then, as the presumption in favor of a judicial determination becomes weaker, (1) how strong is the evidence of 'consent' or 'submission', and (2) how closely connected to the question of 'consent' are the ultimate 'merits', and (3) what may be the practical consequences of drawing the line in any particular way – for example, how strong are the functional advantages here of what has been termed 'one-stop adjudication,' how real the prospect of inconsistent adjudications?*" (tradução livre) Rau, Alan Scott. Disputes with Non-Signatories and "Consent" to Arbitral Jurisdiction. In: Sheppard, Ben H. Jr.; Hube, Stephen K. **AAA Yearbook on Arbitration and the Law**. 24. ed., JurisNet, LLC, 2012, p. 75.

submeteram à mesma arbitragem. Se o requerido buscar unir a parte à sua arbitragem com o requerente, este pode responder com base no que acordou em arbitrar com o requerido, não com o requerido e o terceiro. O requerente pode destacar que se o terceiro for trazido à arbitragem isso aumentará os custos da arbitragem, e comprometerá a privacidade que é essencial à arbitragem. A atitude do terceiro será muito parecida. Ele dirá que uma controvérsia entre o requerente e o requerido nos termos de um contrato diferente não é de seu interesse; e ele pressionará o requerido para aguardar até que ele tenha concluído suas diferenças com o requerente, antes de começar a promover uma controvérsia com o terceiro.[269]

De acordo com Claire Debourg:

[...] não é porque as partes consentiram com a arbitragem em diversos contratos conexos que elas consentiram que os processos de arbitragem que poderiam ser instauradas fossem consolidados. Desse modo, a submissão de vários contratos – e eventualmente de várias partes – a uma convenção de arbitragem única e comum permite inferir a intenção das partes pela consolidação. Do mesmo modo, a estipulação de cláusulas compromissórias idênticas é um índice da vontade das partes de proceder à consolidação. Contudo, parece-nos que ela não permite, por si só, estabelecê-la com certeza. Com mais razão, quando um dos contratos não prevê qualquer cláusula compromissória e mesmo se uma extensão da cláusula prevista num dos outros contratos é possível, o consentimento das partes para a consolidação não é necessariamente estabelecido. É mais difícil ainda de ser estabelecido quando as cláusulas compromissórias são diferentes. Isso demonstra que a

---

[269] Texto original: *"The claimant and the defendant have agreed to submit their disputes to arbitration; and so perhaps have the defendant and the third party. But they have not submitted to the same arbitration. If the defendant seeks to join the party to his arbitration with the claimant, the latter can reply with force that he agreed to arbitrate with the defendant, not with the defendant and the third party. The claimant can point out that if the third party is brought in, it will increase the costs of the arbitration, and will compromise the privacy which is of the essence of the arbitration. The third party's attitude will be much the same. He will say that a dispute between the claimant and the defendant under a different contract is no concern of his; and he will press the defendant to wait until he has concluded his differences with the claimant, before he starts to promote a dispute with the third party".* (tradução livre) MUSTILL, Michael; BOYD, Steward. **Law and Practice of Commercial Arbitration in England.** 2. ed. Londres: Butterworths Law, 1989, p. 112.

descoberta da vontade das partes em favor da consolidação deve resultar de um exame caso a caso.[270]

Entende-se, assim, que o consentimento para a consolidação de demandas arbitrais não segue a mesma gradação de consentimento exigido para que se verifique se as partes optaram pela arbitragem em detrimento da solução de disputas pelo Judiciário.

Assim como há elementos que permitem identificar o consentimento das partes para excluir a via judicial como mecanismo de solução de determinadas disputas, há em relação à consolidação elementos que permitam em conjunto, mas nunca isolados, a identificação desse consentimento. Cláusulas semelhantes são, por exemplo, um elemento indicativo, mas devem ser observadas em conjunto com outros elementos para que se possa avaliar caso a caso se o consentimento existiu ou não.

3.3.1. Inaplicação Do Princípio *Favor Arbitrandum* Como *Favor Simultaneous Processus*

De acordo com o que se tem denominado, em especial em países da tradição *common law*, de princípio *favor arbitrandum*, é necessário que se atribua às convenções arbitrais a máxima eficácia possível.

Segundo Gary Born, esse tem sido o entendimento nas mais diversas jurisdições:

> Alguns tribunais estatais adotam uma abordagem "pró-arbitragem" na interpretação do escopo de acordos de arbitragem. Por exemplo, tribunais norte-americanos aplicam uma forte presunção favorecendo a interpre-

---

[270] "[...] *ce n'est pas parce que les parties ont chaque fois consenti à l'arbitrage dans différents contrats connexes qu'elles ont consenti à ce que les procédures arbitrales qui pourraient être mises en ouvre soient consolidées. Ainsi, la soumission de plusieurs contrats – et éventuellement de plusieurs parties – à une convention d'arbitrage unique et commune permet de fonder la consolidation. De même, la stipulation de clauses compromissoires identiques est un índice de la volonté des parties de procéder à la consolidation. Toutefois, il nous semble qu'elle ne permet pas, à elle seule de l'établir avec certitude. A fortiori, lorsque l'un des contrats ne prévoit pas de clause compromissoire et même si une extension de las clause prévue dans l'un des autres contrats est possible, le consentement des parties à la consolidation n'est pas nécessairement établi. Il est plus difficile encore à établir losque les clauses compromissoires sont différentes. On le voit, la découverte d'une volonté des parties en faveur de la consolidation doit résulter d'un exame nau cas par cas de contrats et des conventions d'arbitrage*". (tradução livre) DEBOURG, Claire, op. cit., p. 527.

tação de acordos de arbitragem se estendendo a questões controversas. Em caso de dúvida a respeito do escopo de uma cláusula de arbitragem, e sua cobertura de controvérsias específicas, os tribunais devem resolver a questão em favor da arbitragem. Tribunais suíços, ingleses, alemães e alguns outros tribunais estatais também interpretam convenções arbitrais internacionais de forma relativamente expansiva. Embora outros tribunais estatais abordem a tarefa de interpretar um acordo de arbitragem como uma forma de determinar de forma objetiva a intenção das partes, como uma questão prática dúvidas sobre o escopo de um acordo validamente consentido são geralmente resolvidas em favor da arbitragem.[271]

A decisão proferida pelo Judiciário inglês no conhecido caso Jirau foi nesse sentido. Na interpretação de cláusulas contraditórias sobre a escolha das partes pela via arbitral ou pela via judicial entendeu-se que a arbitragem havia sido o mecanismo eleito para a solução de todas as controvérsias relacionadas ou decorrentes da relação contratual:

> [O] contrato deve ser lido como um todo e todo esforço deve ser feito para validar todas as suas cláusulas. Uma cláusula não deve ser rejeitada a menos que seja manifestamente inconsistente com, ou oposta ao, restante do acordo. Apenas se essa reconciliação limitada não puder ser feita com êxito é que o tribunal tratará uma cláusula especificamente acordada como prevalecendo sobre um termo padrão incorporado. [...]. Os tribunais ingleses, quando em face de uma cláusula de jurisdição exclusiva e uma convenção de arbitragem, visam a forte política legal em favor da arbitragem e a presunção de que as partes, como empresários racionais, provavelmente pre-

---

[271] Texto original: *"Some national courts adopt a 'pro-arbitration' approach to the interpretation of the scope of arbitration agreements. For example, U.S. courts apply a strong presumption favoring the interpretation of arbitration agreements to extend to disputed issues. In case of doubt regarding the scope of an arbitration clause, and its coverage of particular disputes, courts must resolve the issue in favor of arbitration. Swiss, English, German, and some other national courts also interpret international arbitration agreements relatively expansively. Although other national courts approach the task of interpreting an arbitration agreement as one of objectively ascertaining the parties' intent, as a practical matter doubts about the scope of a concededly valid agreement are often resolved in favor of arbitration"*. (tradução livre) BORN, Gary. **International Arbitration and Forum Selection Agreements**: Drafting and Enforcing, 4. ed. Alphen aan Den Rijn: Kluwer Law International, 2013, p. 149.

tendiam que qualquer controvérsia decorrente do relacionamento que celebraram fosse decidida pelo mesmo tribunal.[272]

Nessa mesma linha, parece ser lícito se perguntar se diante de dúvida quanto à intenção das partes para a consolidação de processos arbitrais conexos não se deveria interpretar-se em favor do *simultaneus processus*, tal qual se aplica a regra em favor da arbitragem.

Ora, se diante de algo maior, ou seja, da própria escolha das partes pela arbitragem, admite-se interpretação baseada em premissa a esta favorável, não seria, então, razoável supor que igual premissa deveria ser aplicada em favor da consolidação dos processos?

Embora a ideia seja tentadora, entendemos não ser possível a aplicação analogica do princípio interpretativo *favor arbitrandum* à consolidação de demandas arbitrais. Enquanto princípio *favor arbitrandum* busca empoderar as partes e a autonomia da vontade, a sua aplicação a favor da consolidação de demandas arbitrais poderia significar a restrição dessa autonomia das partes.

Desse modo, quando se trata da consolidação de demandas arbitrais conexas, adota-se justamente o inverso do que se faz em relação à própria opção das partes de ter suas disputas solucionadas pela via arbitral.

3.4. Poderes dos Árbitros e Consentimento das Partes – Poderes Inerentes e Implícitos

Dentre os mecanismos já aplicados para a consolidação de processos arbitrais relacionados destaca-se a atribuição de poderes implícitos e de poderes inerentes ao Tribunal Arbitral para determinar a consolidação de processos paralelos. Mateus Carreteiro explica a diferença entre

---

[272] Texto original: "[T]he contract must be read as a whole and that every effort should be made to give effect to all of its clauses. A clause should not be rejected unless it is manifestly inconsistent with, or repugnant to, the rest of the agreement. It is only if such limited reconciliation cannot successfully be done that the court will treat a clause has been specifically agreed as prevailing over an incorporated standard term. [...]. The English courts, when faced with an exclusive jurisdiction clause and an arbitration agreement, look to the strong legal policy in favour of arbitration and the assumption that the parties, as rational businessmen, are likely to have intended any dispute arising out of the relationship into which they have entered to be decided by the same tribunal". (tradução livre) Decisão disponível em <http://www.bailii.org/ew/cases/EWHC/Comm/2012/42.html>. Acesso em: 23 dez. 2013.

poderes inerentes e implícitos: enquanto "o primeiro decorre simplesmente da condição (*status*) de árbitro; o segundo procura seu embasamento na vontade das partes".[273]

Passaremos, então, a abordar algumas aplicações desses poderes não expressos dos árbitros para determinar a consolidação de demandas arbitrais conexas. Começaremos pelos poderes implícitos, decorrentes do consentimento implícito das partes.

3.4.1. Consentimento Implícito Para a Consolidação de Demandas Arbitrais Relacionadas

Outra pergunta crucial aqui é saber se o consentimento das partes para a consolidação de processos paralelos precisa ser expresso ou pode se dar de outras formas.[274] Busca-se aqui analisar o chamado consentimento implícito das partes. Bernard Hanotiau identifica poderes implícitos como "*[the] consent inferred from one's conduct rather than from one's direct expression*".[275]

Importante que se sejam tratadas de forma distinta aqui a integração de um negócio jurídico que se dá por meio de normas supletivas da interpretação integrativa que busca esclarecer o conteúdo implícito do negócio. É nessa última que nos concentramos quando falamos em consentimento implícito.[276] Como ensina Emilio Betti, a interpretação

---

[273] CARRETEIRO, Mateus A. **Tutela de urgência e processo arbitral**. 2013. Dissertação (Mestrado em Direito Processual) – Faculdade de Direito, Universidade de São Paulo, São Paulo, 2013, p. 72.

[274] Para Gaillard, "*In the absence of an express agreement to consolidate, the arbitral tribunal will have to examine whether the parties implicitly agreed to have the related arbitral proceedings consolidated. It may be very difficult to interpret the parties' true intent, particularly in cases where several contracts are connected and only some of them contain an arbitration clause. The author does not share the view sometimes expressed that the consolidation of proceedings is necessarily in line with the parties' agreement, since the parties' 'fundamental goal' must be 'a speedy and fair resolution of the disputes'. Rather, it has to be carefully determined on a case-by-case basis whether the parties implicitly agreed that disputes arising out of the related contracts could, and should, be heard together in a single arbitration*". GAILLARD, Emmanuel, The Consolidation of Arbitral Proceedings and Court Proceedings, op. cit., p. 42.

[275] HANOTIAU, Bernard. **Complex Arbitrations**, op. cit., p. 58.

[276] De acordo com Emilio Betti, "[...] o critério diferencial entre interpretação e integração do negócio [...] se delineia diversamente segundo o modo de se conceber a tarefa da interpretação. Para quem distingue essa tarefa ao verificar a 'vontade real' das partes em concreto, a interpretação detém-se onde uma vontade real não é mais discutida: nesse ponto

integrativa "versa sobre os pontos do regulamento negocial, que, mesmo não tendo sido abrangidos pela fórmula, que permaneceu inadequada, estão compreendidos na ideia que ela exprime e, portanto, continuam sendo enquadrados no conteúdo do negócio".[277]

Há amplo debate na doutrina internacional sobre a consolidação de demandas arbitrais quando não há o expresso consentimento das partes para tanto.[278] No âmbito do direito brasileiro, ainda que existam vozes dissonantes, parece não haver impedimento em relação a essa interpre-

---

começaria a integração. Mas, para quem, ao contrário, distingue essa tarefa ao reconstruir o significado objetivo do ato, a interpretação vai mais além e também se estende a pontos do negócio que não formaram objeto de reflexão consciente: pontos para os quais é inútil e irrelaevante buscar uma vontade 'suposta' ou 'presumível', que, na realidade, nunca houve. Se [...] a interpretação pretender desenvolver em sua coerência lógica a fórmula da declaração ou a estrutura do ato para dela extrair a ideia mais apropriada, ela necessariamente também levará a esclarecer aquele conteúdo implícito ou marginal do negócio, que na fórmula ou na estrutura deste último não foi expresso e, de modo geral, permaneceu à sombra mesmo na consciência das partes". BETTI, Emilio. **Interpretação da lei e dos atos jurídicos.** São Paulo: Martins Fontes, 2007 [1949], p. 373-4.

[277] BETTI, Emilio, op. cit., p. 374.

[278] Irene Cate descreve essa divergência. De acordo com a autora: "Uma objeção fundamental à consolidação de demandas na ausência de claro consentimento das partes é a reivindicação de que tais decisões violam a natureza consensual da arbitragem. Alguns autores chegam a argumentar que a natureza contratual da arbitragem é questionada quando uma disposição estatutária autoriza os tribunais ou juízos a reunir a arbitragem, mesmo se as partes tiverem a oportunidade de optar por não participar. Outros abordaram a questão no contexto de consolidação determinados pelo tribunal na ausência de uma disposição legislativa. Foi argumentado que determinar a consolidação de demandas nessas circunstâncias significa reescrever o acordo das partes. Esse argumento é mais convincente se terceiros tiverem que ser incluídos na arbitragem, uma vez que uma parte pode ter tido a intenção de arbitrar apenas com a parte com quem ela celebrou um acordo de arbitragem". Texto original: *"A fundamental objection to consolidation or joinder in the absence of the parties' unambiguous permission is the claim that such orders violate the consensual nature of arbitration. Some authors go so far as to argue that the contractual nature of arbitration os contravened where a statutory provision authorizes courts or tribunals to consolidate arbitration, even if parties are given the opportunity to 'opt-out'. Others have addressed the issue in the context of court-ordered joinder or consolidation in the absence of a legislative provision. It has been argued that ordering joinder or consolidation under these circumstances amounts to rewriting the parties' agreement. This argument is most compelling where extra parties are to be included in the arbitration, since a party may have had the intent to arbitrate only with the party with whom it entered into an arbitration agreement".* (tradução livre) CATE, Irene M. Ten. Multi-Party and Multi-Contract Arbitrations: Procedural Mechanisms and Interpretation of Arbitration Agreements Under U.S. Law. **The American Review of International Arbitration.** v. 4, 2004, p. 140-1.

tação de um consentimento tácito ou implícito dado pelas partes para a consolidação de demandas arbitrais conexas.

Não se admite, contudo, a consolidação forçada. A dificuldade para o árbitro (ou para aquele que terá poderes para determinar a consolidação) será analisar se há, no caso específico, elementos mínimos que permitam identificar o consentimento implícito das partes para a consolidação. Ausentes esses elementos mínimos, a consolidação não poderá prosseguir, sob pena de se configurar a consolidação forçada.

3.4.2. Circunstâncias Para o Reconhecimento do Consentimento Implícito para a Consolidação de Processos Arbitrais Conexos

Se o consentimento expresso não for necessário, então, quais seriam as condições e circunstâncias em que esse consentimento seria reconhecido? De acordo com Rau e Sherman, "um tribunal pode ser capaz de 'encontrar algum tipo de consentimento 'implícito' para a reunião' de processos relacionados em que esteja presente uma cadeia vertical de contratos e subcontratos relacionados".[279]

Por outro lado, há autores, como Joachim Frick, que entendem ser inadmissível a consolidação de demandas arbitrais sem expresso consentimento das partes. Ou seja, ainda que existam elementos que permitam a identificação de consentimento implícito das partes para tanto, tais como compatibilidade de cláusulas arbitrais, a consolidação não deve ocorrer. Nas palavras de Joachim Frick:

> [...] a questão surge sobre a possibilidade dos árbitros decidirem sobre a convenção arbitral mesmo na ausência de um respectivo acordo entre as partes [sobre a consolidação]. Em nossa opinião, isso deve ser respondido de forma negativa, mesmo se duas cláusulas compromissórias não especificarem parâmetros diferentes (tais como idioma, local, procedimento, qualificação dos árbitros, etc.). A consolidação exige o consentimento das partes.[280]

---

[279] Texto original: *"a court might be able 'to find some sort of 'implied' consent to consolidation' of related proceedings where it is presented with a vertical chain of related contracts and subcontracts"*. (tradução livre) RAU, Alan Scott; SHERMAN, Edward F. Tradition and Innovation in International Arbitration Procedure, **The Texas International Law Journal**, n. 30, 1995, p. 112.

[280] Texto original: *"(...) the question arises of whether arbitrators may decide on consolidation even on the absence of a respective agreement between the parties. In our opinion, this should be answered in the*

A questão a ser analisada é a possibilidade de se atribuir de forma implícita[281] poderes aos árbitros (consentimento implícito) para decidirem com efetividade sobre as questões decorrentes da coexistência de processos arbitrais relacionados.[282]

Para que essa pergunta seja respondida, é necessário entender *se* e *em quais circunstâncias* é possível identificar a atribuição de poderes por meio de consentimento implícito para consolidar (ou reunir por conexão) processos arbitrais relacionados (ou paralelos) e quais são os pressupostos e as consequências de sua utilização. Desse modo, passa a ser necessário examinar se existem ou não poderes atribuídos por consentimento implícito para consolidar processos arbitrais, ou seja, se diante da ausência de autorização expressa das partes podem (i) as instituições arbitrais; (ii) os árbitros; ou (iii) o Judiciário reunir processos arbitrais relacionados.

Ao tratar da aceitação do consentimento implícito pelo Judiciário francês, Alice Mourot afirma que "em função do seu poder jurisdicional, o árbitro pode buscar o consentimento implícito mesmo a partir de elementos posteriores à celebração das convenções arbitrais [...]".[283]

---

negative, even if the two arbitration clauses do not specify different parameters (such as language, seat, procedure, qualification of arbitrators, etc). Consolidation requires consent of the parties". (tradução livre) FRICK, Joachim G., op. cit., p. 238-9.

[281] Questão importante que será tratada nesta tese é se quando se fala de poderes implícitos dos árbitros estamos a tratar de (i) função implícita inerente aos árbitros ou de (ii) atribuição de poderes aos árbitros pela convenção arbitral de forma implícita (ou seja, não expressa). Inicialmente, adotamos o segundo, mas é necessária análise mais aprofundada sobre o tema. Tal análise será feita no segundo capítulo desta tese. De acordo com Craig-Park-Paulsson, diferentemente dos poderes inerentes que têm como fonte a própria função arbitral, os poderes implícitos advêm da vontade tácita das partes. CRAIG, W. Laurence; PARK, William W.; PAULSSON, Jan Paulsson. **International Chamber of Commerce Arbitration**. 3ª ed. Nova York: Oceana, 2000, p. 460-1.

[282] De acordo com Eyal Zamir, *"the judicial process of recognizing and developing 'implied terms' ordinarily produces rules that conform to prevailing conceptions of what is just, reasonable, and efficient in contractual relations"*. ZAMIR, Eyal. The Inverted Hierarchy of Contract Interpretation and Supplementation, **Columbia Law Review**, Nova York, p. 97, 1997, p. 1754.

[283] "*[...] l'arbitre, en vertu de son puvoir jurisdictionnel, peut rechercher le consentement implicite postérieument à la conclusion des conventions d'arbitrage [...]*". (tradução livre) MOUROT, Alice. Le traitement des incidents de compétence dans l'arbitrage commercial international: étude comparée du droit français et du droit anglais. 2014. Tese (Doutorado em Direito Privado) – Institut François Gény, Universidade de Lorraine, Nancy, 2014, p. 453.

De acordo com Stephen R. Bond:

> [...] a consolidação é uma ferramenta útil em casos em que possa haver reconciliação justa com a intenção das partes. Entretanto, os árbitros nunca devem confundir seu papel com o papel de tribunais nacionais nem devem se esquecer de que mesmo quando a cumulação é autorizada pela legislação nacional ou por normas institucionais a principal fonte de autoridade do árbitro é o consentimento das partes.[284]

A linguagem utilizada no contrato permite interpretar qual era a intenção das partes. Como explica Irene Cate:

> O texto das convenções arbitrais pode conter indícios de que as partes pretendiam permitir que um tribunal determinasse a consolidação das demandas. Contrariamente, certas expressões podem transparecer o entendimento das partes de que controvérsias podem ser solucionadas em processos arbitrais separados. Por exemplo, se todas as partes assinaram um único contrato, é provável que elas quisessem permitir a consolidação. Mesmo quando houver múltiplos contratos, a existência de cláusulas compromissórias idênticas ou muito similares em cada contrato pode ser um indício da intenção das partes de ter controvérsias relacionadas solucionadas em um único processo. Contrariamente, cláusulas compromissórias inconsistentes devem ser interpretadas como importante indício de que as partes não pretendiam a consolidação.[285]

---

[284] Texto original: "[...] *consolidation is a useful tool in cases where it can be fairly reconciled with the parties' intent. However, arbitrators must never confuse their role with that role of national courts, nor should they forget that, even when consolidation is authorized by national legislation or institutional rules, the ultimate source of the arbitrator's authority is the consent of the parties*". (tradução livre) BOND, Stephen R. Dépeçage or Consolidation on the Disputes Resulting From Connected Agreements: the Role of the Arbitrator. In: HANOTIAU, Bernard; SCHWARTZ, Eric A. **Multiparty Arbitration**. Paris: Dossiers/ICC Institute of World Business Law, p. 35-44.

[285] Texto original: *The text of the agreements may contain indications that the parties intended to allow a tribunal to order joinder or consolidation. Conversely, certain expressions may signal the parties' understanding that disputes be resolved in separate arbitration proceedings. [...] arbitrators can draw inferences from the level of detail found in the arbitration agreements. For example, arbitral tribunals may conclude that it is likely that parties did not intend to preclude joinder or consolidation when the arbitration agreement looks like a hastily drafted clause [...]. Arbitrators should also take a look at how the arbitration clauses and the underlying contracts relate to each other. If all parties signed a single*

Para Cate, haveria três elementos importantes na(s) convenção(ões) arbitral(is) que podem ser relevantes para que o julgador venha a interpretar que havia o interesse original das partes de reunir processos arbitrais relacionados: (i) elementos do texto (*wording*) utilizado que permitam essa inferência; (ii) a complexidade ou ausência de complexidade de sua redação; e (iii) a semelhança entre as cláusulas compromissórias presentes nos contratos relevantes para a disputa.

Percebe-se que Cate segue uma linha de interpretação positiva e negativa para identificar o interesse das partes na reunião dos processos arbitrais. Ou seja, além de buscar elementos que indiquem a intenção das partes de ter processos arbitrais conexos reunidos em um único processo, também busca elementos (ou a ausência de elementos) que demonstrem que as partes não pretendiam essa unificação de processos conexos.

De acordo com Marcos Montoro: "Uma das 'fontes subjetivas' de criação de regras procedimentais é o árbitro. O § 1º do art. 21 da Lei 9.307/96 estabelece que: '*Não havendo estipulação acerca do procedimento, caberá ao árbitro ou ao tribunal discipliná-lo*'. Assim, a própria Lei de Arbitragem concede este 'poder normativo supletivo' aos árbitros, que podem estabelecer as regras do procedimento na ausência de estipulação das regras pelas partes".[286]

Partimos de um exemplo prático, que envolve dois contratos de construção relacionados. O primeiro contrato é firmado entre dono da obra e construtora e o segundo contrato é firmado entre construtora e fornecedor. Os dois contratos têm como objetivo a construção da mesma obra. Além disso, o conteúdo da convenção arbitral do primeiro contrato entre dono da obra e construtora é reproduzido no segundo contrato só que com partes distintas, construtora e fornecedor.

---

contract, it is likely that they want to allow for court-ordered joinder or consolidation. Even when there are multiple contracts, the existence of identical or nearly identical arbitration clauses in each contract may be an indication of the parties' intent to have related disputes resolved in a single proceeding. Conversely, inconsistent arbitration clauses should be interpreted as an agreement to have separate arbitral proceedings in the event of a dispute". (tradução livre) CATE, Irene M. Ten., op. cit., p. 154.

[286] MONTORO, Marcos André Franco. *Flexibilidade do Procedimento Arbitral*. tese de Doutorado, na Faculdade de Direito da Universidade de São Paulo, 2010, p. 86.

Dentre outros, os contratos de construção[287] são alguns dos que mais possuem (i) múltiplas partes (contratante, dono da obra, subcontratados, consórcio e seguradoras);[288] e (ii) múltiplos contratos (*Engineering, Procurement and Construction Agreements*[289] ou EPC, *Turn-Key Agreements*, contrato de fornecimento, contrato de consórcio, contrato de seguro, dentre outros).[290]

---

[287] "Arbitragens de construção são uma subespécie do gênero definido como arbitragens complexas, e a maior parte de suas características deriva dessa circunstância. Costumam ser, tanto do ponto de vista fático quanto do jurídico, mais complicadas do que a média das arbitragens; requerem, em regra, o exame de uma quantidade maior de documentos; lidam com tipos contratuais específicos e, muitas vezes, desconhecidos por quem não atua na área; além de serem muito comuns os casos em que sejam discutidas questões relacionadas à multiplicidade de partes e de contratos. Por tudo isso, arbitragens dessa natureza costumam durar mais tempo e custar mais do que a média". PECORARO, Eduardo, op. cit., p. 234.

[288] As disputas decorrentes ou relacionadas aos grupos de contrato de construção costumam envolver, pelo menos, três atores: (a) o dono da Obra, (b) o contratado ou construtor e (c) o(s) subcontratado(s), cujas relações são reguladas por diferentes contratos. Além disso, ainda há normalmente uma rede de relações que envolvem seguradoras e resseguradoras.

[289] "Após décadas de protecionismo e intervencionismo, as reformas institucionais implementadas nos anos 1990 ajudaram a estabilizar a economia e criaram um ambiente propício à atração de investimento externo e à promoção do crescimento, e a economia brasileira passou a expor-se com vigor à competição externa e aos efeitos de um acelerado processo de privatização. Nesse contexto, tendo por base as premissas do modelo *Project finance*, o setor de infraestrutura passa a adotar o sistema contratual *Design-Build* (DB), que é a base do *Engineering, Procurement, and Construction* (EPC), oriundo do direito inglês, dirigido às necessidades específicas de empreendimentos privados e ao atendimento das expectativas firmes de retorno de investimento impostas pelos agentes financiadores". BUENO, Júlio César. Melhores práticas em empreendimentos de infraestrutura: sistemas contratuais complexos e tendências num ambiente de negócios globalizado. In: SILVA, Leonardo Toledo da. **Direito e infraestrutura**. São Paulo: Saraiva, 2012, p. 61-78.

[290] "(...) *construction projects invariably involve many parties. The method of procurement adopted may introduce a fragmentation of responsibilities, for example, for design and fabrication of particular equipment. Even where a turnkey arrangement is adopted with one contractor accepting single point responsibility for design and construction of the project, there will be subcontractors and suppliers involved in chain contracts below the turnkey contract. The methods for resolving disputes will ideally contemplate joinder or consolidation of related proceedings and the management of the interfaces between the contracts is an important role for a contract administrator*". JENKINS, Jane; STEBBINGS, Simon, op. cit., p. 11.

3.4.3. Inexistência de Poderes Inerentes dos Árbitros Para Buscar Medidas Eficientes

Parece ser senso comum que dentre diversas alternativas qualquer pessoa sempre opte por aquela que se mostre mais eficiente. Nessa linha, seria lícito supor que, ainda que as partes não tenham definido nada contratualmente sobre a consolidação/reunião entre os processos, haveria um consentimento implícito para que os árbitros adotassem tal medida, desde que estivesse claro que essa seria a alternativa que daria maior eficiência ao curso e à solução dos processos arbitrais. De acordo com Jeff Waincymer: "a intenção implícita de promover soluções eficientes é uma hipótese de trabalho importante, contanto que seja vista como um fator que precisa ser analisado em conjunto com outros e dentro do paradigma do consentimento, sem intervencionismo do tribunal".[291]

Não há dúvidas de que a eficiência deve orientar os árbitros como critério para tomada de decisões na condução da arbitragem. O que não pode ocorrer, contudo, é que a eficiência se torne uma panaceia e que se sobreponha a outros fatores que indiquem que as partes não tinham, na verdade, a intenção de que todas as demandas relacionadas fossem reunidas em uma única demanda. Aqui Jeff Waincymer é categórico: "é adequado que tribunais arbitrais considerem fatores de eficiência como meios de identificar uma intenção de boa-fé *a priori* das partes. Os árbitros não devem simplesmente visar à eficiência *per se* de sua própria perspectiva pós-controvérsia, independentemente de outras evidências da intenção das partes".[292]

Para Gaiallard não seria admissível que, em defesa da racionalização dos processos, "o princípio de santidade dos contratos deve, portanto, ser moderado pelas exigências da boa administração da justiça'. O princípio de santidade dos contratos deve permanecer intocado na máxima

---

[291] Texto original: *"Implied intent to promote efficient solutions is an important working hypothesis, as long as it is seen as one factor that needs to be looked at alongside others and within the paradigm of consent, not tribunal paternalism"*. (tradução livre) WAINCYMER, Jeff, op. cit., p. 559.

[292] Texto original: *"It is right for tribunals to consider efficiency factors as a means of identifying a good faith a priori intent of the parties. It should not simply be that tribunals look at efficiency per se from their own post-dispute perspective, regardless of other evidence of parties' intent"*. (tradução livre) Idem.

medida possível".[293] Para o autor, qualquer consolidação deve depender exclusivamente da determinação das partes envolvidas na disputa de essa seja conduzida da forma mais eficiente possível. Permanece a esperança de que considerações estratégicas não as impedirão de fazê-lo.

A perspectiva adotada por Emmanuel Gaiallard de que o princípio da boa administração da justiça não deve se sobrepor à vontade das partes fixada contratualmente traz a importante reflexão sobre as diferenças entre a jurisdição arbitral e a judicial. Afinal a própria consagração da boa administração da justiça no processo judicial leva em conta princípios[294] de moralidade pública e a sobreposição do interesse público sobre o particular.

Na ponderação (ou sopesamento)[295] de princípios efetuada durante o processo adjucatório conduzido pelo Estado, não há como não prevalecerem aqueles princípios processuais e constitucionais que privilegiam o interesse público em detrimento do particular. Os valores constitucionais devem nortear a atuação do juiz em cada um de seus atos. A jurisdição estatal deve levar em consideração não apenas a tutela pretendida pelas partes, mas as consequências da concessão dessa pretensão para todo o sistema judicial. E essa consideração abrange tanto a coerência e a confiabilidade na instituição judicial como um todo como as consequências econômicas de determinado ato ou decisão para o sistema judicial.

---

[293] Texto original: *"the principle of sancity of contracts should thus be tempered by the requirements of the good administration of justice'. The principle of the sancity of contracts must remain untouched to the largest possible degree"* (tradução livre) GAILLARD, Emmanuel, The Consolidation of Arbitral Proceedings and Court Proceedings, op. cit., p. 42.

[294] "[...] em vista da própria plurivocidade do termo 'princípio', não há como esperar que tal termo seja usado como contraposto à regra jurídica. Não há como querer, por exemplo, que expressões como 'princípio da anterioridade' ou 'princípio da legalidade' sejam abandonadas, pois, quando se trata de palavras de forte carga semântica, como é o caso do termo 'princípio', qualquer tentativa de uniformidade terminológica está fadada ao insucesso [...]. Mais importante do que a ingênua ambição de querer uniformizar a utilização do termo 'princípio' é deixar claro que ele, na expressão 'princípio da proporcionalidade', não tem o mesmo significado de 'princípio' na distinção entre regras e princípios, na acepção da teoria de Robert Alexy". AFONSO DA SILVA, Luis Virgílio. O proporcional e o razoável, **Revista dos Tribunais**, São Paulo, ano 91, v. 798, abr. 2002, p. 23-50.

[295] ALEXY, Robert. **Teoría de los derechos fundamentales**. Madri: Centro de Estudios Políticos y Constitucionales, 2002, p. 21-46.

Assim como abordado no segundo capítulo desta tese sobre as diferenças entre as finalidades da tutela judicial e da tutela arbitral, não parece fazer sentido que o mesmo grau de consideração sobre as repercussões para o sistema Judiciário exista em relação à arbitragem. Como uma espécie de processo adjudicatório privado, deve prevalecer aqui o interesse das partes. É esse interesse que deve sempre nortear a missão jurisdicional dos árbitros. Isso não quer dizer, claro, que os árbitros não estejam submetidos aos ditames constitucionais e de ordem pública. A questão aqui é de gradação e de intensidade.

3.5. Poderes dos Árbitros vs. Autorização das Partes

O consentimento das partes exerce papel tão importante para a arbitragem e para a consolidação/reunião de processos arbitrais que alguém poderia se perguntar se não seria o consentimento o único elemento necessário para que ocorra a consolidação reunião de demandas conexas. Em outras palavras, não seria todo o resto e, em especial, a existência ou não da conexão *per se* elemento meramente indicativo, mas não obrigatório, para que ocorra a referida reunião de demandas em um único processo arbitral ou mesmo sob a jurisdição de um único Tribunal Arbitral.

Fosse esse o melhor entendimento, significaria dizer, em primeiro lugar, que a decisão dos árbitros é prescindível, ou, ao menos, não determinante na definição da realização ou não da consolidação de processos arbitrais, uma vez que tal decisão seria subordinada exclusivamente à decisão consensual das partes, quando esta fosse tão expressa que não dependesse de qualquer interpretação.

Não parece razoável, contudo, que se retire completamente do julgador poder para decidir sobre essa reunião de processos.[296] De acordo

---

[296] *"A question has been raised as to whether the tribunal must also consent to a multi-party scenario. Here there are a range of permutations. If the matter has commenced as a multi-party arbitration, acceptance of an appointment naturally constitutes consent to that process. A second scenario is where an arbitrator accepts an appointment in relation to a multi-party clause where there are initially only two parties involved. Here the better view is that the arbitrator has properly understood the implications of the multi-party clause and has accepted that further signatories may be joined in due course, although in extreme cases logistical issues may justify an arbitrator resigning when the joinder in not intended on terms that would be within the arbitrator's reasonable expectations. Another scenario is where a tribunal has a general discretion whether to allow for joinder or consolidation in all circumstances. Here*

com Julian Cohen Masons: "mesmo se houver disposição expressa para uma arbitragem unificada com múltiplas partes, os acordos de arbitragem relevantes [...] precisam ser materialmente consistentes antes que uma única arbitragem possa ser validamente iniciada".[297]

Pelo princípio da *Compétence-Compétence* são os árbitros que definem os limites de sua competência, razão pela qual não poderiam os árbitros ser tolhidos da decisão sobre ser cabível ou não a ampliação do escopo de sua jurisdição. Esse entendimento levaria à conclusão de que o(s) árbitros(s) não teriam qualquer controle[298] sobre a extensão e/ou a pro-

---

is not a matter of consent per se but simply proper exercise of the discretion". WAINCYMER, Jeff, op. cit., p. 540.

[297] Texto original: *"Even if there is express provision for a unified multi-party arbitration, the relevant arbitration agreements [...] need to be materially consistent before a single arbitration can be validly commenced"*. (tradução livre) MASONS, Julian Cohen. **Practical Problems in Multi-Party Arbitration**. v. 2. Hong Kong: Asian DR, 1999, p. 33.

[298] Questão semelhante pode surgir quanto se é ou não necessária anuência dos árbitros para a intergação de terceiros. De um lado há autores como Carlos Alberto Carmona que entende que os árbitros terão discricionariedade para decidir sobre a intervenção de terceiros ainda que haja o consentimento de todas as partes e do terceiro. De acordo com o autor: *"Ainda que as partes estejam de acordo com a intervenção de terceiros, os árbitros deverão deliberar sobre o assunto e podem entender que o ingresso de outro do contendente é inadequado ou por qualquer motivo impróprio, o que significará o indeferimento da intervenção provocada ou voluntária"*. CARMONA, Carlos Alberto. **Arbitragem e processo**, op. cit., p. 310. Por outro lado, há autores como Pedro A. Batista Martins que defendem que as partes e não os árbitros devem ter a última palavra sobre a intervenção de terceiros no processo arbitral. Segundo o autor: *"Discordo, nesse particular, da doutrina que afirma a necessidade de autorização dos árbitros para que a integração do terceiro seja efetivada. Parece-me uma inversão de valores. Afinal, a jurisdição arbitral é exercida no interesse e por força da vontade das partes. Olvidar esse pressuposto e assegurar aos árbitros tal poder de intervenção seria a negação da própria prestação efetiva da tutela jurisdicional. Colocar-se iam as partes e a arbitragem diante de verdadeira ditadura dos árbitros"*. MARTINS, Pedro Antonio Batista, Arbitragem. Capacidade, consenso e intervenção de terceiros: uma sobrevista. In: FERRAZ, Rafaella; MUNIZ, Joaquim de Paiva (Org.). **Arbitragem doméstica e internacional**: estudos em homenagem ao professor Theóphilo de Azeredo Santos. Rio de Janeiro: Forense, 2008, p. 14. Em defesa da posição sustentada por Pedro Baptista Martins poder-se-ia dizer que, diante do consentimento das partes sobre o tema, ao árbitro somente caberiam dois caminhos: acatar o entendimento das partes ou renunciar à sua investidura. Não parece, contudo, razoável que após a constituição do Tribunal Arbitral não sejam os árbitros os últimos a se manifestarem sobre a adequação da integração de terceiros ao processo arbitral.

fundidade do escopo do processo arbitral e, por consequência, do escopo de sua missão jurisdicional.[299]

Segundo Karim Youssef: sendo o consentimento "o alicerce da arbitragem, um abrandamento do consentimento exigido desafiaria não só um dogma convencional da arbitragem como 'criatura de contrato', como colocaria em cheque o conceito tradicional de arbitragem como justiça por consentimento".[300]

---

[299] "Prevalece o entendimento de que o poder das partes de estipular o procedimento é contínuo e pode ser exercido mesmo após a constituição do tribunal arbitral, restando aos árbitros a possibilidade de renunciar caso não concordem com o procedimento estabelecido pelas partes. Essa questão foi discutida durante os trabalhos preparatórios da Lei Modelo. Houve sugestão de que o acordo entre as partes sobre questões procedimentais fosse realizado antes da indicação do primeiro árbitro ou do árbitro único. Tal proposta foi rejeitada, prevalecendo o posicionamento de que o poder das partes em acordar sobre questões procedimentais deveria ser contínuo. Essa questão é tratada de maneira diferente em algumas legislações. Distanciando-se da regra da Lei Modelo, a lei italiana de arbitragem limita ao período anterior ao início da arbitragem a autonomia das partes para acordar o procedimento a ser seguido (artigo 816 bis(1)). A lei sueca possibilita, expressamente, que os árbitros desconsiderem um acordo entre as partes se este constituir um obstáculo ao bom andamento da arbitragem (artigo 21). A lei brasileira é silente a esse respeito. Na prática, é recomendável que os árbitros consultem as partes antes de tomar as principais decisões procedimentais, aumentando a legitimidade do procedimento e evitando futuros questionamentos". MANGE, Flávia Foz. **Processo arbitral**: aspectos transnacionais. São Paulo: Quartier Latin, 2013, p. 131-2. Segundo o art. 816 bis(1) do Código de Processo Civil italiano, "*Course of the Proceedings: The parties may establish in the arbitration agreement or in a separate document, prior in any case to the commencement of the arbitral proceedings, the rules that the arbitrators must apply in the proceedings and the language of the arbitration. In the absence of such rules, the arbitrators are free to regulate the couse of the proceedings and to determine the language of the arbitration in the manner they deem most conveniente. [...] All issues arising in the course of the proceedings shall be decided by the arbitrators with an order which is not subject to deposit and may be revoked, unless they elect to decide by an interim award*". (Itália, **Código de processo civil**, livro IV, título VIII, arbitragem). Nos termos do art. 21 da Lei de Arbitragem sueca, "*The arbitrators shall handle the dispute in an impartial, practical, and speedy manner. They shall thereupon act in accordance with the decisions of the parties insofar as there is no impediment to so doing*". (Suécia, 1999, **Lei de arbitragem sueca**).

[300] Texto original: *Since consent is the cornerstone of the notion and the regulation of arbitration, a fading requirement of consent, if proved a reality, would send out shockwaves, It would defy conventional dogma, a ubiquitous norm of national laws and the traditional concept of arbitration as justice by consent.* (tradução livre) YOUSSEF, Karim. The Limits of Consent: The Right or Obligation to Arbitrate of Non-Signatories in Group of Companies. In: HANOTIAU, B.; SCHWARTZ, E. (Eds.). **Multiparty Arbitration, Dossier VII, ICC Institute of World Business Law**, ICC Publication, n. 701, set. 2010, p. 72-3.

Como já afirmado nesta tese, a conexão entre demandas é fenômeno fático ao qual o direito atribui consequências jurídicas, dentre as quais, a consolidação de processos em um único processo e/ou sob a jurisdição de um único juízo. É esse fenômeno fático, portanto, que o direito elegeu como critério para determinar a consolidação. Tal opção, feita por boa parte dos ordenamentos jurídicos, se dá por uma razão, qual seja, a pura existência de demandas conexas traz consigo o risco potencial de que se julgadas separadamente e/ou por diferentes sujeitos poderão resultar em decisões contraditórias ou conflitantes.

Seria, então, a conexão entre demandas mero elemento indicativo de risco ao sistema de contradição/conflito a ser corrigido pela consolidação de demandas e/ou reunião sob o mesmo julgador? Em relação à reunião sob um mesmo julgador, parece não haver um impedimento inicial, desde que respeitados os direitos das partes de escolherem os árbitros em igualdade de condições, já que as partes poderiam escolher o mesmo tribunal arbitral eleito para julgar todos os diferentes casos.

Estaria, contudo, um tribunal arbitral vinculado à decisão das partes de determinar que um único processo reunisse questões que não possuem qualquer elemento de conexão? Uma resposta positiva para essa questão significaria retirar dos árbitros a discricionariedade necessária para conduzir sua missão jurisdicional de forma efetiva e adequada, como, aliás, é o objetivo das partes envolvidas quando decidem que os litígios entre elas serão resolvidos por um terceiro, ou seja, em uma adjudicação por heterocomposição.[301]

Desse modo, não parece acertado ou razoável que a última palavra sobre esse tema não seja, ao final, dos árbitros, que, contudo, como todas suas decisões, devem fundamentar a opção por determinar ou não a consolidação de processos arbitrais. Essa fundamentação poderia se

---

[301] De acordo com Petrônio Calmon, "Considerando [...] os três meios de solução dos conflitos, verificam-se duas ordens opostas: a ordem imposta e a ordem consensual. Na primeira estão uma subordem de imposição unilateral (autotutela) e uma subordem heterocompositiva ou adversaria. Na subordem heterocompositiva, a solução é imposta por um terceiro alheio à vontade das partes, mediante um ato de autoridade e poder. Se baseia em uma norma geral ou em equidade e não nos interesses das partes, que sob a expectativa de uma decisão, se põem como adversários. Ao final, um será o vencedor e o outro sucumbente". CALMON, Petrônio Filho. Capítulo XXXII – O Conflito e os Meios de sua Solução. DIDIER JR., Fredie; JORDÃO, Eduardo Ferreira. **Teoria do processo**, op. cit., p. 825-40.

restringir ao consentimento das partes quanto à consolidação? Entendemos que não e que a melhor prática, neste caso, seja que essa consolidação só ocorra entre demandas conexas. Mas, por que esse critério?

Embora seja certo que o consentimento das partes tenha papel central na definição de como deve ser conduzido o processo arbitral, é também fundamental que os árbitros tenham poderes para conduzir o processo da forma mais eficiente/efetiva para cumprir a missão que lhes foi atribuída pelas partes.[302]

Em relação ao juiz togado, o tema também é polêmico, havendo posições fortes nos dois sentidos.

De acordo com João Batista Lopes, a reunião de processos "não é cogente".[303] Por outro lado, Paulo Lucon defende que uma vez "constatada a conexão e sendo aconselhável a reunião em *simultaneus processus* em decorrência das particularidades da relação jurídica de direito material, é ela obrigatória".[304] Para o autor, esta decisão não se configuraria como "um poder do juiz, mas de um dever de determinar a reunião a fim de que prevaleça o interesse público de evitar decisões contraditórias e garantir uma instrução de forma mais econômica".[305] De acordo com Susana Henriques da Costa, a "norma que determina a união das demandas por conexão ou continência visa implementar a efetividade

---

[302] "Saber se um árbitro pode ou não alterar as regras procedimentais contra a vontade de todas as partes daquela arbitragem é questão delicada, na qual existe frontal conflito entre dois importantes valores que informa a arbitragem. De um lado, o poder do árbitro é decorrente da vontade das partes, que elegeram a arbitragem como meio de solução de conflitos e, via de regra, escolheram o(s) árbitro(s). [...] a arbitragem é diretamente ligada com a autonomia da vontade. Será que estando as partes de acordo com determinada regra processual, poderia o árbitrto alterá-la, contra a vontade dessas partes? Existem autores e árbitros que entendem que não, que o papel do árbitro é aplicar as regras procedimentais previstas pela partes. De outro lado, a grande missão do árbitro é julgar o litígio que lhe foi apresentado, da forma mais barata e mais rápida que for possível (nos limites da lei e da Constituição Federal). Até porque o já mencionado § 6º do art. 13 da Lei de Arbitragem estsbelece que: '*No desempenho de sua função, o árbitro deverá proceder com imparcialidade, independência, competência, diligência e discrição*'. Ora, se para melhor julgar o mérito da demanda o árbitro verifica ser necessário alterar uma regra procedimental, será que ele não pode fazer isso pelo fato das partes serem contra tal modificação?" MONTORO, Marcos André Franco, op. cit., p. 128.

[303] LOPES, João Batista. A conexão e os arts. 103 e 105 do CPC, **Revista dos Tribunais**, v. 707, ano 83, set. 1994, p. 33-40.

[304] LUCON, Paulo Henrique dos Santos, op. cit., p. 92.

[305] LUCON, Paulo Henrique dos Santos, op. cit., p. 92-3.

da tutela jurisdicional e evitar decisões contraditórias. Existe, portanto, não no interesse das partes, mas sim, por motivos de ordem pública. Trata-se de uma determinação cogente do legislador ao juiz".[306]

De acordo com Cândido Rangel Dinamarco:

> quando reconhece a existência dessa comunhão de pontos relevantes, antevendo-se, pois, a utilidade da reunião para que prevaleça a convicção única, o juiz não tem liberdade para optar por não reunir as causas, levando em conta outras conveniências. Tem liberdade, sim, para examinar a existência da conexidade em si mesma e a utilidade da reunião –, mas, respondendo afirmativamente a essas indagações, não tem liberdade de escolha entre reunir e não reunir. Seria arbitrário dizer o juiz, p.ex.: 'essas causas são conexas, haveria utilidade na reunião, mas não as reúno porque tenho a faculdade de optar'. Mas lhe é lícito dizer: 'essas não são conexas e por isso não as reúno.[307]

Dinamarco ressalta a *existência de conexão* e a *utilidade da reunião* como conceitos distintos, o que permitiria ao julgador negar a reunião de demandas conexas caso entendesse que tal reunião não seria útil (ou não for possível, quando, por exemplo, os processos a serem reunidos estiverem em fases processuais distintas).

De acordo com o autor:

> o que importa nos institutos regidos pela conexidade é a utilidade desta como critério suficiente para impor ou autorizar certas consequências práticas – prorrogação da competência, reunião de causas em um só processo, litisconsórcio. Essa utilidade está presente sempre que as providencias a tomar sejam aptas a proporcionar a harmonia de julgados mediante a formação, no espírito do julgador, de uma convicção única em relação a duas ou mais demandas. Convicção única, essa é a ideia fundamental.[308]

Em outro trecho, Dinamarco é enfático ao enquadrar a reunião de demandas conexas como questão de ordem pública:

---

[306] COSTA, Susana Henriques da, op. cit. p. 269.
[307] DINAMARCO, Cândido Rangel. **Fundamentos do processo civil moderno**, op. cit., p. 715.
[308] Idem, p. 712.

A norma legal que determina a reunião de causas na hipótese de serem conexas é de ordem pública (CPC, art. 102), donde não ser permitido ao juiz a opção por não as reunir – embora tenha ele plena liberdade para formar sua convicção sobre a existência ou inexistência da própria conexidade, não reunindo as causas nessa segunda hipótese.[309]

Na mesma linha, para Lucon, a discricionariedade do julgador para avaliar a conveniência, oportunidade ou utilidade da reunião de processos é apenas aparente. De acordo com o autor, a "reunião de várias demandas, perante um único juiz e para receberem sentença única tem por escopo fazer cumprir essas razões de ordem pública".[310]

No Judiciário, contudo, tem prevalecido o entendimento de que se trata de uma discricionariedade do julgador, que pode, diante da hipótese sob exame, avaliar a conveniência de reunir os feitos. Recentemente, a questão foi levada ao conhecimento e julgamento do Superior Tribunal de Justiça que determinou que ainda que reconhecida a conexão entre demandas, a apreciação conjunta é um ato discricionário do julgador. Ao julgar recurso especial interposto por uma empresa condenada a entregar bens objetos de garantia pelo descumprimento de contrato de financiamento, a Terceira Turma do Superior Tribunal de Justiça entendeu que:

> a reunião dos processos por conexão configura faculdade atribuída ao julgador, sendo que o art. 105 do Código de Processo Civil concede ao magistrado certa margem de discricionariedade para avaliar a intensidade da conexão e o grau de risco da ocorrência de decisões contraditórias. (...) Justamente por traduzir faculdade do julgador, a decisão que reconhece a conexão não impõe ao magistrado a obrigatoriedade de julgamento conjunto. (...) A avaliação da conveniência do julgamento simultâneo será feita caso a caso, à luz da matéria controvertida nas ações conexas, sempre em atenção aos objetivos almejados pela norma de regência (evitar decisões conflitantes e privilegiar a economia processual).[311]

---

[309] DINAMARCO, Cândido Rangel. **Fundamentos do processo civil moderno**, op. cit., p. 719-20.
[310] LUCON, Paulo Henrique dos Santos, op. cit., p. 95.
[311] REsp. 1255498/CE, Rel. Ministro Massami Uyeda, Rel. p/ Acórdão Ministro Ricardo Villas Bôas Cueva, Terceira Turma, julgado em 19/06/2012, DJe 29/08/2012. No mesmo sentido

Apesar do julgado acima mencionado, a doutrina majoritária tem entendido que não se trata de faculdade do juiz togado reunir demandas conexas, mas sim de poder-dever, de tal modo que seriam excepcionais os casos em que o juiz togado, tendo identificado a conexão, poderia manter demandas conexas separadas. Sendo que, em tais hipóteses excepcionais, tal decisão deveria ser motivada. De acordo com Lucon, "tal 'faculdade' está ligada à análise do direito material em concreto por decisão devidamente motivada [...] o conceito de conexão é flexível, já que ele se estabelece em graus, pois há hipóteses de conexão mais estreita e outras de conexão mais tênue [...]. Diante de cada caso concreto, compete ao juiz examinar a intensidade do vínculo existente entre as demandas e decidir motivadamente pela necessidade ou não de sua reunião".[312]

Ainda que se considere a conexão como questão de ordem pública é essencial relativizar-se sua importância. Diferentemente de questões como *incompetência absoluta, litispendência* e *coisa julgada*, a identificação inadequada (ou seu inverso) da conexão – bem como a aplicação incorreta ou imprecisa de seus efeitos – não geram consequências realmente graves para o sistema jurídico e para a sociedade. Nessa linha, acompanhamos Ricardo Aprigliano, de acordo com quem na "categoria de questões de ordem pública mais relevantes e potencialmente mais graves, devem ser consideradas (apenas) a incompetência absoluta, a litispendência e a coisa julgada, pois efetivamente não se pode compa-

---

quanto ao fato de ser a reunião de processos conexos uma faculdade do julgador, foram os seguintes precedents: CC 113130-SP, REsp 1226016-RJ, REsp 1087783-RJ, AgRg no Ag 1150570-RJ, REsp 737854-MG, REsp 305835-RJ, REsp 5270-SP. Também no mesmo sentido de que processos conexos julgados separadamente não geram nulidade por inexistir prejuízo, há os seguintes julgados: AgRg nos EDcl no AREsp 37470-DF, REsp 1047825-PE, AgRg nos EDcl no REsp 1050727-DF, REsp 760383-RJ, REsp 609224-ES e AgRg no Ag 923836-MG.

[312] De acordo com Lucon: "Uma vez constatada a conexão e sendo aconselhável a reunião em *simultaneus processos* em decorrência das particularidades da relação jurídica de direito material, é ela obrigatória. Não se trata de um poder do juiz, mas de um dever de determinar a reunião a fim de que prevaleça o interesse público de evitar decisões contraditórias e garantir uma instrução de forma mais econômica". LUCON, Paulo Henrique dos Santos, op. cit., p. 92.

tibilizar o objetivo maior de pacificação e aplicação do direito ao caso concreto com situações processuais que envolvam tais requisitos".[313]

A comparação entre juiz togado estatal e árbitro faz sentido aqui a título de análise teórica, uma vez que se o juiz estatal, a quem a lei expressamente autoriza a reunião de processos, pode se recusar a reunir processos por entender que tal reunião não é conveniente para o julgamento dos casos (ainda que, para tanto, tenha que motivar sua decisão), por que não poderia o árbitro ter também o mesmo juízo de conveniência?

Alguns poderiam dizer que a missão do árbitro é mais dependente da sua fonte primordial de legitimidade, qual seja, a vontade das partes (sem que com isso se esteja desprezando o fato de que a jurisdição do árbitro depende inicialmente também da autorização legal), do que seria a missão do juiz de sua fonte de legitimidade jurisdicional: a lei.

Pergunta interessante a ser feita é se quando as partes tiverem expressamente excluído a possibilidade de que ocorra a consolidação de processos arbitrais ainda que relacionados, poderiam os árbitros determinar a consolidação? Voltamos aqui novamente à questão sobre qual aspecto do "ornitorrinco" em que se consubstancia a arbitragem deve prevalecer. Ou seja, deve prevalecer o aspecto jurisdicional ou convencional da arbitragem?

Entendemos que a vontade das partes é a moldura que circunscreve a missão e o poder dos árbitros, razão pela qual, tendo as partes expressamente excluído a possibilidade de que ocorra a consolidação de demandas arbitrais, não podem os árbitros ultrapassar esse limite, sob o risco de, ao darem esse passo, estarem ultrapassando os limites da convenção arbitral e potencialmente levando a uma tentativa de anulação judicial da futura sentença arbitral.

---

[313] APRIGLIANO, Ricardo de Carvalho. **Ordem** pública e **processo – o tratamento das questões de ordem** pública no **direito processual civil**. São Paulo: Atlas, 2011, p. 243.

Capítulo 4
Demais critérios para que seja determinada a Consolidação de Processos Arbitrais Relacionados

Para se determinar a reunião de processos arbitrais conexos é necessário que se digam os critérios para tanto. Os primeiros e mais importantes critérios para a consolidação de processos arbitrais já foram profundamente estudados nesta tese: (i) o consentimento das partes para a consolidação; e (ii) a existência de conexão entre as demandas arbitrais. Passa-se, então, a examinar outros critérios importantes para que seja defina a consolidação.

Ao se iniciar esse capítulo sobre os critérios para que seja determinada a consolidação de processos arbitrais conexos, imprescindível que se destaque que, embora haja debate no âmbito judicial se essa decisão é ou não ato discricionário do juiz[314], no âmbito arbitral, no qual, como

---

[314] "A decisão sobre a necessidade da reunião de caisas, se não fundamentada, pode ensejar dúvida sobre os critérios utilizados. Em nome da publicidade, do contraditório e da ampla defesa e da própria necessidade de fundamentação das decisões judiciais prevista na Constituição da República Federativa do Brasil, pode se dizer que há um dever jurídico da indicação do motivo pelo qual se deixa ou não de determinar a reunião das caisas conexas; O problema é que o motivo pode ser indicado justamente como o de ser um ato discricionário do juiz". RODAS, Rodrigo Otavio. **Elementos estruturantes para o estudo da reunião de causas por conexão no processo civil.** 2009. Monografia – Faculdade de Direito, Universidade Federal do Paraná, Curitiba, 2009, p. 9.

exaustivamente examinado no capítulo anterior, se sobrepõe o consentimento das partes, não há dúvida de que se trata de decisão para a qual se requer a motivação/fundamentação do(s) árbitro(s), instituição arbitral ou judicial responsável por essa decisão.

A exigência de que haja motivação/fundamentação[315] para se determinar a consolidação de processos arbitrais conexos é requisito que permite o controle do ato decisório. No âmbito judicial, tal exigência permite que a parte que sentir prejudicada pela decisão recorra à instância superior. No âmbito arbitral, a motivação da decisão permitirá revisão do árbitro quando tomada por instituição arbitral, mas não pelo Judiciário, caso se entenda, como se entende nesta tese que a atuação judicial está autorizada pelo art. 7º da Lei de Arbitragem Brasileira. A motivação da decisão de consolidar processos arbitrais conexos também permitirá maior controle sobre o laudo arbitral.

Qual é o grau de afinidade necessário para se determinar a existência de conexão entre processos arbitrais e a sua reunião ou consolidação? A elaboração de critérios para determinar se há elementos de afinidade suficientes para a conexão é uma tarefa difícil não só para as disputas arbitrais como também para as disputas judiciais.

De acordo com o Professor Cândido Rangel Dinamarco:

> A dificuldade para determinar a medida da coincidência entre as causas de pedir, capaz de gerar os efeitos jurídicos processuais da conexidade, aconselha que se abrandem os rigores da precisa decomposição da demanda em elementos, inerente à teoria dos três eadem. O que importa, nos institutos regidos pela conexidade, é a utilidade desta como critério suficiente para impor certas consequências (prorrogação de competência, reunião de processos) ou autorizar outras (litisconsórcio). Essa utilidade está presente sempre que as providências a tomar sejam aptas a proporcionar a harmonia de julgados ou a convicção única do julgador em relação a duas ou mais demandas.[316]

---

[315] Já dizia Calamandrei que: "A fundamentação das sentenças é certamente uma grande garantia de justiça, quando consegue reproduzir exatamente, como num esboço topográfico, o itinerário lógico que o juiz percorreu para chegar à sua conclusão. Nesse caso, se a conclusão estiver errada, poder-se-á descobrir facilmente, em que etapa do seu caminho o juiz perdeu o rumo". CALAMANDREI, Pietro. **Eles, os juízes, vistos por um advogado**. São Paulo: Martins Fontes, 2000, p.175.

[316] DINAMARCO, Cândido Rangel. **Instituições de direito processual civil**, op. cit., p. 150-1.

Vários fatores deverão ser observados no momento de o julgador determinar quais serão aquelas disputas arbitrais relacionadas e conexas que deverão ser reunidas/consolidadas. Dentre esses fatores, estará o momento processual em que se encontram as diferentes arbitragens (antes ou após a constituição do tribunal arbitral, antes ou após a celebração do termo de arbitragem, antes ou após a instrução, dentre outros) e a possibilidade de se medir o consentimento das partes para a determinação de um daqueles mecanismos.[317]

Diante do estudo realizado nesta tese, percebe-se quão útil seria a elaboração de *Guidelines* tais como aquelas já produzidas pela International Bar Association ("IBA") para conflitos de interesse (*Guidelines on Conflicts of Interest in International Arbitration – 2014*) e a relação entre advogados e clientes (*Guidelines on Party Representation in International Arbitration – 2013*).[318] O que se propõe é a elaboração de uma lista de hipóteses que, se presentes, tenderão a levar à consolidação de processos arbitrais e, se ausentes, tenderão à separação (ou manutenção de processos separados) de processos arbitrais paralelos. Seria uma lista de "melhores práticas" que, se aprimoradas por juristas dotados de legitimidade para tanto, poderão, a critério das partes de determinado processo arbitral, ser incorporadas como *soft law*, tais como o já consagrados *Guidelines* elaborados pela IBA.

Outra tentativa nesse sentido foi adotada pela *London Metal Exchange* que elaborou uma lista de orientações não vinculantes aos árbitros que atuam em processos arbitrais administrados por aquela instituição.

Ressalta-se que essa propositura de uma lista de hipóteses e critérios que recomendam a reunião de processos não deve ter mais do que o objetivo de auxiliar as autoridades responsáveis por determinar a consolidação de processos arbitrais.[319]

---

[317] "*La jurisprudencia doctrina extranjera e internacional muestra que los tribunales (sean nacionales o arbitrales) ponderan lis siguientes elementos al momento de determinar la procedencia de una consolidación de distintos procedimientos arbitrales: i) Partes: que las partes en controversia sean las mismas, estén relacionadas o estén ligadas cuanto al origen de la controversia; ii) Hechos: que tengan como origen o se ventilen los mismos hechos; iii) Derecho: que se ventilen los mismos puntos legales*". Cossio, Francisco Gonzáles de, op. cit., p. 576.

[318] Disponível em: <http://www.ibanet.org/Publications/publications_IBA_guides_and_free_materials.aspx>. Acesso em: 23 dez. 2015.

[319] "*These Guidance Notes provide guidance for the benefit of parties when considering the commencement and consolidation of an arbitration, While they reflect the views of the Arbitral Panel Committee And are*

Não se busca, contudo, de modo algum, reduzir a flexibilidade[320] desejável da arbitragem.[321] Pelo contrário, busca-se incentivar a utilização da *soft law* como instrumento para o exercício da liberdade procedimental[322], em vez de se instituir um arcabouço legislativo enrijecido e limi-

indicative of how a Tribunal may rule on certain matters referred to it, they are separate from and do not form part of the Arbitration Regulations and are not binding on any Tribunal". **Guidance Notes on Applications for Consolidation of Arbitrations of the London Metal Exchange**.

[320] De acordo com André Abbud, "[...] a flexibilidade procedimental é vista como uma das qualidades centrais da arbitragem e uma das razões de seu sucesso. A ideia de que um único procedimento-padrão devesse ser aplicado a todos os casos ('one size fits all') é rejeitada pelos atores da arbitragem como inadequada e ineficiente". ABBUD, André de Albuquerque Cavalcanti. **Soft Law e produção de provas na arbitragem internacional**. São Paulo: Atlas, 2014, p. 43.

[321] Conf. comentário de Fredie Didier sobre versão anterior do Novo Projeto de Código de Processo Civil: "Repete-se o mesmo equívoco do CPC/73: opta-se por conceituar legislativamente a conexão. Há unanimidade na doutrina no sentido de que o conceito de conexão previsto no art. 103 do CPC é insuficiente e deve ser considerado apenas como um exemplo de conexão. A jurisprudência firmou-se neste sentido. Não é propriamente uma tarefa legislativa a definição de institutos jurídicos. Muito mais adequada, desta forma, a proposta contida no Código Modelo de Processos Coletivos para a Ibero-América, que deveria ser seguida: 'Art. 29. Conexão – Se houver conexão entre as causas coletivas, ficará prevento o juízo que conheceu da primeira ação, podendo o juiz, de ofício ou a requerimento da parte, determinar a reunião de todos os processos, mesmo que nestes não atuem integralmente os mesmos sujeitos processuais'. A proposta do Código Modelo é boa, principalmente porque dá ao tratamento do tema mais flexibilidade. Deixar a conexão como conceito vago é uma boa alternativa, pois transfere ao órgão jurisdicional a tarefa de constatar quando, à luz das peculiaridades do caso concreto (cuja complexidade quase nunca pode ser alcançada pelo legislador, que raciocina sempre abstratamente), as causas devem ser reunidas. A proposta do Código Modelo está, ainda, em sintonia com a metodologia adotada no projeto de NCPC, que confere ao órgão jurisdicional o poder geral de adequação da norma processual às peculiaridades do caso concreto (art. 107, V, NCPC). Deveria ser adotada, portanto". DIDIER JR., Fredie. **Sobre o conceito de conexão no Novo CPC**. Disponível em: <http://novocpc.direitointegral.com/2010/07/sobre-o-conceito-de-conexao-no-novo-cpc.html>. Acesso em: 31 mar. 2015.

[322] Para Abbud, "A *soft law* é um dos instrumentos para o exercício dessa liberdade procedimental. Na escolha dos atos que serão praticados e do modo como será conduzido cada caso concreto, partes e árbitros normalmente se socorrem de uma pauta de referências, composta por sua própria experiência, precedentes, manuais, artigos doutrinários etc [...]. A *soft law* compõe assim a 'caixa de ferramentas' que partes e árbitros carregam consigo para construir o procedimento a ser adotado em cada disputa. [...] a *soft law* não apenas preserva a liberdade que as partes e os árbitros têm na definição e alteração do procedimento, como é um instrumento de exercício dessa mesma liberdade". ABBUD, André de Albuquerque Cavalcanti, op. cit., p. 45.

tador da autonomia das partes. Desse modo, pretende-se elaborar uma pauta de referências inicial para os demais atores da arbitragem, incentivando sua constante evolução e aperfeiçoamento.[323]

A legislação processual brasileira tem refletido certo pêndulo existente na doutrina jurídica dominante[324] na época das respectivas codificações: 1939, 1973 e 2015. Esse pêndulo tem-se alternado entre a linha analítico-conceitual e a linha pragmática.[325]

Em diversos momentos da história, a autoridade julgadora utilizou-se do instituto da conexão para ampliar sua competência.[326] De certo modo, a linha analítico-conceitual tem tido mais força em culturas e

---

[323] "Sob certa perspectiva, a *soft law* pode ser vista como instrumento de autocontrole do processo arbitral. Ela busca permitir que as questões atinentes à condução da arbitragem sejam reguladas e resolvidas por seus próprios atores, isto é, árbitros, partes, advogados e instituições que atuam naquele caso, a fim de manter a integridade e confiança do sistema e afastar a necessidade de intervenções externas [...]. As ferramentas de *soft law* voltadas à produção de provas e à organização dos atos do procedimento também podem ser pensadas assim. Ao aumentarem a eficiência do processo e favorecerem a observância das garantias do devido processo legal, contribuem para tornar menos necessário o controle dos laudos arbitrais em ações anulatórias ou voltadas ao seu reconhecimento em outros países". ABBUD, André de Albuquerque Cavalcanti, op. cit., p. 51-2.

[324] O debate jurídico é normalmente regido por "ondas" temáticas que se disseminam pela cultura jurídica de todo mundo. Interligados por uma série de redes econômicas, sociais, culturais e políticas que superam as fronteiras nacionais, os juristas são bombardeados por leituras de diferentes países e de diferentes vertentes. Muitas idéias de diferentes tendências são absorvidas e ecleticamente utilizadas na produção de um discurso jurídico, que, apesar de estar em sintonia com a "onda" temática global, possui suas características próprias e, muitas vezes, é elaborado com o objetivo de solucionar problemas locais/ nacionais. Com o passar do tempo, essas "ondas" temáticas são superadas e novos diálogos surgem. No entanto, as construções anteriores não se tornaram, por isso, inúteis. Estruturadas a partir da deglutição intelectual, são únicas e não se resumem às ideias dos autores e escolas que foram digeridos pela cultura jurídica local. MACEDO, Paulo Garcia Neto. **A influência do realismo jurídico norte-americano no direito brasileiro**. 2008. Dissertação (Mestrado em Filosofia e Teoria Geral do Direito) – Faculdade de Direito, Universidade de São Paulo, São Paulo, 2008, p. 17.

[325] OLIVEIRA, Bruno Silveira de. **De volta à conexidade entre demandas**, op. cit.

[326] "De seu lado, se a jurisdição régia, em face da Igreja, contestava as máximas do foro eclesiástico em matéria de conexão de causas, delas se servia nas suas relações com as jurisdições feudais, com o escopo de chamar a si muitas das lides que, segundo as leis daquele tempo, deveriam ser julgadas por juízes feudais". NEVES, Celso. **Notas a propósito da conexão de causas**. v. 36. São Paulo: RePro, 1984, p. 36.

momentos históricos em que existe uma busca por se limitar o poder da autoridade julgadora.[327]

Embora na arbitragem o pêndulo de forças tenda a se revezar entre a arbitragem como jurisdição e a arbitragem como expressão contratual da vontade das partes, é certo que a própria eleição dos julgadores estará, em medidas maiores ou menores, atrelada à vontade das partes. Desse modo, não parece haver sentido, no âmbito da teoria da arbitragem, haver um embate ideológico de poderes entre partes e árbitros (embora certamente tenha havido historicamente a disputa entre arbitragem em Estado-Juiz),[328] tal como existe, pelo menos desde a Revolução Francesa,[329] em 1789, entre Estado-Juiz e cidadãos/jurisdicionados.

---

[327] Segundo Luigi Mattirolo, "[...] *il principio della continenza di causa andò, a poco a poco, nei secoli scorsi, acquistando un'applicazione sconfinata; sicchè bastasse la più piccola analogia fra cause e cause per operare una deroga all'ordine delle competenze legali. Cessate le cagioni di questo abuso, la scienza e la pratica si affaticarono a ricondurre il principio della connessione di causa entro quei limiti, fra cui soltanto poteva apparire conforme alla ragione del diritto, e all'utilità dell'amministrazione della giustizia. Tuttavia quasi tutti i legislatori moderni si astennero dal definire le condizioni necessarie affinchè la continenza di causa riuscisse a derogare ai principi generali di competenza. Essi credettero miglior consiglio lo affidare questo difficile compito alla dottrina e alla giurisprudenza, e si limitarono per lo più a trattare di casi speciali*". MATTIROLO, Luigi. **Trattato di diritto giudiziario civile italiano**. v. I, 3. ed. Turim: Torinese, 1931, p. 625.

[328] Para Emmanuel Gaillard, "A desconfiança em relação à arbitragem, essencialmente percebida no século XIX como em concorrência com a jurisdição estatal, deu lugar a uma aceitação geral desse modo de resolução de controvércias. Justifica-se esse movimento não tanto pela preocupação de desobstruir os tribunais estatais, mas em razão da necessidade de fornecer, comparado às jurisdições estatais que são por vezes de uma ou da outra parte, um juiz neutro e um procedimento com o qual as partes podem contribuir de diversas maneiras, notadamente nomeando um árbitro e moldando as regras processuais". GAILLARD, Emmanuel. **Teoria jurídica da arbitragem internacional**. Trad. Natália Mizrahi Lamas. São Paulo: Atlas, 2014, p. 61.

[329] De acordo com Paolo Prodi, a "hipótese historiográfica mais interessante parece aquela que tende a perceber as linhas do movimento constitucionalista num largo arco histórico, da metade do século XVIII até a metade do século IXI, dentro da construção da nova organização do poder. Certamente a Revolução Francesa representa a passagem-chave desse percurso, na medida em que incorpora os princípios teológico-políticos durante a gestação do estado Moderno, na declaração dos direitos do homem como 'lei escrita', em que se exprime o pacto social, dando vida à nação como pessoa coletiva e novo corpo místico, diante da qual o indivíduo oarece isolado, desprovido do contexto de relações que sustentavam a sociedade dos corpos". Prodi, Paolo. **Uma história da justiça**. São Paulo: Martins Fontes, 2005, p. 466-7.

DEMAIS CRITÉRIOS PARA QUE SEJA DETERMINADA A CONSOLIDAÇÃO DE PROCESSOS

No âmbito do Código de Processo Civil brasileiro, é comum se definir como elementos estruturantes para a reunião de causas por conexão: (i) o elemento material para reunião (identificado como a conexão em si); (ii) legitimidade para provocá-la; (iii) o objeto da reunião; (iv) os requisitos processuais de tal reunião; (v) os fundamentos para reunião de causas; e (vi) a sua finalidade.[330]

Em pesquisa envolvendo 35 diferentes regulamentos de instituições arbitrais (nacionais e internacionais),[331] Lúcia de Oliveira Carvalho e Luiz Felipe Calábria Lopes identificaram os seguintes critérios utilizados para orientar a consolidação ou a separação de processos arbitrais: (i) semelhança de objeto; (ii) identidade de partes; (iii) identidade de membros do tribunal arbitral; (iv) fase do procedimento em curso;

---

[330] SILVA, Edward Carlyle, op. cit., p. 97.

[331] Câmara de Arbitragem das Eurocâmaras – CAE; Câmara de Arbitragem do Mercado; Câmara de Arbitragem Empresarial – CAMARB; Câmara de Conciliação, Mediação e Arbitragem CIESP/FIESP; Câmara de Conciliação, Mediação e Arbitragem de Porto Alegre – CBMAE/Federasul; Câmara de Mediação e Arbitragem – Associação Comercial do Paraná – ARBITAC; Câmara de Mediação e Arbitragem do Conselho Regional de Administração do Rio Grande do Sul – CMA-CRA/RS; Câmara de Mediação e Arbitragem do Conselho Regional de Engenharia e Agronomia de Minas Gerais – CREA-MG – CMA/CREA-MG; Câmara de Mediação e Arbitragem Empresarial do Rio de Janeiro – CAMAERJ; Câmara FGV de Conciliação e Arbitragem; Câmara Mineira de Arbitragem Empresaria – CAMINAS; Centro de Arbitragem AMCHAM; Centro de Arbitragem e Mediação da Câmara de Comércio Brasil-Canadá CAM/CCBC; *Arbitration Institute of the Stockolm Chamber of Commerce – SCC* ("Article 11 – *if arbitration is commenced concerning a legal relationship in respect of which an arbitration between the same parties is already pending under these Rules, the [SCC's] Board may, at the request of a party, decide to consolidate the new claims with the pending proceedings*"); *Australian Centre for International Commercial Arbitration – ACICA; British Columbia International Commercial Centre – BCICAC; Camera Arbitrale Milano; Centre Belge d'Arbitrage et de Médiation – CEPANI; Chicago International Dispute Resolution Association – CIDRA; China International Economic and Trade Arbitration Commission – CIETAC; Chinese European Arbitration Centre – CEAC; Court of International Commercial Arbitration attached to the Chamber of Commerce and Industry of Romania; Deutsch Institute fur Schiedsgerichtsbarkeit – DIS; Hong Kong International Arbitration Centre – HKIAC; International Centre for Dispute Resolution – ICDR; International Chamber of Commerce – ICC; International Institute for Conflict Prevention and Resolution – CPR; Judicial Arbitration and Mediation Services – JAMS; London Court of International Arbitration – LCIA; National Arbitration Forum; Singapore International Arbitration Centre – SIAC; Swiss Chambers of Commerce Association for Arbitration and Mediation;* e *World Intellectual Property Organization (WIPO) Arbitration and Mediation Center.* CARVALHO, Lucia de Oliveira; LOPES, Luiz Felipe Calábria. Arbitragem multiparte e multicontrato: um estudo comparativo de regulamentos de arbitragem. **Revista Brasileira de Arbitragem**, São Paulo, Síntese, CBAr, p. 35-56.

(v) eficiência; (vi) identidade (semelhança ou compatibilidade) de convenção de arbitragem; (vii) eleição do regulamento aplicável; (viii) se as partes expressamente previram (ou excluíram) a possibilidade consolidação; e (ix) local da arbitragem.[332]

Bernardo Cremades e Ignácio Madalena desenvolveram o teste para a consolidação, definindo os seguintes critérios como limites para a consolidação entre processos arbitrais: (i) alto grau de conexão entre as demandas; (ii) risco de sentenças contraditórias; (iii) consentimento das partes para a conexão; (iv) possibilidade de conexão nas diferentes regras aplicadas; e (v) poder discricionário para decidir sobre conexão.[333]

Jeff Waincymer pondera que para que ocorra a consolidação de processos arbitrais é recomendável que, ao juízo fundamentado (e daí não falarmos em discricionariedade) dos árbitros, seja analisado:

> (i) o grau de conexão entre os casos; (ii) a busca por eficiência e pela prevenção a resultados contraditórios; (iii) a natureza das duas (ou mais) controvérsias e se a eficiência de fato seria atingida julgando-as em conjunto (por exemplo, se uma controvérsia for muito mais complexa que a outra); (iv) se as partes determinaram arbitragem em sedes diferentes; (v) se a *lex arbitri* e/ou a *lex causae* nas duas (ou mais) questões diferem; (vi) potencial para decisões contraditórias; (vii) o impacto sobre prova relevante julgada no primeiro caso ou admissibilidade de uma para a outra; (ix) se quem solicitou a consolidação de demandas atrasou indevidamente sem justo motivo, que por si só poderia servir de base para negativa, particularmente se houvesse algum prejuízo à outra parte.[334]

---

[332] CARVALHO, Lucia de Oliveira; LOPES, Luiz Felipe Calábria, op. cit., p. 45-6.

[333] CREMADES, Bernardo; MADALENA, Ignácio. Parallel Proceedings in International Arbitration, **International Arbitration**, v. 24, n. 4., 2008, p. 533 e ss. Ver AYMONE, Priscila Knoll, op. cit., p. 176 e ss.

[334] Texto original: (i) *"the degree to which the second case can be linked to the connecting test within the arbitration agreement. [...]"*; (ii) *"the desire for efficiency and the avoidance of inconsistente results"*; (iii) *"the nature of the two disputes and whether efficiency would in fact be served by hearing them together (for example, i fone dispute is much more complex than the other)"*; (iv) *"whether the parties have provided for arbitration in different venues"*; (v) *"whether the* lex arbitri *and/or the* lex causae *in the two matters differ"*; (vi) *"potential for irreconcilable decisions and delas"*; (vii) *"impact on relevant evidence whether evidence part heard in the first case or admissibility from one to the other"*; (ix) *"if the applicant for joinder or consolidation has delayed unduly without just excuse, that alone might be grounds for denial, particularly if there would be some prejudice to another party"*. (tradução livre) WAINCYMER, Jeff, op. cit., p. 575. Em outro trecho, Jeff Waincymer afirma que: *"Where discre-*

O problema é que as questões que se apresentam aos árbitros, juízes e instituições arbitrais são, na maioria das vezes, muito mais complexas e não permitem somente respostas binárias – *preto* ou *branco* – exigindo a análise das mais diferentes tonalidades envolvidas.

4.1. O Risco de Julgamentos Contraditórios Como Critério Para Se Determinar a Consolidação – Utilidade da Consolidação

Um dos mais importantes critérios para que se decida sobre a consolidação de processos arbitrais conexos é aquele que se consubstancia no principal motivo da existência desse instituto jurídico, qual seja, o risco de sejam proferidas decisões contraditórias ou conflitantes. Como já dito tanto na Introdução desta tese como no capítulo sobre as finalidades do instituto da consolidação, a reunião de processos tem como objetivo preservar a consistência das decisões.

De acordo com Humberto Theodoro Jr.:

> O que realmente torna imperiosa a reunião de processos, para julgamento em sentença única, e com derrogação de competência anteriormente firmada, é a efetiva possibilidade prática de ocorrerem julgamentos contraditórios nas causas. E isso só se dará quando nas diversas ações houver questão comum a decidir, e não apenas fato comum não litigioso.[335]

---

tions are expressly provided for additional claims or consolidations, many matters could be considered in the exercise of the discretion including: How closely are the two disputes linked in terms of their facts? Obviously if they are sufficiently linked, then the entitlement comes about directly under the arbitration clause and not via discretion of a tribunal, but even circumstances that do not fit directly into the agreement can have various degrees of connection to the primary claim. In terms of efficiency, are there clear transaction cost savings to be made by having one tribunal? Are there questions of evidence that would best be heard by a single tribunal, either to prevent inconsistency or to promote confidentiality? Do the facts show that it would be both fair and efficient to try to find the net payment obligations, if any, between the parties rather than to separate these out through more than one tribunal hearing? Alternatively, could cash flow issues simply be dealt with via awards that are timed to allow netting out mutual payment obligations? Is the tribunal composition adequate to deal with each of the matters both in terms of expertise and in terms of cost benefit as to number of arbitrators?". WAINCYMER, Jeff, op. cit., p. 558-9.

[335] THEODORO, Humberto. **Curso de direito processual civil**. 37. ed., v.1. Rio de Janeiro: Forense, 2001, p. 180-1.

Esse risco de decisões inconsistentes pode alcançar tanto arbitragens decorrentes de contratos distintos e relacionados como decorrentes de um mesmo contrato. De acordo com Kaj Hobér, "de fato há várias chamadas controvérsias horizontais nos termos de cada contrato, é provável que todas essas controvérsias [...] compartilhem das mesmas circunstâncias e evidências factuais, uma situação que tenha [...] o risco de decisões conflitantes sobre questões factuais. [...] há também o risco de decisões conflitantes sobre questões legais [...]".[336]

Sendo suficientemente elevado o risco de que sejam proferidas decisões contraditórias ou inconsistentes ou incoerentes, está justificada a consolidação das demandas arbitrais conexas, de tal modo que tal consolidação será útil e deverá ser determinada.

4.1.1. Pode Haver Consolidação de Processos Sem Que Exista Conexão?

Por ser a qualificação jurídica de uma situação fática não é dado às partes definir de antemão se haverá ou não conexão. Quando acordam que todas as disputas relacionadas ou decorrentes de determinadas relações contratualis serão exclusivamente solucionadas pela via arbitral, se haverá ou não conexão entre futuras disputas arbitrais. Por outro lado, poderão as partes acordar que, diante da conexão entre disputas arbitrais, caberá à determinada autoridade definir seus efeitos e, mesmo, quais serão esses efeitos.

As partes poderão, inclusive, avançar para além da própria conexão e atribuir aos árbitros ou autoridade competente que estes terão o poder de determinar a consolidação de processos arbitrais ainda que não exista conexão.

Essa, aliás, foi a linha adotada pelo § 3º do art. 55 do Código de Processo Civil de 2015, de acordo com o qual, haverá consolidação de processos se houver o risco de decisões conflitantes ou contraditórias,

---

[336] Texto original: "*[i]f in fact there are several so-called horizontal disputes under each contract, it is likely that all such disputes (...) will share the same factual circumstances and evidence, a situation which carries (...) the risk of conflicting decisions on factual matters. (...), there is also a risk of conflicting decisions on legal issues (...)*". (tradução livre) Hobér, Kaj. Parallel State and Arbitral Procedures in International Arbitration, **Dossiers – ICC Institute of World Business Law**, Paris, ICC Publication, 2005, p. 248.

mesmo que não exista conexão entre os processos ("*serão reunidos para julgamento conjunto os processos que possam gerar risco de prolação de decisões conflitantes ou contraditórias caso decididos separadamente, mesmo sem conexão entre eles*"). O Novo Código de Processo Civil parece ter lançado luz justamente sobre o que o Código de Processo Civil de 1973 considerava apenas uma consequência da conexão, qual seja, a consolidação de processos. Mais do que isso, a linguagem do Novo Código de Processo Civil atribui um papel central ao que seria, na verdade, a própria razão de ser do instituto da conexão, qual seja, o problema jurídico do risco de haver decisões conflitantes ou contraditórias. Para Lucon:

> a necessidade que se impõe de processos simultâneos decorre do sistema, mesmo que não haja conexão, e será exposta em decisão devidamente fundamentada pelo juiz a partir da cláusula geral consistente em se evitar decisões conflitantes ou contraditórias que possam atentar contra a harmonia das decisões e até mesmo contra a previsibilidade e confiabilidade das decisões judiciais e a economicidade do processo.[337]

É verdade, contudo, que a maioria das cláusulas compromissórias não possuem essa previsão, razão pela qual os atores envolvidos em arbitragens conexas, na maioria das vezes, precisam lidar com o silêncio das partes sobre a questão ao definir quais (e se algum) efeitos deverão ser aplicados às arbitragens conexas.

4.2. Momento Processual Para a Consolidação de Processos Arbitrais

Um dos aspectos a ser examinado para se avaliar se será factível/desejável a consolidação de processos arbitrais relacionados é o momento processual vivenciado por cada uma das arbitragens envolvidas quando tal medida é solicitada.

4.2.1. Impossibilidade de Conexão Após Julgamento

"A conexão não determina a reunião dos processos, se um deles já foi julgado". Eis o conteúdo da Súmula 235 do Superior Tribunal de Justiça, que como demonstram os precedentes que embasaram sua criação, em fevereiro de 2000, – CC 832-MS, CC 1.899-PR, CC 3.075-BA, CC

---

[337] LUCON, Paulo Henrique dos Santos, op. cit., p. 29.

13.942-PR, CC 15.824-RS, CC 16.341-RS, CC 22.051-SP, REsp 23.023-RS e REsp 193.766-SP – teve por objetivo consolidar o entendimento daquele tribunal quanto ao impedimento de haver reunião de processos por conexão quando pelo menos um deles já tiver sido julgado em primeira instância. Com essa súmula, de caráter não vinculante, o Superior Tribunal de Justiça tinha como objetivo impedir a conexão entre processos que estivessem em segunda instância.

Embora com objetivo distinto, já que, normalmente, não há grau recursal na arbitragem, também não seria admissível se determinar a consolidação de processos quando um deles já tiver sido julgado.

No caso de demandas arbitrais conexas, quando uma já tiver sido julgada, simplesmente não fará sentido reuni-la com a demanda pendente conexa, já que não há nenhum outro ato processual a ser realizado. Nessa hipótese, naquilo que tiverem em comum as demandas, a demanda em curso deve se submeter à eficácia preclusiva da coisa julgada[338] resultante da sentença arbitral proferida na demanda conexa.

Passa-se, então, ao exame sobre o momento processual em que deve ocorrer a consolidação de processos arbitrais conexos.

4.2.2. Momento Processual

No âmbito judicial, a jurisprudência do Superior Tribunal de Justiça tem sido a de que: "A reunião de feitos conexos não configura medida recomendável quando constatada a possibilidade de tumulto ao regular andamento das demandas em fases processuais distintas, impondo-se a observância da garantia constitucional da razoável duração do processo".[339]

---

[338] Como ensina Dinamarco: "Eficácia preclusiva é a aptidão, que a própria autoridade da coisa julgada material tem, de excluir a renovação de questões suscetíveis de neutralizar os efeitos da sentença cobertos por ela. [...] 'nenhum juiz decidirá novamente as questões já decididas, relativas à mesma lide' – o que significa que, em outro processo, não poderão ser questionados os pontos que serviram de apoio à sentença passada em julgado. O emprego da locuçnao mesma lide revela a intenção de limitar essa proibição às causas versando demanda igual à já julgada em seus elementos constitutivos (partes, causa, pedido)". DINAMARCO, Cândido Rangel. **Instituições de direito processual civil**, v. III, op. cit., p. 323-4.

[339] STJ – AGRAVO REGIMENTAL NO RECURSO ESPECIAL AgRg no REsp 1255441 BA 2011/0118392-5 (STJ), Quarta Turma, Marco Buzzi, DJE em 24/06/2015. Este também é o entendimento consolidado do Tribunal de Justiça do Estado de São Paulo: "CONFLITO

DEMAIS CRITÉRIOS PARA QUE SEJA DETERMINADA A CONSOLIDAÇÃO DE PROCESSOS

Diante da flexibilidade que lhe é peculiar, bem como em face dos distintos regulamentos, há várias formas de dividir os momentos processuais de um processo arbitral.

Há (i) a fase que antecede a constituição do Tribunal Arbitral[340], que constitui, basicamente, o requerimento de arbitragem (bem como o cumprimento dos procedimentos previstos na convenção de arbitragem, tais como aqueles estabelecidos em cláusulas escalonadas que obrigam as partes a tentarem previamente negociação ou mediação por determinado prazo); (ii) a constituição do Tribunal Arbitral[341]; (iii) a assinatura do termo de arbitragem[342] ou ata de missão[343] (ou *Terms of Reference*)[344],

NEGATIVO DE COMPETÊNCIA. Ação Civil Pública e Ação Anulatória. Reunião de ambas em fases processuais distintas. Discussão sobre licitação. Concessão de serviço de transporte público de passageiros. Âmbito da mais antiga, a ação anulatória de ato administrativo, muito menor. Descrição fática que não comporta absoluta identidade. Reunião prejudicial para andamento dos dois feitos, estes em fase totalmente diferentes. Art. 105 do CPC que contém regra de direção processual submetida ao prudente arbítrio e discrição do julgador para análise da conveniência da reunião de processos. [...]". TJ-SP – Conflito de competência CC 02627296420128260000 SP 0262729-64.2012.8.26.0000 (TJ-SP), Câmara Especial, Des. Rel. Roberto Solimene, DJE em 14/05/2013.

[340] A título comparativo com outra questão crítica para a arbitragem, a integração de terceiros, o Regulamento CCI 2012 é expresso no sentido de que nenhuma parte adicional será integrada no processo arbitral após a confirmação ou nomeação de qualquer árbitro, conforme estabelecido no artigo 7.1: *"A parte que desejar integrar uma parte adicional à arbitragem deverá apresentar à Secretaria requerimento de arbitragem contra a parte adicional ('Requerimento de Integração'). A data na qual o Requerimento de Integração for recebido pela Secretaria deverá, para todos os fins, ser considerada como a data de início da arbitragem em relação à parte adicional. Qualquer integração estará sujeita ao disposto nos artigos 6º(3) – 6º(7) e 9º. Nenhuma parte adicional será integrada após a confirmação ou nomeação de qualquer árbitro, a menos que todas as partes, inclusive a parte adicional, estejam de acordo. A Secretaria poderá fixar prazo para a submissão do Requerimento de Integração".*
[341] De acordo com o art. 19 da Lei de Arbitragem brasileira, "considera-se instituída a arbitragem quando aceita a nomeação pelo árbitro, se for único, ou por todos, se forem vários".
[342] "[...] o Termo de Arbitragem (TDA) vem a ser um instrumento processual arbitral previsto em regulamentos de diversas instituições arbitrais no Brasil, tendo importante função ordenadora da arbitragem. Por meio dele as partes podem efetuar as adaptações nas regras do regulamento que julgarem necessárias às suas especificidades e que seja possíveis (sem violar normas cogentes, tais como, os princípios da igualdade de tratamento das partes e do contraditório). Como exemplo mais patente pode-se citar a questão referente aos prazos, pois, muitas vezes, os 15 dias previstos em alguns regulamentos de Centros o Câmaras de Arbitragem para as partes apresentarem suas alegaçnoes iniciais e finais, em face da complexidade da matéria, são exíguos. O TDA também tem a finalidade de delimitar a controvérsia, esclarecer sobre o local da sede da arbitragem, a lei aplicável, a autorização para os árbitros decidirem por equidade, qualificar os árbitros etc".. LEMES, Selma Ferreira. Convenção de

quando as regras adotadas a preveem; (iv) a fase postulatória, que também é instrutória; (v) a fase instrutória, na qual são ouvidas as testemunhas de fato, de direito e técnicas (*expert witnesses*); e, geralmente; encerrada a fase instrutória, é aberto prazo para que as partes apresentem (vi) suas alegações finais; passando-se, então, (vii) à fase deliberativa.

Pelo menos no âmbito judicial, costuma-se entender que quanto maior a proximidade da fase decisória do processo menor será a conveniência para a consolidação das demandas. De acordo com Bruno Silveira de Oliveira:

> quanto mais próximos estivermos do saneamento do processo, mais intensa a *vis attractive* da conexidade entre as demandas nova e antiga e mais forte o argumento pró-flexibilização do objeto litigioso. Na mesma proporção, quanto mais próximos estivermos da fase decisória, mais forte o argumento pró-estabilização do objeto litigioso, mercê de a cognição já se haver aprofundado sobre o *thema decidendum* e, pois, por ser iminente o julgamento do mérito.[345]

A lógica descrita por Bruno Silveira foi pensada para o processo judicial, mas também se aplica ao processo arbitral. A diferença para este

---

Arbitragem e Termo de Arbitragem. Características, Efeitos e Funções, p. 6. Disponível em: <http://selmalemes.adv.br/artigos/artigo_juri07.pdf>. Acesso em: 23 dez. 2015.

[343] Como ensina João Bosco Lee, o *"acte de mission* é o documento pelo qual as partes estabelecem a extensão da competência dos árbitros. Este ato encontra sua origem no regulamento de arbitragem da Corte Internacional de Arbitragem da CCI e fi transposto nos regulamentos deoutros centros de arbitragem". LEE, João Bosco. **Arbitragem comercial internacional nos países do Mercosul**. Curitiba: Juruá, 2003, pp. 101-102.

[344] "*Terms of Reference are a mandatory requirement in an ICC arbitration, and the parties are not allowed to conduct an ICC arbitration without such a document. No ris the Tribunal. Article 23 requires the Tribunal to prepare Terms of Reference and sets out the points that the Terms of Reference must cover. The document is aimed in particularat setting out the undisputed facts relating to the arbitration, the claims of the parties and the issues to be decided at an early stage in the proceedings. More generally, the Terms of Reference are intended to define the scope of the Tribunal's mandate or mission so as to ensure that the Award will not be rendered either* ultra *or* infra petita. *The Terms of Reference are also linked to the provisional timetable for the proceedings. Generally, that timetable is issued with or within a short time after the signing of the Terms of Reference*". WEBSTER, Thomas H.; BUHLER, Michael. **Handbook of ICC Arbitration**: Commentary, Precedents, Materials. Londres: Sweet & Maxwell, 2014, p. 348. Ver também: LEMES, Selma Ferreira, op. cit., p. 6.

[345] OLIVEIRA, Bruno Silveira. **Conexidade e efetividade processual**, op. cit., p. 278.

último está na maior complexidade apresentada quanto à definição de competência do tribunal arbitral para julgar determinado caso, bem como a extensão dessa competência.

Em relação às arbitragens regidas por um regulamento, na maior parte dos deles, a questão temporal, ou seja, o momento processual em que a consolidação das demandas é requerida parece ser decisivo. Na maior parte das instituições, o Termo de Arbitragem ou Ata de Missão[346] constitui um importante marco temporal a respeito da possibilidade de se admitir a consolidação.

O termo final para a consolidação deve ser o memomento de estabilização das demandas.

Nas hipóteses de arbitragem institucional, ao menos que seja definido de forma diferente pelo regulamento escolhido ou pelo próprio termo de arbitragem (que, algumas vezes, admite que a estabilização das demandas ocorra nas alegações iniciais), entende-se que o marco temporal deve mesmo ser a assinatura do termo de arbitragem ou ata de missão ou outro instrumento correspondente, ou seja, no momento de estabilização das demandas.

Nas arbitragens *ad hoc*, entende-se que o marco final para a consolidação das demandas pelos árbitros também deve ser o momento em que haja a estabilização das demandas, entendendo-se este momento como sendo aquele em que as partes expuseram de forma definitiva seus pleitos, ainda que se admita certa complementação, detalhamento ou adequação, mas não a ampliação ou modificação dos pedidos.

No entanto, caso a consolidação seja determinada pelo juiz togado, nas hipóteses que serão exploradas no Capítulo 7 desta Tese, então, entende-se que o marco final seja a constituição do tribunal arbitral, já que, após isso, ao menos enquanto o tribunal arbitral estiver constituído (já que, como se verá no Capítulo 7, há hipóteses em que o tribunal arbi-

---

[346] É o que afirma também Selma Lemes, *"Realmente, O TDA [Termo de Arbitragem] tem na delimitação do objeto do litígio e do pedido das partes seus pontos mais importantes, que representam a estabilização da demanda. Ademais, apesar de ser a Convenção de Arbitragem o instrumento originário e vinculante da arbitragem, não se pode deixar de considerar que o TDA tem o condão de reiterar os termos da Convenção de Arbitragem, delimitar a controvérsia e ressaltar a missão do árbitro, que deverá ater--se às suas disposições, para não gerar motivos que ensejem a anulação da sentença arbitral"*. LEMES, Selma. Convenção de arbitragem e termo de arbitragem. Características, efeitos e funções, **Revista do Advogado**, São Paulo, ano XXVI, n. 87, set. 2006, p. 99.

tral antes constituído pode se desconstituir), é dos árbitros a competência para examinar todas as questões que envolvem o caso.

4.3. Conveniência da Consolidação Como Critério Para Sua Determinação

Outro critério que tem sido apontado como relevante para que seja determinada a consolidação de processos arbitrais conexos é o de sua conveniência[347]. De acordo com Francisco Cossio, "alguns casos produzem um requisito adicional 'appropriateness' (conveniência)".[348]

O direito brasileiro reconhece a aplicação da conveniência da reunião como critério para a sua determinação. É isso o que defende Fabio Peixinho Corrêa:

> Se no âmbito de um só pedido e causa de pedir é possível vislumbrar uma atividade ampliativa do árbitro, a pluralidade de demandas potencializa a liberdade do árbitro para reconhecer a conveniência de formar convicção única para julgar causas em que há conexão, continência, prejudicialidade, afinidade, subsidiariedade e sucessividade. Sendo passíveis de submissão à jurisdição arbitral, por estarem abrangidas pela convenção arbitral, o árbitro tem ao seu alcance a técnica de cumulação para reuni-las em um só processo.[349]

Embora seja muitas vezes deixado à margem da doutrina sobre consolidação de demandas, o critério da *conveniência* da consolidação de demandas arbitrais parece ter enorme relevância na sua determinação. Afinal, a aplicação de instrumento processual tão complexo como a consolidação só deve ocorrer se sua consecução for de fato conveniente e útil à solução das disputas.

---

[347] Como será analisado no Capítulo 6, a legislação australiana fala abertamente em juízo de conveniência para se decidir pela consolidação de processos arbitrais.

[348] "*Algunos casos arrojan um requisito adicional 'appropriateness' (conveniência)*" (tradução livre). Continua o autor, com exemplos: "*Por ejemplo, Corn Products, Pertamina Soft Lumber. Por aunque se reunían los tres elementos, no era conveniente (appropriate) consolidar. La esencia de los motivos que dio fue los demandantes que se consolidarían contra México eran competidores, lo cual mermaría la posibilidad de presentear de forma franca su caso, pues mucha de la información que se ventilaría en el arbitraje seria sensible*". Cossio, Francisco Gonzáles de, op. cit., p. 577.

[349] Corrêa, Fábio Peixinho Gomes, op. cit., p. 66-70.

A aplicação desse conceito deve também ser feita por medida comparativa, ou seja, é mais conveniente à solução das disputas que ocorra a consolidação ou é mais conveniente que as demandas sigam seu curso separadamente.

Compõe o núcleo desse critério de *conveniência* a eficiência de custo e tempo gerada. Assim, será conveniente que ocorra a consolidação caso haja um ganho de eficiência suficiente para que os processos sejam reunidos.

Além disso, pode-se incluir no critério de conveniência, a especialidade das matérias em discussão nas demandas arbitrais conexas. Diante de demandas arbitrais conexas que possuam siginificativa distinção quanto à determinada especialidade técnica ou mesmo jurídica, pode ser mais conveniente que sejam constiuídos tribunais arbitrais distintos e com a expertise adequada para julgar cada um dos casos. Nessa hipótese, parece ser comparativamente mais conveniente manter as demandas separadas e sob a análise de distintos tribunais arbitrais.

4.4. Conexão Probatória Como Critério Para Consolidação de Demandas Arbitrais

Como decorrência direta da conexão instrumental – objeto da construção carnellutiana[350]– está a conexão probatória.

A conexão probatória é admitida no processo penal brasileiro (Art. 76, III, do Código de Processo penal brasileiro) e também foi sugerida no Projeto de Lei 5.139/2009, o Projeto de Código de Processos Coletivos.

De acordo com o inciso II do art. 5º do referido projeto de lei, "[a] distribuição de uma ação coletiva [...] prevenirá a competência do juízo para todas as demais ações coletivas posteriormente intentadas que possuam a mesma causa de pedir ou mesmo o mesmo objeto, ainda que diferentes os legitimados coletivos, quando houver: [...] II – conexão probatória".

De acordo com Fredie Didier, "cogita-se de conexão até mesmo quando o vínculo entre demandas se estabelece pela semelhança do objeto da prova (conexão probatória)".[351]

---

[350] CARNELUTTI, Francesco. **Sistema de derecho procesal civil**, op. cit., p. 19.
[351] DIDIER JR., Fredie; ZANETI JÚNIOR, Hermes. **Curso de direito processual civil**. 4. ed. v. 4. Salvador: Podivm, 2009, p. 161.

4.5. Critérios Gerais vs. Critérios Específicos Para Consolidação de Demandas Arbitrais Multipartes-Multicontratuais

Todos os critérios para consolidação de demandas arbitrais examinados até aqui nesta tese, o que inclui a existência de conexão e o consentimento das partes, são gerais e se aplicam tanto às arbitragens envolvendo um único contrato e duas partes como às arbitragens envolvendo múltiplos contratos e múltiplas partes.

A existência de múltiplos contratos e múltiplos contratos, contudo, traz consigo outras questões e critérios mais específicos para que se possa definir se é ou não caso de consolidação de demandas arbitrais. Por essa razão, trataremos no próximo capítulo sobre essas especificidades próprias às disputas arbitrais envolvendo múltiplas partes e múltiplos contratos.

Capítulo 5
Arbitragens Multipartes e Arbitragens Multicontratuais

Conexidades entre processos arbitrais podem ocorrer tanto entre arbitragens envolvendo as mesmas partes, como em arbitragens envolvendo partes diferentes. Além disso, podem ocorrer tanto entre disputas envolvendo o mesmo contrato, como em disputas envolvendo contratos distintos.[352]

De acordo com Lew e Mistelis: "pode-se distinguir dois tipos de situações que podem resultar em arbitragens com múltiplas partes: um único contrato com várias partes, tais como contratos de joint venture ou de consórcio, e uma rede de contratos relacionados ou interdependentes entre diferentes partes".[353]

Alguns cenários básicos podem ser pensados em relação a isso: (i) Arbitragem 1a envolvendo A e B e Arbitragem 1b envolvendo B e C, todas partes do mesmo Contrato X; (ii) Arbitragem 2a envolvendo A e B e Arbitragem 2b envolvendo B e C, sendo A e B partes do Contrato X e B e C partes do Contrato Y; e (iii) Arbitragem 3a envolvendo A e B em disputa decorrente do Contrato X e Arbitragem 3b também envolvendo

---

[352] De acordo com HANOTIAU, Bernard; SCHWARTZ, Eric A., op. cit., p. 7.

[353] Texto original: *"[o]ne can distinguish two types of situations which may result in multiparty arbitration: a single contract with several parties, such as joint venture or consortia agreements, and a web of related or interdependent contracts between different parties"* (tradução livre) LEW, Julian D. M.; MISTELIS, Loukas A.; KRÖLL, Stefan M., op. cit., p. 377.

A e B, mas decorrente do Contrato Y. Muitos outros cenários podem decorrer desses três, mas essas parecem ser as hipóteses base para a análise.

A CCI[354] tem entendido, pelo menos após a entrada em vigor do Regulamento CCI 2012, que arbitragens envolvendo múltiplos contratos podem ser consolidadas,[355] desde que preenchidas algumas condições e requisitos, dentre os quais se destacam: (i) as arbitragens envolvem as mesmas partes; (ii) as disputas serem decorrentes da mesma relação jurídica e/ou contratual; e (iii) as convenções arbitrais são compatíveis.[356]

---

[354] De acordo com Fai e Dewan, *"[...] in a guide to multi-party arbitrations adopted by the International Chamber of Commerce International Court of Arbitration ('ICC') Council during its Manila congress in 1981, the rules contemplated that if multi-party arbitration was to be freely agreed upon by all parties, it ought to be provided for in advance by the contracts. The guide set out rules not only covering multi-party arbitration issues arising out of a single transaction involving several parties but also when multiple contracts were involved. The guide suggested that multi-party arbitration agreements should include the right of all adhering party to pursue any type of claim against any other adhering party, regardless of whether or not they are parties to the same contract, intervene in any arbitration proceedings between two or more adhering parties, regardless of whether or not they are parties to the same contract, involve one or more other adhering parties in the arbitration and also obtain the recognition of, or compliance with, any award on the part of all the other adhering parties, whether or not they were parties to the arbitration proceedings, so long as they were given an adequate opportunity to become parties"*. FAI, Edwin Tong Chun; DEWAN, Nakul, op. cit., p. 70-94.

[355] *"The revised 2012 ICC Rules also permit the consolidation of claims arising from different contracts. Article 9 of the revised Rules allows claims arising from multiple contracts to be consolidated into a single arbitration, irrespective of whether those claims were made under one or more than one arbitration agreement"*. BORN, Gary, op. cit., p. 2.597.

[356] *"The Court may also consolidate arbitrations in which the claims arise under more than one arbitration agreement but only if (i) the arbitrations are between the same parties, (ii) the dispute arises in connection with the same legal relationship, and (iii) the Court finds the arbitration agreements to be compatible. [...] The first two requirements of Article 10, subparagraph (c), are taken from Article 4(6) of the 1998 Rules. The third requirement comes from the Court's former practice in relation to multicontract arbitrations. That third requirement is also found in Article 6(4), subparagraph (ii), when the Court considers whether a single arbitration can proceed on the basis of more than one arbitration agreement. This shows the similarity between a single arbitration involving claims under more than one arbitration agreement and the consolidation of two or more arbitrations involving claims made under different arbitration agreements. The slight difference between Article 6(4), subparagraph (ii), and Article 10, subparagraph (c), is that for the former the Court is taking a* prima facie *decision as to whether a case can proceed whereas in the later the administrative decision to consolidate is final. case can proceed whereas in the later the administrative decision to consolidate is final.* FRY, Jason; GREENBERG, Simon; MAZZA, Francesca. **The Secretariat's Guide to ICC Arbitration.** Paris: ICC, 2012, p. 113-4.

5.1. As Partes Precisam Ser as Mesmas? Arbitragens Multipartes

Dentre as questões que podem dificultar a reunião de processos arbitrais nascem com o envolvimento de múltiplas partes. Não parece haver dúvida de que a natureza contratual (ainda que sua natureza seja também jurisdicional) da arbitragem favorece mais uma disputa envolvendo apenas duas partes do que uma disputa envolvendo múltiplas partes.[357] A despeito disso, a pluralidade de partes na arbitragem é fenômeno bastante comum. A razão para isso é que muitas arbitragens envolvem disputas comerciais e muitas dessas disputas comerciais envolvem contratos com pluralidade de partes. Por isso, é natural que as arbitragens decorrentes desses contratos contenham também com uma pluralidade subjetiva.

Retoma-se aqui o fenômeno da cumulação subjetiva de demandas. No âmbito processual civil brasileiro, tal questão foi tratada pelo art. 46, III, do Código de Processo Civil de 1973 e pelo art. 113, II, do Código de Processo Civil de 2015, que autorizam o litisconsórcio nas hipóteses em que houver conexão pelo objeto ou pela causa de pedir.[358]

Nas arbitragens administradas pela CCI, nos termos do Regulamento CCI 1998, a consolidação/reunião de demandas arbitrais conexas somente ocorreria se as disputas envolverem as mesmas partes. De acordo com o *The Secretariat's Guide*:

> **Entre as mesmas partes.** O Tribunal aplicou essa exigência estritamente e pode ser esperado que continue a fazê-lo. O Tribunal geralmente exige que as partes sejam idênticas. Em uma situação tratada conforme o Artigo 4(6) do Regulamento de 1998, o Tribunal decidiu consolidar demandas envolvendo partes que, embora não idênticas no momento do início das arbitragens, tinham sido incorporadas entre o início das arbitragens e a consolidação.[359]

---

[357] "*The arbitration model is best suited to bilateral disputes. The reason for this is that the arbitration process is based entirely on the agreement of parties in the arbitration clause of the relevant contract, generally before any dispute has arisen. It is consensual process*". JENKINS, Jane; STEBBINGS, Simon, op. cit., p. 152.

[358] Assis, Araken, op. cit., p. 178.

[359] Texto original: "***Between the same parties.*** *The Court has applied this requirement strictly and can be expected to continue doing so. The Court generally requires that the parties be identical. In a situation handled under Article 4(6) of the 1998 Rules, the Court decided to consolidate cases involving*

Ao escrever sobre o Regulamento CCI 1998, Greenberg, Ferris e Albanesi esclareceram que "o motivo mais comum para a Corte indeferir um pedido de consolidação é a inobservância do segundo requisito [...], qual seja, o de as partes não serem idênticas". [360]

Essa dificuldade gerada pelo Regulamento CCI 1998 de que as arbitragens deveriam envolver as mesmas partes para serem consolidadas foi bastante explorada por Gary Born. De acordo com o autor, as hipóteses para as quais o Regulamento CCI 1998 "permitia a consolidação eram relativamente limitadas, envolvendo casos nos termos do mesmo contrato ou um conjunto de contratos relacionados, todos com cláusulas compromissórias CCI".[361]

Em artigo bastante citado pela doutrina sobre arbitragens multipartes reguladas pelo Regulamento CCI 1998, Whitesell e Silva-Romero entendem que "antes que o Tribunal possa considerar incluir os pleitos de uma nova arbitragem em processos CCI pendentes [...] as partes devem ser as mesmas".[362]

Como se vê, no Regulamento CCI 1998, o art. 4(6), um dos típicos argumentos da Corte para rejeitar um requerimento de consolidação era o fato de as partes não serem idênticas em ambos os casos.

No entanto, com o art. 10(b) do Regulamento CCI 2012, quando situações ocorrem com o mesmo contrato e cláusulas compromissórias, eles são considerados elementos suficientes de conexão para que as arbitragens consolidadas.

---

parties that, although not identical at the time the arbitrations commenced, had merged between the commencement of the arbitrations and the consolidation". (tradução livre) FRY, Jason; GREENBERG, Simon; Mazza, Francesca, op. cit., p. 114.

[360] ALBANESI, Christian; FERRIS, José Ricardo; GREENBERG, Simon. Consolidação, integração, pedidos cruzados (*cross claims*), arbitragem multiparte e multicontratual e recente experiência na Câmara de Comércio Internacional (CCI), op. cit., p. 85-100, p. 90.

[361] Texto original: "*permits consolidation are relatively limited, involving cases under the same contract or set of related contracts, all with ICC arbitration clauses*". (tradução livre) BORN, Gary. **International Commercial Arbitration**. op. cit., p. 2.597.

[362] Texto original: "*[b]efore the Court can consider including the claims of a new arbitration request in pending ICC proceedings (...) the parties must be the same.* (tradução livre) WHITESELL, Anne Marie; SILVA-ROMERO, Eduardo. Multiparty and Multicontract Arbitration: Recent ICC Experience, **ICC Special Supplement, Complex Arbitration**, 2003, p. 7-18.

Para Matthieu de Boisséson:

A consolidação de arbitragens é uma fusão entre arbitragens pendentes e **antes de 2012 só era possível quando as arbitragens pendentes envolvessem as mesmas partes**. Agora a Corte pode determinar a consolidação em três situações: Quando houver um acordo explícito entre todas as partes em todas as arbitragens a serem consolidadas. Isso é muito simples. Quando todos os pleitos nas diferentes arbitragens forem feitas conforme a mesma convenção arbitral, e nesse caso, a Corte pode consolidar arbitragens mesmo se as partes da arbitragem não forem as mesmas, o que é a principal diferença. Se os pedidos da arbitragem surgirem nos termos de mais de uma convenção arbitral se (a) primeiro, as arbitragens forem entre as mesmas partes, (b) segundo, as controvérsias nas arbitragens surgirem em relação à mesma relação jurídica, e (c) terceiro, a Corte considerar as convenções arbitrais compatíveis. Vemos que o Regulamento da CCI expandiu as possibilidades de consolidação de demandas, mas, ao mesmo tempo, está fazendo seu melhor para respeitar a vontade, a intenção das partes.[363]

Embora esta tese tenha como foco a arbitragem comercial e não a arbitragem de investimentos, não são poucos os exemplos de processos arbitrais de investimento que envolviam partes distintas, mas foram consolidados. Apenas como ilustração, os casos (i) *Canfor Corp v. United States of America*; (ii) *Tembec el al v. United States of America*; e (iii) *Terminal Forest Products Ltd. v United States of America* foram reunidos sob o fundamento de que "a busca por evitar resultados conflitantes não se limita

---

[363] Texto original: *"The consolidation of arbitration is a merger between pending arbitrations, and before 2012, it was only possible when it was the pending arbitrations that were existing between the same parties. So now the Court may consolidate in three situations: When there is an explicit agreement between all the parties in all of the arbitrations to be consolidated when there is an agreement. This is very simple. Where all the claims in the different arbitrations are made under the same arbitration agreement, and in that case, the Court may consolidate arbitrations even if the parties to the arbitration are not the same, which is the main difference. Where the claims of the arbitration arise under more than one arbitration agreement if (a) first, the arbi- trations are between the same parties, (b) second, the disputes in the arbitrations arise in connection with the same legal relationship, and (c) third, the court finds the arbitration agreements to be compatible. We see that the new ICC Rules have expanded the scope of the possibility to consolidate, but at the same time, is doing its best to respect the will, the intent of the parties".* (tradução livre) BOISSÉSON, Matthieu de. Panel 3: Multi-party Arbitration Issues in International Project Finance Arbitration, **NYU Journal of Law and Business**, v. 9, 2013, p. 759-62. (grifos nossos)

a casos em que as partes são as mesmas. Casos com diferentes partes podem apresentar as mesmas questões legais decorrentes do mesmo evento ou relacionadas à mesma medida. Resultados conflitantes podem ocorrer se determinações a respeito dessas questões diferirem em dois ou mais casos".[364]

De todo modo, nas hipóteses de arbitragens multipartes, o critério do consentimento será muito mais difícil de ser superado, em especial, se as disputas também envolverem múltiplos contratos. Nessas hipóteses, entende-se ser essencial que, além de todas as limitações e condições que serão abaixo estudadas para a consolidação de arbitragens envolvendo múltiplos contratos, que todas as partes tenham tido conhecimento sobre a existência dos múltiplos contratos quando firmaram a convenção arbitral. Sem isso, não será sequer possível se falar em consentimento implícito para a consolidação.

Sem esse elemento mínimo de consentimento das partes envolvidas, a sentença arbitral proferida na arbitragem consolidada não somente estará vulnerável a tentativas de anulação no Brasil pela parte que se sentir prejudicada como poderá gerar para as partes dificuldades de executá-la em outros países.

A despeito das inúmeras e profundas diferenças entre os temas, parece interessante que seja feita, a título comparativo, uma breve digressão sobre o debate referente à integração de terceiros.[365]

5.1.1. Analogia com a Integração de Terceiro (*Joinder*)

Analogamente ao debate sobre a consolidação de demandas arbitrais conexas envolvendo múltiplas partes está o debate sobre a intervenção de terceiros na arbitragem e o que se tem equivocadamente se denominado de extensão da cláusula compromissória.

---

[364] Texto original: *"[t]he desirability of avoiding conflicting results is not limited to cases where the parties are the same. Cases with different parties may present the same legal issues arising out of the same evento r related to the same measure. Conflicting results then may take place if the findings with respect to those isues differ in two or more cases"*. (tradução livre) NAFTA, 2005, van den Berg P, de Mestral & Robinson, para 133.

[365] SILVA, João Marçal Rodrigues Martins da. **A extensão dos efeitos da cláusula de arbitragem para partes não signatárias**. 2010. (Monografia) – Faculdade de Direito, Pontifícia Universidade Católica do Rio de Janeiro, Rio de Janeiro, 2010, p. 57.

De acordo com Cristina Jabardo: "[q]uando se fala em extensão da cláusula compromissória [...] pensa-se na ampliação de seu campo de incidência. [...] **não se trata, propriamente, de estender os efeitos de uma convenção arbitral a quem não é parte dela, mas sim de definir quem com ela consentiu,** ou seja, de determinar as pessoas que nela estão contidas, isto é, suas partes. A expressão 'extensão' é inadequada. [...] em verdade, tratamos da 'abrangência' da convenção arbitral e não se sua extensão".³⁶⁶

Esse debate tem sido feito, dentre outros, em torno da identificação da ocorrência ou não do consentimento de sociedades integrantes de um mesmo grupo econômico com a arbitragem, sendo, muitas vezes, esse grupo econômico formado por empresas trasnacionais.³⁶⁷

A pergunta resultante desse debate é se diante da ausência de autorização expressa das partes podem (i) as instituições arbitrais; ou (ii) os árbitros determinarem a intervenção de terceiro que não era parte da disputa arbitral desde seu início?³⁶⁸

---

³⁶⁶ JABARDO, Christina Saiz. **"Extensão" da cláusula compromissória na arbitragem comercial internacional: o caso dos grupos societários**. 2009. Dissertação (Mestrado em Direito Internacional) – Faculdade de Direito, Universidade de São Paulo, São Paulo, 2009, p. 70-1. No mesmo sentido, MUNHOZ, Eduardo Sechi. Arbitragem e Grupos de Sociedades. In: VERÇOSA, Haroldo Malheiros Duclerc (Org.). **Aspectos da arbitragem institucional**: 12 anos da lei 9.307/96. São Paulo: Malheiros, 2008, p. 177. (grifos nossos)

³⁶⁷ De acordo com Luiz Olavo Baptista, "Parece não haver dúvida de que a empresa transnacional constitui um grupo de sociedades. [...] Esta se constitui num grupo, constituído acima das fronteiras dos países, que utiliza os métodos e sistemas administrativos, e persegue objetivos econômicos semelhantes aos dos grupos constituídos no interior de um só país". BAPTISTA, Luiz Olavo. **Empresa transnacional e direito**. São Paulo: Revista dos Tribunais, 1987, p. 103-4.

³⁶⁸ E se estivermos diante de um litisconsorte necessário? Se o terceiro não tiver celebrado convenção arbitral com nenhuma das partes, provavelmente a arbitragem será extinta sem exame do mérito e a demanda terá de ir para o Judiciário, mas e se o terceiro fizer parte da convenção arbitral que deu origem ao processo? Em relação ao litisconsorte necessário do direito processual americano, entende-se que se é impossível a inclusão do litisconsórcio necessário, então, deve-se continuar a disputa sem sua inclusão: "*Compulsory joinder under Rule 19 requires that persons whose participation is necessary for a 'just adjudication' be joined if 'feasible'. Persons generally will be considered necessary for a just adjudication if complete relief cannot be afford in their absence, or if either the absent person or more of those already before the court might be prejudiced by a determination of the action without joinder. When joinder is not 'feasible' – either because the absent party is not subject to the court`s personal jurisdiction or because joinder would defeat the court`s subject-matter jurisdiction over the action – the judge must determine whether the potential for*

Considerando que a autonomia da vontade das partes é a fonte de legitimação para o processo arbitral, então, se as partes não convencionaram a possibilidade de intervenção de terceiros, como pode ser determinada a intervenção de terceiro que não havia sido originalmente demandado e que no momento em que é requerida sua integração ao processo também não é consensual entre as partes?

Assim como ocorre em relação à consolidação, na ausência do consentimento das partes para a intervenção de terceiros no processo arbitral,[369] a sentença arbitral proferida em processo arbitral no qual

prejudice is great enough to justify dismissing the suit. The Rules sets out some of the criteria to be considered. See Fed. R.Civ.P. 19(b). Courts frequently conclude that although the absentees should be joined to adjudicate the dispute completely, if their joinder is impossible, the suit may proceed without them". FIELD, Richard H.; KAPLAN, Benjamin; CLERMONT, Kevin M., op. cit., p. 840. Conf. nesse sentido Ada Pellegrini Grinover: "[...] *havendo litisconsórcio necessário – quer pelo caráter unitário da relação jurídica de direito material, quer por força de disposição legal – e não estando todos os litisconsortes sujeitos ao juízo arbitral, forçoso será reconhecer a inviabilidade jurídica da própria arbitragem, visto que, como já examinado à saciedade, só são atingidos pela eficácia da convenção de arbitragem e pela sentença do árbitro aqueles sujeitos que, expressa e voluntariamente, declararam sua vontade para tal finalidade*". GRINOVER, Ada Pellegrini. Parecer – arbitragem e litisconsórcio necessário, **Revista Brasileira de Arbitragem**, São Paulo, n. 10, 2006, p. 30-1. Cf. também Humberto Teodoro Jr. segundo o qual: "Como a arbitragem repousa nos vínculos contratuais entre as partes e entre estas e o árbitro, seus liames não se manifestam senão entre os contratantes. A legitimidade de parte para o procedimento arbitral, por isso, só se estabelece entre os sujeitos contratuais. A única via de legitimação, ativa ou passiva, para quem queira participar, ou seja, chamado a participar da arbitragem condiciona-se à própria convenção arbitral. Pouco importa, portanto, seja necessário ou facultativo o litisconsórcio. Sua formação só será admissível, de forma cogente, entre os que celebraram a convenção arbitral. Assim, se todos os que devem ser litisconsortes são aderentes à convenção arbitral, tudo se desenvolverá naturalmente dentro da força contratual. Se, contudo, o terceiro, que se deseja incluir no processo, não firmou o ajuste, sua inserção no litisconsórcio, ainda que necessário, somente se tornará possível se ele consentir em aderir ao compromisso. Havendo, pois, recusa de sua parte o árbitro não terá força para submetê-lo à relação processual. Se o caso for de litisconsórcio facultativo, o procedimento da arbitragem terá de prosseguir só com as partes vinculadas à convenção arbitral. Se for necessário o litisconsórcio, 'só restará ao árbitro encerrar o procedimento sem julgamento de mérito, por falta de integração da convenção de arbitragem'. Proferirá sentença terminativa na esfera arbitral, para que a lide possa ser resolvida pelo Poder Judiciário". THEODORO JR., Humberto. Arbitragem e terceiros: litisconsórcio fora do pacto arbitral – outras intervenções de terceiros. In: MARTINS, Pedro Antonio Batista; GARCEZ, José Maria Rossani (Org.). **Reflexões sobre arbitragem**: in memoriam do desembargador Cláudio Vianna de Lima. São Paulo: LTr, 2002, p. 227-60.

[369] Alexis Mourre prevê algumas hipóteses em que mesmo sem o consentimento das partes originárias seria possível a intervenção de terceiros: "[...] *lorsqu'une partie à la clause compromis-*

houve consolidação/reunião de processos sem consentimento das partes poderá ser objeto de anulação ou não ser reconhecido em outra jurisdição com base no art. V.1(d) da CNY.

Como ficaria, nessa hipótese, o terceiro que tiver interesse em participar da disputa arbitral, mas não houve previsão de seu ingresso na convenção arbitral nem consenso posterior das partes sobre seu ingresso? Para Bernard Hanotiou: "A resposta para essa questão [...] geralmente dependerá do conteúdo da lei aplicável e da natureza divisível ou indivisível da controvérsia ou das obrigações nela envolvidas".[370]

De acordo com William Park: "a jurisdição arbitral baseada em consentimento implícito envolve um não signatário que deveria razoavelmente esperar estar vinculado por (ou se beneficiar de) uma convenção arbitral assinada por outra pessoa, talvez uma parte relacionada)".[371]

Como a lei brasileira[372] é silente sobre o tema da intervenção de terceiros na arbitragem, pergunta-se se haveria limites para que o árbitro

---

soire n'a pas été attraite à l'instance arbitrale, son intervention volontaire doit être admise, que ce soit à titre principal ou accessoire. L'intervention volontaire des parties auxquelles la clause serait susceptible d'être oppose par um mécanisme déxtension ou de transmission doit également, dans les mêmes conditions, être admis". MOURRE, Alexis. L'intervention des tiers à l'arbitrage, **Revista Brasileira de Arbitragem**, São Paulo, IOB-CBAr, v. 17, 2007, p. 96-7.

[370] Texto original : *"The answer to this question (...) will generally depend upon the contents of the applicable law and the divisible or indivisible character of the dispute or the obligations involved therein".* (tradução livre) HANOTIAU, Bernard. **Complex Arbitrations**, op. cit., p. 191.

[371] Texto original: *"[a]rbitral jurisdiction based on implied consent involves a non-signatory that should reasonably expect to be bound by (or benefit from) an arbitration agreement signed by someone else, perhaps a related party)".* (tradução livre) Continua o autor: *"In such circumstances, no unfairness results when arbitration rights and duties are inferred from behavior. Implied consent focuses on the parties' true intentions. Building on assumptions that permeate most contract law, joinder extends the basic paradigm of mutual assent to situations in which the agreement shows itself in behavior rather than words".* PARK, William, op. cit.

[372] A lei brasileira de arbitragem é silente a respeito da possibilidade de intervenção de terceiros na arbitragem, mas a maior parte da doutrina entende ser admissível a integração de terceiros ao processo arbitral, desde que preservado o consentimento dos envolvidos. MAZZONETTO, Nathalia. **Partes e terceiros na arbitragem**. 2012. Dissertação (Mestrado em Direito Processual Civil) – Faculdade de Direito, Universidade de São Paulo, São Paulo, 2012, p. 168. De acordo com Carlos Alberto Carmona: "a utilização cada vez mais frequente da arbitragem acaba provocando a necessidade de solucionar problemas que o legislador mal intuía no início dos anos 1990, quando o anteprojeto da lei 9.307/96 foi redigido. A intervenção de terceiros na arbitragem é um destes problemas, e apresenta múltiplas facetas". CARMONA, Carlos Alberto. **Arbitragem e processo**, op. cit., p. 303.

conclua a partir de elementos como a convenção arbitral ou as convenções arbitrais das quais as partes fazem parte para que determine a intervenção ou a integração de terceiro ao processo arbitral ainda que contrariamente à vontade de uma das partes manifestada após o surgimento do conflito.

É possível se atribuir poderes aos árbitros por meio de consentimento implícito (*implied consent*) para se determinar a intervenção de terceiros[373] em um processo arbitral[374]? Ao comentar sobre os poderes implícitos do árbitro para determinar a intervenção de terceiros no âmbito da arbitragem internacional, Gary Born entende que: "Não há motivo [...] que um acordo autorizando (ou proibindo) [...] reunião/intervenção não possa ser implícito [...] vários aspectos de uma convenção arbitral são rotineiramente implícitos (tais como confidencialidade, o poder de um tribunal de determinar medida liminar, a escolha de legislação aplicável e similares)".[375]

Ao escrever sobre o requisito do consentimento das partes para a intervenção de terceiros, Nathalia Mazzonetto entende que não será sempre necessário submeter à discrição consensual das partes, existindo, conforme o caso, certa flexibilidade a esse respeito: "submeter toda

---

[373] De acordo com Nathalia Mazzonetto, *"seja no âmbito do processo judicial, seja no âmbito do processo arbitral, a noção que se apreende de intervenção de terceiro é a mesma. Independentemente do nome que se atribua* (joinder, intervention), *envolve o ingresso numa relação processual pendente, fazendo-se parte, para parcela da doutrina (ainda que parte auxiliar secundária) e, para outra parcela, tornando-se tão somente coadjuvante da parte ou mesmo permanecendo terceiro"*. MAZZONETTO, Nathalia, op. cit., p. 155.

[374] Para os fins deste trabalho, adota-se o mesmo conceito de terceiro daquele apresentado por Cândido Rangel Dinamarco, em sua obra **Intervenção de terceiros**: "esses raciocínios conduzem a um conceito negativo e puramente processual de terceiro, em simétrica oposição ao de parte. 'São terceiros todas as pessoas que não sejam partes do processo, ou seja, em determinado processo concretamente considerado'" DINAMARCO, Cândido Rangel. **Intervenção de terceiros**. 3. ed. São Paulo: Malheiros, 2002, p. 18.

[375] Texto original: *"There is no reason [...] that an agreement authorizing (or forbidding) (...) joinder/intervention cannot be implied (...) various aspects of an arbitration agreement are routinely implied (such as confidentiality, a tribunal's power to order provisional relief, the choice of applicable law and the like)"* (tradução livre). Continua Gary Born, afirmando que: *"The same approach can, and indeed must, be taken to questions of consolidation and joinder/intervention. In turn, questions of implied agreement to consolidation and joinder/intervention turn in substantial part on the structure of the parties' contractual relations and the terms of their agreement to arbitrate"*. BORN, Gary, op. cit., p. 2083.

e qualquer espécie de ingresso de terceiro em procedimento arbitral ao necessário consentimento das partes, ou mesmo afastá-lo de plano, importa atribuir inevitável eficácia extremamente limitada à decisão arbitral proferida no confronto das partes".[376]

E se esse terceiro não fizer parte da mesma convenção arbitral que originou a disputa, mas tiver firmado convenção arbitral com uma das partes em contrato relacionado àquele do qual decorreu a disputa (*"less--than-obvious parties"*)?[377] Os juristas de países de tradição romano-germânica tendem a enquadrar esse último fenômeno no debate sobre a extensão[378] da cláusula compromissória à parte não signatária da convenção arbitral[379] – sejam as convenções decorrentes de contratos relacionados ou não –, uma vez que este fenômeno teria natureza contratual e o da intervenção de terceiros teria natureza processual.[380] Por outro lado, os juristas oriundos de países de tradição *common law* tendem a enquadrar o mesmo fenômeno no debate sobre intervenção ou integração de terceiro na arbitragem.[381]

Diante do silêncio da lei brasileira sobre o tema, o melhor caminho para se equacionar problemas como os que examinaremos aqui parece

---

[376] Ainda segundo Mazzoneto, "[...] não é dogma intangível, dada a relatividade da norma do artigo 31 da Lei de Arbitragem e os efeitos contratuais perante terceiros, permitindo sua contestação in totum, a qualquer momento, inclusive, em absoluto desprestígio da arbitragem". MAZZONETTO, Nathalia, op. cit., p. 202.

[377] PARK, William. **Non-Signatories and International Contracts: An Arbitrator's Dilemma**. Disponível em <http://williamwpark.com/documents/Non-signatories.pdf>. Acesso em 2 de maio de 2014, p. 2.

[378] Conf. Nota 77.

[379] PARK, William, op. cit., p. 2.

[380] De acordo com Hanotiau, *"the question whether the arbitration clause can be extended to additional parties is subject to interpretation of the arbitration agreement and its scope... the issue, however, whether a request for third person notice is to be admitted in arbitration proceedings is of a procedure nature and is subject to the rules governing the procedures"*. HANOTIAU, Bernard. **Complex Arbitrations**, op. cit., p. 173. Para uma visão mais híbrida sobre a extensão da cláusula a não signatários ou adesão de não signatários, ver MELLO, Pedro Dechtiar Vidal. **Intervenção de terceiros, litisconsórcio e extensão da cláusula compromissória em procedimentos arbitrais no ordenamento brasileiro**, Jus Navigandi, ano 15, n. 2419, 14 fev. 2010. Disponível em: <http://jus.com.br/artigos/14364>. Acesso em: 17 maio 2014.

[381] De acordo com William Park, "Continental scholars sometimes refer to 'extending' the arbitration clause. Lawyers in Anglo-American traditions tend to speak of 'joining non-signatories'". PARK, William, op. cit., p.1.

ser estudar com cuidado o regulamento da instituição que será aplicável às disputas decorrentes ou relacionadas ao contrato ou aos contratos, com especial atenção para a possibilidade de intervenção de terceiros.

A maior parte dos regulamentos é bastante restritiva sobre os requisitos para a intervenção de terceiros. Mesmo nas hipóteses em que o regulamento das câmaras ou instituições arbitrais tenha previsto a possibilidade de intervenção, muitas vezes o condicionam a aceitação unânime das partes. As regras de arbitragem da UNCITRAL, em sua versão de 2010, contêm dispositivo específico para regular a intervenção de terceiros no processo arbitral, que exigem (i) que o terceiro seja parte da convenção de arbitragem; e (ii) que não ocorra prejuízo para as partes originárias da arbitragem, nada falando sobre a necessidade ou não do consentimento do terceiro ingressante.[382] O regulamento da Câmara de Arbitragem do Mercado ("Regulamento CAM") trata especificamente do ingresso de terceiros no processo arbitral e somente poderá ocorrer antes da nomeação de quaisquer dos árbitros.[383] Desse modo, a CAM definiu a possibilidade de se chamar terceiro a ingressar em disputa

---

[382] De acordo com o artigo 17.5 das Regras da UNCITRAL (versão 2010): *"The arbitral tribunal may, at the request of any party, allow one or more third persons to be joined in the arbitration as a party provided such person is a party to the arbitration agreement, unless the arbitral tribunal finds, after giving all parties, including the person or persons to be joined, the opportunity to be heard, that joinder should not be permitted because of prejudice to any of those parties. The arbitral tribunal may make a single award or several awards in respect of all parties so involved in the arbitration".*

[383] De acordo com o Regulamento CAM: "6.1. Intervenção de Terceiros. Antes da nomeação de qualquer árbitro, as partes poderão chamar um terceiro ao procedimento arbitral, podendo fazê-lo o próprio terceiro legitimado, em qualquer caso, por meio de Requerimento de Intervenção de Terceiro ('Requerimento de Intervenção de Terceiro'). 6.1.1. O Requerimento de Intervenção de Terceiro deverá ser submetido à Secretaria da Câmara de Arbitragem e conter justificativa para a intervenção de terceiro, bem como ser instruído com cópias do Requerimento de Instauração da Arbitragem e da(s) Resposta(s) ao Requerimento. 6.1.2. O terceiro terá o prazo de 15 (quinze) dias para apresentar resposta ao Requerimento de Intervenção de Terceiro, que deverá observar os requisitos do item 2.1.3. 6.1.3. As partes serão intimadas a se manifestarem, no prazo de 10 (dez) dias, a respeito da resposta ao Requerimento de Intervenção de Terceiros. 6.1.4. O Presidente da Câmara de Arbitragem do Mercado decidirá acerca do Requerimento de Intervenção de Terceiro. Se deferido, o terceiro ingressará no procedimento arbitral no estado em que ele se encontre, devendo assinar compromisso de cumpri as disposições deste Regulamento e de se submeter à sentença arbitral. Se houver oposição de qualquer das partes e mesmo assim o Presidente da Câmara de Arbitragem decidir a favor da intervenção de terceiro, o Tribunal Arbitral deverá reapreciar a matéria, prolatando decisão final sobre a intervenção de terceiro".

arbitral antes da constituição do tribunal arbitral, com o objetivo de permitir que o terceiro participe do processo de nomeação dos árbitros. No regulamento da *London Court of International Arbitration* ("Regulamento LCIA"), há previsão para intervenção de terceiros caso exista consentimento entre a parte que requer a intervenção e o terceiro ingressante. Desse modo, o Regulamento da LCIA não exige o consentimento de todas as partes originais para que ocorra a intervenção.[384] No entanto, as partes têm o poder, em conjunto, de vetar a intervenção de terceiro no processo arbitral. O Regulamento CCI 2012 é expresso no sentido de que nenhuma parte adicional será integrada no processo arbitral após a confirmação ou nomeação de qualquer árbitro, conforme estabelecido no artigo 7.1.[385]

Não parece ser razoável, contudo, que se admita a consolidação de processos paralelos envolvendo matéria conexa em contratos paralelos, mas não se admita a intervenção ou integração de terceiros. *Contrario sensu*, seria defender que sejam iniciadas duas arbitragens distintas com ônus financeiro para as partes para se determinar a consolidação por conexão e, somente, então, permitir que o terceiro ingresse por vias

---

[384] Diferentemente da postura das cortes inglesas, que parecem ter uma postura mais moderada quanto à preservação do consenso. Talvez seja esse o motivo de o Regulamento da LCIA ser expresso quanto a essa possibilidade. De acordo com o art. 22(h) da LCIA: *"Unless the parties at any time agree otherwise in writing, the Arbitral Tribunal shall have the power, on the application of any party or of its own motion, but in either case only after giving the parties a reasonable opportunity to state their views [...] to allow, only upon the application of a party, one or more third persons to be joined in the arbitration as a party, provided any such third person and the applicant party have consented thereto on writing, and thereafter to make a single final award, or separate awards, in respect of all parties so implicated in the arbitration"*. Cf. JENKINS, Jane; STEBBINGS, Simon, op. cit., p. 152. De acordo com os autores: *"The general approach in the United Kingdom is that there is no power to join third parties (i.e. parties who are not party to the arbitration agreement) without their consent or to consolidate two arbitrations without the consent of all parties, even when common issues of fact or law arise"*.

[385] "A parte que desejar integrar uma parte adicional à arbitragem deverá apresentar à Secretaria requerimento de arbitragem contra a parte adicional ('Requerimento de Integração'). A data na qual o Requerimento de Integração for recebido pela Secretaria deverá, para todos os fins, ser considerada como a data de início da arbitragem em relação à parte adicional. Qualquer integração estará sujeita ao disposto nos artigos 6º(3) – 6º(7) e 9º. Nenhuma parte adicional será integrada após a confirmação ou nomeação de qualquer árbitro, a menos que todas as partes, inclusive a parte adicional, estejam de acordo. A Secretaria poderá fixar prazo para a submissão do Requerimento de Integração".

transversas no processo arbitral. Tal decisão, tomada em prol da supremacia do consentimento, seria, contudo, incompatível com a economia processual e a instrumentalidade das formas[386]. Não parece ser essa a vontade de nenhuma parte que firma com outra (ou outras) convenção arbitral com o objetivo de resolver futuras e eventuais disputas relacionadas ou decorrentes do contrato por elas firmado.

5.2. Arbitragens Multicontratuais

É possível que existam processos arbitrais conexos decorrentes tanto de (i) um único contrato; como de (ii) múltiplos contratos.

A primeira hipótese, ao menos, em tese, é mais propícia para a realização da consolidação/reunião de processos arbitrais conexos, uma vez que, nesse caso, é mais fácil concluir que as partes tiveram a intenção de que todas as disputas decorrentes ou relacionadas àquele contrato deveriam ser decididas conjuntamente.

O quadro torna-se ainda mais complicado quando essas disputas envolvendo de múltiplas partes decorram de múltiplos contratos conexos, ainda que as partes envolvidas nas demandas conexas sejam rigorosamente as mesmas. De acordo com Francisco Cossi: "Uma pluralidade de contratos celebrados pelas mesmas partes pode ou não estar vinculada pela mesma convenção arbitral. [...] Por exemplo, quando existem demandas relacionadas com diferentes contratos".[387]

Quando se está diante de processos arbitrais conexos decorrentes de diferentes contratos, a dificuldade dos árbitros será maior, uma vez que,

---

[386] "A tendência de tornar mais flexíveis o princípio da eventualidade e as normas sobre preclusão manifesta-se de forma nítida na possibilidade de aditamento da inicial e da contestação, prevista expressamente em proposta de unificação das regras processuais sobre litígios transnacionais, desde que o juiz entenda conveniente e não haja prejuízo ao desenvolvimento normal do processo". BEDAQUE, José Roberto dos Santos. **Efetividade do processo e** técnica processual. 3. ed. São Paulo: Malheiros, 2010, p. 136. A doutrina moderna tem enfatizado a liberdade das formas (de modo a estabelecer razoável equilíbrio com a legalidade) e a instrumentalidade das formas, que se somam na "edificação da disciplina formal do processo, em nome do racionalismo e em vista dos resultados que dele legitimamente se esperam". DINAMARCO, Cândido Rangel. **Instituições de direito processual civil**, op. cit., p. 532.

[387] "*Una pluralidad de contratos celebrados por las mismas partes pueden o no estar vinculados por el mismo acuerdo arbitral. [...]. Por ejemplo, cuando existen demandas relacionadas con diferentes contratos*" (tradução libre). COSSIO, Francisco Gonzáles de, op. cit., p. 571.

nessa hipótese, as partes optaram por tratar as matérias em instrumentos distintos. Diante dessa opção das partes, comparativamente à hipótese em que as disputas decorrem de um único contrato, é mais difícil se concluir que as partes tinham a intenção de que uma única arbitragem tratasse de todas as disputas entre elas.

5.2.1. Contratos Coligados e Contratos Conexos

Há hipóteses em que embora as partes tenham optado por uma pluralidade de contratos, há entre esses contratos um vínculo de dependência recíproca que justifica que sejam examinados conjuntamente. Essa pluralidade de negócios jurídicos é denominada pela doutrina como contratos conexos ou coligados.

Os contratos coligados são estipulados com o propósito de levar a cabo uma única operação econômica. Relacionados pela vontade das partes, tais negócios jurídicos estariam ligados por intenso vínculo de interdependência[388], configurando a manifestação de coligação contratual[389].

De acordo com Francisco Marino, contratos coligados são contratos que, por força de lei, da relação entre eles ou do conteúdo contratual, possuem relação de "dependência unilateral ou recíproca". De acordo com o autor, "Para essa definição, há dois elementos essenciais da coligação contratual juridicamente relevante: (i) pluralidade de contratos, não necessariamente celebrados entre as mesmas partes; e (ii) vínculo de dependência unilateral ou recíproca".[390]

Além dos contratos coligados haveria também os contratos conexos, fenômeno que ocorreria em situações "em que a ligação entre os dois

---

[388] De acordo com Pontes de Miranda, "Pode ocorrer que os figurantes concluam, em instrumentos separados, dois ou mais negócios jurídicos e os ligue, de modo que se tenham de tratar como sujeitos à mesma sorte, ou que sejam separados, nas suas cláusulas e constem do mesmo instrumento. Também é possível a ligação entre dois ou mais negócios jurídicos concluídos em tempos diferentes – portanto, também em instrumentos diferentes – e que um dependa do outro, ou cada um dependa de qualquer um dos outros". PONTES DE MIRANDA, Francisco Cavalcanti. **Tratado de direito privado**. t. XXXVIII, 3. ed., 2. reimp. São Paulo: Revista dos Tribunais, 1984, p. 368.
[389] ROPPO, Vincenzo. **Il contratto**. 2. ed. Milão: Giuffrè, 2011, p. 368.
[390] MARINO, Francisco Paulo De Crescenzo. **Contratos coligados no direito brasileiro**. São Paulo: Saraiva, 2009, p. 99.

ou mais contratos se dá, predominantemente, pelo nexo entre eles existente, independente da estipulação de uma eficácia paracontratual em norma jurídica ou por cláusula contratual".[391]

Segundo Marino, haveria critérios de gradação de intensidade dessa coligação que partiria de (i) uma coligação mais forte naqueles contratos celebrados pelas mesmas partes; para (ii) aqueles celebrados por partes distintas, sendo estes ainda graduados do mais intenso para o menos se (a) todas as partes participaram efetivamente do "ato de coligação" ou não e se (b) os contratos tiveram ou não o mesmo modo de execução.[392]

A depender da intensidade dessa coligação, os contratos sofrerão mais ou menos (ou, muitas vezes, diante da ínfima intensidade, não sofrerão) os efeitos dessa coligação. Dentre esses efeitos, estariam (i) plano da eficácia; (ii) plano da validade; (iii) derrogação do regime jurídico; (iv) qualificação; e (v) interpretação.[393] Este último efeito é o que mais nos interessa para os fins desta tese.

Para Junqueira, é preciso se considerar que "um dos principais efeitos da coligação é a necessidade de interpretar conjuntamente os contratos coligados".[394] De acordo com o autor:

> o que 'move as partes integrantes de uma rede contratual é uma finalidade sistemática, supracontratual – normalmente a realização de uma única embora complexa operação econômica, a intenção das partes, seja a subjetiva seja a declarada, só poderá ser verdadeiramente compreendia mediante

---

[391] "Estas situações podem ser identificadas pelo termo contratos conexos. Nestes casos é a operação econômica supracontratual, movida por um propósito igualmente supracontratual, que justifica o reconhecimento de um especial nexo, com a atribuição de específicas consequências jurídicas". LEONARDO, Rodrigo Xavier. "Os contratos coligados". LEONARDO, Rodrigo Xavier. Os contratos coligados. In: BRANDELLI, Leonardo. **Estudos em homenagem à professora Véra Maria Jacob de Fradera**. Porto Alegre: Lejus, 2013, p. 9.

[392] MARINO, Francisco Paulo De Crescenzo. **Contratos coligados no direito brasileiro**, op. cit., p. 140-4.

[393] MARINO, Francisco Paulo De Crescenzo. **Contratos coligados no direito brasileiro**, op. cit., p. 141-2. Ver também KONDER, Carlos Nelson. **Contratos conexos**: grupos de contratos, redes contratuais e contratos coligados. Rio de Janeiro: Renovar, 2006, pp. 189-260. Ver ainda SILVA, João Marçal Rodrigues Martins da, op. cit.

[394] AZEVEDO, Antonio Junqueira de. **Novos estudos e pareceres de direito privado**. São Paulo: Saraiva, 2009, p. 246.

a leitura e interpretação do conjunto contratual. A interpretação de cada contrato individualmente considerado, como se existisse isolado no mundo, não permitirá a identificação da finalidade e causa sistêmica, configurando, portanto, interpretação deturpada da vontade das partes' [...].[395]

Nas hipóteses de coligação, a intenção das partes é integrar suas relações em um conjunto uniforme[396], submetido a regime único[397]. Desse modo, os múltiplos contratos firmados devem ser compreendidos e interpretados como um único contrato[398].

5.3. Compatibilidade Entre as Convenções Arbitrais

Quando se está diante tanto (i) de processos arbitrais conexos decorrentes de múltiplas convenções arbitrais como (ii) de um único processo arbitral que contenha pedidos decorrentes e/ou relacionados a mais de uma convenção arbitral, um dos critérios chave para se determinar a consolidação (cumulação superveniente derivada de demandas) ou a admissibilidade de todos os pleitos em um único processo arbitral (cumulação originária) será a compatibilidade entre as convenções arbitrais relevantes. De acordo com Hlubucek, "compatibilidade pode ser entendida como o oposto de 'contradição'. Os fatores que indicam a compatibilidade ou incompatibilidade de cláusulas de arbitragem são, dentre outros: o número de árbitros estipulado nos acordos de arbitragem, a sede, o idioma, etc".[399]

---

[395] Idem.
[396] BIANCA, Cesare Massimo. **Diritto civile**. v. III, 2. ed. Milão: Giuffrè, 2000, p. 484.
[397] DEL PRATO, Enrico. Tipicità, atipicità, complessità, mistione, collegamento. In: _____. **Dieci lezioni sul contratto**. Pádua: Cedam, 2011, p. 101-2.
[398] GOMES, Orlando. **Contratos**. 26. ed. [atualizadores: Antonio Junqueira de Azevedo e Francisco Paulo De Crescenzo marino]. Rio de Janeiro: Forense, 2009, p. 122: "Enfim, a intenção das partes é que um [contrato] não exista sem o outro".
399 Texto original: "*Compatibility may be understood as opposit to 'contradiction'. The factors that indicate the compatibility or incompatibility of arbitration clauses are, among others: the number of arbitrators stipulated in the arbitration agreements, the designated place of arbitration, the language of arbitration etc*". (tradução livre) HLUBUCEK, Jan. **Multiple Claims from Multiple Contracts in International Commercial Arbitration**. 2015. Tese (Doutorado em Direito Internacional e Direito Europeu) – Faculdade de Direito, Universidade Masaryk, Brno; República Tcheca, 2015, p. 29.

Contrario sensu, a presença de cláusulas compromissórias idênticas ou semelhantes em contratos relacionados ou coligados[400] poderia ser um importante indício[401] de que as partes consentiram com a consolidação de processos arbitrais relacionados.[402] Um modo de se atestar o possível consentimento das partes são as cláusulas que tratam da possibilidade de consolidação de procedimentos arbitrais de contratos relacionados, que por vezes são assinados entre partes distintas. A doutrina tem sido bastante enfática no sentido de que a presença de cláusulas compromissórias idênticas ou semelhantes é um importante indício de que as partes consentiram com a consolidação de processos arbitrais relacionados.[403]

No exemplo prático proposto, parece ser razoável qualquer distinção entre os poderes dos árbitros para determinar a consolidação de processos arbitrais relacionados cujas cláusulas compromissórias sejam

---

Disponível em: <https://is.muni.cz/th/348630/pravf_m/Diplomova_prace_Hlubucek_-_FINAL.pdf>. Acesso em: 23 dez. 2015.

[400] Conf. Collins: "[...] a grouping of contractual arrangements between more than two parties with a productive aim that requires the interaction and co-operation of all the parties". COLLINS, Hugh. Introduction: the research agenda for implicit dimension of contracts. COLLINS, Hugh. Introduction: The Research Agenda for Implicit Dimension of Contracts. In: CAMPBELL, David; COLLINS, Hugh; WIGHTMAN, John (Eds.). **Implicit Dimensions of Contract**: Discrete, Relational and Network Contracts. Oxford; Portland: Hart, 2003, p. 19.

[401] Conf. Marino: "O vínculo existente entre contratos coligados é usualmente qualificado como função [...]. As noções de estrutura e função negocial podem ser transpostas para o âmbito do tipo contratual e contrato *in concreto*. Nesse último situa-se a contraposição entre autonomia estrutural e nexo funcional dos contratos coligados. *Autonomia estrutural* significa, então, que cada um dos contratos coligados conserva a própria estrutura, isto é, a própria forma (ainda que documentalmente unidos) e o próprio conteúdo. Por *nexo funcional* entende-se que a coligação visa a um determinado resultado econômico social (...) toda vez que um ou mais pontos do conteúdo contratual expresso se revelem *lacunosos* (carentes de regulação), *ambíguous* (passíveis de serem tomados em mais de um sentido) ou *obscuros* (sem sentido aparente), o intérprete deverá procurar corrigir a ambiguidade, esclarecer a obscuridade ou preencher a lacuna. Trata-se, assim, de corrigir ou precisar o conteúdo expresso, ou de determiner o conteúdo contratual implícito. Neste ultimo, fala-se em interpretação integrativa". MARINO, Francisco Paulo De Crescenzo. **Contratos coligados no direito brasileiro**, op. cit., p. 150.

[402] **Aliman v Meridiana**. Primeira Seção da Corte de Cassação Italiana, 25 maio 2007, Decisão 12321.

[403] Cf. novamente FOUCHARD, Philippe; GAILLARD, Emmanuel; GOLDMAN, Berthold. **International Commercial Arbitration**, op. cit. p. 302.

idênticas ou semelhantes, como a arbitragem entre Dono da Obra e Construtora e arbitragem entre Construtora e Fornecedor.

Esclareça-se aqui que não se trata de mera utilização de um mesmo *template* contratual pelas duas partes. Tratando-se de contratos relacionados e que, portanto, tratam de diferentes aspectos de um mesmo objeto contratual, se as partes firmaram cláusulas compromissórias semelhantes que continham pelo menos (i) a mesma forma de seleção de árbitros e (ii) mesma instituição arbitral e, ainda, (iii) tinham conhecimento de que o(s) outro(s) contratos(s) relacionado(s) existia(m), parece bastante razoável se entender que implicitamente concordaram que disputas relacionadas àqueles contratos poderiam gerar uma disputa que envolvesse todas as partes que os celebraram.

Para Francisco Cossi, para se determinar se as cláusulas são idênticas ou, ao menos, compatíveis, é necessário se examinar os seguintes elementos: (i) se a sede da arbitragem é a mesma; (ii) se a *lex arbitri* é a mesma; (iii) se a instituição arbitral é a mesma; (iv) se o número de árbitros é o mesmo; e (v) se existem diferentes métodos de constituição do tribunal arbitral.[404]

De acordo com Frick, "em alguns casos pode ser possível interpretar diferentes cláusulas compromissórias como se referindo a um único tribunal, mesmo se as diferentes cláusulas forem parte de diferentes contratos e mesmo se houver mais de duas partes envolvidas".[405]

De acordo com Fouchard, Gaillard e Goldman, "é geralmente legítimo presumir-se que ao incluir cláusulas compromissórias idênticas nos diversos contratos relacionados, as partes pretendiam submeter toda a relação jurídica a um único tribunal arbitral".[406]

---

[404] COSSIO, Francisco Gonzáles de, op. cit., p. 571.
[405] Texto original: *"(i)n some cases it may be possible to interpret different arbitral clauses as referring to one tribunal, even if the different clauses are part of different contracts and even if there are more than two parties involved"*. (tradução livre) FRICK, Joachim G., op. cit., p. 238.
[406] Texto original: *"it is generally legitimate to presume that by including identical arbitration clauses in the various related contracts, the parties intended to submit the entire operation to a single arbitral tribunal"*. (tradução livre). Continuam os autores: *"The problem is aggravated where the arbitration clause differs from one contract to another. This occurs quite often in practice, in spite of the resulting difficulties. (...) In order to avoid two or more tribunals reaching conflicting decisions, one might be tempted to conclude that the better solution would be to appoint a single arbitral tribunal, or to consolidate the two or more arbitrations. The difficulties liable to occur in the event of two parallel arbitrations are illustrated in the situation where one party refuses to fulfill its obligations*

Não há consenso na doutrina ou jurisprudência sobre os parâmetros para se dizer se há ou não compatibilidade entre as convenções arbitrais. Enquanto Webster e Bühler admitem que a linguagem utilizada nas convenções arbitrais não seja idêntica,[407] Lew entende que para que sejam compatíveis as cláusulas compromissórias precisam ser idênticas.[408] Já para Gary Born, é necessário que as convenções arbitrais indiquem a mesma instituição arbitral e a mesma sede (local) da arbitragem: "é muito difícil imaginar como arbitragens em diferentes sedes poderiam adequadamente ser consolidadas de maneira consistente com o acordo entre as partes".[409]

De acordo com Lew, Mistelis e Kroll:

> Em geral [...] diferenças nessas questões substanciais como a sede escolhida ou a legislação aplicável geralmente excluem a consolidação. Mesmo se todos os contratos envolvidos forem celebrados no escopo do mesmo empreendimento entre as várias partes envolvidas, o tribunal arbitral deve verificar sua jurisdição em relação a cada parte e a cada questão. Não se pode presumir jurisdição global em relação a todos os contratos celebrados para tal empreendimento.[410]

---

under one contract on the grounds that its co-contractor failed to fulfill its obligations under a second contract. In the absence of an agreement between the parties, neither the arbitral institution, nor the arbitral tribunal constituted on the basis of one or both arbitration clauses, will be entitled to resolve the whole dispute. Only where both arbitrations take place in a jurisdiction in which the courts are entitled to consolidate related actions, such as the Netherlands or where two proceedings refer to the same arbitration rules allowing consolidation, will it be possible to avoid the difficulties associated with having separate arbitral tribunals without futher exploring the tru intentions of the parties". FOUCHARD, Philippe; GAILLARD, Emmanuel; GOLDMAN, Berthold. **International Commercial Arbitration**. op. cit., p. 302-3.

[407] WEBSTER, Thomas H.; BUHLER, Michael, op. cit., p. 4-35.

[408] LEW, Julian D. M.; MISTELIS, Loukas A.; KRÖLL, Stefan M., op. cit., p. 16-20.

[409] Texto original: *"It is very difficult to see how arbitrations in different arbitral seats could properly be consolidated, consistent with the parties' agreement"*. (tradução livre) Ainda de acordo com Born, *"Unless the parties could be said to have agreed to consolidation, and for this agreement to override conflicting agreements as to the arbitral seat, there would be no basis for ordering consolidation"*. BORN, Gary, op. cit., p. 2.090.

[410] Texto original: *"In general [...] differences in such substantial matters as the chosen seat or the applicable law usually exclude consolidation. Even where all contracts involved are concluded within the framework of the same venture between the various parties involved, the arbitration tribunal has to verify its jurisdiction in relation to each party and to each issue. It cannot assume a global jurisdiction*

Em uma decisão de 13 de setembro de 2007, ao rejeitar um pedido de anulação de sentença arbitral fundado na suposta necessidade de que contratos diferentes deveriam dar origem a arbitragens distintas, Corte de Apelação de Paris decidiu que a consolidação de demandas arbitrais "representava um mecanismo processual razoável, útil e do interesse de todos".[411]

No entanto, há quem entenda que, embora possa ser um indício, a existência de cláusulas idênticas pode não ser suficiente para caracterizar a vontade das partes de se submeter a uma única arbitragem. Para Claire Debourg:

> a estipulação de cláusulas compromissórias compatíveis é muitas vezes interpretada como sendo a expressão da vontade das partes a favor da consolidação. Por exemplo, a celebração pelas partes de vários contratos incluindo a mesma cláusula compromissória pode ser um indício de sua vontade de submeter todos os litígios relativos a estes contratos ao mesmo tribunal arbitral. No entanto, esse é apenas um indício: a existência de cláusulas compromissórias compatíveis não basta para caracterizar a vontade das partes de se submeter a uma única arbitragem.[412]

De acordo com Mourot:

> A compatibilidade de cláusulas compromissórias – contidas em contratos separados mas concorrendo numa mesma operação econômica – não implica necessariamente uma vontade concordante das partes de consolidar as arbitragens que poderiam surgir a partir destes compromissos conexos,

---

for all contracts concluded for that venture". (tradução livre) Lew, Julian D. M.; Mistelis, Loukas A.; Kröll, Stefan M., op. cit., p. 394.

[411] De acordo com a Corte de Apelação, "*en présence de contrats [...] identiques intervenes au cours d'une meme relation d'affaires entre les parties, dont la pluralité n'est que formelle, [...] l'introduction d'une seule demande d'arbitrage pour des contentieux identiques représente un moyen procedural raisonnable, utile et dans l'intérêt de tout*". Paris, 13 set. 2007, Comptoir commercial Blidéen, **Rev. Arb.**, 2008, p. 313, nota F-X. TRAIN.

[412] Texto original: "*La stipulation de clauses compromissoires conciliables est parfois perçue comme l'expression de la volonté des partis en faveur d'une consolidation. Par exemple, la conclusion par les parties de plusieurs contrats contenant la même clause compromissoire peut être un indice de leur volonté de sometttre tous les litiges relatifes à ces contrats au même tribunal arbitral. Toutefois, il ne s'agit que d'un indice: la stipulation de clause compromissoires compatibles ne suffit pas à caracteriser la volonté des parties de se soumettre à un seul arbitrage*". (tradução livre) Debourg, Claire, op. cit., p. 528.

mesmo se, aos olhos do árbitro, a intenção comum das partes de reunir arbitragens relacionadas pode materializar-se pela redação de cláusulas idênticas em diversos contratos.[413]

Defende-se que assim que a presença de cláusulas compromissórias idênticas ou semelhantes em contratos relacionados também deveria ser interpretada pelos árbitros como indício relevante de que as partes admitiram a consolidação dos processos.

Há precedentes em arbitragens CCI que remontam, inclusive, ao período anterior à entrada em vigor do Regulamento CCI 1998.

No Caso CCI 6149/1990, as partes celebraram três contratos de compra e venda de mercadorias a serem fornecidas a uma empresa iraquiana. Os três contratos possuíam a mesma cláusula compromissória sob o Regulamento CCI 1978 (cláusula 11): "Qualquer controvérsia a respeito deste contrato será solucionada cordialmente; de outro modo por dois árbitros nomeados por cada lado. Em um eventual não acordo ela será regida pelas leis e regulamentos da Câmara de Comércio Internacional de Paris cuja sentença será final".[414]

De acordo com o Tribunal Arbitral:

> [...] a interpretação das três convenções arbitrais se baseia na intenção tácita das partes. Quando as partes celebraram seus três contratos de venda e quando, à época, concordaram com a jurisdição da Corte Internacional de Arbitragem da CCI, elas certamente tinham em mente submeter à arbitragem todas as questões relativas a esses três contratos, desconsiderando se o objeto de uma eventual solicitação de arbitragem seria posteriormente uma reivindicação de cumprimento específico de tais contratos, ou uma reivindicação para avaliação de danos resultantes de uma violação desses contratos, ou uma reivindicação para a restituição de cumprimentos pres-

---

[413] Texto original: "*La compatibilité de clauses d'arbitrage – contenues dans des contrats différents mais concourrant à une même opération économique – n'implique pas nécessairement une volonté concordante des parties de consolider les arbitrages qui pourraient naître de ces engagements connexes, même si, aux yeux de l'arbitr, la commune intention des parties de joindre des arbitrages connexes peut se matérialiser par la rédaction de clauses identiques dans divers contrats*". (tradução livre) MOUROT, Alice, op. cit., p. 443.

[414] Texto original: "*Any dispute with regards to this contract will be solved cordially; otherwise by two arbitrators appointed by each side. In an eventual non agreement it will be governed by the laws and regulations of the International Chamber of Commerce in Paris whose ruling should be final*". (tradução livre)

tados sem motivo e, portanto, constituindo enriquecimento ilícito, ou finalmente qualquer outro pleito direta ou indiretamente relacionado a esses três contratos. Deve-se presumir que foi a intenção tácita das partes investir ao tribunal arbitral a jurisdição sobre todas as controvérsias possivelmente derivadas de, ou relacionadas a, seus três contratos de vendas.[415]

Por outro lado, não se pode a partir disso se interpretar *contrario sensu* que a mera utilização de diferente redação recebida pelas cláusulas seria suficiente para afastar a compatibilidade entre elas.

Essa questão, aliás, foi decidida por um Tribunal Arbitral no Caso CCI nº 5989/1989, no qual se discutia se uma arbitragem poderia ser iniciada tomando-se como base duas cláusulas compromissórias distintas. No final dos anos 1970, uma empresa estatal do país X, a Contratante A, buscava reorganizar sua rede de distribuição de combustíveis e para tanto celebrou contrata com uma empresa estrangeira ("Contratada"). Diante da complexidade e urgência do programa de redistribuição de combustíveis, as partes celebraram inicialmente um Contrato Básico (*Basic Agreement*) em março de 1978 com fechamento em 1º de novembro de 1978, mas com a previsão de que no curso das operações firmariam contratos que especificariam detalhadamente as obrigações recíprocas de cada uma das partes ("*Application Contracts*").[416]

O Contrato Básico estabelecia, em seu art. 21, que se houvesse qualquer disputa entre as partes que não fosse resolvida amigavelmente ou

---

[415] Texto original: "(...) *the interpretation of the three arbitration agreements and is based upon the tacit intention of the parties. When the parties entered into their three sales contracts and when, at that time, they agreed upon the jurisdiction of the ICC International Court of Arbitration, they certainly had in mind to subject to arbitration all matters relating to these three contracts, without regard as to whether the subject-matter of an eventual request for arbitration would later be a claim for the specific performance of those contracts, or a claim for the assessment of damages resulting from a breach of those contracts, or a claim for the restitution of performances rendered without cause and therefore constituting unjust enrichment, or finally any other claim directly or indirectly related to the three contracts. It must be assumed that it was the tacit intention of the parties to invest the arbitral tribunal with jurisdiction over all disputes possibly deriving from, or being related to, their three sales contracts*". (tradução livre) BERG, Albert Jan van den (Ed.). Seller v buyer, Interim Award, ICC Case No. 6149, 1990, **Yearbook Commercial Arbitration 1995 – volume XX,** Yearbook Commercial Arbitration, Kluwer Law International, 1995, p. 41-57.

[416] Id., Contractor v Employers A and B, Final Award, ICC Case No. 5989, 1989, **Yearbook Commercial Arbitration 1990 – volume XV,** Yearbook Commercial Arbitration, Kluwer Law International, 1990, pp. 74-82.

por meio de um *Coordination Committee* seria decidida por arbitragem, com sede em Genebra/Suíça, administrada pela ICC e de acordo com a Lei do país X em vigor da data de assinatura, ou seja em março de 1978.

Entre 1981 e 1982, por conta de uma reorganização estatal realizada no país X, a Contratante B sucedeu à Contratante A e celebrou um Contrato de Compra e Venda com a Contratada. O Contrato de Compra e Venda estabelecia que qualquer disputa dele decorrente deveria ser resolvida por um árbitro único. Caso as partes não concordassem com a nomeação desse árbitro único, então, a disputa seria resolvida por arbitragem ICC, com sede em Genebra/Suíça, administrada pela ICC e de acordo com a Lei do país X.

Em função de desavenças relacionadas à ausência de pagamento, em 1989, a Contratada inicia uma arbitragem CCI, em Genebra, contra as Contratantes A e B. A Contratante B sustenta que uma única arbitragem envolvendo os dois contratos seria inadmissível (i) em função dos diferentes mecanismos de solução de disputas que deveriam anteceder uma arbitragem CCI em cada um dos contratos (*Coordination Committee* no Contrato Básico e tentativa de eleição de árbitro único no Contrato de Compra e Venda); e (ii) diferença entre as leis aplicáveis nos dos contratos (Lei X em vigor no ato de assinatura no caso do Contrato Básico e Lei X no momento da disputa no caso do Contrato de Compra e Venda).

O Tribunal Arbitral entendeu que as diferenças alegadas pela Contratante B eram irrelevantes para a definição da questão jurisdicional do caso.[417] De acordo com os árbitros:

> Não há nenhuma dúvida de que as partes pretendiam ter suas controvérsias solucionadas por arbitragem, que ambas as cláusulas compromissórias e as partes são idênticas e que os pedidos estão relacionados de uma maneira tal

---

[417] "*The arbitral tribunal finds that the differences alleged by employer B are non-existant or irrelevant in the context of the issue of admissibility or jurisdiction which the tribunal must decide. In fact, the arbitral tribunal was seized only after the amicable composition procedures under both contracts had been exhausted, according to their specific provisions. Hence, at this point the only clause still operable for each of the contracts valid is the arbitration clause referring to the Rules of Arbitration and Conciliation of theI CC as they have been put into operation here. The differences alleged by employer B as to the law applicable to the merits are minimal and apparently irrelevant as far as the solution of the dispute is concerned. They are not relevant since they concern the merits and not the issue of admissibility or jurisdiction*". Idem, p. 76.

que no contexto de uma arbitragem internacional devemos considerar que sua análise conjunta é admissível em vista da intenção das partes, conforme expresso nas cláusulas compromissórias. [...] o mero fato de que uma nova cláusula compromissória foi incluída não demonstra a intenção inequívoca das partes de retirar os processos da arbitragem previstos no contrato base. Ao contrário, o contrato de compra e venda se enquadra justamente nas disposições contratuais do acordo base.[418]

Embora aqui se trate de um caso de cumulação original de demandas arbitrais, sua conclusão pode ser facilmente transplantada para permitir a consolidação de processos arbitrais distintos.

---

[418] Texto original: "*It is beyond doubt that the parties intended to have their disputes settled by arbitration, that both the arbitration clauses and the parties are identical and that the claims are connected in such a manner that in the context of an international arbitration we must find that their joint examination is admissible in the light of the intention of the parties, as expressed in the arbitration clauses. (...) the mere fact that a new arbitration clause has been included does not show the unequivocal intention of the parties to rule out the arbitral proceedings provided for in the basic agreement. On the contrary, the purchase contract falls squarely within the contractual provisions of the basic agreement*". (tradução livre) Idem.

Segunda Parte

Analisadas as especificidades da *conexão* e *seus efeitos* na arbitragem, bem como *quais critérios* devem ser utilizadas para se definir a consolidação/ /separação de demandas arbitrais conexas, passa-se, então, a Segunda Parte desta tese, na qual será examinado **quem** tem o poder-dever para determinar a consolidação/separação de demandas arbitrais conexas.

Dentre os diversos *players* que poderiam exercer esse poder, o mais autorizado seria(m) o(s) árbitro(s), daí o título desta tese: *Poderes dos Árbitros para decidir sobre questões de conexidade*. Para se determinar a extensão e a intensidade de determinado poder, contudo, é necessário se examinar os seus limites, bem como *quem* são os outros *players* que devem exercer esse poder na ausência e/ou impossibilidade dos árbitros atuarem. Os limites desses poderes foram examinados na Primeira Parte desta tese, na qual foram estudados os critérios para que se possa determinar a consolidação ou a separação de demandas arbitrais conexas. Esta Segunda Parte da tese terá como objeto a definição de **quem** poderá/deverá decidir sobre os efeitos da conexão diante da impossibilidade de se constituir o tribunal arbitral. Dentre os possíveis *players* estarão: (i) a instituição arbitral eleita pelas partes; (ii) a *appointing authority* definida no regulamento escolhido pelas partes ou fixada pela lei aplicável; e (iii) o juiz togado/estatal.

O próximo passo deste estudo será "olhar para fora", ou seja, examinar como essa questão tem sido resolvida no âmbito do direito comparado para, então, fazermos uma espécie de assimilação antropofágica das ideias e desenhos institucionais do ordenamento jurídico dos países estudados, bem como da forma como as diversas instituições arbitrais tem enfrentado o problema.[419]

---

[419] A expressão "assimilação antropofágica" é utilizada para explicar a forma como os juristas absorvem as teorias jurídicas de diferentes nacionalidades e vertentes para, então, produzir uma solução eclética para seus problemas. Trata-se de uma associação da expressão "antropofagia" utilizada pelo Movimento Modernista para explicar o seu projeto para a arte brasileira. LOPES, José Reinaldo de Lima e MACEDO, Paulo Garcia Neto. "*Critical legal thought (1920-1940) (the case of Brazil)*". *Direito GV-Working Papers*, maio/2009.
http://bibliotecadigital.fgv.br/dspace/bitstream/handle/10438/2849/working%2520paper%252037.pdf?sequence=1
MACEDO, Paulo Garcia Neto. *A Influência do Realismo Jurídico Norte-Americano no Direito Brasileiro*. Dissertação de Mestrado defendida na Faculdade de Direito da Universidade de São Paulo sob a orientação do Professor José Reinaldo de Lima Lopes. 2008, p. 9.

Capítulo 6
Autoridade e Competência para decidir sobre Questões de Conexidade
– Uma perspectiva de Direito Comparado

6.1. Competência Para Decidir Sobre a Cumulação Originária de Demandas Arbitrais Conexas – Separação de Demandas Arbitrais Conexas

No âmbito judicial, pouco se discute sobre a possibilidade de se desmembrar pedidos e causas de pedir propostos conjuntamente pelo autor em um único processo. Essa hipótese de cumulação original de demandas judiciais praticamente não causa transtornos ainda que decorrentes de contratos distintos firmados entre as partes.

A questão ganha relevância no Judiciário na análise sobre a reconvenção, de tal modo que, como já examinado em item próprio do Capítulo 1 desta tese, para que a demanda reconvencional seja admitida é necessário que exista conexão entre a demanda reconvinda e a principal.

Como também já analisdado do Capítulo V desta tese, no âmbito da arbitragem, a questão passa, normalmente, a ser um problema mais complexo quando envolve múltiplos contratos e, consequentemente, distintas convenções arbitrais.

Nas hipóteses de cumulação originária de demandas arbitrais conexas, não parece haver dúvida de que a autoridade competente para tomar a decisão final deve ser a do(s) árbitro(s).

Afinal, nesta hipótese, o que está sob disputa é justamente saber se o escopo da arbitragem atende ou extrapola ao/o escopo definido pela convenção arbitral ou pelas convenções arbitrais envolvidas. É nesse contexto que ganha importância o mecanismo da *separação de demandas arbitrais conexas*.

O atual regulamento da CCI, em vigor desde 2012 ("Regulamento CCI 2012"), estabelece uma importante diferenciação entre (i) os casos de consolidação de processos arbitrais já em curso e (ii) a possibilidade de se iniciar uma única arbitragem cujo escopo contemple mais de um contrato.

De acordo com Hlubucek: "[...] é importante não se confundir a consolidação de múltiplos processos já pendentes em um único e a situação em que múltiplas reivindicações de múltiplos contratos surgem e as tentativas de decidir sobre essas reivindicações em um único conjunto de processos [...]".[420]

De acordo com o Art. 9[421] do Regulamento CCI 2012,[422] "sujeito às disposições dos Artigos 6(3)-6(7) e 23(4), pedidos decorrentes de ou

---

[420] Texto original: "*[...] it is important not to confuse the consolidation of multiple already pending proceedings into a single one and the situation where multiple claims from multiple contracts arise ando ne attempts to decide over those claims in a single set of proceedings [...]*". (tradução livre) HLUBUCEK, Jan, op. cit., *Multiple Claims from Multiple Contracts in International Commercial Arbitration*. Tese de Doutorado defendida no *Department of International and European Law* da Faculdade de Direito da *Masaryk University*, Brno/República Tcheca, 2015, p. 16. https://is.muni.cz/th/348630/pravf_m/Diplomova_prace_Hlubucek_-_FINAL.pdf

[421] O guia elaborado pelos secretários da CCI deixa claro que embora reflita a prática da Corte da CCI em relação ao Regulamento CCI 1998, este dispositivo é completamenta inovação em relação aos regulamentos anteriores. De acordo com os autores: "*This is an entirely new provision. However, it reflects the practice adopted by the Court under the 1998 Rules, which acknowledged the possibility of multicontract arbitral proceedings, subject to certain limitations*". FRY, Jason; GREENBERG, Simon; MAZZA, Francesca, op. cit., p. 109.

[422] O Regulamento de 2013 da *Hong Kong International Arbitration Centre (HKIAC)* praticamente copia o Regulamento ICC 2012 referente ao tema da cumulação original de demandas arbitrais decorrentes de contratos distintos e a possibilidade de sua separação. De acordo com o art. 29 desse Regulamento: "*29.1 Claims arising out of or in connection with more than one contract may be made in a single arbitration, provided that: (a) all parties to the arbitration are bound by each arbitration agreement giving rise to the arbitration; (b) a common question of law or fact arises under each arbitration agreement giving rise to the arbitration; (c) the rights to relief claimed are in respect of, or arise out of, the same transaction or series of transactions; and (d) the arbitration agreements under which those claims are made are compatible. 29.2 The parties waive any objection, on the basis of the commencement of a single arbitration under Article 29, to the*

relacionadas a mais de um contrato podem ser feitas em uma única arbitragem, independente de se esses pedidos forem feitos com base em uma ou mais de convenções de arbitragem conforme o Regulamento".[423]

Por sua vez, de acordo com o Art. 6(3)(ii) do Regulamento CCI 2012, "em todos os casos encaminhados ao Tribunal conforme o Artigo 6(3), o Tribunal deverá decidir se e em que medida a arbitragem deve prosseguir. A arbitragem deverá prosseguir se e na medida em que o Tribunal estiver prima facie satisfeito de que um acordo conforme o Regulamento [...]".[424]

Desse modo, diferentemente de quando decide sobre a consolidação de arbitragens já em curso, hipótese em que aplica o Art. 10 do Regulamento CCI 2012, a decisão da Corte da CCI é apenas *prima facie* e pode ser revista pelos árbitros. De acordo com o guia elaborado pelos secretários da CCI, "a pequena diferença entre o Artigo 6(4), inciso (ii), e o Artigo 10, alínea (c), é que no primeiro o Tribunal está tomando uma decisão *prima facie* em relação a se um caso pode proceder enquanto que no segundo a decisão administrativa para consolidação de demandas é final".[425]

---

validity and/or enforcement of any award made by the arbitral tribunal in the arbitration, in so far as such waiver can validly be made".

[423] Texto original: "*Subject to the provisions of Articles 6(3)-6(7) and 23(4), claims arising out of or in connection with more than one contract may be made in a single arbitration, irrespective of whether such claims are made under one or more than one arbitration agreement under the Rules*". (tradução livre). Continua o autor: "*Where there are multiple arbitration agreements, the cross-reference to Art. 6(4)(ii) 2012 ICC Rules in Art. 9 2012 ICC Rules comes to application. This means that the ICC Court may exercise its role of the preliminary decision-maker and that it may decide whether the arbitral proceedings may continue*". HLUBUCEK, Jan, op. cit., p. 29.

[424] Texto original: "*In all cases referred to the Court under Article 6(3), the Court shall decide whether and to what extent the arbitration shall proceed. The arbitration shall proceed if and to the extent that the Court is* prima facie *satisfied that an agreement under the Rules may exist [...]*". O mesmo Art. 6(3)(ii) ainda estabelece que: "*[...] In particular: [...] where claims pursuant to Article 9 are made under more than onearbitration agreement, the arbitration shall proceed as to those claims with respect to which the Court is* prima facie *satisfied (a) that the arbitration agreements under those claims are made may be compatible, and (b) that all parties to the arbitration may have agreed that those claims can be determined together in asingle arbitration*".

[425] Texto original: "*[t]he slight difference between Article 6(4), subparagraph (ii), and Article 10, subparagraph (c), is that for the former the Court is taking a* prima facie *decision as to whether a case can proceed whereas in the later the administrative decision to consolidate is final*". (tradução livre) FRY, Jason; GREENBERG, Simon; MAZZA, Francesca, op. cit., p. 114.

Ressalta-se que a mesma ponderação quanto às diferenças entre o art. 6(4) e o art. 10 se aplicam entre o art. 9 e o art. 10, já que o próprio art. 9 condiciona sua aplicação ao art. 6(4), sendo ambos utilizados para decisões *prima facie* da Corte da CCI.[426]

Interessante que se, de um lado, parece lógico que a decisão da Corte da CCI de manter demandas cumuladas orginalmente possa ser revista pelo Tribunal Arbitral, o mesmo não ocorre em relação em relação à decisão da Corte da CCI que determina a separação dessas demandas, já que, nesta última hipótese, caso o Tribunal Arbitral opte por reverter a decisão de separação das demandas, determinando que sejam examinadas em conjunto, pode haver conflito sobre qual será o Tribunal Arbitral competente para realizar essa análise.

Esse tema da admissão ou não da cumulação originária de demandas arbitrais (hipótese em que essas demandas serão separadas) será novamente abordado no capítulo destinado às técnicas de consolidação (e/ou separação) de demandas arbitrais.

6.2. Competência-Competência e a Consolidação de Processos Arbitrais Conexos

Um dos obstáculos a serem enfrentados está na dificuldade de se lidar com a conexidade de demandas arbitrais relacionadas em um contexto de sobreposição de tribunais arbitrais igualmente competentes para adjudicar o mesmo litígio (*overlapping jurisdictional competence*).[427]

Diferentemente dos conflitos entre autoridades judiciais nacionais, não há no âmbito dos processos arbitrais paralelos previsões legais específicas (i) de órgão central responsável por solucionar conflitos positivos

---

[426] "*The ICC Court will assess such matters only on a prima facie bais, whereas the arbitrators will perform deeper analysis*". HLUBUCEK, Jan, op. cit., p. 29.
https://is.muni.cz/th/348630/pravf_m/Diplomova_prace_Hlubucek_-_FINAL.pdf

[427] Em relação ao debate se o árbitro possui jurisdição ou competência cf. CARMONA, Carlos Alberto. **Arbitragem e processo**, op. cit., p. 79. De acordo com Carmona, quando as partes assinam convenção de arbitragem, outorgam jurisdição aos árbitros (ou seja, concedem a eles o poder de impor sua decisão) e, ao mesmo tempo, subtraem a competência do juiz togado.

de competência;[428] (ii) de regras definidas para reunião de demandas relacionadas.[429]

A solução passaria, então, para o princípio da competência-competência[430], segundo o qual o árbitro decide sobre sua própria competência, cabendo a ele a decisão sobre a regularidade da convenção arbitral.

Essa é a solução a ser adotadas, como veremos, nos casos de cumulação originária de ações, nos quais, a despeito da autoridade da instituição arbitral para decisões *prima facie* referentes à admissão de processo arbitral que trate, por exemplo, de demandas fundadas em contratos relacionados distintos, é o árbitro a autoridade competente para definir se pode(m) ou não o(s) autor(es) apresentar distintas demandas em um único processo.[431]

---

[428] Também diante de um conflito de competência entre judiciário e arbitragem não seria possível aplicar-se a exceção de litispendência, uma vez que a *lis pendens* exige que as autoridades adjudicatórias sejam igualmente competentes. Como a autoridade do tribunal arbitral está fundada na validade de convenção entre as partes que confere poder aos árbitros e afasta a competência do juiz togado, a exceção da litispendência estaria, em geral, prejudicada. McLachlan, Cambell. **Lis Pendens in International Litigation**. Leiden: Hague Academy of International Law, 2009, p. 44.

[429] De acordo com José Rogério Cruz e Tucci, "o juiz togado não tem o poder de determinar a reunião dos respectivos processos, fazendo deslocar para a jurisdição estatal aquele que tramita perante o juízo arbitral. Assim também a recíproca é verdadeira, ou seja, o árbitro igualmente não dispõe de tal prerrogativa". Tucci, José Rogério Cruz e. Ações concorrentes, arbitragem, conexão e chamamento ao processo, **Revista do Advogado**, São Paulo, v. 33, 2013, p. 58-67.

[430] De acordo com o princípio da *Compétence-Compétence*, o árbitro decide sobre sua própria competência, cabendo a ele a decisão sobre a regularidade da convenção arbitral. Fouchard, Philippe; Gaillard, Emmanuel; Goldman, Berthold. **Traité de l'arbitrage commercial international**. Paris: Litec, 1996, p. 405 e ss. Ver também Alves, Rafael Francisco. **A inadmissibilidade das medidas antiarbitragem no direito brasileiro**. São Paulo: Atlas, 2009. De acordo com Nadja, "[a]lthough the priciple of competence-competence is internationally accepted, its implementation in national arbitration laws is not uniform, but follows differents approaches regarding the timing, the scope and the consequences of an arbitral tribunal's competence to consider its own jurisdiction". Erk, Nadja, op. cit., p. 36.

[431] De acordo com Jan Hlunucek, "*Generally, it is the arbitrators who will decide on both the jurisdiction and on the possibility to bring all claims from all contracts into a single proceedings. The decision whether to bring multiple claims from multiple contracts into a single set of proceedings or not will be a part of the decision on jurisdiction – and during the oral hearing, this issue will be tackled during the initial stage of the proceedings. However, there are cases in which the preliminary decision of the ICC Court would be necessary. Such preliminary decisions are usually rendered even before the arbitral tribunal is appointed*". Hlubucek, Jan, op. cit., p. 23.

Na maioria das vezes, contudo, esse obstáculo também não pode ser solucionado pelo princípio da competência-competência, uma vez que, diante da existência de mais de um tribunal arbitral competente para examinar a matéria, não haveria supremacia hierárquica de um sobre o outro.

Desse modo, não basta identificar qual é o órgão de adjudicação competente, uma vez que todos os tribunais arbitrais a serem estudados seriam, *a priori*, igualmente competentes, mas sim verificar (i) se deveria haver reunião dos múltiplos processos paralelos em um único, de tal modo que um dos tribunais arbitrais declinasse de sua competência e, nesse caso, qual deles,[432] ou (ii) seriam integradas como terceiros em um dos processos as partes do(s) outro(s) processo(s) relacionado(s) ou, ainda, (iii) se os dois (ou vários) tribunais devem julgar a matéria separadamente.[433]

Diante disso, muito do trabalho a ser feito é estudar quais são as outras autoridades que podem e/ou devem decidir sobre a consolidação de processos arbitrais conexos. Dada as dificuldades de se atribuir, muitas vezes, a decisão sobre essa questão aos árbitros, passa a ser necessário estudar os atores que passam a exercer esse poder que, em primeira e última instância decorre das partes, ainda que esteja sendo exercido em substituição à vontade dessas.

Passa-se, então, a examinar quem é a autoridade competente para definir se deve ou não ocorrer a consolidação ou separação de processos arbitrais conexos. Embora o tema desta tese seja estudar os poderes dos árbitros para lidar com a conexidade entre processos arbitrais paralelos, é preciso circunscrever o poder e os limites do poder das demais autoridades envolvidas direta ou indiretamente com a arbitragem para que se defina também quais são os limites do poder dos árbitros. A depender

---

[432] KESSEDJIAN, Catherine. The Global Context: Is Global Harmonization Needed? **Special Series, Arbitral Tribunals or State Court who must defer to whom?**, n. 15, jan. 2001, p. 101-6.

[433] Adotada esta última alternativa, outras perguntas ainda podem ser levantadas: (a) esse julgamento seria simultâneo ou (b) haveria suspensão de um julgamento até que o outro seja definido? e (c) como lidar com a eventual existência de decisões conflitantes (ou com premissas conflitantes) sobre o mesmo tema? Para o estudo, faz-se referência à premiada tese de Claire Debourg. Conf. Ver DEBOURG, Claire, op. cit.

do modelo de regulação do princípio da competência-competência[434] adotado, essa autoridade pode ser (i) além do árbitro ou dos árbitros; ou, caso previsto pelo regulamento da instituição eleita pelas partes, (ii) a câmara arbitral, seu presidente ou determinada corte ou órgão que tenha essa função; ou (iii) um terceiro designado pelas partes para exercer esse papel; ou, ainda, (iv) o Judiciário.

As vantagens de se atribuir aos árbitros a competência para de determinar se deve ou não ocorrer a consolidação ou separação de processos arbitrais conexos são tanto (i) o fato de ser esse órgão ao qual as partes investiram de jurisdição; como (ii) ser aquele dotado de maior conhecimento sobre os fatos do caso. No entanto, a atribuição dessa competência ao Tribunal Arbitral pode enfrentar problemas quando (i) já houver mais de um Tribunal Arbitral constituído; e quando (ii) a consolidação de processos arbitrais conexos venha a acarretar o ingresso de terceiros que não participaram da formação do Tribunal Arbitral.[435]

Nessas hipóteses, parece ser relevante atribuir às instituições e câmaras arbitrais a competência para determinar a consolidação de processos arbitrais. Essa foi a solução adotada pelas seguintes instituições arbitrais: Bovespa, CAM/CCBC, CEPANI, SCC, JAMS, CIETAC, ICC, HKIAC e AMCHAM.

De acordo com Philip Bruner:

> Os mais amplos direitos de consolidação aparecem no Regulamento de Arbitragem de Engenharia e Construção da JAMS (2009), Artigos 6(e) e 11, que dão poderes à JAMS de tribunal administrador para consolidar arbitragens iniciadas separadamente envolvendo pedidos de diferentes partes que tenham as mesmas 'questões comuns de fato ou de direito', e para designar administrativamente qual tribunal selecionado julgará as questões consolidadas. Uma vez consolidadas, as partes de ambas as arbitragens são tratadas como partes de uma única arbitragem, e podem fazer reivindicações e reconvenções contra todas as partes consolidadas. O Regulamento do JAMS

---

[434] De acordo com Rafael Francisco Alves: "Existem, basicamente, três modelos atualmente vigentes de Regulação do princípio da competência-competência: a competência concorrente de árbitros e juízes, a competência prioritária incondicionada dos árbitros e, finalmente, a competência prioritária condicionada dos árbitros". ALVES, Rafael Francisco, op. cit., p. 61.

[435] CARVALHO, Lucia de Oliveira; LOPES, Luiz Felipe Calábria, op. cit., p. 44.

também dão poderes aos árbitros 'para solucionar controvérsias a respeito da interpretação e aplicabilidade desse Regulamento'.[436]

Essa decisão poderia ser retificada ou retificada pelo Tribunal Arbitral após sua constituição. Isso, contudo, não ocorre sem traumas, já que o Tribunal Arbitral constituído para julgar uma disputa já consolidada tem sua legitimidade condicionada à própria consolidação de processos. Nesse cenário, é provável que, ao menos uma das partes – senão todas – tenha seu direito de indicar um dos árbitros comprometido.

6.3. A Consolidação de Processos Relacionados Por Instituições Arbitrais

A partir do momento que as partes escolheram determinado regulamento de arbitragem as regras desse regulamento são incorporadas à convenção de arbitragem[437]. Caso o regulamento eleito pelas partes tenha tratado da consolidação ou reunião de processos arbitrais relacionados, as partes consentiram previamente com a referida consolidação.

De todo modo, como se verificará a maior parte dos regulamentos é bastante restritiva sobre os requisitos para a determinação da consolidação. Mesmo nas hipóteses em que o regulamento das câmaras ou instituições arbitrais tenham previsto a possibilidade de consolidação, muitas vezes o condicionam à aceitação unânime das partes, tornando, portanto, inócuo o instituto.

---

[436] Texto original: *"The broadest consolidation rights appear in JAMS Engineering and Construction Arbitration Rules and Procedures (2009), Rules 6(e) and 11, which empower JAMS as tribunal administrator to consolidate separately commenced arbitrations involving claims of different parties that have the same 'common issues of fact or law', and to designate administratively which selected tribunal will hear the consolidated matters. Once consolidated, parties in both arbitrations are treated for all purposes as parties in one arbitration, and may assert claims and cross-claims against and all consolidated parties. The JAMS Rules also empower the arbitrators 'to resolve all disputes regarding the interpretation and applicability of these Rules".* (tradução livre) BRUNER, Philip L., op. cit., p. 543.

[437] De acordo com Carmona, "a convenção de arbitragem tem um duplo caráter: como acordo de vontades, vincula as partes no que se refere a litígios atuais ou futuros, obrigando-as reciprocamente à submissão ao juízo arbitral; como pacto processual, seus objetivos são os de derrogar a jurisdição estatal, submetendo as partes à jurisdição dos árbitros". CARMONA, Carlos Alberto. **Arbitragem e processo**, op. cit., p. 89.

Esse era o caso, por exemplo, do antigo regulamento ("Regulamento CCI 1998") da CCI, suplantado pelo Regulamento CCI 2012. Passaremos, então, a estudar esses regulamentos e as interpretações que têm sido a ele atribuídas.

6.3.1. CCI

Provavelmente, o mais profundo e intenso debate sobre consolidação de processos arbitrais se deu em torno do Regulamento CCI 1998 e do Regulamento CCI 2012.[438] Isso não se dá por acaso. A Corte Internacional de Arbitragem da CCI é a mais influente instituição arbitral no mundo, com maior número de casos e capilaridade entre os diversos países. Também é um dos principais centros de estudo sobre a prática da arbitragem internacional.

Para a CCI, a *consolidação* se configura nas hipóteses em que há pelo menos duas arbitragens CCI separadas e pendentes e uma ou mais partes de uma das arbitragens quer que elas sejam consolidadas em um único processo.[439] De acordo com o art. 4(6) do Regulamento CCI 1998:[440]

> Quando uma parte apresentar um Requerimento relativo a uma relação jurídica que seja objeto de um procedimento arbitral em andamento entre

---

[438] Texto original: *"The 1998 rules did not refer to the consolidation of arbitrations, unlike article 10 of the new rules. By the fact of adopting the ICC's arbitration clauses, the parties accept the terms of the rules and therefore authorize the Court to consolidate according to the terms of article 10 of the new rules"*. (traduçnao livre) CREMADES, Bernardo. Multi-party Arbitration in the New ICC Rules, **Spain Arbitration Review – Revista del Club Español del Arbitraje**, Wolters Kluwer España, v. 14, 2012, p. 23-31.

[439] ALBANESI, Christian; FERRIS, José Ricardo; GREENBERG, Simon. Consolidação, integração, pedidos cruzados (*cross claims*), arbitragem multiparte e multicontratual e recente experiência na Câmara de Comércio Internacional (CCI), op. cit., p. 85-100.

[440] No Regulamento CCI 1998 não havia regras sobre estes mecanismos processuais complexos, entretanto, no atual regulamento fora abordado estes tópicos, tendo em vista que cerca de 30% dos casos trazidos àquela Corte envolvem mais de duas partes. O novo Regulamento apresenta requisitos para organização de procedimentos e para indicação dos árbitros nas hipóteses de partes múltiplas; estabelece regras para demandas com múltiplos contratos, para apresentação de reconvenção além de prevê a admissão de terceiros expressamente. BENETI, A. C.; BARALDI, E; GIUSTI, G.; BUENO, J. C.; BERNADES, M. A. **Novo regulamento da corte internacional de arbitragem da CCI busca celeridade dos procedimentos**. Disponível em: <http://www.bmfbovespa.com.br/juridico/noticias-e--entrevistas/Noticias/Novo-regulamento-da-Corte-Internacional-de-Arbitragem-da-CCI--busca-garantir-celeridade-dos-procedimentos.asp>. Acesso em: 8 nov. 2013.

as mesmas Partes e processado de acordo com este Regulamento, a Corte poderá, a pedido de uma das Partes, decidir incluir no procedimento arbitral em andamento as demandas contidas no Requerimento, desde que a Ata de Missão não tenha sido assinada ou aprovada pela Corte. Caso a Ata de Missão não tenha sido assinada ou aprovada pela Corte, as inclusões somente poderão ser feitas nas condições estabelecidas no artigo 19.

Desse modo, o art. 4(6) do Regulamento CCI 1998 estabeleceu dois claros requisitos mínimos para que houvesse a consolidação de processos arbitrais pela Corte da CCI, quais sejam: (i) os dois casos devem pertencer à mesma relação e (ii) as partes devem ser as mesmas.[441]

Durante a vigência do regulamento anterior (Regulamento CCI 1998), a Corte da CCI raramente determinava a reunião de processos arbitrais relacionados se houvesse a objeção de uma das partes.[442] Para Anne Whitesell e Eduardo Silva-Romero, de um modo geral, a Corte foi chamada poucas vezes a aplicar o art. 4(6), pois "na maioria dos casos relacionados instaurados perante a CCI, as próprias partes chegam a um acordo sobre a consolidação, de modo a economizar custas e evitar o risco de decisões conflitantes".[443]

---

[441] De acordo com Anne Marie Whitesell e Eduardo Silva-Romero, "[f]or the purposes of Article 4(6), 'same legal relationship' would appear to mean the same economic transaction". WHITESELL, Anne Marie; SILVA-ROMERO, Eduardo, op. cit., p. 7-18.

[442] "Le tribunal arbitral justifie la recevabilité d'une demande unique d'arbitrage par deux séries de raisons. D'abord, il se fonde sur la volonté des parties. L'adoption d'une clause compromissoire dans un second contrat lié au premier n'implique pas que les parties aient voulu souscrire à la procédures arbitrales différentes pour chaque contrat. Le tribunal trouve de surcroît dans l'attitude des parties préalablement à l'arbitrage des indices de leur volonté de voir régler leurs différends dans um contentieux arbitral unique. Un accord transactionnel avait ainsi prévu que les litiges éventuels seraient réglés d'après la clause d'arbitrage du contrat cadre. La seconde ligne de raisonnement du tribunal arbitral se rapporte au lien de connexité entre les contrats litigieux. Le tribunal relève que les contrats avaient été conclus pour l'exécution entre les mêmes parties d'une opération unique du commerce international. D'autres arbitres ont également jugé que l'interdépendance est questions litigieuses et le caractère homogène de l'opération envisagée s'opposait à ce que deux tribunaux arbitraux soient constitués d'après chaque clause d'arbitrage, le jugement de toutes les demandes par un unique tribunal arbitral étant seul de nature à donner effet à la volonté des parties". Caso 5989, 1989, **Collection of ICC Arbitral Awards** 1996-2000, p. 465.

[443] Texto original: "[i]n most related cases brought before ICC, the parties themselves reach an agreement on consolidation, in order to save costs and avoid the risk of conflicting decisions". (tradução livre). Ainda, de acordo com Whitesell e Silva-Romero, "For this reason, the Court has not often been requested to make a decision on the consolidation of cases in accordance with Article 4(6).

Para Yves Derains:

a Corte, geralmente, tem sido relutante para determinar a consolidação de duas arbitragens diante da objeção de uma das partes. Isso teve o efeito de retirar da disposição a respeito da consolidação qualquer utilidade real como, pelos motivos já expostos, a única situação em que tal disposição é efetivamente necessária é quando, por definição, uma das partes não deseja incluir seus pleitos em uma arbitragem já pendente entre as mesmas partes.[444]

De acordo com José Ricardo Ferris, Christian Albanesi e Simon Greenberg, conhecidos e atuantes membros da Secretaria da CCI:

A prática da Corte em relação a este artigo foi a de seguir estritamente a sua linguagem. Isso significa que, a fim de consolidar duas ou mais arbitragens CCI pendentes: as relações jurídicas subjacentes às arbitragens devem ser conexas; as partes de cada arbitragem devem ser as mesmas; a parte em uma das arbitragens deve requerer a consolidação; e a Ata de Missão não deve ter sido assinada ou aprovada. [...] Nos três anos entre 01.01.2007 e 31.12.2009, a Corte examinou 24 pedidos contestados para consolidação, 8 dos quais foram aceitos e os demais rejeitados. Estes números excluem os casos em que todas as partes concordaram em consolidar os procedimentos.

The Court did, however, apply Article 4(6) in two recent cases. In one, although the requirements of Article 4(6) were met and the claims all resulted from the same contract, the respondent objected to consolidation of the related matters, purporting that in the first matter the opposing party claimed loss of profits and in the second matter the reimbursement of sums due for services that had been rendered. One might justifiably wonder why the claims introduced two different arbitration requests and thereafter requested consolidation, instead of commencing a single arbitration. In the second case, the claimant introduced two requests for arbitration directed against the same respondent and concerning a common economic transaction. In this case, the claimant's strategy was understandable since it based each request on a different contract and might well have doubts over the notion of 'legal relationship' contained in Article 4(6)". WHITESELL, Anne Marie; SILVA-ROMERO, Eduardo, op. cit., p. 7-18.

[444] Texto original: *"the Court has generally been reluctant to order the joinder of two arbitrations over the objection of one of the parties. This has had the effect of depriving the provision regarding joinder of any real utility as, for the reasons just given, the only situation in which such a provision is actually needed is where, by definition, one of the parties does not wish to include its claims in an already pending arbitration between the same parties"*. (tradução livre) DERAINS, Yves; SCHWARTZ, Eric A. **A Guide to the New ICC Rules of Arbitration**. Alphen aan Den Rijn: Kluwer Law International, 2005, p. 64.

Em tais casos, uma decisão da Corte é desnecessária e a Secretaria procede à consolidação dos casos administrativamente.[445]

De acordo com o Artigo 13 do Regulamento da CCI de 1998 ("Regulamento CCI 1988"):

Consolidação de demandas na arbitragem
Quando uma parte apresenta um Requerimento de Arbitragem em relação a uma relação jurídica já submetida a um processo arbitral pelas mesmas partes e pendente perante a Corte de Arbitragem Internacional, a Corte pode decidir incluir esse pedido nos processos existentes, observando-se as disposições do Artigo 16 do Regulamento da CCI.[446]

De acordo com o Art. 10 do Regulamento CCI 2012:[447]

A Corte poderá, a requerimento de uma das partes, consolidar duas ou mais arbitragens pendentes, submetidas ao Regulamento, em uma única arbitragem, quando: a) as partes tenham concordado com a consolidação; ou b) todas as demandas sejam formuladas com base na mesma convenção de arbitragem; ou c) caso as demandas sejam formuladas com base em mais de uma convenção de arbitragem, as arbitragens envolvam as mesmas partes, as disputas nas arbitragens sejam relacionadas à mesma relação jurídica, e a Corte entenda que as convenções de arbitragem são compatíveis.

---

[445] ALBANESI, Christian; FERRIS, José Ricardo; GREENBERG, Simon. Consolidação, integração, pedidos cruzados (*cross claims*), arbitragem multiparte e multicontratual e recente experiência na Câmara de Comércio Internacional (CCI), op. cit., p. 85-100.
[446] Texto original: *"Joinder of claims in arbitration proceedings*
When a party presents a Request for Arbitration in connection with a legal relationship already submitted to arbitration proceedings by the same parties and pending before the International Court of Arbitration, the Court may decide to include that claim in the existing proceedings, subject to the provisions of Article 16 of the ICC Rules of Arbitration". (tradução livre)
[447] *"The ICC Rules permit the ICC Court to order consolidation at the request of any party to any dispute, even in the absence of consent from all other parties, where the claims arise under the same arbitration agreement, or where the arbitration are between the same parties, arise in connection with the same legal relationship, and the ICC Court finds that the arbitration agreements are compatible. (ICC Rules, Article 10)".* DEBEVOISE; PLIMPTON. **Annotated Model Arbitration Clause for International Contracts**, 2011, p. 22. FRY, Jason; GREENBERG, Simon; MAZZA, Francesca, op. cit., p. 113-4.

AUTORIDADE E COMPETÊNCIA PARA DECIDIR SOBRE QUESTÕES DE CONEXIDADE

Ao decidir sobre a consolidação, a Corte deverá levar em conta quaisquer circunstâncias que considerar relevantes, inclusive se um ou mais árbitros tenham sido confirmados ou nomeados em mais de uma das arbitragens e, neste caso, se foram confirmadas ou nomeadas as mesmas pessoas ou pessoas diferentes. Quando arbitragens forem consolidadas, estas devem sê-lo na arbitragem que foi iniciada em primeiro lugar, salvo acordo das partes em sentido contrário.[448]

De acordo com o The Secretariat's Guide to ICC Arbitration:

O Artigo 10 substitui o antigo Artigo 4(6) e, apesar de manter uma abordagem conservadora para a consolidação, consideravelmente expande os poderes do Tribunal para fazer a consolidação. Conforme o antigo Artigo 4(6), a menos que as partes tivessem concordado em consolidar, a Corte poderia determinar a consolidação apenas se as partes dos processos a serem consolidados fossem as mesmas. Ainda, a cumulação também pode ser apropriada em outras situações, tais como se as partes, apesar de nem todas envolvidas em todas as arbitragens pendentes, estivessem, não obstante, vinculadas por uma única convenção arbitral [...]. Outra modificação é que o Artigo 10 agora explicitamente confirma que a consolidação pode ocorrer se acordado pelas partes, o que corresponde à prática desenvolvida conforme o Regulamento de 1998. Por fim, uma parte do teste conforme o antigo Artigo 4(6) foi alterada. Previamente, uma cumulação tinha que ser solicitada antes de redigir os Termos de Referência. Agora, o Artigo 10 exige que a Corte considere se quaisquer árbitros foram confirmados ou nomeados em qualquer uma das arbitragens.[449]

---

[448] *"The Court may, at the request of a party, consolidate two or more arbitrations pending under the Rules into a single arbitration, where: a) the parties have agreed to consolidate; or b) all of the claims in the arbitrations are made under the same arbitration agreement; or c) where the claim in the arbitrations are made under more than one arbitration agreement, the arbitrations are between the same parties, the disputes in the arbitrations arise in connection with the same legal relationship, and the Court finds the arbitration agreements to be compatible. In deciding whether to consolidate, the Court may take into account any circumstances it considers to be relevant, including whether one or more arbitrators have been confirmed or appointed. When arbitrations are consolidated, they shall be consolidated into the arbitration that commenced first, unless otherwise agreed by all parties"*. "O Regulamento CCI 2017 manteve a mesma redação do Artigo 10 do regulamento anterior sobre a consolidação de demandas arbitrais.".

[449] Texto original: *"Article 10 replaces the former Article 4(6) and, despite maintaining a conservative approach to consolidation, considerably expands the Court's powers to consolidate. Under the former*

De acordo com Arben Iusef:

O art. 10 do Regulamento CCI 2012 confere à Corte da CCI o poder de consolidar duas ou mais arbitragens CCI em uma única arbitragem mediante solicitação da parte que deseja fazê-lo. A Corte pode proceder com a consolidação de diversos processos arbitrais em circunstâncias em que a) as partes tenham dado seu consentimento para continuar com a cumulação; ou b) todos os pedidos nos processos separados derivam da mesma convenção arbitral; ou c) todos pedidos são elaborados conforme diferentes convenções arbitrais enquanto que as arbitragens ocorrem entre as mesmas partes, as controvérsias surgem relacionadas à mesma relação jurídica e a Cortere quer que haja compatibilidade entre as convenções arbitrais.[450]

Outro aspecto relevante a ser observado quanto à decisão da CCI em relação à consolidação de demandas arbitrais conexas é que tal decisão é final e vincula os árbitros.[451]

Article 4(6), unless the parties had agreed to consolidate, the Court could order consolidation only where the parties in the proceedings to be consolidated were the same. Yet, consolidation can also be appropriate in other situations, such as where parties, although not all involved in all of the pending arbitrations, are nonetheless bound by a single arbitration agreement (...). A further modification is that Article 10 now explicitly confirms that consolidation may occur if agreed by the parties, which corresponds to the practice developed under the 1998 Rules. Finally, one part of the test under the former Article 4(6) has been altered. Previously, consolidation had to be requested before drawing up the Terms of Reference. Now Article 10 rather requires the Court to give consideration to whether any arbitrators have been confirmed or appointed in any of the arbitrations". (tradução livre) FRY, Jason; GREENBERG, Simon; MAZZA, Francesca, op. cit., p. 111-2.

[450] Texto original: *"This article confers to the ICC Court the power to consolidate two or more ICC arbitrations into a single arbitration upon the request of the party wishing to do so. The Court may proceed with the consolidation of several arbitration proceedings in circumstances where a) the parties have given their consent to move with consolidation; or b) all the claims in the separate arbitration proceedings derive from the same arbitration agreement and c) claims are made under different arbitration agreements as long as the arbitrations occur between the same parties, the disputes arise in connection with the same legal relationship and the Court ascertains that exists the compatibility of the arbitration agreements".* (tradução livre) ISUFI, Arben, op. cit., p. 24.

[451] "The ICC Court's decision to consolidate arbitration is final; the tribunal has no authority to serve the proceedings". DEBEVOISE; PLIMPTON, op. cit., p. 22. FRY, Jason; GREENBERG, Simon; MAZZA, Francesca, op. cit., p. 113-4.

6.3.2. Regras de Arbitragem Internacional da Câmara de Comércio da Suíça

De acordo com a nova versão da *Swiss Rules of International Arbitration of the Swiss Chambers of Commerce*, em vigor desde 1º de junho de 2012, a Corte pode agora decidir pela consolidação de processos arbitrais relacionados após ter consultado as partes ou os árbitros confirmados nos processos arbitrais que serão objeto de consolidação.[452] Em caso de consolidação, presumir-se-á que as partes de todos os processos arbitrais envolvidos abdicaram de seu direito de nomear um árbitro, passando a Corte a ter o poder de revogar as nomeações e confirmações já ocorridas e constituir o Tribunal nos termos das regras aplicáveis para processos consolidados, *in verbis*:

> Se um Requerimento de Arbitragem for apresentado por partes já envolvidas em outros processos arbitrais pendentes conforme esse Regulamento, a Corte pode decidir, após consultar as partes e qualquer árbitro confirmado em todos os processos, que o novo caso deverá ser consolidado com os processos arbitrais pendentes. A Corte pode proceder da mesma forma se um Requerimento de Arbitragem for apresentado por partes que não sejam idênticas às partes nos processos de arbitragem pendentes.
>
> Ao proferir sua decisão, a Corte deverá levar em consideração todas as circunstâncias relevantes, incluindo os vínculos entre os casos e o progresso já feito no processo de arbitragem pendente. Se a Corte decidir consolidar o novo caso com os processos arbitrais pendentes, as partes de todos os processos deverão ser consideradas como se tivessem renunciado a seu direito de designar um árbitro, e a Corte pode revogar a nomeação e confirmação de árbitros e aplicar as disposições da Seção II (Composição do Tribunal Arbitral).[453]

---

[452] Sobre a jurisprudência das cortes suíças sobre o consentimento implícito: *"Whenever (...), there are no factual certainties as to the real and reciprocal intent of the parties or when the court finds that one party did not understand the other's intent, their (presumed) intent must be determined interpreting their statements according to the principle of trust (so called objective interpretation), namely with the meaning that each contractive party could and should reasonably attribute to the statements of intent of the other under the specific circumstances"*. Tribunal Federal Suíço – SFCD of 29 fev. 2008 – 4A.452/2007, sec. c. 2.3.

[453] *"Where a Notice of Arbitration is submitted between parties already involved in other arbitral proceedings pending under these Rules, the Court may decide, after consulting with the parties and any confirmed arbitrator in all proceedings, that the new case shall be consolidated with the pending arbitral*

De acordo com o Relatório, entre 2004 e 2014, o Art.4(1) foi aplicado em 16 casos: em 11 casos (5 com o consentimento de todas as partes) a consolidação foi admitida e em 5 casos foi rejeitada.

Segundo Cesare Jermini, Vice-Presidente da Corte de Arbitragem da Suíça:

> A consolidação foi, por exemplo, determinada no caso de: Solicitações simultâneas de arbitragem (Tribunal Arbitral ainda não constituído); mesmas partes; contratos similares da mesma data (venda de aço), cláusulas compromissórias idênticas. Solicitações subsequentes de arbitragem; mesmo contrato; mesmo requerente; mesmos requeridos, mais requeridos adicionais. Solicitações subsequentes de arbitragem, mesmos árbitros; em parte mesmos contratos e fatos subjacentes; partes diferentes, mas todas 'envolvidas' na controvérsia e pertencendo ao mesmo grupo de sociedades em cada lado. Contrato de todas as partes envolvidas (5 casos): por exemplo, solicitações subsequentes de arbitragem, mesmos árbitros; reivindicações baseadas no mínimo em parte nos mesmos contratos e fatos subjacentes. Nenhuma consolidação foi, por exemplo, concedida em caso de: Solicitações subsequentes de arbitragem; mesmo contrato de investimento subjacente entre 4+1 pessoas e um banco; cláusulas de arbitragem diferentes (inglês/italiano; 3 árbitros/?) do contrato de investimento e acordo de compensação subsequente, respectivamente; estágio avançado da primeira arbitragem (decisão liminar proferida; instruções posteriores a audiências esperadas brevemente). Uma única solicitação de arbitragem 'misturando' três contratos separados envolvendo 4 partes (agrupadas diferentemente conforme cada contrato), a lei suíça e italiana, e prevendo três cláusulas de arbitragem diferentes (com diferentes sedes: Lugano e Bologna): uma solicitação de consolidação exige ao menos dois processos separados a serem consolidados, um dos quais já está pendente. Cláusulas compromissórias

---

proceedings. The Court may proceed in the same way where a Notice of Arbitration is submitted between parties that are not identical to the parties in the pending arbitral proceedings.

When rendering its decision, the Court shall take into account all relevant circumstances, including the links between the cases and the progress already made in the pending arbitral proceedings. Where the Court decides to consolidate the new case with the pending arbitral proceedings, the parties to all proceedings shall be deemed to have waived their right to designate an arbitrator, and the Court may revoke the appointment and confirmation of arbitrators and apply the provisions of Section II (Composition of the Arbitral Tribunal)".

diferentes: 3 vs. 1 árbitro, este para preencher exigências específicas (advogado, 10 anos de experiência em direito de construção).⁴⁵⁴

6.3.3. Regulamento CEPANI

O Regulamento de Arbitragem do Centro de Mediação e Arbitragem da Bélgica ("Regulamento CEPANI") tornou-se bastante conhecido da comunidade arbitral brasileira por conta do XXI Willem C. Vis Moot. Trata-se de simulação de arbitragem que reúne estudantes de direito e árbitros de todo o mundo e que em sua edição de 2013-2014 utilizou no caso-problema objeto da simulação o Regulamento CEPANI.⁴⁵⁵ O problema apresentado aos estudantes, em geral, levanta questões

---

⁴⁵⁴ Texto original: *"Consolidation has for instance been ordered in case of: Simultaneous requests for arbitration (AT not yet constituted); same parties; similar contracts of the same date (sale of steel), identical arbitration clauses. Subsequent requests for arbitration; same contract; same claimant; same defendants, plus additional defendants. Subsequent requests for arbitration, same arbitrators; in part same contracts and underlying facts; different parties, but all 'involved' in the dispute and belonging to the same group of companies on each side. Agreement of all parties involved (5 cases): e.g. subsequent requests for arbitration, same arbitrators; claims based at least in part on the same contracts and underlying facts. No consolidation has for instance been granted in case of: Subsequent requests for arbitration; same underlying investment contract between 4 + 1 individuals and a bank; different arbitration clauses (English/Italian; 3 arbitrators) out of investment contract and subsequent settlement agreement, respectively; late stage of the first arbitration (preliminary award issued; post-hearings briefs expected shortly). One single request for arbitration, 'blending' three separate contracts involving 4 Parties (grouped differently under each contract), Swiss and Italian law, and setting out three different arbitration clauses (with different seats: Lugano and Bologna): a request for consolidation requires at last two separate proceedings to be consolidated, one of which is already pending. Different arbitration clauses: 3 vs. 1 arbitrator, the later to fulfill specific requirements (solicitor, 10 years of experience in construction law)".* (tradução livre) JERMINI, Cesare. Newsletter – 1/2015, **Swiss Chambers' Arbitration Institution**, 2015, p. 2.

⁴⁵⁵ De acordo com a análise do problema transmitida de forma sumarizada aos árbitros das arbitragens simuladas: *"Question b: Can and should both claims be heard in a single arbitration? Claimant has initiated one set of arbitration proceedings for claims arising from two separate contracts, i.e. the FSA and the SLA. Both contracts are, however, closely connected. They concern the same Proton Therapy Facility and Art. 45 FSA explicitly provides that its provisions also apply to subsequent contracts concluded in connection with the Proton Therapy Facility unless these contracts contain provisions to the contrary. In particular, has Claimant based the jurisdiction for both claims on the arbitration clause in Art. 23 FSA, which has, however, been slightly modified at least in relation to the availability of court proceedings. For the joint treatment of the two claims in a single arbitration Claimant has relied on Art. 10 CEPANI Rules which provides in its relevant part".* **XXIth Annual Willem C. Vis International Commercial Arbitration Moot (EAST).** Analysis of the

jurisdicionais e de mérito (normalmente relacionados à aplicação da Convenção de Viena sobre Contratos de Compra e Venda Internacional de Mercadorias – CISG). Naquela edição de 2013-2014, a parcela jurisdicional do problema tinha como um de seus principais tópicos a possibilidade (ou não) de questões decorrentes de mais de um contrato serem solucionadas em uma única arbitragem (cumulação original de ações).

O foco da discussão no problema do Vis Moot estava na interpretação do Art. 10 do Regulamento CEPANI, segundo o qual:

> 1. Demandas decorrentes de diversos contratos ou em relação ao mesmo podem ser feitas em uma única arbitragem.
> Esse é o caso quando as referidas demandas são apresentadas de acordo com diversas convenções arbitrais: a) se as partes tiverem concordado coma arbitragem conforme o Regulamento CEPANI e b) se todas as partes da arbitragem tiverem concordado em ter suas demandas decididas em um único conjunto de processos.
> 2. Diferenças a respeito de normas legais aplicáveis ou idioma dos processos não dá ensejo a qualquer presunção quanto à incompatibilidade dos acordos de arbitragem.
> 3. Convenções arbitrais a respeito de questões que não são relacionadas umas com as outras dão ensejo a uma presunção de que as partes não concordaram em ter suas reivindicações decididas em um único conjunto de processos.[456]

De acordo com o Art. 12 do Regulamento CEPANI:

Problem – For use of the Arbitrators. p. 7. Disponível em: <http://cisgw3.law.pace.edu/cisg/moot/Arbitrators'_Brief-21_Moot.pdf>. Acesso em: 23 dez. 2015.

[456] Texto original: *"1. Claims arising out of various contracts or in connection with same may be made in a single arbitration. This is the case when the said claims are made pursuant to various arbitration agreements: a) if the parties have agreed to have recourse to arbitration under the CEPANI Rules and b) if all the parties to the arbitration have agreed to have their claims decided within a single set of proceedings.*
2. Differences concerning the applicable rules of law or the language of the proceedings do not give rise to any presumption as to the incompatibility of the arbitration agreements.
3. Arbitration agreements concerning matters that are not related to one another give rise to a presumption that the parties have not agreed to have their claims decided in a single set of proceedings". (tradução livre).

Se diversos contratos contendo uma cláusula compromissória CEPANI derem ensejo a controvérsias que sejam muito relacionadas ou indivisíveis, o Comitê de Nomeações ou o Presidente tem poder de determinar a consolidação de demandas arbitrais. Essa decisão deverá ser tomada mediante a solicitação do Tribunal Arbitral, ou, antes de qualquer outra emissão, mediante solicitação das partes ou da parte mais diligente, ou mediante ato do próprio CEPANI.

Se a solicitação for conferida, o Comitê de Nomeações ou o Presidente deverá nomear o Tribunal Arbitral que decidirá sobre as controvérsias que foram cumuladas. Se necessário, deverá ser aumentado o número de árbitros para o máximo de cinco.

O Comitê de Nomeações ou o Presidente deverá tomar sua decisão após ter convocado as partes, e, se necessários, os árbitros que já foram nomeados. Eles podem não determinar a reunião de controvérsias em que uma decisão interlocutória ou uma decisão sobre a admissibilidade ou sobre os méritos da demanda já foi proferida.[457]

Note-se que embora o art. 12 não defina o que são disputas relacionadas, o art. 30 do Código Judicial belga, que também regulamenta a arbitragem naquele país,[458] define que "demandas podem ser tratadas como demandas conexas quando forem tão intimamente relacionadas que é desejável fazer a consolidação delas e julgá-las em conjunto para evitar

---

[457] Texto original: *"When several contracts containing a CEPANI arbitration clause give rise to disputes that are closely related or indivisible, the Appointments Committee or the Chairman is empowered to order the joinder of the arbitration proceedings. This decision shall be taken either at the request of the Arbitral Tribunal, or, prior ato any other issue, at the request of the parties or of the most diligent party, or upon CEPANI's own motion.*
Where the request is granted, the Appointments Committee or the Chairman shall appoint the Arbitral Tribunal that shall decide on the disputes that have been joined. If necessary, it shall increase the number of arbitrators to a maximum of five.
The Appointments Committee or the Chairman shall take its decision after having summoned the parties, and, if need be, the arbitrators who have already been appointed. They may not order the joinder of disputes in which an interim award or an award on admissibility or on the merits of the claim has already been rendered". (tradução livre)

[458] "The Belgian legislation on arbitration dates from 1972. It is contained in Articles 1676–1723 of the Code Judiciaire/Gerechtelijk Wetboek (Judicial Code). It is based on the model law annexed to the European Convention providing a Uniform Law on Arbitration (Strasbourg Convention) signed by Belgium on 20 January 1966". CANIVET, Marie; GOFFIN, Jean-François. Arbitration in Belgium, **CMS Guide to Arbitration**, v. 1, 2012, p. 109.

um resultado que seria constraditório se tais controvérsias fossem tratadas separadamente".[459]

De acordo com Hans van Houte:

> de acordo com o Regulamento CEPANI [...] ficando ressalvado que [...] se diversos contratos, contendo uma cláusula de arbitragem confiando a arbitragem ao CEPANI, derem ensejo a controvérsias que sejam indivisíveis ou conexas, o CEPANI poderá determinar a cumulação dos processos de arbitragem e irá nomear seu tribunal arbitral, que poderá, se necessário, ser composto de cinco árbitros. Essa cumulação, no entanto, não é mais possível quando uma decisão já foi tomada em um dos processos (Normas do CEPANI, Artigo 12).[460]

De acordo com Gary Born:

> Conforme Regulamento CEPANI, a consolidação pode ser determinada se contratos relevantes contiverem cláusulas compromissórias CEPANI e se as controvérsias subjacentes forem 'relacionadas ou indivisíveis'"; Esta disposição exige que as arbitragens relevantes surjam das mesmas normas institucionais (na teoria de que a seleção de diferentes instituições arbitrais indicaria falta de consentimento com a cumulação, bem como criando dificuldades práticas substanciais). Ao decidir sobre a concessão de uma solicitação de consolidação, requer-se ao Comitê de Nomeações ou ao Presidente a examinar, entre outras coisas, se os processos envolvem as mesmas partes. Entretanto, não há exigência direta conforme o Regulamento CEPANI que as partes das arbitragens sejam idênticas; isso tem o efeito de permitir que a consolidação sirva como meio indireto de unir partes adicionais a uma arbitragem. Ao decidir sobre o deferimento de uma solicitação

---

[459] Texto original: *"[c]laims can be handled as connected claims when they are so closely related that it is desirable to consolidate them and judge them together in order to avoid an outcome that would be incompatible if said disputes would have been handled separately".* (tradução livre)

[460] Texto original: *"The CEPANI Arbitration Rules [...] provide that [...] when several contracts, containing an arbitration clause entrusting CEPANI with the arbitration, give rise to disputes which are indivisible or connected, CEPANI may order the consolidation of the arbitration proceedings and will appoint its arbitral tribunal, which may – if necessary – be composed of five arbitrators. Such consolidation, though, is no longer possible when a decision has already been taken in one of the proceedings (CEPANI Rules, Art. 12)".* (tradução livre) HOUTTE, Hans van. Belgium. In: WEIGAND, Frank-Bernd. **Practitioner's Handbook on International Commercial Arbitration**. 2. ed. Oxford: Oxford University Press, 2009, p. 187-8.

de consolidação quando as demandas contêm diferentes convenção arbitral, o Comitê de Nomeações ou o Presidente deve considerar se as diferentes convenções arbitrais são compatíveis. O Regulamento CEPANI prevê, no entanto, que diferenças a respeito da lei aplicável ou do idioma da arbitragem não dão ensejo a uma presunção de que os acordos de arbitragem são incompatíveis.[461]

De acordo com Bernard Hanotiau, "de acordo com o Regulamento CEPANI, a consolidação é possível ainda que as partes envolvidas nas disputas não sejam as mesmas (havendo distinção parcial ou total entre elas). Requer-se apenas que haja alguma relação de conexidade ou de indivisibilidade".[462]

Desse modo, a abordagem da CEPANI para a consolidação seria tão flexível quanto a da Câmara de Comércio Suíça e muito mais flexível que a abordagem adotada pela CCI.

6.3.4. ICDR e a Figura do "Árbitro Consolidador"

Outra instituição arbitral relevante é o *International Centre for Dispute Resolution* ("ICDR"), instituído em 1996 pela *American Arbitration Association* ("AAA") com o objetivo de administrar as arbitragens e outros

---

[461] Texto original: "*Under the CEPANI Rules, consolidation may be ordered if the relevant contracts contain CEPANI arbitration clauses and if the underlying disputes are 'related or indivisible.' This provision requires that the relevant arbitrations all arise from the same institutional rules (on the theory that selection of different arbitral institutions would indicate lack of consent to consolidation, as well as creating substantial practical difficulties). In deciding whether to grant an application for consolidation, the Appointments Committee or President is required to consider, inter alia, whether the proceedings involve the same parties. However, there is no direct requirement under the CEPANI Rules that the parties to the arbitrations be identical; this has the effect of permitting consolidation to serve as an indirect means of joining additional parties to an arbitration. When deciding whether to grant an application for consolidation where the claims contain different arbitration agreements, the Appointments Committee or President must consider whether differing arbitration agreements are compatible. The CEPANI Rules provide, however, that differences concerning the applicable law or the language of the arbitration do not give rise to a presumption that the arbitration agreements are incompatible*". (tradução livre) BORN, Gary, op. cit., p. 2.604.

[462] Texto original: "*within the framework of the CEPANI Rules, consolidation is possible, even if the parties to the different disputes are not the same in wole or in part. All that is required is some link of conexity or indivisibility*" (tradução livre) HANOTIAU, Bernard. **Complex Arbitrations**, op. cit., p. 183.

mecanismos alternativos de solução de disputas em âmbito internacional.

O antigo regulamento de 2003 ("Regulamento ICDR 2003") não contemplava nenhuma regulação específica sobre a consolidação/reunião de demandas arbitrais conexas, a ICDR tem admitido o início da arbitragem "conforme protocolado pela parte requerente embora contratos separados possam estar envolvidos, dando às partes assim uma oportunidade de proceder conjuntamente na medida em que concordarem mutuamente".[463]

Seguindo a tendência dos regulamentos das mais importantes instituições arbitrais ao redor do mundo, o novo regulamento publicado e em vigor desde 2014 ("Regulamento ICDR 2014") incluiu regras específicas sobre consolidação/reunião de demandas arbitrais conexas. O art. 8º do Regulamento ICDR 2014 contém procedimento bastante detalhado para essa consolidação.[464]

---

[463] Texto original: *"as filed by the filing party even though separate contracts may be involved, thereby providing parties with an opportunity to proceed jointly to the extent they mutually agree".* (tradução livre) HANESSIAN, Grant. **ICDR Awards and Commentaries**. Nova York: Juris, 2012, p. 15

[464] *"1. At the request of a party, the Administrator may appoint a consolidation arbitrator, who will have the power to consolidate two or more arbitrations pending under these Rules, or these and other arbitration rules administered by the AAA or ICDR, into a single arbitration where: the parties have expressly agreed to consolidation; or all of the claims and counterclaims in the arbitrations are made under the same arbitration agreement; or the claims, counterclaims, or setoffs in the arbitrations are made under more than one arbitration agreement; the arbitrations involve the same parties; the disputes in the arbitrations arise in connection with the same legal relationship; and the consolidation arbitrator finds the arbitration agreements to be compatible.*

2. A consolidation arbitrator shall be appointed as follows: The Administrator shall notify the parties in writing of its intention to appoint a consolidation arbitrator and invite the parties to agree upon a procedure for the appointment of a consolidation arbitrator. If the parties have not within 15 days of such notice agreed upon a procedure for appointment of a consolidation arbitrator, the Administrator shall appoint the consolidation arbitrator. Absent the agreement of all parties, the consolidation arbitrator shall not be an arbitrator who is appointed to any pending arbitration subject to potential consolidation under this Article. The provisions of Articles 13-15 of these Rules shall apply to the appointment of the consolidation arbitrator.

3. In deciding whether to consolidate, the consolidation arbitrator shall consult the parties and may consult the arbitral tribunal(s) and may take into account all relevant circumstances, including: applicable law; whether one or more arbitrators have been appointed in more than one of the arbitrations and, if so, whether the same or different persons have been appointed; the progress already made in the arbitrations; whether the arbitrations raise common issues of law and/or facts; and whether the consolidation of the arbitrations would serve the interests of justice and efficiency.

Além de muito detalhado, o Regulamento ICDR 2014 apresenta solução bastante inovadora já que autoriza o administrador a nomear um árbitro com poderes específicos de decidir sobre a consolidação de processos arbitrais conexos.

A despeito de algumas possíveis desvantagens como a ampliação dos custos com a arbitragem, Elizabeth Kantor vê diversas vantagens com a introdução desse mecanismo. De acordo com a autora:

> a introdução de um árbitro consolidador garante que o papel de tomada de decisão relativo ao que é uma questão complexa e difícil seja desempenhado por um terceiro independente e devidamente qualificado. Logo, isso evita o possível conflito de interesses imposto ao conferir esse poder a um árbitro que já foi nomeado, e isso também separa o que é um papel de tomada de decisão substancial da divisão administrativa da instituição.[465]

Embora ainda seja uma aposta, a figura do árbitro-consolidador é inédita[466] e pode ser uma interessante solução. A depender do resultado

---

4. The consolidation arbitrator may order that any or all arbitrations subject to potential consolidation be stayed pending a ruling on a request for consolidation.
5. When arbitrations are consolidated, they shall be consolidated into the arbitration that commenced first, unless otherwise agreed by all parties or the consolidation arbitrator finds otherwise.
6. Where the consolidation arbitrator decides to consolidate an arbitration with one or more other arbitrations, each party in those arbitrations shall be deemed to have waived its right to appoint an arbitrator. The consolidation arbitrator may revoke the appointment of any arbitrators and may select one of the previously-appointed tribunals to serve in the consolidated proceeding. The Administrator shall, as necessary, complete the appointment of the tribunal in the consolidated proceeding. Absent the agreement of all parties, the consolidation arbitrator shall not be appointed in the consolidated proceeding. 7. The decision as to consolidation, which need not include a statement of reasons, shall be rendered within 15 days of the date for final submissions on consolidation".

[465] Texto original: *"[t]he introduction of a consolidation arbitrator ensures that the decision-making function relating to what is a complex and difficult issue is performed by an independent and appropriately-qualified third party. It therefore avoids the potential conflict of interest posed by vesting such a power in an arbitrator who has already been appointed, and it also divorces what is a substantive decision-making function from the administrative division of the institution".* (tradução livre) KANTOR, Elizabeth. The Consolidation Arbitrator – An Arbitrator Too Far?, **Kluwer Arbitration Blog**, 24 out. 2014. Disponível em: <http://kluwerarbitrationblog.com/blog/2014/10/24/the-consolidation-arbitrator-an-arbitrator-too-far/>. Acesso em: 23 dez. 2015.

[466] "[T]he recently revised rules of the International Centre for Dispute Resolution (the "ICDR"), the international arm of the American Arbitration Association (the "AAA"), are the first to have introduced the novel concept of the "consolidation arbitrator". Under the

dessa interessante e ousada experiência da ICDR, a alternativa poderá ser incorporada a outros regulamentos arbitrais ao redor do mundo.

6.3.5. LCIA

Por fim, diante de sua importância como instituição arbitral, cabe examinar a *London Court of International Arbitration* (LCIA).

Como será analisado em item próprio sobre a consolidação de demandas arbitrais de acordo com a lei inglesa, aquele país possuí norma bastante protetiva quanto à consolidação de demandas arbitrais, exigindo sempre o consentimento expresso de todas as partes envolvidas. O mesmo ocorria com a principal instituição arbitral daquele país até a edição de seu novo regulamento em outubro de 2014.

Enquanto art. 22(ix) do Regulamento LCIA 2014 mantém a prática protetiva daquela instituição até então, limitando os poderes do tribunal arbitral para consolidar demandas arbitrais conexas ao prévio acordo por escrito de todas as partes envolvidas,[467] o também novo art. 22(x) dispõe que os árbitros, mesmo sem o consentimento das partes, podem determinar a consolidação de demandas arbitrais conexas dede que estas (i) envolvam as mesmas partes; (ii) sejam decorrentes de convenções arbitrais compatíveis; e (iii) sejam conduzidas pelos mesmos árbitros ou os tribunais arbitrais ainda não tenham sido constituídos.

A inclusão desse dispositivo no Regulamento LCIA mostra-se bastante ousada para os padrões ingleses, embora ainda seja mais conservadora que outras instituições arbitrais.

6.3.6. Outras Instituições Arbitrais Estrangeiras

ICDR Rules, rather than granting the power to consider and ultimately order consolidation to either the institution itself or a tribunal which has already been appointed in one of the existing arbitrations, a separate, specifically-appointed consolidation arbitrator is appointed for the task". KANTOR, Elizabeth, op. cit.

[467] "22.1 The Arbitral Tribunal shall have the power, upon the application of any party or (save for sub-paragraphs (viii), (ix) and (x) below) upon its own initiative, but in either case only after giving the parties a reasonable opportunity to state their views and upon such terms (as to costs and otherwise) as the Arbitral Tribunal may decide: [...] to order, with the approval of the LCIA Court, the consolidation of the arbitration with one or more other arbitrations into a single arbitration subject to the LCIA Rules where all the parties to the arbitrations to be consolidated so agree in writing".

As Regras de Arbitragem Internacional da Câmara de Comércio de Milão definem expressamente que o Tribunal Arbitral pode consolidá-las, mas não dizem nada sobre os poderes da instituição arbitral para determinar a consolidação de procedimentos arbitrais relacionados.[468]

Por sua vez, a *China International Economic and Trade Arbitration Commission* ("CIETAC"), em seu Art. 17, estabelece que somente poderá haver consolidação de processos arbitrais relacionados se todas as partes concordarem com essa medida.[469]

6.3.7. Regras da UNCITRAL

A *United Nations Commission on International Trade Law* (UNCITRAL) publicou, em 1976, seu primeiro Regulamento de Arbitragem com o objetivo de ser adotado principalmente em arbitragens *ad hoc* (aquelas em que não há instituição administradora do processo arbitral). O Regulamento UNCITRAL teve grande aceitação, tendo sido aplicado em diversas arbitragens em todo o mundo. Em 2010, nova versão do Regulamento UNCITRAL foi publicada, tendo sido mantido em sua essência as regras de 1976.[470]

Chama a atenção que as regras da UNCITRAL, aplicáveis essencialmente às arbitragens *ad hoc*, quando escolhidas pelas partes, não possuem previsão de consolidação de arbitragens conexas. Durante as discussões que levaram à elaboração da versão revisada das regras

---

[468] "Art. 25 – Powers of the Arbitral Tribunal [...] 3. Where multiple proceedings are pending before the Arbitral Tribunal, the Tribunal may order that they be consolidated, if it deems them to be objectively connected. 4. Where the same proceedings concern several disputes, the Arbitral Tribunal may order that these disputes be separated. 5. The Arbitral Tribunal may take all measures that are deemed necessary to correct or supplement the parties' representation or legal assistance".

[469] "Article 17 Consolidation of Arbitrations 1. At the request of a party and with the agreement of all the other parties, or where CIETAC believes it necessary and all the parties have agreed, CIETAC may consolidate two or more arbitrations pending under these Rules into a single arbitration. 2. In deciding whether to consolidate the arbitrations in accordance with the preceding Paragraph 1, CIETAC may take into account any factors it considers relevant in respect of the different arbitrations, including whether all of the claims in the different arbitrations are made under the same arbitration agreement, whether the different arbitrations are between the same parties, or whether one or more arbitrators have been nominated or appointed in the different arbitrations. 3. Unless otherwise agreed by all the parties, the arbitrations shall be consolidated into the arbitration that was first commenced".

[470] Disponível em: <http://www.uncitral.org/uncitral/en/uncitral_texts/arbitration/2010 Arbitration_rules.html>. Acesso em: 23 dez. 2015.

UNCITRAL de 2010, houve proposta de inserção de regras para a consolidação, mas que, ao cabo, não foram aceitas.[471]

6.4. Consolidação de Processos Arbitrais Pelo Judiciário – Uma Perspectiva Comparada

Passamos, então, a examinar a possibilidade de o Estado-Juiz determinar a reunião de processos arbitrais sem que isso tenha sido convencionado pelas partes previamente. O poder judiciário em algumas jurisdições tem a discricionariedade para ordenar a consolidação de procedimentos arbitrais relacionados.

Dentre as jurisdições que optam por atribuir ao Estado-Juiz o poder de determinar a consolidação de processos arbitrais relacionados, há aquelas que o fazer de forma imposta priorizando a coerência das decisões e aquelas que buscam investigar se houve, ainda que implici-

---

[471] Segue abaixo o relatório da 46ª Sessão para Revisão das Regras da UNCITRAL realizada em Nova Iorque entre 5 e 9 de fevereiro de 2007 que rejeitou a referida proposta:
"Consolidation of cases before arbitral tribunals
116.The Working Group noted that, in some cases, under the Rules, consolidation of cases was only possible where the parties specifically so agreed and proceeded to consider whether a provision on that matter should be added to the Rules, as proposed under document A/CN.9/WG.II/WP.145/Add/1/
117. Some support was expressed for inclusion of such a provision. It was said that such a provision could be useful in situations where several distinct disputes arose between the same parties under separate contracts (e.g., related contracts or a chain of contracts) containing separate arbitration clauses or to avoid a situation where a party initiated a separate arbitration in respect of a distinct claim under the same contract in order to gain a tactical advantage. Consolidation in such situations might provide an efficient resolution of the disputes between the parties, and also might reduce the possibility of inconsistent awards in parallel arbitrations.
118. (...)
119. However. Doubts were expressed as to the workability of such a provision particularly when the Rules applied in non-administered cases. As well, it was said that either the provision was intended to deal with new claim under the same contract, and that situation would be better dealt with under provisions on amendment of the statement of claim, or that provision was intended to cover several distinct disputes arising between the same parties under separate contracts containing separate arbitration clauses, In that latter situation, the application of the provision might subject parties to arbitration proceedings under terms, which differed from those, agreed in their arbitration agreement. It was said that that situation raised complex issues, and might result in unfair solutions. A/CN.9/619
120. After discussion, the Working Group agreed that it might not be necessary to provide for consolidation (...).
Disponível em: <http://www.uncitral.org/uncitral/en/commission/working_groups/2Arbitration.Html>. Acesso em: 23 dez. 2015.

tamente, intenção das partes para determinar a consolidação/reunião de processos arbitrais relacionados.[472]

As principais críticas feitas à atuação do Judiciário para determinar a consolidação de processos arbitrais são as de que: (i) a intervenção do Judiciário é incompatível com o aspecto consensual da arbitragem; (ii) pode gerar consequências não-previstas no método de escolha dos árbitros; e (iii) pode causar uma distribuição injusta de custos processuais.

De acordo com Emmanuel Gaillard:

> De *lege ferenda*, é lícito perguntar-se se convém aguardar o resultado de um processo de arbitragem que, por definição, será complexo para permitir às jurisdições estatais que irão, de qualquer maneira, ter a última palavra, resolver a questão de saber se é preciso proceder a uma única ou a várias arbitragens distintas. [...] O interesse bem entendido das partes e inclusive da requerente poderia ser que a questão seja definitivamente resolvida *in limine litis*.[473]

Essas críticas permanecem no âmbito daqueles processos arbitrais que envolvem a mesma instituição arbitral. No entanto, as dificuldades podem ser ainda maiores nos casos em que estiverem envolvidos processos regidos por regulamentos de diferentes instituições arbitrais.

---

[472] "*Le premier élément est l'aspect contractuel de l'arbitrage: parce que deux conventions d'arbitrage distinctes existente, la consolidation des litiges en une instance unique requiert l'accord de toutes les parties aux conventions. Les parties n'ont en effet, de prime abord, pas prévu d'unifier leurs procédures issues d'un litige éventuel eu égard à l'existence de clauses distinctes. Le deuxième élément est le risque lié à une consolidation imposée aux parties: celui de l'annulation potentielle de la sentence arbitrale. La consolidation imposée aux parties nécessiterait donc de dépasser ces deux éléments, par le biais, par exemple, d'une disposition légale [...] certaines législations on fait le choix d'imposer aux plaideurs de joindre d'arbitrages sou couvert d'une bonne administration de la justice. Certes ces législations sont rares mais les avantajes apparents d'une consolidation dont les parties n'auraient pas la maîtrise on conduit la doctrine à s'interroger sur cetter question*". MOUROT, Alice, op. cit., p. 444.

[473] Texto original: "*De lege ferenda, il est permis de se demander s'il est sain d'attendre l'issue d'une procédure arbitrale qui, par définition, sera complexe, pour permettre aux jurisdictions étatiques qui,en toute hypothèse, auront le dernier mot, de trancher le point de savoir s'il a lieu de procéder à un seul ou plusieurs arbitrages disticts. [...] L'intérêt bien compris des partis, compris de la demanderesse, pourrait être que la question soit définitivement vidée in limine litis*". (tradução livre) GAILLARD, Emmanuel. "L'affaire Sofidif ou les difficultés de l'arbitrage multipartite", **Rev. arb**. 1987, p. 275.

Destaca-se que, embora a Lei Modelo da UNCITRAL[474] não tenha tratado da questão da consolidação de processos arbitrais, em seus comentários admite a sua realização pelo Judiciário[475]:

> 'nenhum tribunal estatal/judicial deve intervir nas questões regidas por essa Lei'. O artigo 5 então garante que todas as possibilidades de intervenção judicial são encontradas na parte da legislação que promulga a Lei Modelo, exceto pelas questões não regulamentadas por ela (por exemplo, a consolidação de processos arbitrais, o relacionamento contratual entre os árbitros e as partes ou instituições arbitrais, ou a fixação de custas e taxas, incluindo depósitos). A proteção do processo arbitral em relação à qualquer interferência judicial não prevista é essencial para as partes que escolhem a arbitragem (especialmente as partes estrangeiras).[476]

A lei-modelo da UNCITRAL atribui certa flexibilidade ao princípio competência-competência, autorizando a atuação do Poder Judiciário após os árbitros terem decidido sobre sua própria competência, mas ainda antes da sentenca arbitral. De acordo com Rafael Alves,

---

[474] Waincymer lembra que: *"The UNCITRAL Model Law drafters considered but rejected proposals to cover consolidation and joinder both in the 1985 and 2006 revisions"*. WAINCYMER, Jeff, op. cit., p. 569.

[475] De acordo com Fai e Dewan, "[...] *the 1985 United Nations Commission on International Trade Law Model Law on International Commercial Arbitration ('the Model Law'), which is silent on the issue of consolidation, is the case at point. The Model Law restricts intervention by courts in arbitral proceedings under Art 5, to only matters provided for under the Model Law. While the original explanatory note appended to the Model Law did not expressly spell out that consolidation was not governed by the Model Law, the explanatory note to the 2006 amendments sets out that issues of consolidation are not covered. This explanation seemingly removes any restriction on court interference and now possibly makes it the subject of varying interpretation by the courts of the various countries which have adopted the Model Law"*. FAI, Edwin Tong Chun; DEWAN, Nakul, op. cit., p. 83.

[476] Texto original: *"No court shall intervene, in matters governed by this Law". Article 5 thus guarantees that all instances of possible court intervention are found in the piece of legislation enacting the Model Law, except for matters not regulated by it (for example, consolidation of arbitral proceedings, contractual relationship between arbitrators and parties or arbitral institutions, or fixing of costs and fees, including deposits). Protecting the arbitral process from unpredictable or disruptive court interference is essential to parties who choose arbitration (in particular foreign parties)"*. (tradução livre) **Explanatory Note by the UNCITRAL secretariat on the 1985 Model Law on International Commercial Arbitration as amended in 2006**, p. 27. Disponível em: <http://www.uncitral.org/pdf/english/texts/arbitration/ml-arb/07-86998_Ebook.pdf>. Acesso em: 23 dez. 2015.

"a justificativa para permitir esse acesso é a tentativa de se evitar eventual desperdício de tempo e dinheiro [...]. Trata-se de uma das hipóteses de exceção à regra de não-intervenção judicial prevista no art. 5º [...]".[477]

Passa-se, então, a examinar o que dizem algumas legislações sobre a atuação do Judiciário na definição da consolidação de demandas arbitrais conexas. Essa análise pode ser importante para que as partes possam escolher com maior acuracidade qual será a sede da arbitragem e a lei aplicável à arbitragem que melhor condizem com seus interesses e estratégias para eventual disputa.[478]

Como esclarecem Fai e Dewan:

> há três formas amplas de disposições legislativas que lidam com a consolidação. As primeiras são as que permitem a consolidação quando questões comuns de fato e de direito surgem, independentemente da intenção das partes de realizar a consolidação. As segundas são disposições opcionais para a consolidação de questões comuns de fato e de direito, mas cujas aplicabilidades podem ser contratualmente excluídas pelas partes. As terceiras, semelhantes à posição inglesa, são disposições legislativas que permitem a consolidação com o consentimento das partes. Essas três disposições não são exaustivas, uma vez que em diversas jurisdições são omissas quanto à questão.[479]

Optamos, inicialmente, por tratar do modelo mais conhecido e estudado de intervenção judicial para a consolidação de arbitragens, ou seja, o modelo americano.

---

[477] ALVES, Rafael Francisco, op. cit., p. 78.
[478] De acordo com George Bermann, "*Each must decide how, at this early forum shopping stage, to promote arbitration as an effective alternative to litigation, while at the same time ensuring that any order issued by a court compelling arbitration is suported by a valid and enfoceable agreement to arbitrate*". BERMANN, George A. Forum Shopping at the "Gateway" to International Commercial Arbitration. In: FERRARI, Franco. **Forum Shopping in the International Commercial Arbitration Context**. Nova York, Munique: NYU Center for Transnational and Commercial Law; Sellier European Law Publishers (SELP), 2013, p. 70.
[479] FAI, Edwin Tong Chun; DEWAN, Nakul, op. cit., p. 83.

6.4.1. O Modelo Americano de Consolidação Judicial de Processos Arbitrais Conexos – da Intervenção ao Empoderamento dos Árbitros

O *Federal Arbitration Act* ("FAA"), editado em 1925, é a principal legislação norte-americana sobre arbitragem. Há, contudo, a possibilidade de conflito entre o direito federal e o estadual[480] sobre a matéria nos Estados Unidos. De acordo com o Salles:

> [c]onsiderada sob o prisma da convenção arbitral que a estabelece e determina seus rumos, a arbitragem nos Estados Unidos pode ser considerada como matéria contratual. Sendo assim e em razão do forte sentido federativo existente no país, sua disciplina jurídica deveria ser dada nos Estados, pois a estes tradicionalmente pertence a competência para a disciplina jurídica dos contratos. No entanto, a matéria é tratada a partir do preceito estabelecido na chamada comercial clause da Constituição norte-americana, segundo a qual toda e qualquer matéria que afete o comércio interestadual deve ser objeto de regulamentação federal. A Suprema Corte posicionou-se quanto à aplicabilidade do Federal Arbitration Act em contratos comerciais, no caso Allied-Bruce Terminix vs. Dobson, dando uma larga extensão à aplicação da legislação federal. Segundo a Corte, ela seria aplicável 'para qualquer transação envolvendo comércio'.[481]

---

[480] De acordo §1281.3 do Código de Processo Civil da California: *"A party to an arbitration agreement may petition the court to consolidate separate arbitration proceedings, and the court may order consolidation of separate arbitration proceedings when: (1) separate arbitration agreements or proceedings exist between the parties; or one party is a party to a separate arbitration agreement or proceeding with a third party; (2) the disputes arise from the same transaction or series of related transactions; and (3) there is a common issue or issues of law or fact creating the possibility of conflicting rulings by more than one arbitrator or panel of arbitrators. If all of the applicable arbitration agreements name the same arbitrator, arbitration panel, or arbitration tribunal, the court, if it orders consolidation, shall order all matters to be heard before the arbitrator, panel, or tribunal agreed to by the parties. If the applicable arbitration agreements name separate arbitrators, panels, or tribunals, the court, if it orders consolidation, shall, in the absence of an agreed method of selection by all parties to the consolidated arbitration, appoint an arbitrator in accord with the procedures set forth in §1281.6. In the event that the arbitration agreements in consolidated proceedings contain inconsistent provisions, the court shall resolve such conflicts and determine the rights and duties of the various parties to achieve substantial justice under all the circumstances. The court may exercise its discretion under this section to deny consolidation of separate arbitration proceedings or to consolidate separate arbitration proceedings only as to certain issues, leaving other issues to be resolved in separate proceedings (....)".*

[481] SALLES, Carlos Alberto de. *Arbitragem em contratos administrativos*. Rio de Janeiro: Forense, 2011, p. 152.

A maior parte dos países tem sido muito conservadores em suas legislações sobre a consolidação dos processos arbitrais relacionados.[482] Os critérios para verificar o consentimento das partes têm sido o mais restritivo possível. A exceção a essa regra são os Estados Unidos.[483] Isso confirma a o entendimento de o modelo americano "é ambíguo em relação ao princípio da competência-competência [...]"[484] permitindo "[...] caminhar de um extremo a outro no espectro (da competência concorrente à competência exclusiva dos árbitros), [...], tudo com base em um pilar fundamental da arbitragem norte-americana: o total respeito ao caráter contratual da arbitragem e à autonomia das partes".[485]

Os Estados Unidos foram o país em que o debate sobre os poderes implícitos para se determinar a consolidação de processos arbitrais relacionados diante da ausência de consentimento das partes mais se aprofundou. Isso ocorreu mesmo sendo o FAA silente a respeito da reunião

---

[482] De acordo com Mary Woollett e Monique Sasson, *"Most national laws do not consider or provide for a mechanism governing multi-party arbitration proceedings: most national laws envisage the typical situation where the arbitration involves only two parties on opposing sides. They do not generally provide for consolidation, joinder or any other practical solutions which may assist in disputes involving more than two parties where a multi-party arbitration is the logical way forward to avoid conflicting decisions and increased expense. However, there are some national laws which do provide some guidance and suggest consolidation and/or joinder"*. WOOLLETT, Mary; SASSON, Monique. Op. Cit., p. 9.

[483] No âmbito judicial americano, a consolidação de processos relacionados é admitida pela Regra 42(a) do Código Federal de Processo Civil: *"If actions before the court involve a common question of law or fact, the court may: (1) join for hearing or trial any or all matters at issue in the actions; (2) consolidate the actions; or (3) issue any other orders to avoid unnecessary cost or delay"*. FED. R. CIV. P. 42(a). O mesmo vale para a separação de demandas judiciais prevista na Regra 42(b): *"Separate Trials. For convenience, to avoid prejudice, or to expedite and economize, the court may order a separate trial of one or more separate issues, claims, crossclaims, counterclaims, or third-party claims. When ordering a separate trial, the court must preserve any federal right to a jury trial"*. De acordo com Field, Kaplan e Clermont, *"Criticism of the Rules has been made on this account: it is said that they allow litigation to get 'too big' in terms of claims and parties. On the one hand, the Rules themselves recognize the dangers of delay, expense, confusion and prejudice that spring from attempting to handle too many claims and parties as a bundle. Accordingly, the Rules give the court certain discretionary powers to reshape the litigation. (...). On the other hand, the court also has discretion to make the bundle larger when this will avoid inconvenience or reduce costs"*. FIELD, Richard H.; KAPLAN, Benjamin; CLERMONT, Kevin M., op. cit., p. 840.

[484] ALVES, Rafael Francisco, op. cit., p. 66.

[485] Idem, p. 66-7.

de processos arbitrais.[486] Esse debate variou de (i) uma tendência bastante favorável – entre 1975 e 1993 –; para (ii) uma tendência contrária, entre 1993 e 2003.[487]

Como explicam Mary Woollett e Monique Sasson:

> No passado, a Justiça Federal americana favoreceu a consolidação de processos arbitrais relacionados, aplicando uma interpretação ampla sobre a necessidade de evitar decisões conflituosas e a vontade das partes de economizar tempo e dinheiro. Considerava-se que os juízes tinham um poder inerente de solicitar a consolidação com base no poder de determinar o método de execução, ou seja, por consolidação. A Justiça Federal americana considerava que se as partes não desejassem a consolidação, caberia a elas mencionar isso expressamente. Na falta de qualquer disposição expressa em contrário, presumia-se que as partes consentiram com a consolidação.[488]

Embora a *Rule 42(a)* autorize a reunião de demandas judiciais relacionadas, não há nenhuma lei que autorize ou regule esse mecanismo no âmbito da arbitragem. Diante disso, de um modo geral, a reunião de processos arbitrais foi desenvolvida jurisprudencialmente e perpassou casos nos quais se discutia a possibilidade da arbitragem coletivas (*class actions*).

Em especial, no *Southern District Court of New York* e o *Second Circuit Court of Appeal*, prevaleceu o entendimento de que os tribunais teriam poderes implícitos para decidir pela consolidação de processos relacionados.[489]

---

[486] 9 U.S.C.A. § 1 et seq.

[487] WALDRON, Jonathan R. **Resolving a Split**: May Courts Order Consolidation of Arbitration Proceedings Absent Agreement by the Parties, J. Disp. Resol., 2005. Disponível em: <http://scholarship.law.missouri.edu/jdr/vol2005/iss1/12>. Acesso em: 23 dez. 2015.

[488] Texto original: "*In the past, the US Federal Courts favoured consolidation of interrelated arbitral proceedings, using a wide interpretation of the necessity of avoiding conflicting decisions and the desirability of saving time and expense. The view was taken that the Courts had an inherent power to order consolidation on the basis that the power to determine the method of enforcement, i.e. by consolidation. The US Courts considered that if parties did not desire consolidation, it was up to them to mention this expressly. In the absence of any express provision to the contrary, the parties' consent to consolidation was presumed*". (tradução livre) WOOLLETT, Mary; SASSON, Monique, op. cit., p. 12.

[489] *Compania Española de Petroleos S.A. v. Nereus Shipping*, 527 F 2d. 966 (2d Cir. 1975), in Naon, *op. cit., supra*, footnote 1, p. 700. "*Among the many federal courts which have addressed the issue of consolidation under the Federal Arbitration Act, the leading federal case ordering consolidation*

Essa posição perdeu força em 1993, quando o *Second Circuit Court of Appeal* definiu, em *Government of the United Kingdom of Great Britain v. Boeing Co*,[490] que o poder de determinar a consolidação de processos arbitrais relacionados deveria ter sido expressamente[491] concedida pelas partes.[492]

---

is *Compañia Española de Petroleos S.A. v. Nereus Shipping* [...]. *In Nerus, the Second Circuit upheld the District Court's order to consolidade arbitration proceedings between a ship charterer and the agente for the owner, and between the charterer, the agente for the owner nd its guarantor, despite the agente's protest. Dismissing the latter's argument that courts may not compel consolidation without the consente of the parties, the Second Circuit declared that 'the liberal purposes of the Federal Arbitration Act clearly require that this Act be interpreted so as to permit and even to encourage the consolidation of arbitration proceedings in proper cases'"*. CHIU, Julie C., Consolidation of Arbitral Proceeding and International Arbitration, **Journal of International Arbitration**, Kluwer Law International, 1990, v. 7, n. 2, pp. 53-76.

[490] **Government of the United Kingdom of Great Britain v. Boeing Co.**, 998 F 2d. 68 (2d Cir. 1993) 187.

[491] *"The Boeing court's adoption of the 'contractarian' approach to consolidation of separate arbitration proceedings is consistent with the holdings of other circuit courts that have addressed the issue vis a vis the F.A.A. These holdings reveal an effort by the courts to insure that parties entering arbitration proceedings will have their intentions effectuated by a court in a manner similar to other contract proceedings, They also reveal the costs associated with strictly adhering to the parties' intentions, namely the loss of court discretion in considering policy matters such as judicial efficiency and the avoidance of inconsistente determinations"*. DECAMP, Michael L. Consolidation of Separate Arbitration Proceedings: Liberal Construction versus Contractarian Approaches – United Kingdom of Great Britain v. Boeing. **Journal of Dispute Resolution**, v. 1994, n. 1, article 11, p. 124.

[492] *"In the United States, consolidation of parallel arbitrations by the courts was developed by case-law. The courts have played a major role, basing their decisions on laws, rules or on the intent of the parties. Case-law is generally very daring, especially regarding maritime arbitration; U.S. courts have ordered consolidation, sometimes changing the agreement of the parties, sometimes changing the methods of designating arbitrators. Until 1993, U.S. federal courts were favourable to consolidating interrelated arbitral proceedings. Despite the split among the courts as to whether consolidation of arbitrations should be ordered in the absence of specific agreement to that effect, until 1993 the trend of judicial decisions was to allow consolidation. Most courts justified their position by the necessity of avoiding conflicting results, saving time and expenses, as well as on their 'inherent power to consolidate disputes', based on the theory that the power to enforce an agreement to arbitrate includes the authority to control the method of enforcement such as consolidation. U.S. courts used to consider that, if the parties do not desire consolidation, it is up to them to mention it expressly. In other words, in the absence of express provision to this regard, the consent to consolidation was presumed. The Southern District Court of New York and the Second Circuit Court of Appeal played leading roles in the development of case-law regarding consolidation in arbitration by ordering consolidation even if the arbitration agreements of the parties did not provide for consolidated proceedings, based on their liberal interpretation of the Federal Arbitration Act and the Federal Rules of Civil Procedure. However, this favourable position towards consolidation seems to have been abandoned by the U.S. federal courts since 1993. As a matter of fact,*

Caso marcante na história dos precedentes americanos sobre a arbitragem foi o *First Options of Chicago, Inc. v. Kaplan*, 514 U.S. 938 (1995). Neste caso, ao aplicar a seção 4 do capítulo 1 do FAA[493], a Suprema Corte americana entendeu que, ao menos que as partes tivessem expessamente atribuído essa função aos árbitros, caberia ao Judiciário decidir sobre a competência dos árbitros, moldando, durante muitos anos a própria compreensão do direito americano sobre o princípio da *competence-competence* ("os tribunais não devem assumir que as partes concordaram com a arbitragem, a menos que seja claro e comprovado que elas assim optaram").[494] Como afirma Rafael Alves, "o reconhecimento do princípio da competência-competência no direito norte-americano ocorre somente pela via contratual, pela vontade das partes, e não pela lei".[495]

A partir de *First Options*, fixou-se o entendimento de que, ao menos que as partes tenham contratualmente dito o contrário, podem os juízes decidir diversas questões processuais relevantes para a arbitragem, dentre as quais a consolidação/reunião de demandas arbitrais relacionadas.

A questão sofreu importante transformação em 2003 com o famoso caso *Green Tree v. Bazzle*[496], que definiu que seriam os árbitros e não o

---

in a recent decision, it was ruled that consolidation of arbitral proceedings cannot be ordered, unless there is express or implied agreement among all the parties involved. (...) No country has gone as far as the United States". LEBOULANGER, Philippe, op. cit., p. 43-97.

[493] De acordo com a seção 4 capítulo 1 da FAA, *"[...] the court shall hear the parties, and upon being satisfied that the making of the agreement for the arbitration or the failure to comply therewith is not in issue, the court shall make an order directing the parties to proceed to arbitration in accordance with the terms of the agreement"*.

[494] Tesxo original: *"courts should not assume that the parties agreed to arbitrate arbitrability unless there is clear and unmistakable evidence that they did so"*. (tradução livre)

[495] De acordo com o autor: "[...] a Suprema Corte reconheceu a competência das cortes estatais para analisar a competência dos árbitros nesse caso. O ponto é que a decisão acabou mencionando a possibilidade de as partes, fosse outro o caso, estipularem em sentido inverso. Trata-se de válvula de escape que tem sido criticada por diversos autores, da a falta de clareza na formulação das hipóteses excepcionais. De qualquer forma, a possibilidade de reconhecer a vontade das partes no sentido de submeteras questões jurisdicionais aos próprios árbitros tornou-se a única exceção à regra geral de que as cortes estatais poderiam ser chamadas a qualquer momento para analisar a regularidade da convenção". ALVES, Rafael Francisco. op. cit., p. 68.

[496] *"Most reinsurance agreements arise in interstate commerce and are governed by the FAA, which is silente on consolidation. Until recently, courts determined whether arbitrations involving multiple*

Judiciário quem deveria decidir sobre as questões processuais quando estas não haviam sido expressamente definidas pelas partes contratualmente.[497] O voto da maioria, relatado pelo Ministro da Suprema Corte Breyer, determinou que:

> Em determinadas circunstâncias, os juízes assumem que as partes acreditavam que os juízes e não os árbitros decidiriam sobre uma questão relativa à arbitragem (na falta de comprovação clara e sem erros em contrário). [...] Elas incluem determinadas questões de acesso, tais como [1] se as partes possuem um acordo de arbitragem válido ou [2] se uma cláusula de arbitragem vinculante se aplicar a um determinado tipo de controvérsia. A questão aqui – se os contratos proíbem uma arbitragem de classe – não se enquadra nessa exceção. Ela não leva em conta a validade da arbitragem e nem sua aplicabilidade à controvérsia subjacente entre as partes... [A] questão pertinente é qual tipo de procedimento de arbitragem as partes concordaram em seguir. Essa questão... Diz respeito à

---

contracts, parties, or claims could be consolidated. They routinely denied such requests absent express contractual provisions providing for consolidation, despiteequitable or public policy considerations favoring consolidation. The federal courts have reversed direction, however, following the U.S. Supreme Court's 2003 decision in Green Tree Fin. Corp. V. Bazzle. In the aftermath of that decision, various U.S. Courts of Appeal have held that the questiono f whether to consolidate arbitration proceedings under the FAA is for the arbitrators rather than the courts to decide". KING, Mitchell S. e MATOSKY, John. Considering Consideration, **Changing Times in Reinsurance Disputes**, 23 set. 2010, p. 2. Disponível em: <http://www.princelobel.com/assets/attachments/170.pdf>. Acesso em: 23 dez. 2015.

[497] *Bazzle v. Green Tree* trata de disputa decorrente de contrato de empréstimo firmado, de um lado, Lynn e Burt Bazzle e, de outro, Green Tree Financial Corporation. Bazzle iniciou disputa judicial perante a Justiça estadual de Carolina do Sul, sob o fundamento de que a legislação bancária daquele estado havia sido desrespeitada e solicitando a certificação da disputa como *class action* e remetida à arbitragem, como determinava o contrato (embora silente sobre a possibilidade de demandas arbitrais coletivas). Não só essa, como outras demandas também foram certificadas como *class action* e remetidas à arbitragem como demandas coletivas. Ao final, a Green Tree sofreu condenações milionárias. Diante disso, a empresa buscou anular judicialmente as referidas decisões arbitrais, sustentando a ilegalidade da arbitragem de demandas coletivas. Após serem julgadas em primeira e segunda instâncias, a questão foi levada à Suprema Corte, que entendeu, por maioria, que "havendo uma cláusula geral no contrato, mas silêncio sobre a possibilidade de que a arbitragem se estenda a ações coletivas, cumpria ao árbitro determinar se a avença vedava, ou não, essa modalidade de arbitragem". MARIANI, Rômulo Greff. *Arbitragens Coletivas no Brasil*. São Paulo: Atlas, 2015, pp. 91-92.

interpretação contratual e procedimentos de arbitragem. Os árbitros têm conhecimento para responder essa questão.[498]

Embora o caso Bazzle tivesse como foco a validade das demandas arbitrais coletivas (e que mais tarde repercutiria sobre o caso *Stolt-Nielsen*[499]), seu objeto perpassava sobre o significado do silêncio das cláusulas compromissórias em relação à consolidação. Como afirma Allan Rau, "[a] finalidade óbvia aqui era invocar os diversos casos que, com o passar dos anos, tinham a tendência de assumir – novamente na ausência de alguma autorização explícita – que os tribunais federais não tinham qualquer poder de solicitar a consolidação de arbitragens relacionadas".[500]

Ao caso Bazzle seguiram-se muitos outros, nos quais se entendeu que caberia aos árbitros e não ao Judiciário decidir sobre a consolidação/reunião. Dentre esses casos destacamos *Employers Insurance Company of Wausua v. Century Indemnity Co., 443 F.3d 573, 577 (7th Cir. 2006)* e *Certain Underwriters at Lloyd's London v. Westchester Fire Ins. Co., 489 F.3d 580 (3d Cir. 2007)*.[501]

Em 2008, o caso Bazzle foi utilizado como fundamento pela *U.S. District Court for the Eastern District of Michigan* para decidir que caberia ao

---

[498] Texto original: "*In certain limited circumstances, courts assume that the parties intended courts, not arbitrators, to decide a particular arbitration-related matter (in the absence of 'clear and unmistakable' evidence to the contrary).... They include certain gateway matters, such as [1] whether the parties have a valid arbitration agreement at all or [2] whether a concedly binding arbitration clause applies to a certain type of controversy. The question here – whether the contracts forbid class arbitration – does not fall into this narrow exception. It concerns neither the validity of the arbitration clause nor its applicability to the underlying dispute between the parties.... [T]he relevant question is what kind of arbitration proceeding the parties agreed to. That question.... Concerns contract interpretation and arbitration procedures. Arbitrators are well situated to answer that question*". (tradução livre) Green Tree Fin.Corp. v. Bazzle, 539 U.S. 444 (2003), p. 453.

[499] Stolt-Nielsen S.A. v. Animalfeeds Int'l Corp., 130 S.Ct. 1758 (2010).

[500] Texto original: "*[t]he obvious purpose here was to invoke the many cases that, over the years, tended to assume – again, in the absence of some explicit authorization – that federal courts lack any power to order the consolidation of related arbitrations*". (tradução livre) RAU, Alan Scott. "Gap Filling" by Arbitrators. In: BERG, Albert Jan van den (Ed.). **Legitimacy**: Myths, Realities, Challenges, ICCA Congress Series, v. 18, Alphen aan Den Rijn: Kluwer Law International, 2015, pp. 935-1005.

[501] AIKEN, Shawn K. Consolidation of Separate Arbitration Proceedings. **2009 Private Arbitration Update – Consolidation of Separate Arbitration Proceedings**. Phoenix, maio/2009, p. 1-5.

árbitro definir sobre a continuidade de um único processo arbitral envolvendo múltiplos contratos de resseguro.[502]

Assim, embora o debate americano sobre consolidação de demandas arbitrais relacionadas tenha se dado mais em torno das *class actions*, muito sobre a discussão que lá se desenvolveu sobre o tema do consentimento das partes e, em particular, sobre o consentimento implícito, pode servir, guardadas as devidas diferenças entre os sistemas jurídicos e a cultura dos dois países, como base comparativa para a doutrina brasileira sobre o tema.

6.4.2. A Consolidação/Reunião Pela Via Judicial Prevista na Legislação da Holanda

De acordo com o art. 1.046(1) do Livro IV do Código de Processo Civil holandês de 1986:

Se os processos arbitrais tiverem sido iniciados perante um tribunal arbitral na Holanda sobre uma questão que está relacionada ao objeto dos processos arbitrais iniciados perante outro tribunal arbitral na Holanda, qualquer uma das partes poderá, a menos que as partes tenham acordado de outro modo, solicitar que o Presidente do Tribunal Distrital em Amsterdã requeira consolidação dos processos.[503]

Tal disposição legal foi modificada a partir de janeiro de 2015. De acordo com o novo art. 1.046:

(1) A respeito de processos arbitrais pendentes na Holanda, uma parte poderá solicitar que um terceiro nomeado para essa finalidade pelas partes requeira a consolidação com outros processos arbitrais pendentes, na Holanda ou não, a menos que as partes tenham acordado de outro modo. Na falta de um terceiro nomeado para essa finalidade pelas partes, o juiz de medida cautelar do tribunal distrital de Amsterdã poderá ser solicitado a requerer a consolidação dos processos arbitrais pendentes na Holanda com

---

[502] Dorinco Reinsurance Company v. ACE American Insurance Company et. Al. N. 07--12622,2008 US. Dist. LEXIS 4593 (E.D. Mich. Jan. 23, 2008).
[503] Texto original: *"If arbitral proceedings have been commenced before an arbitral tribunal in the Netherlands concerning a subject matter which is connected with the subject matter of arbitral proceedings commenced before another arbitral tribunal in the Netherlands, any of the parties may, unless the parties have agreed otherwise, request the President of the District Court in Amsterdam to order a consolidation of the proceedings"*. (tradução livre)

os outros processos arbitrais pendentes na Holanda, a menos que as partes tenham acordado de outro modo.

(2) A consolidação poderá ser solicitada na medida em que não cause atraso não razoável nos procedimentos pendentes, também na consideração do estágio alcançado, e os procedimentos arbitrais sejam relacionados de forma tão próxima que uma boa administração de justiça torne mais rápido a audiência e a determinação dos casos em conjunto de modo a evitar o risco de decisões inconsistentes decorrentes de processos separados.

(3) O terceiro ou o juiz da medida cautelar pode conceder ou se recusar a solicitar, após ter concedido a todas as partes e, se nomeado, ao árbitro, uma oportunidade de tornar suas opiniões conhecidas. Sua decisão deverá ser comunicada por escrito a todas as partes e aos tribunais arbitrais em questão.

(4) Se o terceiro ou o juiz da medida cautelar solicitar a consolidação, as partes deverão, mediante consulta mútua, nomear o árbitro ou árbitros em quantidade ímpar e determinar as normas que serão aplicáveis aos processos consolidados. Se, dentro de um prazo estabelecido pelo terceiro ou pelo juiz da medida cautelar, as partes não chegarem a um acordo sobre a matéria, o terceiro ou juiz da medida cautelar deverão, mediante solicitação de quaisquer das partes, nomear o árbitro ou os árbitros e, se necessário, determinar as normas que serão aplicáveis aos processos consolidados. O terceiro ou o juiz da medida cautelar deverá, se necessário, determinar a remuneração do trabalho já realizado pelos árbitros cujo mandato é rescindido por motivo de consolidação. O Artigo 1027(4) será aplicável *mutatis mutandis*.[504]

---

[504] Texto original: *"(1) In respect of arbitral proceedings pending in the Netherlands, a party may request that a third person designated to that end by the parties order consolidation with other arbitral proceedings pending within or outside the Netherlands, unless the parties have agreed otherwise. In the absence of a third person designated to that end by the parties, the provisional relief judge of the district court of Amsterdam may be requested to order consolidation of arbitral proceedings pending in the Netherlands with other arbitral proceedings pending in the Netherlands, unless the parties have agreed otherwise.*

(2) Consolidation may be ordered insofar as it does not cause unreasonable delay in the pending proceedings, also in view of the stage they have reached, and the arbitral proceedings are so closely connected that good administration of justice renders it expedient to hear and determine them together to avoid the risk of irreconcilable decisions resulting from separate proceedings.

(3) The third person or the provisional relief judge may grant or refuse the request, after he has given all the parties and, if appointed, the arbitrators, an opportunity to make their opinions known. His decision shall be communicated in writing to all the parties and the arbitral tribunals concerned.

A lei de arbitragem holandesa de 2015[505] apresenta solução interessante para a consolidação de processos arbitrais paralelos:[506] caso haja processos arbitrais conexos pendentes e um deles tiver como sede a Holanda, às Partes será facultado requerer a um terceiro, designado especificamente para aquele fim pelas Partes, que pode ou não ser uma instituição arbitral, para determinar a consolidação dos processos paralelos.[507]

Caso as partes não tenham convencionado quem seria esse terceiro competente para determinar a consolidação de processos arbitrais, o

---

(4) If the third person or the provisional relief judge orders consolidation, the parties shall, in mutual consultation, appoint the arbitrator or arbitrators, in an uneven number, and determine the rules which shall apply to the consolidated proceedings. If, within a time-limit fixed by the third person or the provisional relief judge, the parties fail to reach agreement in this regard, the third person or the provisional relief judge shall, at the request of the most diligent party, appoint the arbitrator or arbitrators and, if necessary, determine the rules which shall apply to the consolidated proceedings. The third person or the provisional relief judge shall, if necessary, determine the remuneration for the work already carried out by the arbitrators whose mandate is terminated by reason of the consolidation. Article 1027(4) shall apply mutatis mutandis". (tradução livre)

[505] Conf. Rumora-Scheltema e Hoebeke: *"The New Act entered into force on 1 January 2015 in relation to arbitrations commenced on or after 1 January 2015. (...) The New Act still forms part of the Dutch Code of Civil Procedure ("DCCP") (Articles 1020-1076 DCCP). (...) The New Act slightly amended the provision on consolidation of arbitral proceedings. In respect of arbitral proceedings pending in the Netherlands, a party may request that a third party, typically but not limited to an arbitration institute, designated to that end by the parties, order consolidation with other arbitral proceedings pending within or outside the Netherlands, if the parties agreed on such a third party. Absent a third party designated to that end by the parties, the provisional relief judge of the district court of Amsterdam may be requested to order consolidation of arbitral proceedings pending in the Netherlands, unless the parties have agreed otherwise".* RUMORA-SCHELTEMA, Barbara; HOEBEKE, Bo Ra. **The New Dutch Arbitration Act 2015**, 25 fev. 2015. Disponível em: < http://kluwerarbitrationblog.com/blog/2015/02/25/the-new-dutch-arbitration-act-2015/>. Acesso em: 23 dez. 2015.

[506] De acordo com Joachim Frick: *"Dutch law allows a third party to join the proceeding only if the original parties consente; the third party has no influence on the appointment of the arbitrators. However, at the request of one of the parties, and after having heard the other party and the involved arbitrators, the court can order the consolidation of two or more arbitration proceedings".* FRICK, Joachim G., op. cit., p. 236.

[507] *"The arbitration law of The Netherlands (Article1046 of the Netherlands Code of Civil Procedure) permits consolidation of arbitration proceedings in certain circumstances even without the consent of the parties. Therefore, that law should be consulted and the jurisdiction avoided (or exclusionary language drafted) if placing the arbitration there would subject the proceeding to unwanted mandatory consolidation. If mandatory consolidation is desired, the parties may consider choosing the jurisdiction as a seat".* DEBEVOISE; PLIMPTON, op. cit., p. 23.

juízo competente será o juiz cautelar da Corte distrital de Amsterdam (de acordo com a lei de 1986, as partes não teriam a possibilidade de escolher outra autoridade que a Corte distrital de Amsterdam para esse fim), ao menos que as partes tenham convencionado de outra forma.[508]

De acordo com Lew e Mistelis, foi a indústria da construção que demandou maior facilidade para que ocorresse a consolidação/reunião entre demandas arbitrais conexas. Para o autor: "a indústria da construção holandesa impulsionou a inclusão dessa norma e é também a principal usuária da disposição. Na média, três solicitações para consolidação são feitas por ano e são geralmente concedidas. Nesses casos, não é o tribunal arbitral que solicita a consolidação, mas sim os tribunais".[509]

Além disso, Hof destaca que, embora a lei tenha dado suporte para que o Judiciário determine a consolidação de demandas arbitrais conexas, a nova lei holandesa fornece instrumentos que fortalecem a consolidação de processos relacionados por determinação das instituições arbitrais: "com o passar do tempo, percebeu-se que de fato as consolidações foram melhor executadas pelas instituições que administram as arbitragens da construção. A nova minuta tem a intenção de fornecer suporte adicional para a consolidação solicitada pela instituição".[510]

Outra mudança na legislação arbitral holandesa é a de que enquanto sob a égide da antiga legislação (Código de Processo Civil de 1986) somente se admitia a consolidação/reunião se as demandas arbitrais envolvidas tivessem como sede (local) da arbitragem a Holanda,[511] após as mudanças de 2015, a consolidação de processos pode se dar com arbi-

---

[508] RUMORA-SCHELTEMA, Barbara; HOEBEKE, Bo Ra, op. cit.

[509] Texto original: *"The Dutch construction industry was the driving force behind the inclusion of this rule and is also the main user of the provision. On average three requests for consolidation are made per year and are usually granted. In these cases it is not the arbitration tribunal that orders consolidation but the courts"*. (tradução livre) LEW, Julian D. M.; MISTELIS, Loukas A.; KRÖLL, Stefan M., op. cit., p. 399. O mesmo é confirmado por Hof: *"In the Netherlands, it was the construction industry that propagated a statutory consolidation regime"*. HOF, Jacomijn J. van Haersolte-Van. Revision of the Dutch Arbitration Act: Making the Netherlands an Even Better Place for Arbitration, **Journal of International Arbitration**, Kluwer Law International, 2014, v. 31, n. 3, p. 425-37.

[510] Texto original: *"Over time, it was felt that in fact, consolidations were best dealt with by the institutions administrating construction arbitrations. The new draft seeks to provide further support for institution-ordered consolidation"*. (tradução livre) HOF, Jacomijn J. van Haersolte-Van, op. cit.

[511] *"[...] under Article 1046 of the Netherlands Code of Civil Procedure, consolidation is only possible where there are two or more 'arbitral tribunal's in the Netherlands'"*. BORN, Gary, op. cit., p. 2.090.

tragens que tenham outras sedes (Art. 10.46(1) [...] "consolidação de demanda em outros processos arbitrais pendentes na Holanda ou outros países".[512]

Por fim, importante destacar que essa autorização legal para consolidar demandas arbitrais pode ser excluída contratualmente pelas partes. Como deixa claro o art. 1.046(1), a autorização para a consolidação de demandas é a regra "a menos que as partes tenham acordado de outro modo". Ou seja, a própria lei holandesa possui, desde de sua edição anterior, um mecanismo de *opt-out* que pode ser facilmente adotado pelas partes durante a contratação.[513]

Embora a atual lei holandesa ainda seja muito recente e, portanto, ainda possa ser cedo para se verificar os impactos dessa legislação sobre a arbitragem naquele país, esse parece ser um modelo interessante cujos resultados devem, ao menos, ser acompanhado de perto pelos *players* da arbitragem de todo o mundo.

6.4.3. Inglaterra e Commonwealth – do consentimento estrito inglês à tendência pró-consolidação australiana

A Lei de Arbitragem inglesa de 1996 ("*Arbitration Act 1996*") entrou em vigor em 1997. Antes dela, já haviam vigorado naquele país as leis de arbitragem de 1950, 1975 e 1979. Nos anos 1980, o Ministério se Comércio e Indústria inglês instituiu o *Advisory Committee on Arbitration Law* ("DAC") sob a presidência do Lord Justice Mustill. Após debates sobre

---

[512] Texto original: "([...] *order consolidation with other arbitral proceedings pending within or outside the Netherlands*"). (tradução livre)

[513] "*The implied-consent model already exists in the Netherlands Arbitration Act where there is, in effect, an opt-out implied term for avoiding the consolidation of arbitrations. With the Hong Kong – Australia – New Zeland – Canada family of statutes, where a party or partiies opt in to consolidation, it is not necessary for the court or tribunal to find the existence of an implied term of consent to consolidation. The declaration of a statutory implied term in the Hong Kong s.6B Ordinance might have been helpful; on the other hand, given the artificiality of the implied-term device and its strangeness to foreign users of Hong Kong law, perhaps the Hong Kong draftsmen were prudent in not stating an implied-term basis for the ordinance. Notwithstanding the lack of express consent, by and large these estatute work and fill a real need, within their limitations. None of them, however, can deal with all aspects of a complex construction project*". HARDY, Clive. Multi-Party Arbitration: Exceptional Problems Need Exceptional Solutions. **Journal of the Chartered Institute of Arbitrators**, v. 66, n. 1, fev. 2000, p. 20.

a adoção ou não da UNCITRAL Model Law (1985), entendeu-se que esta não deveria ser adotada. Já sob a presidência do Lord Justice Saville, o DAC elaborou projeto de lei em dezembro de 1995, que depois de ampla consulta sofreria algumas alterações e daria origem à Lei de Arbitragem inglesa.[514]

De acordo com a *Section 35* da Lei de Arbitragem inglesa:[515]

> (1) As partes estão livres para acordar: (a) que os processos arbitrais sejam consolidados com outros processos arbitrais, ou (b) que as audiências de instrução concomitantes sejam realizadas de acordo com os termos que vierem a ser acordados, (c) a menos que as partes concordem em conferir esse poder ao tribunal, o tribunal não tem poderes para solicitar a consolidação dos processos ou audiências de instrução concomitantes.[516]

Interessante que embora a Inglaterra seja "tradicionalmente favorável a uma maior intervenção do Judiciário na arbitragem, justificada pela busca de melhor qualidade da decisão e aplicação uniforme do sistema legal inglês, se assim escolhido pelas partes"[517], a Lei de Arbitragem inglesa optou por um modelo pouco interventivo quanto à consolidação/reunião de processos arbitrais conexos.

---

[514] Canivet, Marie; Goffin, Jean-François, op. cit., p. 300.

[515] *"The absence of any power to compel consolidation of arbitrations or to effect joinder of third parties is the fundamental flawn of arbitration, the embarrassingly difficult problem which was thought by the Department Advisory Committee ('the DAC') to be the almost beyond resolution. Section 35 simply provides that parties are free to consolidate if they so agree. If at the stage of contract creation a simple two-party dispute is all that is ever likely to cuur, then the interests of clients are possibly best served by agreement to an arbitration clause, given that there may be aspects of the arbitral process which are of particular importance to the client"*. Hardy, Clive, op. cit., p. 15.

[516] Texto original: *"(1) The parties are free to agree: (a) that the arbitral proceedings shall be consolidated with other arbitral proceedings, or (b) that concurrent hearings shall be held, on such terms as may be agreed. (c) unless the parties agree to confer such power on the tribunal, the tribunal has no power to order consolidation of proceedings or concurrent hearings"*. (tradução livre)

[517] Braghetta, Adriana, op. cit., p. 12. Também para Park a Lei de Arbitragem inglesa é bastante abrangente quanto à intervenção judicial na arbitragem. Para o autor: *"English arbitration law still leaves the High Court with powers wide enough to justify almost any intervantion in the arbitral process [...]"*. Park, William. The Lex Loci Arbitri and International Commercial Arbitration, **The International and Comparative Law Qarterly**, v. 32, n 1, jan. 1983, pp. 21-53.

Outros países da *Commonwealth* e muitos que fizeram parte da *Commonwealth* no passado adotaram legislações bastante semelhantes à legislação inglesa, dentre os quais se destacam Singapura[518] e Irlanda[519].

Diversos autores criticam essa postura autorrestritiva da legislação inglesa sobre a atuação judicial para consolidar/reunir de processos arbitrais conexos. Dentre esses autores está Michael Marks Cohen, segundo o qual:

> [...] a Lei de 1996 deveria ter autorizado a consolidação de processos arbitrais pela via judicial. O risco de decisões inconsistentes com relação a diversos contratos relacionados que contenham a mesma cláusula compromissória é um vício substancial do processo arbitral. O Comitê [...] não foi receptivo em autorizar a consolidação pela nova lei. O Comitê acreditou que as 'dificuldades conceituais não poderiam ser superadas'.[520]

Como veremos no último capítulo desta tese, a solução adotada pela Inglaterra para evitar que sejam prolatadas sentenças arbitrais contraditórias e/ou inconsistentes foi a produção conjunta de prova entre processos arbitrais conexos. Trataremos mais detalhadamente desse instituto no momento oportuno.

De todo modo, é significativa a recente alteração no Regulamento da LCIA (em outubro de 2014), que, como visto anteriormente nesta tese, ao incormporar ao seu art. 22 dispositivo (x) que autoriza os árbitros a consolidar arbitragens conexas independentemente do consentimento das partes, mostra uma significativa ruptura com o modelo protetivo até então adotado na Inglaterra.

De todo modo, no âmbito legislativo, a divergência entre os países da *Commonwealth* em relação ao modelo inglês se dá na Lei de Arbitragem Internacional australiana, que passaremos a analisar na sequência.

---

[518] **Section 26 of the Singapure Arbitration Act of 2001.**
[519] **Section 9 of the Irish International Commercial Arbitration Act of 1998.**
[520] Texto original: *"(...) the 1996 Act should authorise court-ordered consolidation of arbitral proceedings. The risk of inconsistent awards where multiple related contracts contain the same arbitration clause is a major flaw of the arbitral process. The Committee (...) was not receptive to authorising consolidation in the statute. The Committee felt that the 'conceptual difficulties' could not be overcome".* (tradução livre) COHEN, Michael Mark. A Missed Opportunity to Revise the Arbitration Act 1996, **Arbitration International**, 2007, v. 23, p. 461.

Austrália

De acordo com o artigo 24 da Lei de Arbitragem Australiana,[521] uma parte poderá requerer a consolidação de processos arbitrais aos tribunais arbitrais competentes nas seguintes hipóteses: (i) a existência de questão de fato ou direito comum a todos os processos; (ii) os pedidos em todos os processos envolvidos dizem respeito à mesma transação ou conjunto de transações comerciais; ou (iii) a consolidação de todos os processos arbitrais seria conveniente.[522]

---

[521] *"Section 24 of the Act provides for consolidation of arbitral proceedings (by order of the Arbitral Tribunal) where there is a common questiono f law or fact arising or the rights to relief claimed in all of the proceedings are in respect of, or arise out of, the same transaction or series of transactions, or through some other reason it is desirable that an order be made. The order can require the proceedings to be consolidated on terms or that the proceedings be heard at the same time or in a sequence specified in the order".* FIRTH, Derek S. *Latest Developments in Australia and New Zeland.* Notes for Panel Discussion. Paris, 25-26 set. 2000, p. 3. Disponível em: http://www.derekfirth.com/uploads/7/7/9/1/7791851/2000_icc_2000_latest_developments_in_aus__nz.pdf>. Acesso em: 30 ago. 2015.

[522] De acordo com o Art. 24 do *Australian Arbitration Act* de 1974 (reformado em 2010), "*Consolidation of arbitral proceedings (1) A party to arbitral proceedings before an arbitral tribunal may apply to the tribunal for an order under this section in relation to those proceedings and other arbitral proceedings (whether before that tribunal or another tribunal or other tribunals) on the ground that: (a) a common question of law or fact arises in all those proceedings; (b) the rights to relief claimed in all those proceedings are in respect of, or arise out of, the same transaction or series of transactions; or (c) for some other reason specified in the application, it is desirable that an order be made under this section. (2) The following orders may be made under this section in relation to 2 or more arbitral proceedings: (a) that the proceedings be consolidated on terms specified in the order; (b) that the proceedings be heard at the same time or in a sequence specified in the order; (c) that any of the proceedings be stayed pending the determination of any other of the proceedings. (3) Where an application has been made under subsection (1) in relation to 2 or more arbitral proceedings (in this section called the related proceedings), the following provisions have effect. (4) If all the related proceedings are being heard by the same tribunal, the tribunal may make such order under this section as it thinks fit in relation to those proceedings and, if such an order is made, the proceedings shall be dealt with in accordance with the order. (5) If 2 or more arbitral tribunals are hearing the related proceedings: (a) the tribunal that received the application shall communicate the substance of the application to the other tribunals concerned; and (b) the tribunals shall, as soon as practicable, deliberate jointly on the application. (6) Where the tribunals agree, after deliberation on the application, that a particular order under this section should be made in relation to the related proceedings: (a) the tribunals shall jointly make the order; (b) the related proceedings shall be dealt with in accordance with the order; and (c) if the order is that the related proceedings be consolidated–the arbitrator or arbitrators for the purposes of the consolidated proceedings shall be appointed, in accordance with Articles 10 and 11 of the Model Law, from the members of the tribunals. (7) If the tribunals are unable to make an order under subsection (6), the related proceedings shall proceed as if no application has been made under subsection (1). (8) This*

A Lei de Arbitragem Internacional australiana representa uma ruptura com o modelo geralmente aceito pela *Commonwealth*.

Como esclarece Stephen Bond, tal ordenamento prevê a consolidação, independentemente de todos os processos em questão estarem em curso perante os mesmos tribunais arbitrais.[523] Nos casos em que as demandas relacionadas tiverem diferentes tribunais arbitrais, a lei australiana estabelece que os tribunais arbitrais devem deliberar e proferir uma ordem processual conjunta para determinar se (i) consolidam as demandas conexas; se (ii) mantêem as demandas separadas e em seu curso normal; ou se (iii) suspendem uma das demandas.[524]

6.4.4. A Contenção do Papel do Judiciário na Consolidação de Processos Arbitrais na França e Itália – a Solução Aparente

França

A França é uma das jurisdições tidas internacionalmente como uma das mais favoráveis à arbitragem. Sem adotar a *UNCITRAL Model Law*, a legislação arbitral francesa foi disciplinada pelo Código de Processo Civil francês[525] (*La nouvelle Code du Procédure Civile*). Rafael Alves afirma que

---

section does not prevent the parties to related proceedings from agreeing to consolidate them and taking such steps as are necessary to effect that consolidation".

[523] BOND, Stephen R., Chapter 2 – Dépeçage or consolidation on the disputes resulting from connected agreements: the role of the arbitrator. HANOTIAU, Bernard; SCHWARTZ, Eric A., op. cit., p. 35-44. Bond discute também um aspecto crítico da lei australiana, qual seja, o excesso de procedimentos que acaba por burocratizar e limitação da autonomia das partes. De acordo com o autor: *"By clarifying the procedure for consolidation and allowing consolidation based upon a single`party's application, the Australian law takes a stronger pro-consolidation approach thean the laws of most other countries. The problem with this law, however, is that in setting out detailed procedure for consolidation, it also limits the partie's autonomy to craft n arbitration agreement that takes a different position with respect to consolidation. Parties may have legitimate interests in opposing an arbitral framework that allows for easy consolidation – such as, for example, an interest in arbitration as a vehicle for target dispute-resolution involving parties that can be reliably identified in advance – and these interests could be substantially frustrated under this law".* Idem.

[524] Ibdem.

[525] De acordo com o art. 1.458 do Código de Processo Civil francês, *"[...] lorsqu'un litige dont un tribunal est saisi en vertu d'une convention d'arbitrage est porte devant une juridiction de l'État, celle-ci doit se déclarer incompetente. Si le tribunal arbitral n'est pas encore saisi, la juridiction doit également se déclarer incompétente à moins que la convention d'arbitrage ne soit manifestment nulle. Dans les deux cas, la juridiction ne peut relever d'office son incompetence"*. O art. 1.466 do Código de Processo Civil francês determina que *"Si, devant l'arbitr, l'une des parties conteste dans son principe*

"o direito francês representa, de fato, o único sistema que reconhece integralmente o efeito negativo do princípio da competência-competência, ou seja, a regra da prioridade cronológica dos árbitros em relação aos juízes estatais para decidir sobre sua competência".[526] Giovanni Bonato entende que a reconhecida relevância da legislação arbitral francesa no cenário mundial foi alcançada tanto (i) pela elaboração de uma legislação vanguardista e favorável ao desenvolvimento da arbitragem desde os anos 1980, "interpretada por uma jurisprudência amigável, notadamente em matéria internacional, e coadjuvada, na interpretação dos textos, por uma doutrina prestigiosa e brilhante"; como (ii) pela presença da CCI em Paris.[527] A legislação arbitral francesa, recentemente alterada pelo Decreto 2011-48/2011,[528] preserva a autonomia da arbitragem frente ao direito local.

O legislador francês adotou o modelo dualista, que define a arbitragem internacional com base em critério econômico, nos termos do art. 1.504 do Código de Processo Civil francês: é internacional a arbitragem na qual estão em disputa os interesses do comércio internacional, "tomando uma definição cunhada pela jurisprudência nos anos trinta do século passado a fim de afastar as regras restritivas e rigorosas da arbitragem interna e permitir, consequentemente, o desenvolvimento do instituto na área internacional".[529]

Não há, no ordenamento jurídico francês, previsão legal autorizando a consolidação demandas arbitrais, mas a consolidação é admitida se as

---

ou son étendue le pouvoir juridictionnel de l'arbitre, il appartient à celui-ci de statuer sur la validité ou les limites de son investidure".

[526] ALVES, Rafael Francisco, op. cit., p. 72.

[527] BONATO, Giovanni. Panorama da arbitragem na França e na Itália. Perspectiva de direito comparado com o sistema brasileiro. In: CURSO DE PÓS-GRADUAÇÃO **Arbitragem no Brasil, na Itália e na França**: perspectiva de direito comparado, ministrado na USP no segundo semestre do ano acadêmico de 2013, com prof. Carlos Alberto Carmona, 2014. Disponível em: <http://disciplinas.stoa.usp.br/pluginfile.php/208504/mod_resource/content/0/BONATO%2C%20Arbitragem%20na%20França%20e%20na%20Italia..pdf>. Acesso em: 23 dez. 2015.

[528] GAILLARD, Emmanuel; LAPASSE, Pierre de. Le nouveau droit français de l'arbitrage interne et international, **Recueil Dalloz**, 20 jan. 2011, n. 3, p. 175-92.

[529] BONATO, Giovanni, op. cit., p. 22.

partes concordarem expressamente na convenção arbitral ou pela escolha do regulamento de arbitragem.[530]

Na França, a importância atribuída ao princípio da autonomia das partes parece estabelecer limites muito restritos à consolidação de processos arbitrais. Não há na legislação francesa qualquer previsão sobre a consolidação de processos arbitrais. A legislação francesa apenas trata da conexão de processos judiciais. Diante dessa ausência de regra específica, o Judiciário opta por entender que não possui poderes para determinar a reunião de processos arbitrais relacionados.

De acordo com Alice Mourot:

> ausente uma vontade expressa ou tácita das partes, a consolidação só poderia ser permitida por uma disposição legal conferindo ao juiz estadual o poder de pronunciar a consolidação de instâncias de arbitragens conexas, mecanismo que poderíamos qualificar de 'consolidação-forçada'.[531]

O Código de Processo Civil francês é silente quanto à possibilidade de Judiciário (*juge d'appui*) determinar a consolidação forçada de processos arbitrais conexos. Embora negue essa possibilidade, E. Loquin questiona-se se o Judiciário não teria o poder de determinar a consolidação.[532]

Para Alice Mourot:

> O juiz togado não dispõe, portanto, do poder de ordenar a consolidação de processos arbitrais para submetê-los a um árbitro único, dado o caráter privado e contratual da arbitragem. A consolidação forçada é então rejeitada

---

[530] Conf. SERAGLINIE, Christophe; ORTSCHEIDT, Jérôme. **Droit de l'arbitrage interne et international**. Paris: Montchrestien, 2013, p. 749-50. Conf. também AYMONE, Priscila Knoll. **A problemática dos procedimentos paralelos**: os princípios da litispendência e da coisa julgada em arbitragem internacional. 2011. Tese (Doutorado orientada pelo Professor Luiz Olavo Baptista em Direito Internacional) – Faculdade de Direito, Universidade de São Paulo, 2011, p. 170.

[531] "À défaut d'une volonté expresse ou tacite des parties, la consolidation ne pourrait être permisse que par une disposition légale conférant au juge étatique le pouvoir de prononcer la consolidation d'instances arbitrales connexes, mécanisme que nous pourrions qualifier de 'consolidation-forcée'". (tradução livre) MOUROT, Alice, op. cit., p. 445.

[532] LOQUIN, E. Note sous Versailles, **OIAETI et Sofidif c/ COGEMA, SERU, Eurodif, CEA préc. spéc.**, 7 mar. 1990, p. 341.

pelo Tribunal de cassação que sublinha que a implementação da consolidação depende da existência de um acordo expresso das partes ou de uma 'intenção inequívoca de reunir'.[533]

O precedente da *Cour de cassation* a que Mourot se refere é o acórdão proferido pela 2a Câmara Cível da *Cour de cassation* francesa em 16 de março de 2000, segundo o qual:

> Na presença de três cláusulas compromissórias diferentes, que não comportam estipulações idênticas e que estão inseridas em três contratos distintos firmados por uma mesma sociedade com partes diferentes, este mesmo magistrado não pode, sem exceder seus poderes, determinar uma arbitragem única do momento em que ele não constata um acordo expresso de todas as partes ou sua intenção não equívoca de reuní-los.[534]

No caso *Sofidit* v. *O.I.A.E.T.I*, Sentença Arbitral Interlocutória Nº 2, Caso 5124, p. 12, o Tribunal Arbitral sugeriu às partes que concordassem com a conexão dos processos paralelos, o que não foi admitido pelas partes.[535]

De acordo com o Tribunal Arbitral: "[A adjudicação do acordo na presente arbitragem] depende se as partes estão preparadas para simplificar os procedimentos e celebrar um contrato para [prorrogar o escopo da convenção arbitral para admitir a demanda apresentada por uma requerida contra outra (*cross-claim*)]".[536]

---

[533] Texto original: *"Le juge étatique ne dispose donc pas du pouvoir d'ordonner la junction de trois procedure pour le soumettre à un arbitre unique eu égard au caractère privé et contractuel del'arbitrage. La consolidation force est ainsi rejetée par la Cour de cassation qui souligne que la mise en ouvre de la consolidation est dépendante de l'existence d'un accord exprès des parties ou d'une 'intention non-équivoque d'recourir'".* (tradução livre) Mourot, Alice, op. cit., p. 446.

[534] Texto original: *"En présence de trois clause compromissoire differrentes, qui ne comportment pas toutes de stipulations identiques et qui sont insérées dans trois contrats distincts conclus par une meme société avec des parties différentes, ce meme magistrate ne peut, sans exceder ses puvoira, prévoir un arbitrage unique dès lors qu'il ne constate pas un accord exprès de toutes les parties ou leur intention non equivoque d'y recourir".* (tradução livre) Civ. 2ème, 16 mar. 2000, **Bull. Civ**. 2000, v. II, n. 45, p. 31; *D*. 2000, p. 149.

[535] Gaillard, Emmanuel. The Consolidation of Arbitral Proceedings and Court Proceedings, op. cit., p. 42.

[536] Texto original: "[Adjudicating the set-off in the present arbitration] depends on whether the parties are prepared to simplify proceedings and to enter into an agreement to [extend

Outro aspecto relevante da nova legislação francesa é a nova atuação atribuída ao juiz auxiliar ou juiz de apoio. Até o novo Código de Processo Civil em vigor desde 2011, as cláusulas vazias eram consideradas nulas quando se tratasse de arbitragem doméstica (mas não quando se tratasse de arbitragem internacional), não havendo, nessas hipóteses, papel nenhum a ser desempenhado pelo Judiciário em relação à nomeação dos árbitros. Com a nova legislação processual, tais cláusulas deixaram de ser nulas, criando-se para o juiz de apoio francês uma nova atribuição de substituir a vontade das partes.

De acordo com Matthieu de Boisséson:

> No âmbito da arbitragem internacional, o artigo 1508 mantém a possibilidade, para as partes, de não designar os árbitros ou de não prever as modalidades de sua designação. Na arbitragem doméstica, com uma mesma preocupação de simplificação e de redução do formalismo, o novo texto não sanciona mais pela nulidade de uma cláusula deste tipo.[537]

De acordo com Pierre Chevalier, a atuação do juiz de apoio na constituição do tribunal arbitral está condicionada aos seguintes critérios: (i) ausência de acordo dos árbitros sobre a designação do árbitro complementar [art. 1451]; (ii) ausência de acordo de ambas as partes sobre a escolha do árbitro único [art. 1452-1º]; (iii) ausência de acordo sobre a escolha do árbitro em caso de arbitragem por três árbitros [art. 1452-2º]; e (iv) ausência de acordo sobre as modalidades de constituição do tribunal arbitral quando o litígio coloca em oposição mais de duas partes [art. 1453].[538]

---

the scope of the arbitration agreement to the cross-claim]". (tradução livre) BERGER, Klaus Peter. Set-off in international economic arbitration. **Arbitration International**, n. 1, p. 66, 1999.

[537] Texto original: *"En matière d'arbitrage international, l'article 1508 maintient la possibilite, pour les parties, de ne pas designer le ou les arbitres, ou de ne pas prévoir les modalites de leur désignation. En arbitrage interne, dans un même souci de simplification et d'allégement du formalism, le nouveau texte ne sanctionne plus par la nullité une clause de ce type"*. (tradução livre) BOISSÉSON, Matthieu de. La nouvelle convention d'arbitrage. In: CLAY, Thomas (Org.). **Le Nouveau Droit français de l'arbitrage**. Paris: Lextenso; Universités de Versailles, 2011, p. 84-5.

[538] CHEVALIER, Pierre. Le nouveau juge d'appui. In: CLAY, Thomas (Org). **Le Nouveau Droit Français de L'arbitrage**. Paris: Lextenso; Universités de Versailles, 2011, p. 150.

Itália

A arbitragem na Itália é regulada no Código de Processo Civil, Livro IV, Título VIII, que foi reformado em 2006 pelo Decreto Legislativo n. 40 de 02/02/2006.

Embora fuja ao escopo desta tese a relação entre uma demanda arbitral e outa judicial, é interessante notar a evolução da legislação italiana em relação a esse tópico. Antes de uma reforma legal em 1994, a jurisprudência do Supremo Tribunal Federal italiano afirmava que, se fossem propostas duas ações conexas, uma perante um tribunal arbitral e outra perante o juiz estatal, ambas as controvérsias eram englobadas na competência do juiz estatal. Com a reforma de 2006, isso mudou. Segundo o art. 819 *ter*: "A competência dos árbitros não será excluída pela pendência do mesmo litígio perante o juiz, nem pela conexão entre a arbitragem e um litígio pendente perante o juiz".[539]

A reunião de processos arbitrais relacionados não é expressamente reconhecida pelo Código de Processo Civil Italiano. No entanto, como há liberdade para as partes determinarem sobre o procedimento arbitral (art. 816 *bis*, CPC), é possível que elas estipulem tal possibilidade na convenção arbitral, sendo necessário o consenso entre as partes.

De acordo com o *Titolo VIII do Libro IV* do Código de Processo Civil italiano, o Judiciário não pode determinar a reunião de processos arbitrais conexos (conexão *sensu* próprio) ao menos que a possibilidade de consolidação tenha sido expressamente consentida por todas as partes envolvidas. Desse modo, a legislação italiana adotou uma solução *aparente* ou *falsa* para a consolidação de processos arbitrais relacionados, atribuindo ao consentimento unânime das partes a última palavra sobre a reunião de processos.

---

[539] Art. 819 *ter* (Rapporti tra arbitri e autorità giudiziaria) "*La competenza degli arbitri non è esclusa dalla pendenza della stessa causa davanti al giudice, né dalla connessione tra la controversia ad essi deferita ed una causa pendente davanti al giudice. La sentenza, con la quale il giudice afferma o nega la propria competenza in relazione a una convenzione d'arbitrato, è impugnabile a norma degli articoli 42 e 43. L'eccezione di incompetenza del giudice in ragione della convenzione di arbitrato deve essere proposta, a pena di decadenza, nella comparsa di risposta. La mancata proposizione dell'eccezione esclude la competenza arbitrale limitatamente alla controversia dedotta in giudizio. Nei rapporti tra arbitrato e processo giudiziario non si applicano regole corrispondenti agli articoli 44, 45, 48, 50 e 295. In pendenza del procedimento arbitrale non possono essere proposte domande giudiziali aventi ad oggetto l'invalidità o inefficacia della convenzione di arbitrato*".

De acordo com Carmine Punzi:

A tendência geral é por uma solução negativa do problema, ao menos no que se refere à conexão de demandas. Considera-se, de fato, admissível a reunião de mais demandas conexas tão somente na hipótese, devidamente reconhecida como sendo extremamente rara, na qual tais ações tenham sido movidas simultaneamente perante os mesmos árbitros e contanto que a reunião tenha sido previamente autorizada pelas partes.[540]

A jurisprudência italiana reconheceu a possibilidade de se instaurar um único processo arbitral desde o início (e não juntar arbitragens existentes) quando há uma pluralidade de cláusulas compromissórias. Os requisitos são: (i) existência de uma relação direta entre os contratos (*e.g.* contratos celebrados no escopo de um acordo-quadro); (ii) uniformidade de conteúdo das diversas cláusulas compromissórias, ou seja, que elas não sejam conflitantes entre si; (iii) que os contratos tenham sido firmados entre as mesmas partes. A junção de disputas arbitrais poderia ser comparada ao efeito *ultra partes* da cláusula compromissória. No entanto, há quem afirme que isso geraria atrasos desnecessários na solução das demandas.[541]

De modo geral, a maior parte das legislações trata da consolidação de processos arbitrais relacionados a partir de um viés dependente do consentimento expresso das partes, resultando, assim, em uma solução *aparente* para o problema.

---

[540] *"La tendenza generale è per uma soluzione in senso negativo del problema, quanto meno per la conessione di cause. Si ritiene, infatti, ammissibile la riunione di più cause connesse solo nell'ipotesi, giustamente riconosciuta come oltremodo rara, in cui tali cause siano state promosse simultaneamente devanti agli stessi arbitri, e sempre che la runione sia stata preventivamente autorizzata dalle parti".* (tradução libre) PUNZI, Carmine. **Disegno sistematico dell'arbitrato**. 2. ed. Milão: CEDAM, p. 275.

[541] CANACCINI, Alessia. **Arbitrato e rapporti connessi**. 2011. Tese (Doutorado em Diritto dell'Arbitrato Interno e Internazionale) – L'Università di Pisa. Pisa, 2011, pp. 66-7.

Capítulo 7
O Direito Brasileiro e a Consolidação de Demandas Arbitrais Relacionadas

Passaremos, então, à análise sobre a forma como o direito brasileiro tem enfrentado a questão dos processos arbitrais conexos. Como já dito, a Lei de Arbitragem Brasileira é silente sobre o tema.

Diante disso, esta tese poderia propor soluções *lege ferenda* com base na análise comparativa de outras legislações realizada no capítulo anterior. Há propostas interessantes como a legislação holandesa, que possui elementos que, adequadamente assimilados na legislação brasileira, poderiam gerar bons frutos.

A despeito disso, há soluções *lege lata* para os riscos de decisões contraditórias ou inconsistentes gerados pela conexidade de demandas que ainda não foram exploradas pela doutrina. É sobre essas soluções que nos debruçaremos a partir de agora.

Para tanto, inicialmente, examinaremos como as instituições arbitrais brasileiras têm lidado com o tema.

7.1. As Instituições Arbitrais Brasileiras e a Consolidação de Processos arbitrais relacionados

Assim com a arbitragem como um todo no Brasil, as instituições arbitrais brasileiras têm se desenvolvido muito na última década, tendo algumas delas, inclusive, se internacionalizado e adquirido reputação internacional, como é o caso do Centro de Arbitragem da Câmara de Comércio Brasil-Canadá ("CAM-CCBC"), cujo regulamento será utilizado e aplicado na Competição Vis Moot de 2017.

Como boa parte das instituições arbitrais ao redor do mundo, as instituições nacionais têm adotado diversas das linhas de evolução incorporadas pela ICC, dentre as quais as já discutidas inovações daquela instituição no campo das arbitragens multicontratuais e multipartes e as consequentes questões de integração de terceiros signatários e não-signatários e da consolidação/reunião de processos arbitrais.

Dentre as instituições arbitrais brasileiras, a que parece ter enfrentado de forma mais clara a questão da consolidação de processos arbitrais relacionados foi o CAM-CCBC, em especial, a partir da entrada em vigor de seu novo regulamento em 2012 ("Regulamento CAM-CCBC 2012").

De acordo com o art. 4.20 do seu Regulamento CAM-CCBC 2012:

> Caso seja submetido pedido de instituição de Arbitragem que possua o mesmo objeto ou mesma causa de pedir de arbitragem em curso no próprio CAM/CCBC ou se entre duas arbitragens houver identidade de partes e causa de pedir, mas o objeto de uma, por ser mais amplo, abrange o das outras, o Presidente do CAM/CCBC poderá, a pedido das partes, até a assinatura do Termo de Arbitragem, determinar a reunião dos procedimentos.

De acordo com análise de seu ex-presidente, Frederico Straube:

> Nos procedimentos regidos pela norma antiga, a possibilidade de reunião de procedimentos adotava a visão mais conservadora, restringindo-se aos casos em que havia expressa concordância de todas as partes envolvidas. Contudo, a prática e a eficiência do procedimento arbitral exigiam que a matéria fosse objeto de disposição regulamentar, possibilitando a reunião de demandas mesmo sem a concordância de todas as partes. A medida é bastante restrita, possível apenas em casos muito específicos nos quais se observa identidade das demandas, partes, e que estejam em momento muito preliminar dos procedimentos. [...]. A limitação é grande suficiente para concluir que o artigo se presta a coibir a instauração de procedimentos arbitrais que tem por escopo encarecer ou constituem-se meros artifícios que visam aumentar desnecessariamente a complexidade da disputa. Por último, a consolidação de procedimentos determinada pelo Presidente

do CAM/CCBC deve ser realizada antes da assinatura do termo de arbitragem, evitando que a decisão seja tomada nos casos em que já exista tribunal arbitral constituído para a solução da questão. [...] o tribunal arbitral, após constituído, decidirá sobre sua jurisdição, confirmando ou modificando a decisão anteriormente prolatada.[542]

Chama a atenção que o Regulamento CAM-CCBC define como critério para a consolidação de demandas arbitrais (i) a existência do *mesmo objeto ou mesma causa de pedir*; ou (ii) a identidade de partes e causa de pedir, mas tendo o objeto de uma, mais amplo, abrangendo o das outras.

Desse modo, esse regulamento se utiliza dos mesmos critérios adotados pela legislação processual civil brasileira.

De acordo com Thiago Marinho, o art. 4.20 do Regulamento CAM-CCBC "segue a mesma linha adotada pelo art. 10 do novo Regulamento da Corte de Arbitragem da CCI, admitindo a possibilidade de consolidação de duas arbitragens a pedido das partes, até a assinatura do Termo de Arbitragem, desde que interligadas por conta de seus objetos, partes e/ou causa de pedir, da forma estabelecida pelo Regulamento".[543]

Essa solução adotada pelo CAM-CCBC tem, de um lado, a vantagem de utilizar como base critérios já consagrados na cultura jurídica brasileira, mas, de outro lado, a desvantagem de trazer também todas as divergências doutrinárias e jurisprudências sobre os três *eadem* identificadores da demanda como critérios para identificar a conexão e se determinar seus efeitos.

Em vez de contribuir para a previsibilidade e acerto da decisão de consolidar demandas conexas, esse atavismo cultural pode, muitas vezes, atentar contra a flexibilidade do processo arbitral.

Além disso, nos termos do art. 4.5 do Regulamento CAM-CCBC 2012:

Antes de constituído o Tribunal Arbitral, o Presidente do CAM/CCBC examinará objeções sobre a existência, validade ou eficácia da convenção de

---

[542] STRAUBE, Frederico José. Uma breve análise do novo Regulamento do CAM/CCBC. **Revista de Arbitragem e Mediação**, vol. 32/2012, p. 227 – 248, Jan-Mar/2012.
[543] NUNES, Thiago Marinho. Instituição da arbitragem. In: SILVA, Eduardo Silva e; GUERRERO, L. Fernando; NUNES, Thiago Marinho. **Regras da arbitragem brasileira**. São Paulo: PONS/CAM-CCBC, 2015, p. 37-8.

arbitragem que possam ser resolvidas de pronto, independentemente de produção de provas, assim como examinará pedidos relacionados a conexão de demandas, nos termos do artigo 4.20. Em ambos os casos, o Tribunal Arbitral, após constituído, decidirá sobre sua jurisdição, confirmando ou modificando a decisão anteriormente prolatada.

Nota-se aqui que diferentemente do Regulamento CCI 2012, o Regulamento CAM-CCBC 2012 atribui à sua decisão sobre a reunião entre demandas arbitrais conexas caráter de decisão *prima facie*, ou seja, decisão que poderá vir a ser revista pelos árbitros.

Essa natureza *prima facie* da decisão do Presidente do CAM-CCBC é confirmada pela leitura do art. 4.20 do seu Regulamento CAM-CCBC 2012:

> Caso seja submetido pedido de instituição de Arbitragem que possua o mesmo objeto ou mesma causa de pedir de arbitragem em curso no próprio CAM/CCBC ou se entre duas arbitragens houver identidade de partes e causa de pedir, mas o objeto de uma, por ser mais amplo, abrange o das outras, o Presidente do CAM/CCBC poderá, a pedido das partes, até a assinatura do Termo de Arbitragem, determinar a reunião dos procedimentos.

O mesmo ocorre em relação ao Regulamento CIESP/FIESP, em vigor desde 1º de agosto de 2013, que em seu art. 4.1 estabelece que:

> Caberá ao Presidente da Câmara examinar em juízo preliminar, ou seja, prima facie, antes de constituído o Tribunal Arbitral, as questões relacionadas à existência, à validade, à eficácia e ao escopo da convenção de arbitragem, bem como sobre a conexão de demandas e a extensão da cláusula compromissória, cabendo ao Tribunal Arbitral deliberar sobre sua jurisdição, confirmando ou modificando a decisão da Presidência.

É relevante que se dê atenção também ao que estabelece o Regulamento da Câmara de Arbitragem do Mercado ("CAM"), que regula as normas de arbitragem aplicáveis às disputas envolvendo participantes dos mercados regulados pela Bolsa de Valores, Mercados e Futuros ("BM&FBOVESPA") decorrentes de relações societárias ou contratuais disciplinadas pela Lei das S.A., pelos estatutos sociais das companhias ou pelas normas aplicáveis ao funcionamento do mercado de capitais.

O Regulamento da CAM é bastante detalhista quanto à regulamentação da reunião de processos arbitrais conexos.[544] Embora não esteja definido de forma expressa, o Regulamento CAM parece atribuir à decisão de seu Presidente sobre a consolidação de processos arbitrais um caráter definitivo e não *prima facie* como fez o CAM-CCBC: "[...] o Presidente da Câmara de Arbitragem, após ouvir as partes, levando em conta as circunstâncias e o progresso já alcançado no procedimento em curso, poderá determinar a reunião dos procedimentos para julgamento conjunto".

7.2. O Caso Brasileiro e o Art. 7º Da Lei De Arbitragem Brasileira

Como ocorre em diversas jurisdições, no ordenamento jurídico brasileiro, as hipóteses de intervenção judicial antes ou durante a demanda

---

[544] "6.2 Conexão. Quando for apresentado um Requerimento de Arbitragem que tenha objeto ou causa de pedir comum a um outro procedimento arbitral já em curso e regido por este Regulamento, o Presidente da Câmara de Arbitragem, após ouvir as partes, levando em conta as circunstâncias e o progresso já alcançado no procedimento em curso, poderá determinar a reunião dos procedimentos para julgamento conjunto.
6.2.1 A reunião dos procedimentos somente será possível na fase de instrução do procedimento arbitral.
6.2.2 Se no momento em que for determinada a reunião de procedimentos arbitrais, não tiver havido a constituição de Tribunal Arbitral em nenhum deles, e não haja consenso entre todas as partes quanto à composição do Tribunal Arbitral, todos os árbitros serão nomeados pelo Presidente da Câmara de Arbitragem.
6.2.3 Se no momento em que for determinada a reunião de procedimentos arbitrais, o Tribunal Arbitral de um deles já tiver sido constituído, este será competente para o julgamento de todos os procedimentos conexos. Como o reconhecimento da conexão acarretará a renúncia, pelas partes dos outros procedimentos arbitrais, ao direito de indicarem árbitros, o Secretário-Geral lhes encaminhará cópias dos Termos de Independência firmados pelos árbitros do Tribunal já constituído. Somente será possível a reunião dos procedimentos arbitrais caso as partes da arbitragem mais nova concordem com a composição deste Tribunal Arbitral.
6.2.4 Se as partes assim notificadas, no prazo de 5 (cinco) dias, não apresentarem impugnações aos árbitros, as causas serão processadas e julgadas pelo Tribunal Arbitral já constituído.
6.2.5 As apresentações de impugnações a que se refere o item 6.2.4 serão julgadas na forma prevista no item 3.12 acima. Se não acolhidas, o julgamento das causas será atribuído ao Tribunal Arbitral já constituído. Se acolhidas, a reunião dos procedimentos para julgamento conjunto ficará prejudicada, e as causas prosseguirão separadamente, na forma deste Regulamento".

arbitral são de todo absolutamente excepcionais. Poderia a consolidação de demandas arbitrais ultrapassar esse filtro da excepcionalidade? De acordo com a leitura brasileira do *competence-competence*, o mais adequado seria que tal competência coubesse aos árbitros, ainda que pudesse haver algum nível de julgamento *prima facie* atribuído às instituições ou câmaras arbitrais.

Para Eduardo Parente:

> Ao menos para aplicação no Brasil. Não concordamos, por exemplo, com a proposta de que 'the consolidation of parallel arbitration proceedings can be a court initiative' [...]. Embora [...] 'this has long been the case in the United States' [...], a depender da vontade das partes [...], no nosso país não é possível a saída, na medida em que o juiz togado não poderá adentrar na questão neste momento do processo arbitral, mas quando se e quando ajuizada a demanda do art. 33. E o fará apenas para analisar se há nulidade no procedimento decorrente de não se ter aguardado resolução de questão prejudicial no curso do processo. O que, convenhamos, parece-nos pouco provável, pois tal estaria adstrito ao conteúdo da decisão arbitral, que deve, sempre, estar intangível pela jurisdição estatal.[545]

Como examinado no item anterior, essa leitura brasileira do *competence-competence* não é a mesma em outros países que admitem maior interferência do Judiciário e pode variar dentre os diversos regulamentos existentes ao redor do mundo.

De um lado, parece ser difícil atribuir tal poder ao Judiciário quando houver instituição arbitral eleita pelas partes,[546] o que pode não ser verdade em casos de arbitragens *ad hoc*, para os quais se poderia aplicar o

---

[545] PARENTE, Eduardo de Albuquerque, op. cit., p. 201, nota de rodapé 186.
[546] De acordo com Carmona: "Fica, claro, de qualquer modo, que o procedimento de que trata o artigo sob foco diz respeito apenas às cláusulas compromissórias que não contenham o elemento mínimo para que se possa instituir o tribunal arbitral (ou seja, o modo de nomear os árbitros). Se tal elemento mínimo (modo de nomear os árbitros) estiver presente, a instituição da arbitragem não dependerá de intervenção judicial. Por tal motivo, não se espera que uma cláusula compromissória que se reporte a uma entidade arbitral possa dar margem a uma demanda judicial de instituição forçada da arbitragem, ainda que haja resistência de um dos contratatantes quanto à indicação de árbitros ou quanto à sua participação (efetiva) no processo arbitral". CARMONA, Carlos Alberto. **Arbitragem e processo**, op. cit., p. 156.

art. 7º da Lei de Arbitragem Brasileira[547] e a possibilidade de execução específica[548] da convenção arbitral garantida pelo ordenamento jurídico brasileiro.[549]

---

[547] De acordo com o art. 7º da Lei Brasileira de Arbitragem: "Existindo cláusula compromissória e havendo **resistência quanto à instituição da arbitragem**, poderá a parte interessada requerer a citação da outra parte para comparecer em juízo a fim de lavrar-se o compromisso, designando o juiz audiência especial para tal fim" (destaque não originais).
[548] De acordo com Leandro Rennó, "O procedimento adotado [...] reafirma o vício legislativo quanto à necessidade do compromisso e ao tratamento da cláusula compromissória como simples contrato preliminar. Em nada inovou o legislador. O dispositivo em questão apenas confirmou a tese já esposada por alguns doutrinadores, de que a execução específica das obrigações de prestar declarações de vontade seria apenas aplicável à cláusula compromissória. Este tipo de execuçnao foi introduzido no art. 1006, do Código de Processo Civil, de 1039, e renovado no Código de Processo Civil, de 1973, em seus arts. 639 e 641. Para as promessas de contratar, quando se referiam a obrigações de fazer fungíveis, aceitava-se a viabilidade da execução específica desde o Código de Processo Civil de 1939 [...]. Não se pretende afirmar que não tenha sido válida a referida estipulação de forma específica para o caso da cláusula compromissória. Um dos pontos que servia de base para aqueles que defendiam a tese de que não se aplicava a execução específica para a cláusula compromissória referia-se ao fato de que esta, como contrato preliminar, não preenchia todos os requisitos do contrato principal, que seria o compromisso arbitral e, por isso, não poderia o magistrado determinar o que não havia sido estipulado pelas partes [...] Sendo ela considerada um *pactum de contrahendo*, alguns autores entendiam que, para obrigar as partes, deveria conter todos os requisitos do compromisso, o que, na opinião da maioria dos doutrinadores, jamais ocorreria, pois, pelo menos um deles não poderia ser preenchido pela cláusula: o objeto da controvérsia. Daí a tese sustentada de que o descumprimento da cláusula compromissória resultaria, no máximo, em ressarcimento por perdas e danos". LIMA, Leandro Rigueira Rennó. **Arbitragem**: uma análise da fase pré-arbitral. Belo Horizonte: Mandamentos, 2003, p. 69-70. De acordo com Ricardo Ramalho Almeida, "Ganhou a cláusula compromissória, por força de mandamento expresso da Lei, executoriedade específica, estando previsto o suprimento da atuação da parte requerida, já não para a escolha da arbitragem como meio de resolução de controvérsias, ou seja, para uma manifestação precipuamente negocial, porque essa já existe e é definitiva desde a pactuação da cláusula compromissória, mas para o fim de instituir-se concretamente o juízo arbitral e dar-se início ao respectivo processo. Dispensou-se, justamente, a segunda declaração negocial, reconhecendo-se que não há nada de preliminar que necessite tornar-se definitivo. Necessária, apenas, a colocação em marcha de um procedimento já pactuado e consentido, desde o início, em caráter definitivo". ALMEIDA, Ricardo Ramalho. Formas de instituição do juízo arbitral em face da não colaboração da parte requerida. In: _____. **Arbitragem interna e internacional**: questões de doutrina e da prática. São Paulo: Renovar, 2003, p. 397-8.
[549] De acordo com Carmona e Selma: "Para valorização da obrigação firmada entre as partes de fazer arbitrar controvérsias eventuais e futuras decorrentes de determinado negócio jurídico (cláusula compromissória) o legislador construiu no art. 7º da Lei de Arbitragem pro-

O voto da Ministra Ellen Gracie destaca o papel da execução específica da cláusula compromissória de impedir que a resistência de uma das partes impeça o exercício adequado da jurisdição arbitral:

> Ao instituir a execução específica da cláusula compromissória, a Lei nº 9.307/96 afastou o obstáculo [...] Negar possibilidade a que a cláusula compromissória tenha plena validade e que enseje execução específica importa em erigir em privilégio da parte inadimplente o furtar-se à submissão à via expedita de solução da controvérsia, mecanismo este pelo qual optara livremente, quando da lavratura do contrato original em que inserida essa previsão. É dar ao recalcitrante o poder de anular condição que – dada a natureza dos interesses envolvidos – pode ter sido consideração básica à formação da avença [...].

Chama-se a atenção para a condição de haver *resistência quanto à instituição da arbitragem* para que possa o Judiciário atuar por provocação da parte que propôs a arbitragem, conforme, aliás, condiciona o art. 6º da Lei de Arbitragem.[550]

A questão a ser feita é se a recusa de uma das partes em aceitar a consolidação de processos arbitrais pode ser considerada como ato de resistência à arbitragem.

Os parágrafos 3º e 4º do Art. 7º da Lei de Arbitragem Brasileira atribuem ao juiz-estatal o poder de completar as omissões da convenção arbitral.[551] De acordo com Marcos Montoro: "O juiz estatal atua, na

---

cedimento apto a permitir ao magistrado, em casos de grave impasse, fazer cumprir a prévia vontade manifestada pelos litigantes, instituindo o juízo arbitral para solucionar-lhes pendência específica abrangida pela cláusula". CARMONA, Carlos Alberto; LEMES, Selma. Considerações sobre os novos mecanismos instituidores do juízo arbitral. In: MARTINS, Pedro A. Batista; LEMES, Selma M. Ferreira; CARMONA, Carlos Alberto, **Aspectos fundamentais da Lei de Arbitragem**. Rio de Janeiro: Forense, 1999, p. 49.

[550] "Art. 6º Não havendo acordo prévio sobre a forma de instituir a arbitragem, a parte interessada manifestará à outra parte sua intenção de dar início à arbitragem, por via postal ou por outro meio qualquer de comunicação, mediante comprovação de recebimento, convocando-a para, em dia, hora e local certos, firmar o compromisso arbitral. Parágrafo único. Não comparecendo a parte convocada ou, comparecendo, recusar-se a firmar o compromisso arbitral, poderá a outra parte propor a demanda de que trata o art. 7º desta Lei, perante o órgão do Poder Judiciário a que, originalmente, tocaria o julgamento da causa".

[551] §3º *Não concordando as partes sobre os termos do compromisso, decidirá o juiz*, após ouvir o réu, **sobre o seu conteúdo**, na própria audiência ou no prazo de 10 (dez) dias, respeita-

ação do art. 7º, para substituir a vontade das partes, que não conseguiram chegar a um consenso. Ele é assim o substituto do consenso das partes".[552]

Essa questão possivelmente terá diferentes respostas para diferentes cenários: (i) se as disputas são decorrentes do mesmo contrato ou de múltiplos contratos; (ii) se as partes dessas disputas são as mesmas ou não; e (iii) se houve expresso consentimento prévio para a consolidação/reunião de processos relacionados.

Essa abordagem ainda não parece ter sido feita pela doutrina ou pelo Judiciário brasileiro.[553] Trata-se, portanto, de proposta bastante ousada e a qual empreitamos com todo o cuidado e conservadorismo que a ousadia exige.

Importante, desse modo, que se diga que essa interpretação do art. 7º não pode deixar de ter como premissa sua aplicação exclusiva aos casos de *cláusula vazia*.[554] Desse modo, o art. 7º poderia abranger também outras hipóteses em que a resistência de uma das partes dificulte ou obste a instauração da arbitragem (dentro dos limites definidos pelo art. III(2) da CNY)[555].

---

das as disposições da cláusula compromissória e atendendo ao disposto nos arts. 10 e 21, §2º desta Lei.

§4º Se a cláusula compromissória nada dispuser sobre a nomeação de árbitros, caberá ao juiz, ouvidas as partes, estatuir a respeito, podendo nomear árbitro único para a solução do litígio (destaque não originais).

[552] MONTORO, Marcos André Franco, op. cit., p. 240.

[553] Em relatório de comissão do CBAr como objetivo o de estudar decisões judiciais que aplicaram o art. 7º da Lei de Arbitragem foram analisadas decisões judiciais proferidas entre 1996 e 2008. Em nenhuma dessas decisões houve sequer menção a essa possibilidade. Parceria institucional acadêmico-científica da Escola de Direito de São Paulo da Fundação Getúlio Vargas (Direito GV) e do Comitê Brasileiro de Arbitragem (CBAr). **Ação de execução específica da cláusula compromissória ("Ação do art. 7º")**, 2009. Disponível em: <http://cbar.org.br/PDF/Acao_de_Execucao_Especifica_da_Clausula_Compromissoria.pdf>. Acesso em: 23 dez. 2015.

[554] Segundo Marcos Montoro, "a cláusula compromissória vazia é aquela que prevê a solução dos litígios por meio de arbitragem, mas não especifica a forma como a arbitragem será instaurada; em especial ela não prevê expressamente se a arbitragem ocorrerá ou não perante um órgão institucional arbitral. Se surge a controvérsia e uma das partes quer instituir a arbitragem, então ela deve proceder de acordo com o estabelecido nos art. 6º e 7º da Lei de Arbitragem [...]". MONTORO, Marcos André Franco, op. cit., p. 54.

[555] Nos termos do art. II, 3, da Convenção de Nova York: "3. O tribunal de um Estado signatário, quando de posse de ação sobre matéria com relação à qual as partes tenham estabele-

Uma resposta para esse tema está no próprio julgamento de constitucionalidade da Lei de Arbitragem Brasileira pelo STF.

Em seu voto-vista, o Ministro Nelson Jobim foi taxativo ao restringir a utilização da ação do art. 7º da Lei de Arbitragem exclusivamente à hipótese de cláusula compromissória vazia:

> A ação do art. 7º nada tem com as demais cláusulas compromissórias, ou seja, aquelas que se remetem ás regras de órgão ou entidade ou aquelas que possuem pacto sobre a instituição da arbitragem. Estes tipos de cláusulas compromissórias dispensam a lavratura de um novo pacto, tudo porque já existe 'acordo prévio sobre a forma de instituir a arbitragem', como diz a lei (art. 6º). [...] Os dados relativos á instituição da arbitragem, nas demais cláusulas, estão – todos – definidos ou definíveis por normas prévias: (a) as regras do órgão; ou (b) da entidade especializada; ou (c) aquelas fixadas pelo árbitro; ou (d) as regras ajustadas na própria cláusula. Na verdade, nestes casos, a superveniência do litígio opera com condição para a eficácia dos dispositivos relativos à instituição da arbitragem. O litígio é uma condição suspensiva. Exatamente por isso que a ação do art. 7º é exclusiva da 'cláusula compromissória em branco'. É esta a única que requer uma decisão sobre a instituição da arbitragem, tudo porque não há 'acordo prévio sobre a forma de [...]' instituí-la (art. 6º). [...].[556]

Diferentemente do voto do Ministro Jobim, contudo, a execução específica definida pelo art. 7º da Lei de Arbitragem não se restringe às cláusulas vazias, mas deve abranger todas aquelas hipóteses em que

---

cido acordo nos termos do presente artigo, a pedido de uma delas, encaminhará as partes à arbitragem, a menos que constate que acordo é nulo e sem efeitos, *inoperante* ou *inexequível*". Como ensina Luiz Olavo Baptista ao buscar o conceito de inoperância do art. II, 3, da Convenção de Nova York: "A expressão 'inoperante ou inexequível' nesse texto têm significados distintos. A primeira refere-se a situações nas quais a cláusula compromissória deixou de ter efeito, seja porque as partes decaíram do direito, ocorreu prescrição, ou revogação expressa ou tácita da mesma pela conduta das partes. A segunda expressão – inexequível – refere-se a aspectos operacionais, por exemplo, a impossibilidade de estabelecer o tribunal arbitral". Cf. BAPTISTA, Luiz Olavo. **Arbitragem comercial e internacional**. São Paulo: Lex Magister, 2011, p. 141.

[556] STF, SEC 5.206/ES, Voto-Vista do Ministro Nelson Jobim.

a convenção arbitral não puder ser instaurada, o que inclui também as cláusulas *patológicas*.[557]

De acordo com Eisenman, é patológica toda cláusula que não é apta a exercer uma das seguintes funções: "(i) produzir efeitos obrigatórios em relação às partes; (ii) descartar e prevenir a intervenção do Judiciário, ao menos antes de proferida a sentença arbitral; (iii) permitir aos árbitros o poder de regular as disputas; e (iv) permitir a formação de processo que conduza, nas melhores condições, a prolação de uma sentença arbitral eficaz".[558]

---

[557] Cf. Selma Lemes. De acordo com a autora: "Essas cláusulas podem ser classificadas como cláusulas compromissórias (i) inválidas ou (ii) suscetíveis de validade. As primeiras (i) são cláusulas redigidas de tal forma incongruente, que da leitura não se pode aferir tratar-se de cláusula compromissória, tais como quando, apesar de receber a denominação de cláusula compromissória preveja procedimento que mais se assemelha à conciliação ou à mediação, bem como quando estabelece, na verdade, uma avaliação pericial. Cláusulas assim redigidas não permitem que se infira que as partes elegeram a arbitragem para solucionar a controvérsia existente e serão consideradas nulas e de nenhum efeito no que concerne à instância arbitral. Por sua vez as cláusulas suscetíveis de validade (ii) são cláusulas compromissórias em branco ou vazias, que não esclarecem a forma de eleição dos árbitros ou o modo da arbitragem (institucional ou *ad hoc*), as que indicam erroneamente instituição arbitral ou de modo insuficiente, as que apenas indicam o local da arbitragem, as que preveem as arbitragem e, no mesmo documento ou em apartado, indicam o foro judicial (cláusulas contraditórias), as que a redação indica a arbitragem para solucionar questões referentes à execução do contrato, podendo subentender-se que as questões referentes aurgidas e referentes à resilição do contrato estariam excluídas (cláusulas ambíguas); enfim, na presença de cláusulas formuladas de forma ambígua, contraditória, deficiente, omissa ou imperfeita, todas incluídas no gênero de cláusulas compromissórias patológicas, doentes ou defeituosas demandam interpretação a ser efetuada, conforme o caso, pelas cortes judiciais, instituições arbitrais *prima facie*, e pelo tribunal arbitral ou árbitro único, que avaliarão a real intenção das partes, verificando a existência e validade da convenção de arbitragem naqueles moldes redigida". LEMES, Selma Cláusulas compromissórias ambíguas ou contraditórias e a interpretação da vontade das partes. In: MARTINS, Pedro Antonio Batista; GARCEZ, José Maria Rossani (Org.). **Reflexões sobre arbitragem**: in memoriam do desembargador Cláudio Vianna de Lima. São Paulo: LTr, 2002, p. 189-90.

[558] Texto original: *"1) la première, commune à toutes les conventions est de produire des effets obligatoires pour les parties; 2) la seconde est d'é carter l'íntervention des tribunaux étatiques dans le règlement d'un différend, tout au moins avant le prononcé d'une sentence; 3) la troisème est de donner pouvoir à des arbitres de régler les litiges susceptibles d'opposer les parties 4) la quatrième est de permettre la mise en place d'une procédure conduisant dans les meilleures conditions d'efficacité au prononcé d'une sentence susceptible d'exécution forcée".* (tradução livre) EISEMANN, Féderic. La clause d'arbitrage pathologique. In: **Arbitrage Commercial: Essais in memorian Eugenio Minoli.**

Entende-se que a existência de demandas arbitrais conexas tem o potencial de repercutir sobre, pelo menos, duas dessas funções, quais sejam, não descartam a intervenção judicial nem permitem a formação plena de processo que conduza, nas melhores condições, que seja proferida uma sentença arbitral eficaz.

Além disso, é preciso também se incluir aqueles casos em que embora a cláusula não fosse originalmente vazia, ela torna-se vazia após o surgimento do litígio. De acordo com Marcos Montoro, em determinadas circunstâncias, "uma cláusula cheia pode se transformar em vazia. As partes podem ter firmado cláusula cheia, mas, ao surgir o litígio, o mecanismo por elas previsto para a instauração da arbitragem acabe por não funcionar".[559] Entendemos que é isso o que ocorre quando as partes estão diante de disputas arbitrais conexas sem que tenham previsto tal situação contratualmente (seja expressamente na cláusula compromissória seja pela escolha de um regulamento e/ou instituição arbitral).

Percebe-se, com isso, que a leitura das expressões *vazia* e *patológica* feita por boa parte da doutrina tem excluído uma concepção mais abrangente da aplicação do art. 7º da Lei de Arbitragem Brasileira. A concepção adotada por esta tese amplia tal compreensão.

Ressalta-se, ainda, que, ao tratar do número de árbitros, o art. 13 da Lei de Arbitragem Brasileira definiu que os painéis arbitrais devem ser obrigatoriamente compostos por número ímpar de árbitros[560] facultan-

---

Turim: Unione Tipografico-editrice Torinese, 1974, p. 30. Cf. também STRENGER, Irineu. Arbitragem comercial e internacional. São Paulo: LTr, 1996, p. 116.

[559] MONTORO, Marcos André Franco, op. cit., p. 58.

[560] De acordo com Leandro Rennó: "(...) para a hipótese de serem nomeados árbitros em número par, determina o §2º, do art. 13, que estes têm autorização, desde logo, para proceder à nomeação de mais um árbitro. Na falta de acordo entre as partes, poderão elas requerer a nomeação do árbitro ao Poder Judiciário a que tocaria, originalmente, o julgamento da causa, através do procedimento previsto no art. 7º. Cabe, ainda, às partes entrar em acordo acerca do processo de escolha dos árbitros, ou caso prefiram, optar pelas regras de um órgão arbitral institucional ou entidade especializada (art. 13, §3º). Nota-se que este dispositivo da Lei seria suficiente para possibilitar e garantir a instituição da arbitragem com base na existência de convenção arbitral, sem a necessidade do que dispõe o art. 7º, ou seja, bastaria ter limitado a intervenção do Judiciário à indicação do(s) árbitro(s) na falta de acordo entre as partes, seguindo, dessa forma, a tendência mundial". LIMA, Leandro Rigueira Rennó. **Arbitragem**: uma análise da fase pré-arbitral. Belo Horizonte: Mandamentos, 2003, p. 77.

do às partes a utilização do *"procedimento previsto do art. 7º"* caso não haja acordo.[561]

Não bastasse isso, há hipóteses em que o art. 7º da Lei de Arbitragem Brasileira é aplicável ainda que posteriormente à constituição original do tribunal arbitral. Para que isso ocorra, contudo, será necessário que o tribunal arbitral deixe de estar plenamente constituído.

Diante de duas arbitragens conexas com tribunais arbitrais já constituídos, pode-se ter a situação de haver a soma de dois tribunais arbitrais formados por três árbitros (ou dois tribunais arbitrais nos quais dois árbitros são comuns a ambos, levando a formação de um tribunal de quatro árbitros), o que levaria a um único tribunal arbitral de seis árbitros, o que não se admite pela lei brasileira, pois se trata de tribunal arbitral formado por número par de árbitros. Ora, diante do desacordo das partes quanto ao sétimo árbitro, teriam as partes de recorrer ao Judiciário nos exatos termos dos arts. 7º e 13, §2º, da Lei de Arbitragem Brasileira.

Também não parece haver dúvida de que cabe a atuação judicial, nos termos do art. 7º, na hipótese de haver necessidade de substituição de árbitro no decorrer do processo arbitral e não existir acordo entre as partes quanto a essa substituição.[562]

---

[561] Eis o texto do art. 13 da Lei Brasileira de Arbitragem: Art. 13. Pode ser árbitro qualquer pessoa capaz e que tenha a confiança das partes. § 1º As partes nomearão um ou mais árbitros, sempre em número ímpar, podendo nomear, também, os respectivos suplentes. § 2º Quando as partes nomearem árbitros em número par, estes estão autorizados, desde logo, a nomear mais um árbitro. **Não havendo acordo, requererão as partes ao órgão do Poder Judiciário a que tocaria, originariamente, o julgamento da causa a nomeação do árbitro, aplicável, no que couber, o procedimento previsto no art. 7º desta Lei**. (destaques não contidos no original).

[562] Nas palavras de Rennó: "Inexistindo substituto indicado para o árbitro, e tendo as partes invocado, na convenção de arbitragem, as regras do órgão arbitral institucional ou entidade especializada, estas serão aplicadas (art. 16, § 1º). Caso contrário, e não chegando as partes a acordo sobre a nomeação do árbitro a ser substituído, deverá ser instaurado o processo judicial pela parte interessada na forma do art. 7º da Lei (...). Importante ressaltar que, nesta hipótese, a aplicação do art. 7º deve se dar de forma mais restrita. Trata-se de um momento em que o procedimento arbitral já estará provavelmente em andamento e o compromisso, se for o caso, já estará formalizado. Portanto, a participação do Judiciário deverá se restringir à indicação do árbitro substituto. Mais uma vez, podemos perceber a impropriedade do texto do art. 7º, onde consta que o Juiz estatal intervirá para que seja feito o compromisso arbitral. Bastava ter restringido essa intervenção à indicação do(s) árbitro(s)". Idem, p. 79 e nota de rodapé 23.

Defendemos que o art. 7º da Lei de Arbitragem Brasileira atribui jurisdição ao Judiciário para decidir sobre a consolidação/reunião nos processos arbitrais *ad hoc* conexos em que as partes nada estipularam quanto à possibilidade de consolidação/reunião. Trata-se de hipótese em que embora a cláusula compromissória fosse *aparentemente* cheia, por permitir a instauração das arbitragens entre as partes, nada disciplinou sobre a hipótese de haver arbitragens conexas nem definiu uma instituição arbitral ou qualquer outra autoridade com o papel de disciplinar a questão.

Tal entendimento é perfeitamente conciliável com o modelo adotado pela Lei de Arbitragem Brasileira: diferentemente do modelo de arbitragem doméstica francesa anterior a 2011[563], que optou, em relação às suas arbitragens domésticas (mas não em relação às arbitragens internacionais), por declarar a nulidade de cláusulas vazias.[564] Note-se que, como já abordado no capítulo sobre a legislação francesa, o novo Código de Processo Civil francês não prevê mais essa hipótese de nulidade (Arts. 1451 a 1454).[565]

---

[563] "O juiz francês pode intervir para *"parafaire une clause incomplète mais exprimant cependant une volonté certaine qunat aux modalités de désignation des arbitres, mais il se refusera cependant à réviser une clause parfaitement claire, même si elle se révèle inapplicable"*. FOUCHARD, Philippe. "La coopération du tribunal de grande instance à l'arbitrage". *Rev. Arb.* 1985, p. 30. De acordo com Debora Visconti, "Na arbitragem doméstica francesa uma cláusula que simplesmente diga que a disputa será resolvida por arbitragem em Paris será considerada nula, uma vez que o art. 1443, § 2º do Novo Código de Processo Civil, dispõe que a convenção deve indicar o árbitro ou árbitros, ou indicar a forma como os árbitros deverão ser nomeados, sendo que na ausência desses elementos é nula. No entanto, esse artigo não se aplica às arbitragens internacionais com sede na França. Sendo a arbitragem internacional, o juiz estatal considerará que a intenção das partes era de que a arbitragem fosse *ad hoc* e os árbitros serão nomeados pelo Presidente do Tribunal de Grande Instance de Paris, com base no art. 1493 do Novo Código de Processo Civil". VISCONTE, Debora. **A jurisdição dos árbitros e seus efeitos.** 2009. Dissertação (Mestrado em Direito Internacional) – Faculdade de Direito, Universidade de São Paulo, São Paulo, 2009, p. 66.

[564] De acordo com o art. 1.433 do Código de Processo Civil francês: "é nula a cláusula compromissória que deixe de nomear o árbitro (ou os árbitros) ou deixe de estipular a forma de nomeá-lo (ou nomeá-los, se mais de um)".

[565] BOISSÉSON, Matthieu de. La nouvelle convention d'arbitrage. In: CLAY, Thomas (Org.). **Le Nouveau Droit français de l'arbitrage.** Paris: Lextenso; Universités de Versailles, 2011, p. 84-5.

Como dito, essa questão, ao que se sabe, não foi tratada pela doutrina brasileira, que não atribui essa extensão de sentido e aplicação ao art. 7º. A razão para isso pode ter se dado tanto (i) pelo número reduzido de casos de arbitragens conexas no direito brasileiro como (ii) pela desconfiança que existiu nos primeiros anos de vigência da lei em relação à sua aplicação pelo Judiciário brasileiro.[566]

De um lado, diante do aumento da complexidade dos contratos e da grande aceitação por parte das empresas e de seus advogados em incluir cláusulas compromissórias nos últimos dez-quinze anos fez com que houvesse um aumento ou, ao menos, da possibilidade de aumento do número de arbitragens conexas. O aumento de disputas envolvendo setores complexos da economia como o da infraestrutura, petróleo e gás, energia e, ainda, disputas envolvendo complexas aquisições e fusões de empresas, incluindo ainda as disputas envolvendo o mercado de capitais, nos quais a probabilidade de haver demandas arbitrais conexas é bastante significativa.

De outro lado, não há como negar o grande amadurecimento da compreensão pelo judiciário brasileiro sobre a arbitragem. Em um movimento de nomofilaquia jurisprudencial liderado pelo Superior Tribunal de Justiça ("STJ") desde o início da década passada, salvo algumas (infelizmente, ainda significativas) exceções limitadas a alguns juízes e tribunais de regiões distantes dos grandes centros econômicos, não é nenhum exagero dizer que o Brasil se tornou uma jurisdição pró-arbitragem.

Dito isso, torna-se necessário se enfrentar de frente o problema da consistência de julgamento entre processos arbitrais relacionados.

---

[566] Como já apontava Carmona em texto publicado apenas três anos após a entrada em vigor da Lei Brasileira de Arbitragem: "A análise do relacionamento entre os juízes e os árbitros leva à conclusão de que pesa sobre este tema delicado e importante uma gama enorme de preconceitos, ou, ainda melhor, de *conceitos* mal resolvidos. Para isso contribui a pouca experiência dos brasileiros no manejo de meios alternativos aos oferecidos pelo Estado para a solução de controvérsias, aliado ao fetiche de pompa e circunstância típicos do processo judicial tradicional. Acrescente-se a isto o horror demonstrado por alguns juízes ao que lhes pareceu verdadeira ameaça ao seu poder jurisdicional, e está formado um quadro pouco animador". CARMONA, Carlos Alberto. Árbitros e juízes: Guerra ou paz? In: MARTINS, Pedro A. Batista; LEMES, Selma M. Ferreira; CARMONA, Carlos Alberto, **Aspectos fundamentais da Lei de Arbitragem**. Rio de Janeiro: Forense, 1999, p. 433.

Ressalte-se, contudo, que a atuação judicial, no Brasil, dentro dessa interpretação de *lege lata*, seria autorizada para as hipóteses que as partes não disciplinaram a questão da consolidação de processos arbitrais na convenção nem indicaram instituição arbitral ou outra autoridade para esse fim.

O aumento da probabilidade de que se utilize do instrumento judicial autorizado pelo art. 7º da Lei de Arbitragem Brasileira para corrigir lacunas procedimentais e processuais deixadas pela convenção arbitral foi levantado por Fúlvia Grola e Igor Finzi. De acordo com os autores:

> [...] a arbitragem *ad hoc* pode (e segundo parte considerável da doutrina tende) a ensejar um número maior de interferências com o Judiciário. [...]. As lacunas das regras adotadas ou mesmo uma redação vaga e imprecisa da cláusula compromissória [...] dá margem para que haja necessidade de recorrer ao Judiciário para instituição do procedimento arbitral, para indicação dos árbitros ou mesmo para decisão acerca de lacunas procedimentais. [...]. A Lei de Arbitragem brasileira prevê em seu art. 7º que, quando as partes tiverem instituído cláusula compromissória e houver resistência com relação à instituição da arbitragem, a parte interessada pode requerer ao Judiciário medida capaz de suprir a inércia e a vontade da outra parte e, assim, lavrar o compromisso arbitral e de fato iniciar o procedimento.[567]

Desaconselhável, contudo, seria estender essa autorização para as hipóteses em que, embora as partes claramente tenham escolhido uma instituição arbitral para administrar a disputa,[568] seu regulamento não

---

[567] GROLA, Fúlvia Bolsoni; FINZI, Igor. Arbitragem *ad hoc*, institucional e regimental: uma análise sobre vantagens e desvantagens. O que considerar no momento da escolha do tipo de arbitragem, **Revista de Direito Empresarial 2014**: ReDE 1 – caderno especial – o negócio jurídico da arbitragem, p. 223-48.

[568] De acordo com Ricardo Ramalho de Almeida, o papel do Judiciário na instituição da arbitragem diante da não-colaboração da parte requerida é subsidiário ao papel das instituições arbitrais eleitas pelas partes. Para o autor: "Para o suprimento da atuação (não da vontade!) da parte requerida, necessária à instauração do juízo arbitral, a Lei não previu apenas a atuação judicial. Devido à necessidade de regular esta, criou uma ação própria, a ação de instituição de juízo arbitral (ou ação de execução da cláusula compromissória), disciplinada no artigo 7º da Lei nº 9.307/96. Previu também, não obstante, outras formas legítimas de instituição do juízo arbitral, por via extrajudicial, que não são em nada anciliares à instituição pela via judicial; ao contrário, esta é que é subsidiária às outras [...] operando apenas supletivamente, na ausência de estipulação específica das partes. [...]. Em presença de uma

tenha previsão específica sobre consolidação de demandas arbitrais conexas. Ainda que a referida instituição não possua previsão de regra para a reunião de processos arbitrais conexos, certamente possui algum mecanismo para a solução de dúvidas procedimentais. Prevalece sempre a regra de que a intervenção judicial deve ocorrer apenas excepcionalmente. A escolha clara e indiscutível de uma instituição arbitral pelas partes é, assim, elemento suficiente para que se afaste a apreciação da matéria pelo Judiciário.

Como se pretende demonstrar nos próximos itens deste Capítulo, a proposta desta tese de interpretação do art. 7º é uma tentativa de racionalizar (e não ampliar) a atuação do Judiciário para a consolidação de demandas arbitrais conexas.

O que se busca, assim, é utilizar o caminho adequado e próprio da Lei de Arbitragem Brasileira para aprimorar o que Carmona chamou de "relacionamento de coordenação (e não de subordinação) entre juízes e árbitros".[569]

7.3. Convenções Arbitrais Divergentes

O que fazer, contudo, nos processos arbitrais conexos decorrentes de contratos distintos e com diferentes instituições arbitrais?

Essa hipótese apresenta maiores dificuldades já que aqui houve escolha pelas partes quanto à instituição arbitral responsável por decidir questões processuais anteriores e necessárias à constituição do tribunal arbitral.

É importante que se adiante, contudo, que ainda que se possa atribuir ao Judiciário essa questão, dificilmente será possível a consolidação de demandas arbitrais nas circunstâncias acima mencionadas. Como estudado no Capítulo 5 desta Tese, a divergência das convenções arbitrais

---

cláusula compromissória 'cheia' que adote um regulamento de arbitragem que solucione, em concreto, o problema da não-colaboração da parte requerida, ficará afastada a possibilidade de aplicação do artigo 7º da Lei e a própria necessidade de elaboração do compromisso arbitral [...]". ALMEIDA, Ricardo Ramalho. Formas de instituição do juízo arbitral em face da não colaboração da parte requerida. In: _____. **Arbitragem interna e internacional**: questões de doutrina e da prática. São Paulo: Renovar, 2003, p. 398-408.

[569] CARMONA, Carlos Alberto. Árbitros e juízes: Guerra ou paz? In: MARTINS, Pedro A. Batista; LEMES, Selma M. Ferreira; CARMONA, Carlos Alberto, **Aspectos fundamentais da Lei de Arbitragem**. Rio de Janeiro: Forense, 1999, p. 433.

quanto à instituição arbitral que administrará o processo e ao regulamento aplicável provavelmente tornará as convenções arbitrais incompatíveis.

Passaremos a analisar algumas alternativas em relação a esse cenário de processos arbitrais conexos decorrentes de contratos distintos e com diferentes instituições e regulamentos arbitrais.

7.3.1. Atribuir a decisão ao Tribunal Arbitral

Uma saída seria permitir que dois processos arbitrais sigam seu curso normal, o que poderá ser suspendido pela decisão de um dos tribunais arbitrais caso considere que a arbitragem sob sua jurisdição seja prejudicial ao outro processo arbitral em curso.

Essa análise, contudo, somente pode ser realizada pelos árbitros após terem aceito sua missão jurisdicional. De acordo com Lew, Mistelis e Kroll, "em todos esses casos, a consolidação depende, por fim, de uma interpretação de diversas convenções arbitrais. Portanto, cabe ao tribunal arbitral decidir realizar ou não a consolidação, já que a questão é de sua competência-competência".[570]

Haverá situações, contudo, que não permitirão a consolidação entre processos arbitrais ou outras soluções alternativas que permitam evitar a prolação de decisões contraditórias. Para essas hipóteses, restarão as alternativas dadas pelo sistema para que a contradição já existente seja expurgada, dentre as quais está a anulação total ou parcial de uma das sentenças entre si contraditórias. Trata-se do aspecto mais prático do efeito negativo da competência-competência.[571]

---

[570] Texto original: *"in all these cases the question of whether consolidation is possible depends in the end on an interpretation of the various arbitration agreements. It is therefore up to the arbitration tribunal to decide whether or not to consolidate since the issue falls within its competence-competence"*. (tradução livre) LEW, Julian D. M.; MISTELIS, Loukas A.; KRÖLL, Stefan M., op. cit., p. 395.

[571] Conf. Gaillard: "As razões são pragmáticas: impedir à parte desinteressada no trâmite normal da arbitragem a criação de incidentes em torno da existência ou da validade da convenção de arbitragem, para, em seguida, invocá-los perante Cortes estatais, com o fito de obter decisão judicial liminar que ordene a suspensão da instância arbitral até a decisão final da matéria. Tal competência constitui importante instrumento de combate a manobras protelatórias sem, contudo, sacrificar o interesse de partes eventualmente envolvidas em arbitragem fundamentada em convenção inexistente, nula ou não condizente com a matéria em litígio". GAILLARD, Emmanuel. "Efeito negativo da competência-competência". **Revista Brasileira de Arbitragem**. vol. 24, p. 219-33.

De acordo com as Recomendações da *International Law Association* ("ILA") de 2006, nessas hipóteses, o Tribunal Arbitral que se considera competente deve proceder com a arbitragem, "independentemente de quaisquer processos pendentes perante um tribunal nacional ou outro tribunal arbitral em que as partes e uma ou mais das questões são as mesmas ou substancialmente as mesmas que aquelas perante o tribunal arbitral na atual arbitragem ('Processos Paralelos'). Após a determinação de que ele possui jurisdição, o tribunal arbitral deve proceder com a arbitragem, sujeito a qualquer aplicação de anulação com êxito".[572]

Deve-se sempre ter em mente que a consolidação de demandas arbitrais não é uma panaceia e, em muitos casos, não será cabível, útil ou conveniente, devendo, portanto, ser inadmitida.

7.3.2. Conflito Positivo de Competência entre Instituições Arbitrais

Diante da dúvida sobre qual foi a instituição arbitral escolhida pelas partes para conduzir a disputa, já se tentou, no direito brasileiro, a utilização do instituto do conflito de competência. A questão já foi tratada tanto em relação à possibilidade de conflito de competência entre diferentes órgãos arbitrais[573], como entre órgão arbitral e Judiciário.

O tema do conflito de competência entre instituições arbitrais foi judicializado em recente caso julgado pelo Superior Tribunal de Justiça. Tratava-se de conflito positivo de competência entre a Câmara Arbitral do Comércio, Indústria e Serviços de São Paulo ("CACI/SP") e a Câmara de Mediação e Arbitragem de São Paulo ("CIESP-FIESP").

---

[572] Texto original: *"regardless of any other proceedings pending before a national court or another arbitral tribunal in which the parties and one or more of the issues are the same or substantially the same as the ones before the arbitral tribunal in the Current Arbitration ('Parallel Proceedings'). Having determined that it has jurisdiction, the arbitral tribunal should proceed with the arbitration, subject to any successful setting aside application"*. (tradução livre) International Law Association. *Recommendations on lis pendens and res judicata* (Resolution I/2006).

[573] Conf. Ricardo Aprigliano: "Entre os pontos principais, está a consideração sobre a utilização do mecanismo processual para dirimir possíveis dúvidas acerca da competência de órgãos que não integram a estrutura do Poder Judiciário, como é o caso dos árbitros e dos tribunais arbitrais (que só podem ser considerados como "órgãos" no intervalo de tempo entre a instauração da arbitragem e o julgamento da causa)". APRIGLIANO, Ricardo de Carvalho. "Jurisdição e Arbitragem no Novo Código de Processo Civil", Prelo, p. 18.

O litígio era decorrente de contrato de compromisso de compra e venda de glebas de terra (Comarca de Água Boa/MT) celebrado entre Pecuária Unit Santa Clara Ltda ("Compradora"), de um lado, e Fazendas Reunidas Curuá Ltda, BNF Investimentos e intermediação de Negócios S/C Ltda, Fazenda Campo Verde Ltda, Curuá Negócios e Participações e Administração Ltda, Antônio Bizarro da Nave Neto, Maria Elisa Fernandes da Nave, Antônio Bizarro da Nave Filho, Joyce Ferreira Rosa Bizarro da Nave, Sérgio Luiz Fernandes da Nave, Gisela Alcântara Ribeiro Costa da Nave, Joaquim Manzano Joerenti e Aparecida Augusta Galdioli ("Vendedores"), de outro ("Contrato").

De acordo com a cláusula 11 do Contrato, as partes estabeleceram que quaisquer conflitos decorrentes do Contrato fossem resolvidos por meio de arbitragem conduzida pela Câmara de Arbitragem da Federação das Indústrias do Estado de São Paulo ("FIESP").

Em 18 de junho de 2009, a Compradora apresentou requerimento de arbitragem à CIESP-FIESP contra os Vendedores, por meio do qual: (a) sustentava que: (i) a área real vendida era menor que a contratada; (ii) os Vendedores teriam ocultado a existência de processo de desapropriação de 4 hectares; (iii) a Compradora teria recebido autuações administrativas e ambientais relacionadas ao período anterior ao fechamento do Contrato; e (iv) não teriam sido apresentadas pelos Vendedores certidões que atestassem a baixa de ônus incidentes sobre o imóvel; e (b) requeria: (i) a suspensão dos pagamentos das parcelas em aberto até o final da arbitragem; (ii) o reconhecimento dos diversos inadimplementos contratuais dos Vendedores; (iii) a redução do preço do imóvel pela inexistência de 1.600 hectares, recalculando-se proporcionalmente os valores das parcelas em aberto; (iv) a condenação dos Vendedores na obrigação de levantar todos os ônus ainda existentes nas matrículas das áreas objeto da venda, sob pena de multa; (v) a condenação dos Vendedores no pagamento de indenização por todos os prejuízos sofridos pela Compradora, com a devida compensação dos valores apurados; e (vi) outorga de escritura definitiva dos 5.854,46 hectares ainda não transferidos ("Processo Arbitral CMA 138").

A Compradora, contudo, não efetuou o pagamento do adiantamento de custas administrativas da CIESP-FIESP nem os honorários dos árbitros, o que levou ao arquivamento do Processo Arbitral CMA 138 em 19 de abril de 2010. No entanto, após o pagamento dos referidos valores pela Compradora, o Processo Arbitral CAM 138 foi retomado na CIESP-FIESP em 30 de junho de 2010.

Neste interim, em 9 de junho de 2010, os Vendedores instauraram outra arbitragem perante a CACI/SP ("Processo Arbitral 2010/211") com base nos mesmos fatos que haviam dado origem ao Processo Arbitral CMA 338. Alegaram, para tanto, que a ausência de pagamento das custas pela Compradora demonstraria sua "inequívoca desistência" quanto ao Processo Arbitral CMA 338, permanecendo, contudo, "íntegro o compromisso arbitral, tendo os Requerentes a oportunidade de continuarem a demanda arbitral em outra Câmara onde passaram a pagar as duas partes das custas".

A CACI/SP aceitou sua competência sob os fundamentos de que: (i) a Compradora demorou mais de doze meses para pagar o adiantamento de custas e honorários dos árbitros, o que configuraria sua desídia; e que (ii) a desistência do primeiro processo arbitral não invalidaria a convenção arbitral, que poderia, assim ser instaurada perante instituição arbitral diversa. De acordo com a CACI/SP, "é necessário diferenciar Câmara Arbitral do Juiz ou Tribunal Arbitral [...] aquela é mero local onde se realizaram os trâmites administrativos, ou seja, mero cartório, independente de qual seja [...] o juiz arbitral é quem realmente julga e decide o conflito [...]".

Por sua vez, a CIESP-FIESP ratificou sua competência para a causa.

Segue abaixo a ementa do referido acórdão que negou conhecimento ao conflito de competência CC 113.260/SP:

> PROCESSUAL CIVIL. CONFLITO POSITIVO DE COMPETÊNCIA. CÂMARAS DE ARBITRAGEM. COMPROMISSO ARBITRAL. INTERPRETAÇÃO DE CLÁUSULA DE CONTRATO DE COMPRA E VENDA. INCIDENTE A SER DIRIMIDO NO JUÍZO DE PRIMEIRO GRAU. INCOMPETÊNCIA DO STJ. ART. 105, III, ALÍNEA 'D', DA CF. CONFLITO NÃO CONHECIDO. 1. Em se tratando da interpretação de cláusula de compromisso arbitral constante de contrato de compra e venda, o conflito de competência supostamente ocorrido entre câmaras de arbitragem deve ser dirimido no Juízo de primeiro grau, por envolver incidente que não se insere na competência do Superior Tribunal de Justiça, conforme os pressu-

postos e alcance do art. 105, I, alínea 'd', da Constituição Federal. 2. Conflito de competência não conhecido.⁵⁷⁴

De acordo com a Relatora original do caso, Min. Nancy Andrighi, "deve-se observar que há clara relação de coordenação entre o Tribunal Arbitral e os órgãos da Justiça Estatal, mas esse paralelismo não se reflete, necessariamente, na competência de julgamento". A Min. Nancy Andrighi votou por admitir o conflito positivo de competência, tendo seu voto sido acompanhado pelo Min. Luis Felipe Salomão.

A divergência foi inaugurada pelo Min. João Otávio de Noronha, que votou pela negativa de conhecimento do conflito de competência. Segundo seu voto, "[o] compromisso arbitral elegeu a Câmara FIESP, à qual as partes resolveram se submeter. Entendo que não se trata de conflito de competência a ser dirimido nesta instância superior, mas no Juízo de primeiro grau, que controla a própria execução da obrigação de fazer".

Acompanhando a divergência, o Min. Sidnei Beneti entendeu que:

> quando se escolhe a jurisdição arbitral, têm as partes de estar cientes de que fizeram um contrato, e de que esse contrato leva aos riscos inerentes ao seu cumprimento como contrato, inclusive no tocante à praticização do Juízo Arbitral. Elas sabiam o que contratavam, ou seja, a exclusão da jurisdição estatal. [...] Nem mesmo conheceria desse conflito nem com envio ao Juízo de Primeiro Grau. [...] Existe uma jurisdição que foi acionada, que é a jurisdição convencional, essa jurisdição arbitral tem que ser exaurida, sem que o litígio obliquamente transmigre para a jurisdição estatal.

O Min. Raul Araújo votou pela competência do juízo de primeiro grau para examinar o conflito de competência, uma vez que a Constituição Federal não teria definido como competência originária do STJ o julgamento do conflito de competência entre instituições arbitrais. A Min. Maria Isabel Gallotti, o Min. Aldir Passarinho e o Min. Vasco Della Giustia (Desembargador convocado do Tribunal de Justiça do Estado do Rio Grande do Sul) votaram com o Min. Sidnei Beneti.

---

⁵⁷⁴ CC 113.260/SP, Rel. Ministra Nancy Andrighi, Rel. p/ Acórdão Ministro João Oávio de Noronha, Segunda Seção, j. em 8/9/2010, DJe 7/4/2011.

De acordo com Arnaldo de Lima Borges Neto:

[n]o conflito de competência julgado pelo STJ, a corte poderia ter adotado os seguintes argumentos para não conhecê-lo e aproveitar o ensejo para melhor sedimentar as bases do acórdão paradigma: (i) o tribunal não possui competência constitucional originária para julgar conflitos de competência entre câmaras arbitrais (art. 105, inciso I, alínea 'b'; (ii) a escolha, por qualquer das partes, de câmara arbitral distinta da prevista na convenção de arbitragem causa a nulidade do procedimento, seja em razão de a nomeação dos árbitros ter se dado de modo diferente do previsto na convenção arbitral avençadas pelas partes (art. 32, inciso II), seja em função de a sentença violar os 'limites da convenção de arbitragem' (art. 21, inciso IV), e, consequentemente, a nulidade da sentença, que não poderá ser executada; (iii) existência da "cláusula de eleição de foro arbitral" atrai "todas as questões decorrentes desse compromisso arbitral" e submetem-na "ao foro que seria competente para julgar o próprio contrato", conforme salientado pelo Min. João Otávio Noronha; e (iv) fixar, por analogia, o regramento previsto nos arts. 6º e 7º da lei 9.307/96, por aplicação de analogia, como aplicáveis à instauração do conflito de competência entre câmaras arbitrais a ser resolvido por juiz de primeiro grau, haja vista que são dispositivos que permitem a execução específica da convenção de arbitragem.[575]

De acordo com L. Fernando Guerrero, "o STJ considerou não haver o conflito de competência já que a questão envolvia apenas árbitros e a solução parece ser dada pela aplicação dos artigos 6º e 7º da Lei de Arbitragem".[576]

A decisão do STJ foi correta, uma vez que não há base legal para considerar competente o Judiciário para decidir sobre "conflitos de competência" entre instituições arbitrais. Ainda que houvesse referida autorização legal, tal conflito não poderia ser dirimido pelo STJ, ao

---

[575] BORGES, Arnaldo de Lima Neto. Conflito de competência entre câmaras arbitrais: comentários ao acórdão CC 113.260/SP do STJ. **Âmbito Jurídico**, Rio Grande, XV, n. 96, jan 2012. Disponível em: <http://www.ambito-juridico.com.br/site/index.php?n_link=revista_artigos_leitura&artigo_id=11047>. Acesso em: 2 set. 2015.

[576] GUERRERO, L. Fernando. Princípios da arbitragem não são entendidos por completo. **SP Mediação e Arbitragem**. set. 2013. Disponível em:
<http://www.saopauloarbitragem.com.br/noticias.asp?id_noticia=233&id_tipo_noticia=1&id_secao=2>. Acesso em: 23 dez. 2015.

menos não originariamente, por ausência de autorização constitucional para tanto, uma vez que é na Constituição Federal que se encontra taxativamente determinada a competência dos tribunais superiores.

De acordo com Ricardo Aprigliano, nem os árbitros nem as instituições arbitrais "podem ser considerados como órgãos judicantes para fins de enquadramento nas hipóteses de cabimento do Conflito de Competência, seja perante o Superior Tribunal de Justiça, seja perante os tribunais locais".[577]

Note-se que, neste caso, não havia dúvida sobre a instituição arbitral escolhida pelas partes na convenção arbitral, mas dúvida superveniente decorrente do comportamento de uma das partes na condução do processo arbitral.

A mesma alternativa processual buscada neste caso, qual seja, o conflito de competência, poderia ter sido utilizada na hipótese de haver demandas conexas baseadas em distintas convenções arbitrais. A dúvida, nessa hipótese, aliás, seria mais crível do que aquela provocada pela CACI.

Diante da existência de mais de uma instituição arbitral competente para examinar a matéria, não haveria supremacia hierárquica de uma sobre a outra. Ainda nessa hipótese, a mesma resposta dada pelo STJ para o conflito entre CIESP/FIESP e CACI teria sido adequada, já que não

---

[577] APRIGLIANO, Ricardo de Carvalho. Jurisdição e Arbitragem no Novo Código de Processo Civil, Prelo, pp. 18-19. Na mesma linha, LADEIRA, Ana Clara Viola. Conflito de Competência em Matéria de Arbitragem. **Revista Brasileira de Arbitragem – RBA**, vol.41, pp. 42 – 67. Embora à época da defesa da tese, esta também era minha posição. Em sentido oposto, favorável à admissão do Conflito de Competência, WALD, Arnold, Conflito de Competência entre o Poder Judiciário e o Tribunal Arbitral. Cabimento. Competência Constitucional. (Art. 105, I, D, da CF/1988) e legal (Art.115, I, do CPC) do STJ para resolvê-lo. Decisão majoritária que consolida a jurisprudência na matéria. **Revista de Arbitragem e Mediação**, vol. 40/2014, Jan – Mar/2014, p. 351 – 383. Posição diversa é a de Caio Rocha: "(...) o conceito de juiz previsto na alínea d, do inc. I, do art. 105, da Constituição Federal (LGL\1998\3), inclui o árbitro (ou juízo arbitral). Seria este, assim, uma espécie de juiz "vinculado a tribunal diverso". Note-se que o referido dispositivo não impõe que o juiz seja vinculado a órgão do Poder Judiciário, mas apenas que exerça atividade judicante, com poder jurisdicional. A Constituição previu a possibilidade de processamento de conflitos entre autoridades com poder jurisdicional e conferiu ao STJ o importante papel de resolvê-los". ROCHA, Caio Cesar Vieira. Conflito Positivo de Competência entre Árbitro e Magistrado. Revista de Arbitragem e Mediação, vol. 34/2012, p. 263-286, Jul – Set/2012.

há de se falar de conflito de competência para de dirimir dúvida sobre competência de tribunais arbitrais ou instituições arbitrais.

Se do ponto de vista do conflito de competência a questão não encontra solução adequada, a alternativa seria buscar fórmulas para que sejam harmonizadas as disputas arbitrais relacionadas paralelas. A solução dada pelo STJ no Conflito de Competência entre CIESP/FIESP e CACI parace ter dado indícios para uma solução a partir do art. 7º da Lei de Arbitragem.

7.3.3. Conflito Positivo de Competência entre Árbitros e Juízes

Embora não faça parte do objeto desta tese, entendemos interessante a título comparativo examinar também a resposta dada pelo Judiciário brasileiro ao "conflito de competência" entre árbitros e juízes togados. Diferentemente dos conflitos entre autoridades judiciais, não há no âmbito dos processos paralelos *Arbitragem-Judiciário* previsões legais específicas (i) de órgão central responsável por solucionar conflitos positivos de competência; e (ii) de regras de consolidação definidas para reunião de demandas relacionadas.

Diante de um conflito de competência entre Judiciário e Arbitragem não seria possível aplicar-se a exceção de litispendência, uma vez que a *lis pendens* exige que as autoridades adjudicatórias sejam igualmente competentes. Como a autoridade do tribunal arbitral está fundada na validade de convenção entre as partes que confere poder aos árbitros e afasta a competência do juiz togado, a exceção da litispendência estaria, em geral, prejudicada.[578]

Em maio de 2013, o Superior Tribunal de Justiça ("STJ") considerou-se competente para decidir conflitos entre tribunal arbitral e juiz togado.[579] A decisão é da 2ª Seção do STJ que, com fundamento no Art. 105 da Constituição Federal, decidiu reconhecer a competência da Corte para a resolução de tais conflitos de competência.

A disputa em questão envolve a construção de uma pequena central hidrelétrica (PCH) no interior de Rondônia (RO). A barragem da obra cedeu causando prejuízos ao dono da Obra, que agora se volta contra a

---

[578] McLachlan, Cambell, op. cit., p. 44.
[579] Superior Tribunal de Justiça, CC 111.230/DF, Rel. Min. Aldir Passarinho, Segunda Seção do STJ, j. 8 maio 2013.

Construtora. Em 2008, uma medida cautelar ajuizada em São Paulo para bloquear o patrimônio das empresas de consórcio para a construção da PCH foi extinta sem resolução do mérito e, em agosto de 2009, o dono da Obra ajuizou novas demandas cautelares perante a 2ª Vara Empresarial do Rio de Janeiro, tendo seu pedido cautelar julgado procedente.

O contrato continha cláusula compromissória. Para apurar a responsabilidade pelo rompimento da barragem de PCH a dona da obra instaurou processo arbitral. Constituído, o tribunal arbitral determinou a suspensão dos efeitos liminares da diligência que havia sido determinada pelo Judiciário do Estado do Rio de Janeiro. A decisão arbitral, contudo, não foi observada pelo juízo estatal, sob o argumento de que o processo arbitral havia sido instaurado após a decisão judicial já ter sido executada.

O conflito chegou ao STJ em abril de 2010. O Ministro Aldir Passarinho, que começou na relatoria do caso, entendeu que o STJ teria competência para dirimir a controvérsia com base no Art. 105, I, "d", da Constituição Federal, segundo o qual cabe à Corte julgar originariamente os conflitos de competência entre "tribunal e juízes a ele não vinculados e entre juízes vinculados a tribunais diversos". Passarinho ressaltou que são complementares as funções de ambos os entes julgadores, juízo estatal e arbitral, sendo o primeiro imprescindível na medida em que aos árbitros falta o poder de coerção para o cumprimento de seus julgados. Por fim, deferiu liminar para sobrestar o andamento da cautelar de arrolamento de bens que, segundo afirma, não precisaria ser necessariamente prestada perante o Judiciário. Em seguida, a relatoria passou à Ministra Nancy Andrighi que também declarou os árbitros como competentes. A mesma posição foi mantida e confirmada em decisão monocrática do Min. Rel. Napoleão Maia, *in verbis*:

> "(...) a jurisprudência desta Corte Superior é no sentido de ser o STJ competente para processar e julgar os Conflitos de Competência existentes entre o Juízo estatal e os Tribunais Arbitrais. (...) a promulgação da Lei 9.307/96 torna indispensável que se preserve, na maior medida possível, a autoridade do árbitro como juiz de fato e de direito para as questões ligadas ao mérito da causa. Negar tal providência esvaziaria o conteúdo da Lei de Arbitragem, permitindo que, simultaneamente, o mesmo direito seja apreciado, ainda que em cognição perfunctória, pelo juízo estatal e pelo juízo

arbitral, muitas vezes com sérias possibilidades de interpretações conflitantes para os mesmos fatos (...)" CC 139.519/RJ, Rel. Min. Napoleão Nunes Maia Filho, Decisão Monocrática, j. 09.04.2015 ("Petrobras v. ANP").

Ora, se o resultado foi a declaração da competência do tribunal arbitral para decidir o caso, então teria sido preservada a supremacia do princípio competência-competência, correto? A questão não parece ser tão simples assim. Embora seja o órgão definido pela Constituição Federal para decidir conflitos positivos ou negativos entre órgãos judiciais, o STJ não deixa de ser clc parte do aparato Judiciário.

Desse modo, ao conhecer e se declarar competente para examinar, *prima facie*, o conflito de competência entre um tribunal arbitral já constituído e juízes, a decisão do STJ poderia ser entendida como uma violação ao princípio da competência-competência, ainda que para, ao final, determinar que, ao final a competência é do tribunal arbitral por primazia do princípio da competência-competência.

Parte considerável da doutrina entende que caso haja conflito entre juízes e árbitros sobre sua própria competência, o processo judicial deve ser suspenso por prejudicialidade externa ou mesmo extinto sem resolução do mérito, "preservando-se assim a prioridade dos árbitros para analisar a regularidade da convenção de arbitragem".[580] Essa é a posição adotada por Rafael Alves, segundo o qual "não há divergência entre árbitro e juiz a respeito de suas próprias competências, não há que se falar em 'conflito de competência', tal como esse instituto é regulado no âmbito do processo judicial".[581]

Embora essa posição pareça ser a mais acertada do ponto de vista da coerência do sistema, não é possível negar que o entendimento agora consolidado do STJ pela admissão do conflito de competência entre árbitro e juiz dá mais segurança e previsibilidade ao instituto da arbitragem, impedindo as medidas antiarbitragem. Em casos em que o judiciário local contraria a convenção e a Lei de Arbitragem, o conflito de competência mostra-se como o método mais adequado de decidir a questão, determinando com definitividade que o juízo arbitral é que deve decidir se é, ou não, competente para julgar o caso.

---

[580] ALVES, Rafael Francisco, op. cit., p. 215.
[581] Idem, p. 214-6.

7.3.4. Conveniências e inconveniências da solução do art. 7º a demandas arbitrais conexas administradas por instituições distintas

Não é incomum, em especial diante de contratos firmados no Brasil no final dos anos 90 e início da década passada, a presença de cláusulas compromissórias que por problemas em sua redação geram ambiguidades quanto à escolha das partes em relação à instituição arbitral que administrará a disputa e terá seu regulamento a ela aplicado. Caso que pode ser considerado "classico" é da cláusula compromissória que estabelecia que a arbitragem seria "realizada" na CIESP/FIESP, mas teria a ela aplicado o Regulamento da CCI. Segue abaixo modelo de cláusula com esse problema:

> As PARTES desejam solucionar qualquer dúvida, discrepância ou controvérsia, decorrentes do presente Contrato, por meio de arbitragem, de acordo com a Lei 9.307 de 23 de setembro de 1996.
> A Arbitragem será realizada em São Paulo, Estado de São Paulo, na Câmara de Arbitragem da FIESP (Federação das Indústrias do Estado de São Paulo), observando as normas da CCI (Câmara de Comércio Internacional, Paris), por meio de três Árbitros. A decisão arbitral deverá ser final e vinculativa para ambas as PARTES.

A CCI tem entendido que nas hipóteses que seu Regulamento for aplicável à disputa deve, então, aquela arbitragem ser administrada por ela a despeito das outras instituições indicadas na convenção arbitral pelas partes.

O problema é que as partes podem propor arbitragens distintas em cada uma das câmaras. Isso pode levar à hipótese óbvia de litispendência que não se enquadra especificamente no escopo desta tese. No entanto, pode ocorrer também de as partes proporem arbitragens que não são idênticas ou cuja similitude não acarrete em litispendência, mas em conexão. Embora o risco de danos a serem causados por eventual contradição/inconsistência entre as decisões sejam menos intensos nessa última hipótese, eles ainda existem e devem ser enfrentados pelo sistema.

Para esses casos seria conveniente a utilização do instrumento proporcionado pelo art. 7º da Lei de Arbitragem Brasileira.

A admissibilidade do exame da questão pelo Judiciário, contudo, não implicará a consolidação das demandas conexas. Na hipótese de convenções arbitrais distintas, aliás, provavelmente significará a incompatibilidade entre as convenções arbitrais e, consequentemente, na impossibilidade da consolidação.

7.4. O Precedente Brasileiro de Consolidação de Processos arbitrais relacionados por Decisão Judicial – O Caso Usina Hidrelétrica Corumbá III

O Regulamento da Câmara FGV não faz nenhuma referência à possibilidade de consolidação de processos arbitrais relacionados. Foi um caso administrado por essa instituição – o Caso Usina Hidrelétrica Corumbá III – que deu origem ao primeiro importante debate brasileiro sobre poderes da instituição arbitral para se determinar a consolidação de processos arbitrais paralelos.

Os três processos arbitrais resultaram de contrato de fornecimento de bens e serviços para a implantação da Usina Hidrelétrica Corumbá III.

Em desacordo com as Requeridas, a Requerente pleiteou ao diretor-executivo da Câmara FGV a reunião dos três pedidos, sob o fundamento de que havia risco de os processos, que têm objetos conexos e eram conduzidos pelas regras da mesma instituição, serem submetidos a diferentes composições de tribunais arbitrais, ficando, assim, sujeitos a decisões conflitantes.

Alegou, para tanto, o risco de um tribunal declarar legítima a resolução contratual e determinar a uma das requeridas o pagamento dos prejuízos causados à Requerente, enquanto o outro pode reconhecer o adimplemento contratual da mesma Requerida e declarar ilegítima a resolução do contrato.

Em parecer sobre o caso, Pedro Batista Martins defendeu que:

> há de serem repudiados esforços contrários à consolidação quando a apreciação das questões postas nos Procedimentos de Arbitragem mostra ser mais eficiente se levada a cabo por um único painel arbitral e, ainda, dado o grave risco de as sentenças deles resultantes colidirem entre si. Questões essas cruciais ao profícuo desenrolar de qualquer procedimento arbitral não podem ser olvidadas pelos árbitros ou pela Câmara (nos limites de suas funções), dados que a estes o dever de diligência que importa, den-

tre outros, imprimir os melhores esforços no sentido de assegurar às Partes a eficácia da decisão arbitral. Esse dever exsurge das circunstâncias que encerrarem o instituto da arbitragem e onde sobressaem a celeridade e a especialidade do árbitro, aliadas ao claro desejo das Partes de evitarem a lide judicial, conduzem os árbitros e a instituição de arbitragem a buscarem, no possível, a concretização do referido dever. E tal se sobreleva pelo fato de a sentença arbitral não ser passível de recurso e que o remédio final é a base de sua anulação.[582]

A Câmara FGV, por sua vez, entendeu que as três arbitragens deveriam ser tratadas em separado. De acordo com o Diretor Executivo da Câmara FGV:

> [...] as Arbitragens 02/2010, 04/2010 e 05/2010, hão de ser administradas por esta Câmara separadamente e o julgamento proferido por três Tribunais distintos [...]. É ainda o Consórcio Empreendedor Corumbá III quem [...] requer a consolidação das três arbitragens num só procedimento arbitral, invocando a conexão dos feitos. Ora, embora a construção da UHE possa sugerir a conectividade das questões em litígio, a consolidação pretendida não é praticável. Embora a Energ Power esteja sempre no polo passivo, nas arbitragens 02 e 04 está em conjunto com a CEC III ao passo que na 05/2010 está em conjunto com a EIT e a Themag. Daí o paradoxo. Diante do exposto, as três arbitragens devem ser tratadas em separado. Na arbitragem 02/210 os membros do Tribunal Arbitral serão indicados e posteriormente nomeados pelo Diretor Executivo da Câmara FGV. Nas duas outras arbitragens as partes, porque há acordo na indicação dos co-árbitros, indicam os presidentes. Em não havendo impugnação estes são, em seguida, nomeados pelo Diretor Executivo.[583]

A decisão do Diretor Executivo da Câmara FGV privilegiou o consentimento expresso das partes e na ausência deste, entendeu que não caberia a consolidação. Não prosperou aqui a lógica estabelecida por

---

[582] MARTINS, Pedro Antonio Batista. Consolidação de Procedimentos Arbitrais, op. cit.
[583] COSTA, Cezar Augusto Rodrigues. Tutela cautelar visando à reunião de três processos conexos de arbitragem decorrentes de contrato de fornecimento de bens e serviços para implantação da usina hidrelétrica Corumbá III e do sistema de transmissão associado, **Revista de Arbitragem e Mediação**, São Paulo, v. 32, jan. 2012, DTR\2012\2281, p. 404.

Fouchard, Goldmand e Gaillard de que se as partes contrataram cláusulas compromissórias idênticas em diferentes contratos presumir-se-ia que houve consentimento pela consolidação de processos arbitrais relacionados.

O Caso Usina Hidrelétrica Corumbá III ainda teve outros desdobramentos, inclusive no Judiciário. Após a decisão do Diretor Executivo da Câmara FGV de que as arbitragens envolvendo o Consórcio Empreendedor Corumbá III ("CEC III") deveriam ser conduzidas separadamente, o CEC III pleiteou ao Judiciário fluminense que fosse determinada a reunião dos três processos arbitrais.

A competência do Judiciário para atuar nesse caso foi fundamentada pela existência de eleição de foro para medidas de urgência e preparatórias para a arbitragem. A 19ª Câmara Cível do Tribunal de Justiça do Rio de Janeiro reuniu três processos arbitrais perante um único painel, composto por três árbitros indicados pela Câmara FGV. O recurso havia sido interposto por três empresas contra sentença da 7ª Vara Empresarial do Rio de Janeiro, que havia julgado procedente o pedido do CEC III, determinando a reunião dos processos.[584]

Sob o fundamento de que não haveria hierarquia ou regras preestabelecidas para solucionar as controvérsias relacionadas à constituição de mais de um tribunal arbitral, a 19ª Câmara Cível do Tribunal de Justiça do Rio de Janeiro julgou necessário definir critérios que garantissem o *resultado útil da arbitragem*.

De acordo com o Desembargador Guaraci de Campos Vianna em seu voto:

> O Tribunal Arbitral é competente para processar e julgar todos os pedidos formulados pelas partes que firmaram o pacto compromissório dentro dos limites estipulados. Entretanto, na pendência da constituição do tribunal arbitral, admite-se que a parte se socorra do poder judiciário, para assegurar o resultado útil da arbitragem. [...] Dessa forma, havendo uma pluralidade de questões dentro de um mesmo objeto, para se eximir do risco de decisões contraditórias, impõe-se a constituição de uma única arbitragem, ado-

---

[584] Apelação Cível nº 0301553-55.2010.8.19.0001, 19ª Câmara Cível do Tribunal de Justiça do Rio de Janeiro, Rel. Des. Guaraci de Campos Vianna, j. em 21.05.2013.

tando-se as regras processuais de prevenção e conexão para definir quem assumirá o processamento da ação ou das ações objeto do pacto compromissário.

A notícia mais atualizada que se tem sobre as referidas demandas arbitrais é de que estariam suspensas por decisão da Câmara FGV, estando as partes em fase de tratativas.[585]

Dentre os critérios definidos por Bernardo Cremades e Ignácio Madalena como requisitos necessários para que ocorra a conexão, um em especial foi obliterado pelo Tribunal de Justiça do Estado do Rio de Janeiro, qual seja, o consentimento das partes para a conexão.

É claro que isso ocorrerá sempre que a questão for levada ao Judiciário, já que se não houvesse a pretensão resistida quanto a esse ponto não haveria sequer como o Judiciário atuar, e esse é um dos aspectos mais críticos da intervenção do Estado-Juiz em casos em que, como o aqui analisado, havia cláusula compromissória cheia, operante e apta a constituição do tribunal arbitral sem que fosse necessária a intervenção judicial.

---

[585] "Em 2014, encontravam-se em tramitação na Câmara de Conciliação da FGV, cinco processos arbitrais, envolvendo o Consórcio Empreendedor Corumbá III–CECIII e o Consórcio Construtor Centro Oeste-CCCO, referente às questões contratuais. Os processos arbitrais encontravam-se em discussão judicial proposto pelo CECIII, em decorrência do conflito de interesses entre as consorciadas do Consórcio Construtor Centro Oeste. O CECIII estava envolvido tanto no polo ativo como passivo. Nos procedimentos em que o CECIII se encontro no polo Passivo os integrantes do CCCO pleiteiam basicamente a quebra de solidariedade e a apuração e recebimento de eventual crédito oriundo do Contrato EPC firmado entre o CECIII e o CCCO. Nos procedimentos em que o CECIII se encontro no polo ativo, o CECIII pleiteia basicamente o recebimento de indenização por perdas e danos, decorrentes de lei e das disposições contratuais aplicáveis; a cobrança de todas as penalidades e multas previstas a apuração e o recebimento de eventual crédito oriundo do Contrato EPC firmado entre o CECIII e o CCCO. Atualmente os processos encontram-se suspensos, por decisão da Câmara FGV de Conciliação e Arbitragem, e as partes estão negociando para tentar chegar a um acordo e colocar fim aos procedimentos de arbitragem. Os processos foram analisados por empresas de advocacia e substancialmente as probabilidades de perdas foram classificadas como possíveis, portanto, de acordo com CPC no 25 Previsões, Passivos Contingentes e Ativos Contingentes, aprovado pela Resolução CFC no 1.180/09, os contingentes ativos e passivos serão a penas divulgados, conforme abaixo, na proporção de 40% do montante total, equivalente a participação da Energética Corumbá III no empreendimento". Disponível em: <http://www.valor.com.br/sites/default/files/upload_element/01-04-energeticacorumba-balanco2014.pdf>. Acesso em: 23 dez. 2015.

Nessa linha, acompanhamos Marcos Montoro, no sentido de que:

> havendo cláusula cheia elegendo um órgão institucional arbitral, caberá a esse órgão estabelecer as regras procedimentais ainda não estabelecidas pelas partes [...] mesmo que não esteja previsto, no regulamento arbitral, que órgão institucional arbitral tem o poder de preencher as eventuais omissões desse mesmo regulamento, [...] tal poder deve ser exercido por tal órgão enquanto durar a fase pré-arbitral.[586]

O autor destaca ainda a importância da preservação da escolha das partes quanto às instituições arbitrais. Ainda que, muitas vezes, essa escolha não tenha levado em conta todas as peculiaridades de determinado regulamento, a vontade das partes deve ser garantida: "[a]s partes escolhem um órgão institucional para administrar a arbitragem pois querem que esse órgão auxilie na condução da arbitragem até o seu final; ora, se surge uma questão não disciplinada no regulamento, e o árbitro ainda não aceitou o seu encargo, então, como o corolário da sua missão de conduzir a arbitragem até o final, caberá àquela instituição arbitral criar as regras procedimentais (até então inexistentes) que levem à solução do problema".[587]

Assim, a intervenção judicial no Caso Usina Hidrelétrica Corumbá III parece não ter sido adequada, em particular tendo já havido decisão sobre o tema pela Câmara FGV. Ressalte-se, ainda, que a referida intervenção judicial não se enquadra naquelas hipóteses defendidas nesta tese e para as quais seria legítima a atuação judicial via art. 7º da Lei de Arbitragem Brasileira.

7.5. Requisitos Para a Atuação Judicial em Demandas Arbitrais Conexas e Critérios Para Essa Consolidação *Prima Facie*

A proposta desta tese é a de que a atuação do Judiciário brasileiro em demandas arbitrais conexas esteja exclusivamente limitada às hipóteses em que dois critérios estiverem presentes: (i) a resistência de uma das partes à consolidação de demandas arbitrais conexas; (ii) a caracterização da cláusula compromissória como vazia ou patológica no sentido

---

[586] MONTORO, Marcos André Franco, op. cit., p. 89-90.
[587] Idem.

mais amplo desses adjetivos (como analisado no início deste capítulo); e (iii) a ausência de inequívoca indicação convencional de instituição arbitral para decidir sobre questões processuais.

Isso significa dizer que (a) a atuação do Judiciário deve estar restrita aos ditames e procedimentos previstos pelo art. 7º da Lei de Arbitragem Brasileira (o que significa que nenhum dos tribunais arbitrais foi plenamente constituído), sendo inaplicáveis, ao menos isoladamente, as hipóteses de atuação pela via cautelar definidas no art. 22 (cujos critérios são muito mais amplos e abrangentes); **e** que (b) as partes não tenham escolhido instituição arbitral ou regulamento na convenção arbitral que autorize, ainda que indiretamente, que a autoridade eleita pelas partes possa regular questões processuais anteriores à constituição do tribunal arbitral (arbitragem puramente *ad hoc*). Seria ainda possível admitir, em tese, sob esse critério, **alternativamente ao item (b)**, as hipóteses em que (c) as partes adotaram regulamentos/instituições distintos nas convenções arbitrais. Nesta última hipótese, diante da existência de múltiplas instituições arbitrais escolhidas pelas partes haveria indefinição quanto a qual instituição deve decidir sobre a consolidação de processos arbitrais conexos.

Por sua vez, para que o juiz togado possa, em análise *prima facie*, determinar a consolidação de demandas arbitrais conexas, dois critérios terão de ser atendidos: (i) a consolidação das demandas arbitrais conexas deve ser *conveniente* e útil; e (ii) elementos mínimos que permitam a identificação do *consentimento* pelas partes.

A (i) *conveniência* da consolidação será determinada (a) pela economia processual que será obtida com a consolidação, considerando-se a economia real de custos e tempo gerada para todas as partes envolvidas (afinal, como o curso do processo se dará na arbitragem, não faz sentido que o juiz togado leve em consideração a economia processual para o sistema judicial em sua decisão); **e** a *utilidade* (b) pelo risco de inconsistência/incoerência/contradição que deve ser grave o bastante para determinar a consolidação – para tanto, a provável inconsistência/incoerência/contradição deverá ultrapassar as fronteiras da simples lógica jurídica, alcançando o bem da vida buscado pelas partes (entendendo-se que, nesta circunstância, haveria necessariamente conexão entre as demandas, ainda que compreendida a conexão em sua maior e mais flexível extensão possível).

Por fim, será necessário que (ii) existam os elementos mínimos para se identificar o *consentimento*, ainda que implícito, das partes para a consolidação.

Embora na hipótese das múltiplas instituições arbitrais escolhidas pelas partes identificada no item i(c) possam estar presentes os requisitos de *admissibilidade* para a atuação do juiz togado, dificilmente se superaria o requisito do item (ii), ou seja, que haja o *consentimento*, ainda que implícito, para a consolidação. Como analisado no Capítulo 5 da Primeira Parte desta tese, a escolha pelas partes de distintas instituições arbitrais leva à provável conclusão de que há incompatibilidade entre as cláusulas compromissórias e, como consequência, tende a impossibilitar a consolidação das disputas.

Outras questões tratadas na Primeira Parte deste livro serão bastante relevantes no detalhamento da aplicação dos requisitos aqui propostos para a atuação do Judiciário na consolidação de demandas arbitrais. Uma questão crítica, por exemplo, se dará quando as demandas conexas não envolverem as mesmas partes. Assim como em diversos regulamentos arbitrais, tal qual o Regulamento CCI 2012 e o Regulamento CCI 2017, entende-se que isso não impediria, *a priori* e por si só, a consolidação das demandas.

O que fazer, contudo, se um dos tribunais arbitrais já tiver sido constituído? Esse é uma não-problema, já que, se o tribunal arbitral estiver plenamente constituído, como resultado do efeito negativo do *competência-competência*, é dos árbitros a competência para decidir sobre a consolidação das demandas arbitrais, sendo inadmissível a intervenção judicial pela via do art. 7º.

Questão mais desafiadora pode se dar na circunstância em que os coárbitros já aceitaram sua missão, mas o tribunal arbitral ainda não foi plenamente constituído, faltando ainda a indicação do presidente (lembrando-se que a situação hipotética só pode ser a de uma arbitragem puramente *ad hoc*, já que se houvesse instituição arbitral eleita, não se admitiria a aplicação do art. 7º para os fins da consolidação). Entende-se que, cumpridos os demais requisitos, a nomeação parcial do tribunal arbitral não impede a atuação do Judiciário pela via do art. 7º. Diante de arbitragens envolvendo partes distintas e da não constituição plena do tribunal arbitral, o Judiciário poderia, com o objetivo de preservar o direito à igualdade das partes para nomear os árbitros (Caso *Dutco*), desconstituir os árbitros nomeados e nomear todos os árbitros ou indicar quem o fizesse em substituição à vontade das partes.

Respeitados os requisitos mencionados, a interpretação do art. 7º da Lei de Arbitragem Brasileira proposta por esta tese busca o fechamento racional do sistema, permitindo circunscrever a comunicação entre Judiciário e arbitragem em relação à consolidação de demandas arbitrais conexas às hipóteses mais restritas da legislação arbitral brasileira.

Capítulo 8
Técnicas de Consolidação de Demandas Arbitrais Conexas

Estudados todos os requisitos e condições para que ocorra a consolidação/reunião de demandas arbitrais conexas, bem como a autoridade responsável por essa decisão, passa-se então a examinar as técnicas para a consolidação dessas demandas.

A consolidação de demandas conexas pode se dar em sua forma mais tradicional como (i) a reunião em *simultaneus processus*, mas pode ser dar também em formas menos drásticas, tais como (ii) a reunião de demandas conexas para julgamento por um mesmo tribunal arbitral, mas sem que haja a reunião dessas demandas em um processo único e simultâneo; e a (iii) produção conjunta de provas.

Além disso, trataremos também da separação de demandas arbitrais conexas originalmente cumuladas.

Passaremos a examinar cada uma dessas técnicas.

8.1. Consolidação em simultaneus processus

A técnica de consolidação de demandas mais identificada com a conexão é a de *simultaneus processus*, de tal modo que as demandas conexas possam ser inseridas em um mesmo processo para que sejam julgadas simultaneamente e de acordo com uma convicção única e uma decisão única. De acordo com Luiz Fux: "A consequência jurídico-processual mais expressiva da conexão, malgrado não lhe seja a única, é a imposição de julgamento simultâneo das causas conexas no mesmo processo (*simultaneus processus*)".[588]

Feito esse breve introito sobre a técnica da consolidação *simultaneus processus*, analisaremos na sequência como se dá a formação do tribunal arbitral nas hipóteses em que essa técnica processual é adotada.

8.1.1. Formação do Tribunal Arbitral

A primeira questão a ser analisada após a decisão de reunir/consolidar demandas conexas em *simultaneus processus* é a formação do Tribunal Arbitral. As arbitragens podem ser decorrentes de uma mesma convenção arbitral ou de convenções arbitrais distintas. De todo modo, cada uma dessas arbitragens se tivesse sido mantida separada teria tido seu tribunal arbitral. Qual será, então, o tribunal arbitral que julgará o processo resultante da consolidação e como este será constituído?

Diante da consolidação/reunião de processos arbitrais relacionados ou conexos, há algumas possibilidades de critérios para a escolha do tribunal arbitral. Dentre esses, poderíamos destacar (i) a escolha do tribunal arbitral que julgaria a arbitragem decorrente do contrato mais abrangente para a disputa (*primary agreement*); e (ii) a escolha do tribunal arbitral do processo arbitral que foi primeiramente protocolado (esse, aliás, como vimos, é o procedimento adotado pela CCI, ao menos, que as partes tenham convencionado de modo diferente).

A própria definição de qual critério deve ser adotado dependerá do regulamento, regras e leis aplicáveis à disputa. No caso do direito brasileiro, diante do silêncio da Lei de Arbitragem Brasileira sobre o tema da conexão e da consolidação de demandas arbitrais, deve ser aplicar o que determina o regulamento escolhido pelas partes.

Na hipótese de arbitragem institucional, todos os árbitros poderiam ser indicados pela instituição arbitral (ou *appointing authority*). Se ausente instituição, no caso do direito brasileiro, e ausente consenso entre as partes, nas hipóteses em que (i) há conexão e (ii) a manutenção de

---

[588] Fux, Luiz. **Curso de direito processual civil**. 2. ed. Rio de Janeiro: Forense, 2004, p. 209.

demandas arbitrais separadas cause prejuízo, os árbitros seriam escolhidos pelo Judiciário após ação do art. 7º da Lei de Arbitragem Brasileira.

Essas últimas opções, embora tenham o objetivo de dar uma resposta definitiva ao problema e garantir que as partes tenham iguais poderes para nomear os árbitros (o que no caso significa nenhum poder), trazem consigo também a desvantagem de retirar das partes o que pode ser considerada uma das grandes qualidades da arbitragem, qual seja, a participação das partes na definição de quem serão os "juízes" da causa.

8.1.2. Consequências da consolidação judicial fundada no art. 7º

Ao avaliar se determina ou não a reunião de demandas arbitrais conexas com base no art. 7º, o juiz togado deverá levar em consideração não só os interesses das partes, mas, obviamente, também terá de considerar em sua decisão as consequências de sua decisão para o sistema jurídico como um todo (diferente, portanto, da conduta indicada aos árbitros e às instituições arbitrais). A decisão do juiz togado naturalmente se tornará um precedente judicial e, como tal, integrará a jurisprudência brasileira, servindo de base para outras decisões.

Em relação à economia processual, contudo, como já analisado no item 7.5 do Capítulo 7 desta tese, não faz sentido que a análise do juiz togado seja centrada no sistema judicial como um todo, já que necessariamente o restante do curso processual se dará na arbitragem. Desse modo, o exame sobre a economia processual deve levar em consideração o interesse das partes e a efetiva redução de custos e tempo para todas as partes envolvidas.

Por fim, ressalte-se que, diferentemente da decisão da CCI de consolidar demandas arbitrais (nos termos do art. 10 do Regulamento CCI 2012) que tem caráter definitivo, a sentença judicial que venha a determinar a consolidação de demandas arbitrais somente pode ter natureza *prima facie*, ou seja, constituído o tribunal arbitral, poderá ser revista pelos árbitros.

8.1.3. Julgamento *Ex Officio* e Princípio Dispositivo

Outro ponto relevante a ser abordado é a possibilidade de a autoridade competente determinar a consolidação de processos arbitrais conexos de ofício. A importância da vontade das partes é o traço fundamental que diferencia a abordagem judicial e arbitral quanto a esse aspecto.

No âmbito judicial, o direito brasileiro foi muito claro ao admitir que a reunião de demandas conexas pode ser determinada de ofício. De acordo com o art. 105 do Código de Processo Civil de 1973, *havendo conexão ou continência, o juiz, de ofício ou a requerimento de qualquer das partes, pode ordenar a reunião de ações propostas em separado, a fim de que sejam decididas simultaneamente*.[589]

Para Barbosa Moreira:

> A fonte inspiradora é, sem dúvida, a clássica doutrina dos três elementos. Não recebeu ela, porém, consagração na sua forma pura, de acordo com a qual seria necessária e suficiente, para configurar a conexão, a coincidência das causas em qualquer um dos elementos (personae, res, causapetendi). O Anteprojeto, na redação oficial, exigia a identidade total de dois elementos: partes e objeto, ou partes e 'título'; na redação que se aponta como verdadeira, a identidade total de um elemento (objeto ou título) e a identidade ao menos parcial de outro (partes). O Projeto e o Código passaram a contentar-se com a coincidência ou no objeto, ou na causa de pedir (expressão que substituiu a de 'título'), silenciando quanto às partes – do que se infere não ser bastante a mera identidade destas, embora total, para tornar conexas as ações.[590]

No Código de Processo Civil de 2015, o legislador deixou claro que o objetivo da reunião de processos é impedir que sejam prolatadas decisões conflitantes ou contraditórias ao estabelecer no § 3º do art. 55 que *serão reunidos para julgamento conjunto os processos que possam gerar risco de prolação de decisões conflitantes ou contraditórias caso decididos separadamente, mesmo sem conexão entre eles*.[591] Desse modo, o novo dispositivo foi além e

---

[589] Chama a atenção que o legislador tenha retirado o elemento identidade de partes no Código de 1973. O art. 118 do Anteprojeto que daria origem àquele código trazia esse elemento: "Art. 118. Reputam-se conexas duas ou mais ações, quando, além de idêntica uma das partes, lhes for comum o objeto ou o título".

[590] BARBOSA MOREIRA, José Carlos. **A conexão de causas como pressuposto da reconvenção**, op. cit., p. 123-4.

[591] "Art. 55. Reputam-se conexas 2 (duas) ou mais ações quando lhes for comum o pedido ou a causa de pedir. § 1o Os processos de ações conexas serão reunidos para decisão conjunta, salvo se um deles já houver sido sentenciado. § 2o Aplica-se o disposto no *caput*: I – à execução de título extrajudicial e à ação de conhecimento relativa ao mesmo ato jurídico; II – às execuções fundadas no mesmo título executivo. § 3o Serão reunidos

excluiu a conexão como requisito necessário para que ocorresse a reunião de processos.

No âmbito do processo arbitral, tal possibilidade não é tão evidente, uma vez que há ali tanto a essencialidade da vontade das partes como a dificuldade de a autoridade competente ter conhecimento sobre a existência da conexão sem que essa tenha sido alertada por uma das partes.

Ainda que determinada instituição arbitral ou que os árbitros notem a existência de processos arbitrais conexos haverá a dificuldade de se determinar sua reunião/conexão sem que isso tenha sido requrido por uma das partes. Alguns regulamentos trazem expressamente essa possibilidade de a instituição arbitral determinar *ex officio* a consolidação de processos arbitrais conexos. São eles: AMCHAM, *National Arbitration Forum*, CBMAE/Federasul e CIETAC.[592] Nesses casos, parece não haver dúvida de que as partes autorizaram *a priori* que a autoridade competente determinasse a consolidação *ex officio*.

O problema surge naqueles casos em que não houve essa previsão expressa no regulamento. Ou seja, ainda que exista a previsão de que o órgão ou os árbitros possam determinar a consolidação/reunião de processos arbitrais, não há a previsão expressa autorizando-os a determinar tal consolidação/reunião sem que isso tenha sido pleiteado por uma das partes.

8.1.4. Necessidade de Se Ouvir as Partes – Necessidade de Informar e Possibilidade de Reagir das Partes

Em continuação ao tópico anterior sobre a possibilidade de os árbitros consolidarem ou separarem processos arbitrais conexos, está a análise sobre a necessidade de se ouvir as partes sobre essa decisão.

Entendemos que o(s) árbitro(s) deve(m) na maior medida possível estabelecer o contraditório entre as partes antes de tomar uma decisão. Tal imposição decorre (i) diretamente da Lei de Arbitragem Brasileira

---

para julgamento conjunto os processos que possam gerar risco de prolação de decisões conflitantes ou contraditórias caso decididos separadamente, mesmo sem conexão entre eles".

[592] CARVALHO, Lucia de Oliveira; LOPES, Luiz Felipe Calábria, op. cit., p. 45.

que no § 2º do art. 21 estabelece que: "Serão, sempre, respeitados no procedimento arbitral os princípios do contraditório, da igualdade das partes, da imparcialidade do árbitro e de seu livre convencimento"; (ii) bem como do inciso LV do Art. 5º da Constituição Federal.

Carmona ensina que informação e possibilidade de reação são dois momentos do contraditório, de tal modo que é por meio desses momentos que "durante todo o processo arbitral, as partes possam produzir suas provas, aduzir razões e agir em prol de seus direitos, fazendo com que suas razões sejam levadas em conta pelo julgador ao decidir".[593] Também, de acordo com Marcos Montoro, o "contraditório, inclusive na arbitragem, é composto de dois elementos: (i) necessidade absoluta de informar; e (ii) possibilidade de reagir".[594]

Embora haja diversas gradações tanto quanto à *necessidade de informar* como à *possibilidade de reagir*, certo é que uma decisão relevante como a consolidação de processos não pode ser tomada sem que as partes tenham tido a possibilidade de apresentar seus argumentos na maior extensão possível. Eis a "feição moderna do princípio do contraditório" descrita por Carmona como uma exigência de que o julgador (juiz togado ou árbitro) "não tome decisões acerca de pontos fundamentais do litígio sem provocar debate a respeito, pois somente assim será assegurada às partes a efetiva possibilidade de influir no resultado do julgamento".[595]

---

[593] Para Carmona, "Caberá então às partes ou ao árbitro estabelecer (ou adotar) um procedimento que possa garantir plenamente a recíproca manifestação dos contendentes a respeito das provas e das razões do adversário, o que significa, também, contemplar formas efetivas de comunicação dos atos processuais e concessão de tempo razoável para as respectivas manifestações. Mas não é só isso: a feição moderna do prinípio do contraditório exige que o julgador – seja ele juiz togado, seja ele árbitro – não tome decisões acerca de pontos fundamentais do litígio sem provocar debate a respeito, pois somente assim será assegurada às partes a efetiva possibilidade de infuir no resultado do julgamento". CARMONA, Carlos Alberto. **Arbitragem e processo**, op. cit., p. 295.

[594] Ainda de acordo com Montoro, a "doutrina afirma que o princípio do contraditório (e da ampla defesa) atua em três vertentes, quais sejam: (a) a lei deve dar aos litigantes meios efetivos de participar do processo; (b) o órgão julgador deve possibilitar essa participação das partes; e (c) o órgão julgador também deve participar do contraditório. Essa lição é, em certa medida, ainda mais forte na arbitragem". MONTORO, Marcos André Franco, op. cit., p. 360.

[595] CARMONA, Carlos Alberto. **Arbitragem e processo**, op. cit., p. 295.

Trata-se de decisão com potencial de impacto imenso sobre o curso processual, maior, inclusive, que o impacto que igual remédio tem sobre processos judiciais, já que tem o condão de alterar a competência para julgamento em um processo cuja escolha do julgador, se não inerente (já que discutível perante os casos em que a escolha do julgador é terceirizada a uma autoridade – Judiciário ou *appointing authority* ou uma instituição arbitral – entende-se que o argumento é frágil já que, no final do dia, a escolha deste terceiro foi das próprias partes, mantendo-se a escolha do julgador como elemento essencial da arbitragem como mecanismo de solução de disputas) lhe é essencial.

8.2. Nomeação dos Mesmos Árbitros Para Arbitragens Paralelas Conexas – Consolidação *Ex Facto*

Outros mecanismos têm sido utilizados por outros países como forma de harmonizar processos arbitrais relacionados.[596] São as chamadas *consolidações de fato (De facto consolidation)*[597].

Mesmo no âmbito judicial brasileiro, essa técnica tem sido utilizada sob a denominação de *reunião circunscrita ao mesmo juízo*. De acordo com Bruno Oliveira, quando a reunião *simultaneus processus* se "revelar praticamente impossível (ou, quando menos, extremamente desaconselhável), em razão do excessivo número de pretensões e de partes que se inseririam em um mesmo processo (cúmulo multitudinário), o sistema prescreve a aplicação de técnica mais branda, ordenadora da reunião circunscrita ao mesmo juízo, posto que continuem a tramitar, em processos diferentes, as várias demandas conexas".[598]

Também como alternativa à consolidação em *simultaneus processus* de processos arbitrais conexos, as partes e/ou os árbitros e/ou as insti-

---

[596] Jeff Waincymer é um dos autores que defendem essa prática como uma alternativa à consolidação de processos: "*Even where there is no consolidation, appointment of common arbitrators may lead to practical harmonisation of processes although there will still be questions of admissibility of evidence, confidentiality and duties of expediency. Where each dispute involves a sole arbitrator, it makes sense to appoint the same person. This situation is more difficult with multi-person tribunals if the methodology of appointment is to allow each to select the nominee of their choice. If they freely choose to select the same tribunal well and good but it would be difficult to impose this upon them against their wishes where this is possible*". WAINCYMER, Jeff, op. cit., p. 578.

[597] LEBOULANGER, Philippe, op. cit., p. 43-97.

[598] OLIVEIRA, Bruno Silveira. **Conexidade e efetividade processual**, op. cit., p. 211.

tuições arbitrais competentes podem determinar que ocorra a nomeação dos mesmos árbitros[599] para todas as arbitragens relacionadas.[600]

De acordo com Alice Mourot:

> A identidade de composição do tribunal arbitral constitui estritamente uma variação da consolidação: variação no sentido de que ela permite atingir o mesmo objetivo que aquele almejado pela consolidação, isto é, uma disciplina global da disputa arbitral que preserva as partes do risco de sentenças inconsistentes; variação no sentido de que ela só permite a unicidade do processo no sentido figurado, as arbitragens ocorrendo em paralelo.[601]

Não custa lembrar que, embora esta tese tenha como objeto a arbitragem comercial, nomeação do(s) mesmo(s) árbitro(s) para julgar arbitragens conexas também é um mecanismo utilizado no âmbito da arbitragem de investimento para evitar decisões conflitantes. De acordo com McLachlan, Shore e Weiniger:

> A consolidação de processos arbitrais relativos a investimentos somente estará disponível se: (1) todas as partes consentirem; ou (2) existir uma disposição expressa no tratado de consolidação das demandas. Se não houver

---

[599] *"Another possibility to deal with parallel or multiple proceedings is to coordinate the resolution of such proceedings without consolidation and joinder. This can be done, for example, by appointing the same arbitrators for all the related disputes. The appointment of a joint tribunal would (hopefully) prevent conflicting findings of law and fact in any of examples of parallel or multiple proceedings (...)".* HOBÉR, Kaj, op. cit., p. 257.

[600] *"Where a unified arbitration, consolidation and concurrent hearings are not possible, what about parallel proceedings with the same tribunals? In principle this is possible and does not inherently need the express agreement of all parties. If Tribunal 1 has been appointed between parties A and B, parties B and C are usually free to agree that the same tribunal be appointed for their dispute. This does not normally require party A's consent – although the potential tribunal should advise all parties (including party A) before accepting the nomination so that they have the opportunity to object. If a party objects on the basis that it would lead to a lack of impartiality or confidentiality etc, the arbitrators should seriously consider declining the appointment. They should also decline if they have reached their conclusion in the first arbitration – unless all parties know of this and consent".* MASONS, Julian Cohen, op. cit., p. 35.

[601] Texto original: *"L'identité de composition du tribunal arbitral constitue une variation de la consolidation au sens strict: variation em ce qu'elle permet de parvenir au même objectif que celui visé par la consolidation, c'est-à-dire un règlement global du litige arbitral qui préserve les parties du risque de sentences inconciliables ; variation en ce qu'elle ne permet l'unicité de la procédure qu'au sens figuré, les arbitrages se déroulant parallèlement".* (tradução livre) MOUROT, Alice, op. cit., p. 454.

essa disposição, mas as demandas relacionadas forem apresentadas à arbitragem sob a supervisão da mesma instituição arbitral (tal como a ICSID), então pode ser possível reduzir o litígio duplicado por meio da nomeação do mesmo tribunal arbitral para julgar todas as demandas, quer em conjunto ou separadamente.[602]

Essa nomeação de um mesmo tribunal arbitral para decidir duas ou mais arbitragens conexas pode ocorrer antes ou após a nomeação dos árbitros.[603]

Ainda como alternativa, poder-se-ia nomear o mesmo presidente para todos os processos em curso, deixando-se às partes a possibilidade de nomearem diferentes coárbitros.

Na Inglaterra, por exemplo, o Judiciário já interveio para determinar que o mesmo árbitro fosse nomeado para duas arbitragens paralelas. Foi isso o que ocorreu no caso *Abu Dhabi Gas Liquefaction Co Ltd v. Eastem Bechtel Corp* por determinação da *English Court of Appeal*. De acordo com o juiz relator deste caso, Lord Denning, *"It seems to that there is ample power in the Court to appoint in each arbitration the same arbitrator"*[604], razão

---

[602] Texto original: *"Consolidation of related investment arbitral proceedings will only be available if either: (1) all parties consent; or (2) there is express provision in the treaty for the consolidation of claims. If there is no such provision, but related claims are submitted to arbitration under the supervision of the same arbitral institution (such as ICSID), then it may be possible to reduce duplicative litigation by appointing the same arbitral tribunal to hear all the claims, either together or seriatim"*. (tradução livre) MCLACHLAN, Campbell; SHORE, Laurence; WEINIGER, Matthew. **International Investment Arbitration**: Substantive Principles. Oxford: Oxford University Press, 2007, p. 125.

[603] *"The appointment of a joint tribunal is usually suggested by the parties before an arbitral tribunal has been appointed in any of the proceedings. However, should a related dispute arise subsequent to the formation of the first tribunal, the parties to the parallel dispute must involve the arbitrators in determining whether it would be appropriate that the subsequent tribunal consist of the same members"*. HOBÉR, Kaj, op. cit., p. 257-8.

[604] *"It seems to me that there is ample power in the Court to appoint in each arbitration the same arbitrator. It seems to me highly desirable that it should be done so as to avoid inconsistent findings. On the other hand, it is equally desirable that it should be done so that neither party should feel that any issue has been decided against them beforehand or without them having an opportunity of being heard in the case. It seems to me that the solution which was suggested in the course of the argument should be adopted, namely that the same arbitrator should be appointed in both arbitrations: but, at an early stage, he should have what may be called a 'pre-trial conference' with all the parties in the two arbitrations"*. London Court of Appeal, 23 jun. 1982, **Lloyds Law Report**, vol. 2, part 5, 1982, p. 425.

pela qual decidiu que tinha poderes, de acordo com a Seção 10 do *Arbitration Act* de 1950, para nomear o mesmo árbitro para os dois processos arbitrais relacionados.[605]

Tal medida tem como objetivo tanto impedir que sejam proferidas sentenças arbitrais contraditórias entre si como reduzir custos e tempo de duração global em comparação aos múltiplos processos arbitrais.[606]

Por outro lado, essa medida poderia fazer com que o presidente comum aos dois tribunais arbitrais chegasse à sua decisão em uma arbitragem com base nos elementos de prova apresentados no outro processo arbitral.[607]

---

[605] Por outro lado, em *Oxford Shipping Co Ltd v. Nippon Yusen Kaisha*, a consolidação em sentido estrito não foi admitida por Sir Legatt J. por não haver consentimento das partes: "*The concept of private arbitrations derives simply from the fact that the parties have agreed to submit to arbitration particular disputes arising between them. It is implicity in this that strangers shall be excluded from the hearing and conduct of the arbitration and that neither the tribunal nor any of the parties can insist that the dispute shall be heard or determined concurrently with or even in consonance with another dispute, however convenient that course may be to the party seeking it and however closely associated the disputes in question may be*". *Oxford Shipping Co Ltd v. Nippon Yusen Kaisha*, **The Eastern Saga** [1984] 3 All ER 835-841.

[606] "To avoid the problem of conflicting awards, parties may also agree to nominate the same arbitrators for two different proceedings without agreeing on consolidation. In such a case, the same arbitrators conduct two different proceedings based on the same documents and facts. One can assume that the time needed fo such proceedings will not be substantially higher than for a consolidated procedure. There will also be some financial savings (regardings costs for travel and hearings), although the proceedings are legally distinct and full fees are payable for each of them". FRICK, Joachim G., op. cit., p. 238..

[607] "*The principal issue that arises is the reliance of the common arbitrator on documents and information in one arbitration to decide issues in the other arbitration where these documents and information have not been tendered as evidence. Arbitrators are required to decide solely on the facts presented before them at arbitral proceedings, and, to obviate a charge of bias, the common arbitrator would have to make it clear that he was relying on such information. Furthermore, in the interests of natural justice and giving the parties a fair hearing, the arbitrator may be compelled to allow parties to present arguments based on the information and/or documents presented at the earlier arbitration. In order to allow parties to do this, disclosure may have to be made. Issues of confidentiality may accordingly arise with respect to such informatio and/or documents, and if the relevant party refuses to waive its right of confidentiality to such material, the arbitrator will find himself confronted with a delicate and awkward situation. Another critical issue that arises is that the arbitrator may find himself confronted with a charge of bias based on the view that he had already made up his mind in the first arbitration and, accordingly, failed to exercise his duty to decide the dispute before him in the second arbitration*". MOHAN, R. Chandra; TECK, Lim Wee. Some Contractual Approaches to the Problem of Inconsistent Awards in Multi-party, Multi-contract Arbitration Proceedings,

Questão ainda mais controversa seria a nomeação de apenas um dos coárbitros para atuar em mais de uma arbitragem relacionada. Tal medida poderia, no limite, fazer com que o árbitro indicado por apenas uma das partes tivesse informações privilegiadas em relação aos demais árbitros.

Embora, como analisado acima, o mesmo argumento possa ser levantado em relação ao presidente do tribunal arbitral, ou seja, que um dos árbitros teria acesso privilegiado a provas e argumentos que não foram apresentados aos demais árbitros, ao menos, no caso do presidente do Tribunal Arbitral, tal acesso privilegiado não impactaria no equilíbrio de forças representado pelo direito de cada um dos polos processuais de indicar um dos árbitros.

Além disso, qualquer uma das alternativas que envolvem a nomeação comum de apenas parte dos árbitros para os dois processos arbitrais traz consigo uma preocupação quanto à violação do dever de confidencialidade. Waincymer levanta ainda a preocupação quanto à possibilidade de violação do dever de confidencialidade mesmo quando as partes são as mesmas, já que, mesmo nesta hipótese, haveria a possibilidade de exposição de informações confidenciais obtidas em um processo para os membros do tribunal arbitral do outro processo.[608]

Por outro lado, caso o(s) árbitro(s) comum(ns) não informe(m) aos demais árbitros (e apresente tal informação na fundamentação da sentença) que determinada informação proveniente de outro processo teria sido relevante para que chegasse ao seu convencimento pode-se dizer que terá ocorrido afronta ao dever de fundamentação do julgador.

Se é verdade que estamos nos aprofundando em preocupações que muitas vezes são muito bem superadas por árbitros experientes, é sempre preciso, pelo menos no âmbito acadêmico, se dissecar as consequências de determinada solução jurídica.

Asian International Arbitration Journal, Singapore International Arbitration Centre – in co-operation with Kluwer Law International, v. 1, n. 2, 2005, p. 161-8.

[608] *"Even where the parties are the same, but the tribunals differ and contain a common member, an interesting question may arise. Can the common arbitrator refer to or otherwise have regard to a document produced in arbitration A in Arbitration B? If the arbitrator discloses it, is it a breach of confidentiality? As confidentiality belongs to the parties and as the parties are the same in both proceedings, it might be thought that there was no breach. But disclosure is being made to the other members of the tribunal"*. WAINCYMER, Jeff, op. cit., p. 578.

No Brasil, a proposta de serem reunidas demandas conexas sob um mesmo julgador – mas sem que isso configure a formação de uma relação processual única e sem que seja necessária a prolação de decisão única – não é exatamente inédita. No âmbito dos processos judiciais coletivos, Paulo Lucon defende que demandas conexas sejam atribuídas a um único julgador, mas sem processamento simultâneo: "[...] a necessidade de se diferenciar a reunião dos processos perante um único juiz e o seu julgamento em processo simultâneo. A reunião se dá por força da prevenção e da necessidade de se evitar julgamentos contraditórios, mas nem por isso as demandas serão todas reunidas com um único processamento e uma única sentença será proferida, uma vez que isso pode diretamente interferir na razoável duração do processo".[609]

De acordo com Lucon: a "solução que se defende é (I) o reconhecimento da conexão, (II) a reunião dos processos a cargo de um único julgador e (III) o processamento simultâneo nas causas que demandarem mesma atividade probatória".[610]

Esse último item da proposta de Lucon sobre o processamento simultâneo das causas que demandarem mesma atividade probatória, aliás, foi examinado como um dos critérios para que ocorresse a reunião de demandas arbitrais. Um dos resultados possíveis para a conexão probatória será discutida no próximo item deste capítulo, qual seja, a de que mesmo que não reunidas, demandas conexas sejam submetidas a etapas comuns de produção de provas.

---

[609] LUCON, Paulo Henrique dos Santos, op. cit., p. 185-6.
[610] As razões para essa proposta seriam de acordo com o autor, que: "[i]mpor o processamento conjunto comprometeria a efetividade do processo coletivo e significaria a consagração de processo com dilações indevidas, na exata medida em que certas providências probatórias seriam inúteis para alguns processos, não obstante a existência de pontos comuns na causa de pedir". LUCON, Paulo Henrique dos Santos, op. cit., p. 180.

8.3. Produção Conjunta de Provas entre Processos Arbitrais Relacionados e Conexos – A Solução Alternativa Inglesa

> Evidence is the basis of justice:
> Exclude evidence, you exclude justice
>
> **Jeremy Bentham**. The Rationale of
> Judicial Evidence: Specially Applied to
> English Practice

Passa-se a estudar a possibilidade de o árbitro, quando não autorizado expressamente pelas Partes, (i) utilizar prova produzida em determinado processo (judicial ou arbitral) em outros processos arbitrais relacionados; bem como (ii) determinar que a instrução probatória, ou ao menos parte dela, seja realizada conjuntamente entre os processos arbitrais relacionados.

8.3.1. A Produção Conjunta e Simultânea de Provas em Processos Arbitrais Relacionados – Conexão Probatória

No âmbito judicial, já se tem discutido a possibilidade produção conjunta de provas entre demandas que não possam ser reunidas. De acordo com Fredie Didier, "do princípio da eficiência pode-se extrair a permissão de o órgão jurisdicional estabelecer uma espécie de 'conexão probatória' entre causas pendentes, de modo a unificar a atividade instrutória, como forma de redução de custos, mesmo que isso não implique a necessidade de julgamento simultâneo de todas elas".[611] O autor traz a seguinte ilustração:

> Imagine-se o caso em que um mesmo fato é afirmado em várias causas pendentes – nocividade de um determinado produto, por exemplo –, que não podem ser reunidas para julgamento simultâneo, porque cada uma delas possui, ainda, suas próprias peculiaridades fáticas. Pode o órgão jurisdicional, neste caso, determinar uma perícia única, cujos custos seriam repartidos entre os sujeitos interessados de todos os processos.[612]

---

[611] DIDIER JR., Fredie. Apontamentos para a concretização do princípio da eficiência do processo, 2012, p. 438-9. Disponível em: <http://www.editorajuspodivm.com.br/i/f/soltas%20novas%20tendencias%20do%20processo%20civil.pdf>. Acesso em: 10 nov. 2015.
[612] Idem.

Diante de processos arbitrais paralelos ou relacionados, além da utilização de prova emprestada, pode-se examinar também a possibilidade de produção conjunta e simultânea de provas em processos arbitrais.[613]

De acordo com Bruner:

> A principal questão da consolidação é se duas ou mais arbitragens são consolidadas simplesmente para audiência instrutória de dois tribunais separados que se unem para a fase instrutória e então proferem suas próprias decisões, ou se as arbitragens são consolidadas para todas as finalidades e em um dos tribunais escolhido para a audiência e decisão de todas as controvérsias, demandas entre as requeridas e reconvenções realizadas entre as todas as partes.[614]

No caso dos processos arbitrais relacionados, o mais comum é que pelo menos uma das partes faça parte das duas arbitragens em curso. Desse modo, não parece haver problema na utilização de prova produzida contra essa parte comum no processo arbitral A no processo arbitral B. O problema parece se configurar quando essa parte comum tiver interesse em utilizar prova produzida por ela contra parte do processo arbitral A também contra parte que não estava naquele processo, mas está no processo arbitral B.

Essa situação é bastante comum, por exemplo, em casos de arbitragens de construção, em especial, contratos de EPC (*Engineering Procurement Construction Agreement*), quando no processo arbitral A são partes o dono da obra e a construtora e no processo arbitral B são partes os fornecedores e a construtora. Parece ser legítima e válida a utilização pelos fornecedores no processo arbitral B de prova produzida pelo dono da obra no processo arbitral A de que a construtora instalou de forma

---

[613] Para Kaj Hobér, "*The most far-reaching coordination, without formally consolidating the proceedings, would be to hold joint hearings or to hold parts of the hearings jointly to avoid expensive duplication of the presentation of identical evidence*". Segundo Hobér, "*A less far-reaching formo f coordination would be to hold such hearings separately, but immediately following each other*". HOBÉR, Kaj, op. cit., p. 258.

[614] Texto original: "*Consolidation's major issue is whether two or more arbitrations are consolidate merely for hearing by their separate tribunals sitting together to hear the evidence and then writing their own awards, or whether the arbitrations are consolidated for all purposes and with one of the tribunal panels selected to hear and decide all disputes, claims, cross-claims, and counterclaims asserted among all parties*". (tradução livre) BRUNER, Philip L., op. cit., p. 542-3.

inapropriada determinado equipamento. No entanto, pode haver dificuldade na utilização no processo arbitral B pela construtora de prova produzida no processo arbitral A sobre a qualidade dos equipamentos fornecidos. O problema aqui se consubstancia na vedação aos fornecedores de sua participação no contraditório de produção probatória do processo A. Por outro lado, obrigar que a construtora tenha que produzir a mesma prova duas ou mais vezes pode ser imputar àquela parte ônus muito gravoso e custoso, além de se mostrar mecanismo pouco eficiente para a célere solução da disputa.

Uma forma de se solucionar o problema levantado acima – nos casos em que não tiver sido admitida a consolidação dos processos paralelos por conexão – seria que determinadas fases de produção de prova em processos paralelos ou relacionados fossem comuns. Isso poderia ocorrer, por exemplo, em relação à realização de determinada perícia ou mesmo na audiência de instrução com a oitiva de determinada testemunha comum aos dois processes arbitrais.[615]

O argumento que poderia ser levantado a essa solução é o de que atentaria contra a privacidade ou confidencialidade próprias do processo arbitral.[616] Em 1984, essa questão foi examinada pelo judiciário inglês no caso *Oxford Shipping Co. v. Nippon Yusen Kaisha ["The Eastern Saga"]*. O processo A era entre os proprietários do navio e os principais fretadores, enquanto o processo B era entre os principais fretadores e os

---

[615] BRUNER, Philip L., op. cit., p. 542-3. "*Consolidation's major legal issue is whether two or more arbitrations are consolidated merely for hearing by their separate tribunals sitting together to hear the evidence and the writing their own awards, or whether the arbitrations are consolidated for all purposes and with one of the tribunal panels selected to hear and decide all disputes, claims, cross-claims, and counterclaims asserted among all parties*".

[616] "*It is important to distinguish between 'privacy' and 'confidentiality' in international arbitration. 'Privacy' is typically used to refer to the fact that, under virtually all national arbitration statutes and institutional rules, only parties to the arbitration agreement – and not third parties – may attend arbitral hearings and otherwise participate in the arbitral proceedings. The privacy of the arbitration serves to prevent interference by third parties in the arbitral process (for example, by making submissions in the arbitration or by seeking to participate in the arbitral hearing), as well as to protect the parties' confidences against disclosure to third parties. In contrast, 'confidentiality' is typically used to refer to the parties' asserted obligations no to disclose information concerning the arbitration to third parties. Obligations of confidentiality extend not only to prohibiting the disclosure to third parties of hearing transcripts, as well as written pleadings and submissions in the arbitration, evidence adduced in the arbitration, materials produced during disclosure and the arbitral award(s)*". BORN, Gary, op. cit. p. 2251-2.

sub-fretadores. Os árbitros atenderam o pleito dos principais fretadores de que a audiência de instrução fosse comum nos dois casos, mas os proprietários do navio postularam ao Judiciário a anulação daquela decisão. Os árbitros dos dois processos eram os mesmos, mas ainda assim o Judiciário inglês entendeu que os árbitros não tinham poderes para determinar que audiência de instrução fosse comum aos dois casos.[617]

De acordo com o Justice Leggatt da Queen's Bench Court:

> Parece-me que, conforme todos os advogados acreditam, os árbitros na posição desses árbitros não têm poderes de solicitar audiências concomitantes, ou qualquer coisa dessa natureza, sem o consentimento das partes. O conceito de arbitragem privada deriva simplesmente do fato de que as partes concordaram em apresentar para a arbitragem as controvérsias particulares decorrentes entre elas e somente entre elas. Fica implícito nesse caso que terceiros devem ser excluídos da audiência e da condução da arbitragem e que nem o tribunal e nem qualquer uma das partes pode insistir para que a controvérsia seja apresentada na audiência ou determinada concomitantemente com ou até mesmo em consonância com outra controvérsia, independentemente de quão conveniente possa ser para a parte que assim solicita e independentemente de quão relacionadas as controvérsias em questão sejam. Os únicos poderes que um árbitro possui se relacionam ao caso para o qual ele foi nomeado. Eles não podem ser acrescidos meramente porque existe um caso semelhante que pode ser e é encaminhado separadamente para a arbitragem de acordo com um outro acordo.[618]

---

[617] COLLINS, Michael. Privacy and Confidentiality in Arbitration Proceedings, **Texas International Law Journal**, v. 30, 1995, p. 123.

[618] Texto original: *"It seems to me that, as is graven upon the heart of any commercial lawyer, arbitrators in the position of these arbitrators enjoy no power to order concurring hearings, or anything of that nature, without the consent of the parties. The concept of private arbitration derives simply from the fact that the parties have agreed to submit to arbitration particular disputes arising between them and only between them. It is implicit in this that strangers shall be excluded from the hearing and conduct of the arbitration and that neither the tribunal nor any of the parties can insist that the dispute shall be heard or determined concurrently with or even in consonance with another dispute, however convenient that course may be to the party seeking it and however closely associated with each other the disputes in question may be. The only powers which an arbitrator enjoys relate to the reference in which he has been appointed. They cannot be extended merely because a similar exists which is capable of being and is referred separately to arbitration under different agreement".* (tradução livre) Oxford Shipping Co. v. Nippon Yusen Kaisha ("The Eastern Saga"), [1984] 2 Lloyd's Rep. 373 (Q.B.), p. 379.

O caso *Eastern Saga* teve como pano de fundo o fato de não haver consentimento das partes, fonte de legitimidade para o poder jurisdicional dos árbitros, para que os árbitros pudessem determinar que a audiência de instrução fosse comum aos dois casos.

Como resposta ao julgamento do caso *Eastern Saga*, a London Maritime Arbitrators Association ("LMAA") alterou seu regulamento, em 1987, para atribuir poderes expressos aos árbitros para realizar audiência comum de instrução em arbitragens multipartes relacionadas:

> Um tribunal arbitral ou os tribunais arbitrais terão os seguintes poderes com relação a controvérsias com partes distintas; (1) Instruir, em casos apropriados, que os casos sejam apresentados na audiência concomitantemente e conceder todas as referidas instruções quanto ao procedimento conforme os princípios de justiça, economia e rapidez exijam.[619]

Respostas como a do Regulamento da LMAA estão em sintonia com a necessidade de se buscar a efetividade da tutela arbitral, anseio que provavelmente estava presente quando as partes optaram pela arbitragem como mecanismo de solução de disputas.

O grau de coordenação das audiências e a proporção na qual os documentos são trocados entre os diferentes processos, assim como o *status* dos referidos documentos nos respectivos processos são questões típicas que devem ser apresentadas nas fases iniciais dos processos. Em todos os casos em ocorra troca de documentos entre os diferentes processos é essencial que os árbitros protejam o direito de todas as partes de serem ouvidas. Em especial, os árbitros devem garantir que o direito de qualquer parte que não seja uma parte de todos os processos de ser ouvida não seja violado pelas medidas tomadas nos processos em que essa parte não participa.[620]

---

[619] Texto original: *"A tribunal or tribunals shall have the following powers in relation to multi-party disputes: (1) To direct in appropriate cases that the references shall be heard concurrently and to give all such directions as to procedure as the interests of fairness, economy and expedition may require"*. (tradução livre). De acordo com Hardy, *"1987: the London Maritime Arbitrator's Association ('the LMMAA') changed its rules after the Eastern Saga so that '(i) if the disputes have been referred to the same tribunal, the tribunal shall have power to direct that the references shall be heard concurrently and to give all such directions as to procedure as the interests of autonomy and expedition may require'"*. HARDY, Clive, op. cit., p. 16.

[620] HOBÉR, Kaj, op. cit., p. 258.

Os principais problemas a serem estudados são (i) quais são os *standards* do contraditório[621] a serem utilizados no processo arbitral (seriam os mesmos a serem utilizados no processo judicial?); (ii) quais são os limites impostos pela confidencialidade, que embora não seja regra intrínseca ao processo arbitral, é bastante comum à maior parte das disputas arbitrais; e (iii) se haveria algum obstáculo de ordem pública a ser enfrentado para que ocorra essa produção conjunta e simultânea de provas entre processos arbitrais relacionados.

Nesses casos em que não foi possível a consolidação de processos arbitrais, pelos motivos estudados nos capítulos anteriores, ainda pode ser necessário que exista interação entre os processos arbitrais relacionados. Um dos elementos de interação mais críticos parece ser a produção de provas, que ao serem produzidas em instruções distintas podem levar a conclusões contraditórias.

Uma forma de se lidar com esse problema é a possibilidade de se utilizar a prova produzida em determinado processo arbitral e outro processo arbitral àquele relacionado. Outra é a possibilidade de produção simultânea de provas, em especial, de provas testemunhais.

Passa-se a analisar, primeiramente, a possibilidade de utilização da prova produzida em um processo arbitral em outro.

A utilização de prova emprestada de determinado processo em outro é, ao menos em nosso país, uma criação doutrinária e jurisprudencial a partir de interpretação ampla da legislação processual[622] e adotada

---

[621] Para João Batista Lopes, o fato de a prova emprestada não estar expressamente prevista no ordenamento jurídico brasileiro não torna defesa sua utilização. Para o autor, "ainda que a lei processual nada disponha a tal respeito, a doutrina é firme no sentido da admissibilidade dessa prova, desde que preenchidos alguns requisitos" LOPES, João Batista, op. cit., p. 64. A jurisprudência do Superior Tribunal de Justiça ("STJ") também se consolidou no sentido de que a prova emprestada deve ser admitida desde que exercido o contraditório e a ampla defesa, como revela este trecho de julgamento da Terceira Turma daquele sodalício em acórdão sob a relatoria do Min. Arnaldo da Fonseca: "*A doutrina e a jurisprudência se posicionam de forma favorável à prova emprestada [...]. Constatado o exercício do contraditório e da ampla defesa*". Superior Tribunal de Justiça, Terceira Turma, MS 9850/DF, Rel. Min. José Arnaldo da Fonseca, DJ 09/05/2005.

[622] De um modo geral, prova emprestada é entendida como aquela produzida em outro processo e é deste transferida para demanda distinta. De acordo com Moacyr Amaral Santos: "*Muito comum é o oferecimento em um processo de provas produzidas em outro. São depoimentos de testemunhas, de litigantes, são exames, traslados, por certidão, de uns autos para outros, com o fim de fa-*

pelo art. 372 do Código de Processo Civil de 2015. A Lei de Arbitragem Brasileira também é silente a esse respeito, mas assim como ocorre no processo judicial trata-se de prova válida desde que considerados determinados requisitos.

O debate que ainda precisa ser aprofundado se dá quanto a quais são esses requisitos e quais são os *standards* para seu cumprimento. É certo que no processo arbitral deve haver mais flexibilidade quanto à admissão de prova emprestada de outro processo. Por outro lado, a questão da confidencialidade já relevante no processo judicial celebrado com

zer prova. Tais são as chamadas provas emprestadas, denominação consagrada entre os escritores e pelos tribunais do país. É a prova que 'já foi feita juridicamente, mas em outra causa, da qual se extrai para aplicá-la à causa em questão'". Embora no Código de Processo Civil brasileiro não haja previsão expressa para a prova emprestada, esta é admitida no processo civil como meio probatório atípico ou inominado de utilização moralmente legítima, nos termos do art. 332 do CPC. Com isso, admite-se a prova emprestada desde que respeitado o contraditório. Qual seria, contudo, o *standard* para a realização desse contraditório. Enquanto alguns autores entendem que as partes em mesmo julgador dos dois processos devem ser os mesmos, como é o caso de Ada Pellegrini Grinover, segundo quem "[...] *somente a presença concomitante do juiz e das partes pode dar validade à prova*". Grinover, Ada Pellegrini. **Prova emprestada**: o processo em evolução. 2. ed.. Rio de Janeiro: Forense, p. 59-60, outros autores, como Cândido Rangel Dinamarco e Eduardo Talamini, entendem que apenas a parte a quem desfavorece a prova emprestada deve ter participado de ambos. De acordo com Talamini: "Na esfera civil, é mais frequente a hipótese de não coincidirem integralmente as partes do processo em que se produziu a prova e as do processo para o qual se pretende emprestá-la. Haverá de se verificar se aquele a quem desfavorece a prova emprestada participou de ambos". Talamini, Eduardo. Prova emprestada no processo civil e penal, **Revista de Processo**, v. 91, jul. 1998, p. 92. De acordo com Cândido Rangel Dinamarco: "A eficácia da prova emprestada, até por sua excepcionalidade e atipicidade no sistema, sujeita-se a uma série de requisitos bastante rigorosos e ligados à observância do princípio do contraditório. Em primeiro lugar, é obviamente indispensável que já no processo de origem essa garantia haja sido observada. Exige-se também que naquele processo tenha estado presente, como parte, o adversário daquele que pretenda aproveitar a prova ali realizada – porque do contrário esse sujeito estaria suportando a eficácia de uma prova cuja formação não participou. Mas a própria parte que pretende aproveitar-se da prova produzida alhures não precisa necessariamente ter sido parte também no outro processo, cabendo exclusivamente a ela o juízo da conveniência de valer-se ou não do empréstimo". Dinamarco, Cândido Rangel. **Instituições de direito processual civil**, v. III, op. cit., p. 97. Outra pergunta recorrente em relação à prova emprestada é a possibilidade de utilizar a prova produzida em processo estrangeiro. De acordo com Moacyr Amaral Santos, "nada mais lógico que se reconheça valor na prova produzida em processo desenvolvido em outro país, quando de fato poderia ser provada pelo mesmo meio probatório em nosso país". Santos, Moacyr Amaral. **Prova judiciária no cível e comercial**. 2. ed. São Paulo: Max Limonad, 1952. p. 321.

segredo de justiça passa a ser fundamental quando o assunto é a possibilidade de se emprestar prova produzida em determinado processo arbitral a outro processo.

Muitos países têm adotado postura bastante colaborativa nesse sentido. A Seção 1782 do Título 28 do *Federal Rules of Civil Procedure* dos Estados Unidos autoriza juízes federais americanos a obrigar que residentes em sua jurisdição testemunhem ou entreguem documentos que possam ser úteis em processos judiciais estrangeiros ou internacionais. Embora exista certo debate sobre a possibilidade da utilização desse instrumento em arbitragens internacionais, várias decisões recentes têm autorizado essa prática,[623] em especial, após a Suprema Corte norte-americana ter autorizado sua aplicação no caso *Intel Corp. v. Advanced Micro Devices Inc.*[624]

Os *standards* de admissibilidade de provas emprestadas no processo judicial parecem estar, na maior parte dos casos, estritamente relacionados ao respeito ao contraditório[625] requerido. Em relação ao processo arbitral também devem ser respeitados os limites do contraditório, mas esses devem ser abordados sob a ótica da flexibilidade tão intrínseca à

---

[623] Dentre essas decisões, destaca-se *OJSC Ukrnafta v. Carpatsky Petroleum Corp.* (D. Conn. 2009). E mais recentemente: Kiobel v. Cravath, Swaine & Moore LLP, No. 17-424-cv (2d Cir.).

[624] 542 U.S. 241 (2004).

[625] Não parece haver dúvida, desse modo, de que a prova emprestada pode ser admitida no processo judicial e, em especial, no processo civil. Ainda que possa haver considerações quanto à realização apropriada do contraditório e do devido processo legal, respeitados esses limites, entende-se que a prova emprestada deve ser admitida sem grandes dificuldades no processo conduzido pelo Estado-Juiz. Tal entendimento parece se alinhar com a doutrina moderna que têm enfatizado a liberdade das formas (de modo a estabelecer razoável equilíbrio com a legalidade) e a instrumentalidade das formas, que se somam na "edificação da disciplina formal do processo, em nome do racionalismo e em vista dos resultados que dele legitimamente se esperam". DINAMARCO, Cândido Rangel. **Instituições de direito processual civil**, v. II, op. cit., p. 532. A problematização de objetos puramente endoprocessuais tende a ser substituída por um direito com objetivos que vão além dos limites internos do processo e alcançam resultados exteriores a ele, com o escopo de pacificar o conflito e satisfazer a pretensão material. Os juristas brasileiros têm, em geral, admitida a utilização de prova emprestada de determinado processo judicial, civil ou penal, em um processo arbitral. De acordo com Pedro Batista Martins: "*a produção de prova emprestada de processo criminal é perfeitamente válida, desde que relativa ao mesmo fato e tenha sido resguardado o contraditório no âmbito penal*". MARTINS, Pedro Antonio Batista. **Apontamentos sobre a lei de arbitragem**. Rio de Janeiro: Forense, 2008, p. 243.

arbitragem, uma vez que a efetividade buscada na tutela jurisdicional prestada pelo Judiciário pode não ser a mesma buscada na arbitragem. Para André Quintas Monteiro:

> A prova produzida em processo judicial anterior pode ser plenamente utilizada na arbitragem, bastando que sejam respeitados os requisitos de admissibilidade da prova emprestada [...]. Para tanto [...] basta (i) que haja identidade entre o fato objeto da prova no processo judicial e o fato objeto da prova na arbitragem; (ii) que a parte contra a qual será produzida a prova emprestada na arbitragem tenha efetivamente participado da formação dessa prova no processo judicial; e (iii) que a prova no processo judicial tenha sido produzida em observância aos direitos e às garantias fundamentais do processo presentes na Constituição da República, bem como em obediência às regras legais que regem a sua produção. Da mesma forma, uma prova produzida em arbitragem pode ser utilizada em processo judicial posterior.[626]

Como ilustração dessa flexibilidade[627], as regras da *International Bar Association* ("IBA") sobre Produção de Provas preveem, em seu art. 3.10,

---

[626] MONTEIRO, André Luís Quintas. **Poderes instrutórios do árbitro na arbitragem comercial**: visão a partir do Brasil. Dissertação (Mestrado em Direito Processual Civil) – Faculdade de Direito, Pontifícia Universidade Católica de São Paulo, São Paulo, 2012, p. 453.

[627] Também de acordo com Eduardo Parente: "a maior flexibilidade do procedimento e do poder diretivo-instrutório do árbitro permite que ele adote posturas perante a prova emprestada que o juiz togado não teria. O juízo de admitir essa prova, com maior amplitude que o do juiz togado, é e sempre será do árbitro. Nesse aspecto está a peculiaridade da questão no processo arbitral. E muito pouco se terá em termos de inadmissibilidade de algum elemento de prova. Não será fácil o árbitro simplesmente recusar determinado elemento de prova emprestada trazido ao processo. O que variará será o peso que a ele será dado na formação da convicção do juízo arbitral. Mesmo porque depois que a prova emprestada ingressa no processo, passa a ser considerada como outra prova qualquer, cabendo ao árbitro dar-lhe o valor que merecer. Poderá, quando muito, recusar determinado documento que prejudique terceiro, em situação realmente excepcional, ou que contenha cláusula de confidencialidade, o que será também analisado caso a caso. Mas nem mesmo a chamada prova ilícita obtida em outro processo, sobre a qual se tenha produzido contraditório, poderá ser simplesmente inadmitida de plano pelo árbitro como prova emprestada. Isso também dependerá do regime de direito material aplicável ao processo arbitral, incidente também quanto às provas. Pode ser que determinada fonte de prova não seja ilícita para o sistema de direito material eleito para reger a questão de fundo. Se o processo arbitral seguir o direito brasileiro, o que ocorrerá é que ela talvez não possa ser utilizada isoladamente para

a possibilidade de o Tribunal Arbitral determinar a qualquer das partes, *ex officio*, a exibição de documentos. Além disso, o Tribunal Arbitral pode ainda determinar a produção de provas que estejam sob a posse de terceiros, solicitando ao "órgão judicial competente a adoção de medidas destinadas a compelir terceiros a apresentar documentos".[628]

Se de um lado há maior flexibilidade para o árbitro admitir a utilização de prova emprestada, há outros elementos a serem considerados, quando se fala da utilização de prova produzida em processo arbitral em outro processo judicial ou arbitral.

Mesmo em relação ao processo judicial há grande preocupação com o sigilo e a confidencialidade naqueles processos celebrados em segredo de justiça.

De acordo com Cândido Rangel Dinamarco, "exige-se também que a prova emprestada venha de um processo regido pela publicidade, sendo ilegítima a captação de transcrições tiradas dos autos do processo celebrado em segredo de justiça".[629]

Mesmo nos países em que a regra de *discovery*[630] há também o chamado *implied undertaking rule* que impede a utilização dos documentos

---

fundamentar a decisão. Mas isso também não pode ser absoluto". PARENTE, Eduardo de Albuquerque, op. cit., p. 255-6.
[628] ABBUD, André de Albuquerque Cavalcanti, op. cit., p. 130.
[629] DINAMARCO, Cândido Rangel. **Instituições de direito processual civil**, v. III, op. cit., p. 97.
[630] "O termo *discovery* é empregado nos Estados Unidos para designar o conjunto de mecanismos de que os litigantes podem se valer no processo judicial, ou mesmo antes dele, para obter da outra parte ou de terceiros o máximo de informações relativas aos fatos em disputa. Trata-se de instituto central do processo norte-americano, considerado direito fundamental das partes. Por meio da *discovery* sob as *Federal Rules of Civil Procedure*, cada parte tem o dever automático, isto é, independentemente de requerimento da contraparte ou da intervenção do órgão judicial, de prestar à outra logo no início do processo informações e documentos relativos a 'qualquer questão relevante' para o mérito da disputa, sejam favoráveis ou desfavoráveis à parte produtora. Para isso, cada parte costuma entregar à outra já com a inicial um requerimento para a entrega de amplas categorias de documentos. As técnicas de *discovery* incluem ainda as chamadas *depositions*, consistentes na tomada de depoimentos prévios das partes ou de testemunhas sem a presença do tribunal, além de interrogatórios escritos, requerimentos de admissão, inspeção e outros mecanismos para obtenção e guarda de informações que poderão ou não ser depois usadas como prova no processo". ABBUD, André de Albuquerque Cavalcanti, op. cit., p. 127.

fornecidos por uma parte em cumprimento à regra de *discovery* em qualquer outro processo. Essa regra pode ser definida da seguinte forma:

> De modo geral, quando uma parte for obrigada por qualquer ordem do tribunal ou por uma decisão do tribunal a passar pela fase de instrução por meio da apresentação de documentos ou por meio de inquirição de testemunhas, a parte que estiver nessa fase da instrução será obrigada a manter os documentos e os testemunhos em confidencialidade, a menos que liberada da obrigação por decisão do tribunal.[631]

De acordo com Eduardo Talamini:

> Tampouco se admite o empréstimo de prova colhida em procedimento arbitral. Dentro de certos limites a arbitragem não ofende o princípio constitucional da inafastabilidade da jurisdição, representando importante meio alternativo de solução de conflitos. Todavia, não possui caráter jurisdicional. O compromisso arbitral constitui ato de autonomia privada, no âmbito do direito material, pelo qual as partes submetem ao julgamento de terceiro, controvérsia que envolva direito disponível. Além disso, a matéria subtraída à apreciação do Juiz limita-se precisamente à solução do tema objeto do compromisso. Para a resolução de outros conflitos, alheios ao que foi objeto da arbitragem, os atos instrutórios desenvolvidos perante o árbitro não se revestem de valor especial.[632]

Ao contrário de outras posições anteriores de Eduardo Talamini sobre prova emprestada, com as quais concordamos, discordamos dessa última.

Primeiro, discorda-se de seu entendimento de que a arbitragem não possui caráter jurisdicional, uma vez que entendemos que a arbitragem é ao mesmo tempo contratual e jurisdicional: de um lado, a jurisdição dos árbitros decorre do consentimento[633] das partes que elegeram a ar-

---

[631] Texto original: *"Generally when a party is obliged by either a rule of court or a court order to give discovery by producing documents or by submitting to oral examination, the party who obtains that discovery is obliged to maintain the documents and testimony in confidence unless relieved of that obligation by court order"*. (tradução livre) Blindman Livestock Feeder Co-Opt Ltd. (Receiver of) v. Snyder, 2005 ABQB 689 at para. 4.
[632] TALAMINI, Eduardo. Prova emprestada no processo civil e penal, op. cit., p. 5-6.
[633] *"Mais que faut-il entendre par consentement? Ce terme semble dériver du latin:* consentire *qui signifie être d'accord. Il s'agit donc, selon le* Vocabulaire juridique, *d'un 'accord de deux ou plusieurs*

bitragem como meio de solução de disputa; de outro lado, ao elegerem a arbitragem como meio de solução de disputa, as partes confiaram que aquele sistema seria apto a produzir título executivo que seja não somente válido e eficaz, mas também eficiente para a obtenção do bem da vida disputado.

Segundo, entende-se, ao contrário, que *os atos instrutórios desenvolvidos perante o árbitro se revestem de valor especial* e podem ser emprestados a outro processo seja ele arbitral ou judicial desde que respeitados os limites estudados e já mencionados.

De um modo geral, a conclusão a que se chega é a de que a instrução probatória de demandas arbitrais conexas pode ser realizada de maneira conjunta em determinados casos. Trata-se, como visto, de solução já adotada com sucesso em outros países, particularmente na Inglaterra. Devidamente enfrentadas as principais preocupações como confidencialidade e consentimento das partes, não parece haver nada no ordenamento jurídico brasileiro que impeça que essa solução seja eficazmente utilizada em arbitragens no Brasil.

8.4. Separação de Demandas Arbitrais

Por fim, somodas às técnicas a serem adotadas para a consolidação de demandas arbitrais conexas, é necessário se estudar também a técnica da separação de demandas arbitrais (ainda que conexas).

As primeiras dificuldades a serem enfrentadas pela instituição arbitral e/ou pelo árbitro[634] estão na definição da necessidade de se consolidar ou separar as demandas e não na execução dessa separação. Tais

---

volontés en vue de créer des effets de droit...'. Le terme designe aussi, à l'intérieur de cet accord, 'la volonté de chacune des parties contractantes' et c'est en ce sens que l'on parle de l'echange de consentments. Il peut aussi désigner, par extension, 'la volonté de l'auteur d'un acte unilatéral', d'où l'expression de censentement de la partie qui s'oblige. La présente étude, plus précisément sa partie consacrée aux divers modes d'expression du consentement à l'arbitrage, ilustre parfaitement cette polysémie. [...] Notre conviction est que le consentement à l'arbitrage présente effectivement une certaine originalité dont les signes révélateurs sont à rechercher tant du côté de la convention d'arbitrage parmi les modes alternatifs de règlement de litiges". DIALLO, Ousmane. **Le consentement des parties à l'arbitrage international**. Paris: PUF, 2010, p. 4-5.

[634] Como vimos, de acordo com o Art. 9 do Regulamento CCI 2012, a decisão sobre a manutenção de demandas arbitrais cumuladas originalmente tomada pela Corte da CCI tem natureza *prima facie* e pode ser revista pelos árbitros.

questões já foram examinadas nesta tese quando foram estudados os critérios para consolidação de demandas arbitrais conexas.

Para além dessas, há ainda questões para as quais devem se atentar esses *players* no momento de determinar essa separação de demandas originalmente cumuladas.

A primeira dessas questões será o cuidado para que essa divisão não impeça nem o completo julgamento de nenhuma das demandas resultantes da separação nem uma relação de listispendência entre as demandas a serem julgadas em separado.

Outra preocupação será com a formação do tribunal arbitral que julgará a demanda arbitral resultante da separação, caso não se opte pela utilização de um mesmo tribunal arbitral para as duas disputas, hipótese em que teremos a consolidação *ex facto*, já examinada em item anterior deste capítulo.

Conclusão

A harmonização de processos arbitrais relacionados não é uma tarefa simples, uma vez que se está diante da ponderação entre (i) competência-competência;[635] (ii) a autonomia da vontade e consentimento das partes; e (iii) o resultado útil da arbitragem e efetividade do processo, para ficarmos somente nos termos aparentes da discussão.

A consolidação se apresenta como importante mecanismo processual para garantir efetividade e consistência ao julgamento de demandas arbitrais relacionadas. Esse instrumento não pode ser visto, contudo, como uma panaceia e suas limitações devem ser ponderadas em julgamento pautatado por critérios como (i) o consentimento das partes; (ii) o grau de conexidade entre as demandas; (iii) o risco de que decisões contraditórias/inconsistentes sejam proferidas, ou seja, a utilidade; (iv) o momento processual em que encontram as demandas arbitrais; e (v) a conveniência da consolidação, sendo este último critério caracterizado pela análise comparativa dos benefícios e malefícios gerados pela consolidação.

Nas hipóteses de arbitragens multicontratuais e multipartes, somam-se a esses outros critérios relevantes, dentre os quais, destacam-se, (vi)

---

[635] Aqui subtrai propositadamente a palavra princípio para não entrar no debate se estamos tratando de conflitos entre princípios ou entre princípios e regras. Tendo a dizer que são princípios, uma vez que ponderáveis e sopesáveis, mas o fato de o competência-competência estar presente na Lei de Arbitragem como regra poderia fazer com que o texto se desviasse de seu objetivo inicial.

a compatibilidade das convenções arbitrais; e (vii) um critério mais rigoroso para verificação do consentimento, ainda que implícito, das partes.

A tese defendida neste livro partiu de duas hipóteses de trabalho para enfrentar esses desafios. A primeira hipótese era a de que os (i) critérios para determinar a consolidação de demandas arbitrais conexas deveriam se adequar às especificidades da arbitragem. Ou seja, ao definir *quais* seriam os critérios para que demandas arbitrais sejam consolidadas, o julgador não poderia simplesmente reproduzir os mesmos critérios adotados pelo juiz togado para reunir demandas judiciais. A segunda hipótese, por sua vez, era a de que (ii) a depender da circunstância em que se verifica a conexão entre demandas arbitrais, alterar-se-ia *quem* decide sobre a sua consolidação ou não, incluindo-se, aí a possibilidade de que, em circunstâncias excepcionais, o juiz togado possa determinar essa consolidação.

Passemos, então, a uma síntese sobre os resultados alcançados quanto à primeira hipótese. A primeira pergunta a ser feita é se a arbitragem possui especificidades que lhe são próprias em comparação com outros mecanismos de adjudicação de conflitos e, em especial, em relação ao Judiciário. A segunda pergunta é se tais especificidades devem ser levadas em consideração pelos (i) árbitros; (ii) instuições arbitrais; e (iii) Judiciário ao decidir sobre a consolidação de demandas arbitrais conexas. Esta tese responde positivamente a ambas as questões.

Considerar essas especificidades da arbitragem no momento de decidir sobre a reunião de processos altera completamente a perspectiva sobre as principais razões de ser desse instituto: (i) evitar decisões contraditórias e/ou inconsistentes sobre processos relacionados; e (ii) reduzir custos e tempo de duração dos processos.

Diferentemente do juiz togado, ao determinar a reunião de demandas judiciais conexas, o poder e a missão dos árbitros estão circunscritos pela vontade das partes. Por essa razão, enquanto o juiz togado deve ter como foco de sua atuação o interesse público, os árbitros devem ter como foco a vontade e os interesses das partes.

Além disso, enquanto o juiz togado deve zelar primordialmente pela integridade do sistema jurídico e judiciário, os árbitros devem estar centrados em resolver a disputa entre as partes. Ainda que os árbitros sejam equiparados aos funcionários públicos nos termos do art. 17 da Lei de

Arbitragem Brasileira e, de acordo com o art. 18 da mesma lei, sejam juízes de fato e de direito, somente o fazem em função da missão que lhes foi concedida pelas partes.

Não há dúvida de que o consentimento das partes é o elemento mais relevante para a determinação da consolidação de processos arbitrais relacionados. De um modo geral, os *players* da arbitragem têm adotado uma prática moderada sobre o conteúdo e a forma desse consentimento. A exceção parece estar em algumas cortes norte-americanas. Esse parece ser o único *locus* no qual se tem admitido o consentimento implícito para se determinar a consolidação dos processos arbitrais paralelos.

A busca pelo *resultado útil da arbitragem*[636] soa, à primeira vista, como argumento pragmático. Pragmatismo que, em geral, é bem recebido para o aperfeiçoamento da vontade das partes, desde que, fundado realmente na vontade das partes. É nessa mesma medida que esta tese conclui ser possível, também de acordo com o direito brasileiro, a aceitação do consentimento implícito das partes para a consolidação de demandas arbitrais conexas.

Confirmada a primeira hipótese de trabalho, ou seja, adequados os critérios para a consolidação de demandas arbitrais às particularidades da arbitragem, passa-se, então, às conclusões sobre a segunda hipótese de trabalho, ou seja, *quem* pode/deve determinar ou não essa consolidação.

Ao atuarem supletivamente à vontade das partes, as instituições arbitrais e os juízes togados também devem levar em consideração a vontade das partes. No caso da atuação do juiz togado, contudo, tal decisão terá impacto sobre o sistema como um todo, o que inclui futuras decisões influenciadas por aquele precedente judicial. Desse modo, na hipótese da atuação do juiz togado em substituição à vontade das partes, aquele deve considerar também o interesse público.

Comparados às suas edições anteriores, o Regulamento CCI 2017 (tal qual o Regulamento CCI 2012 já fazia), o Regulamento LCIA 2014 e o Regulamento CCBC 2012 demonstram crescente preocupação da

---

[636] Como ressalta Luiz Olavo Baptista, "[...] o princípio do efeito útil vem sendo adotado pela jurisprudência brasileira ao exarar decisões que convalidam e reiteram os efeitos de cláusulas compromissórias omissas, lacônicas ou contraditórias [...]". BAPTISTA, Luiz Olavo. **Arbitragem comercial e internacional**. São Paulo: Lex Magister, 2011, p. 142.

comunidade arbitral em alocar mais poderes para as instituições arbitrais, que terão melhores condições para conduzir os processos arbitrais envolvendo multipartes e multicontratos. O empoderamento dessas instituições para determinar a consolidação passa tanto (i) pela ampliação das hipóteses em que admitem a adoção dessa medida; como (ii) pela diminuição do papel do consentimento expresso das partes como condição para a consolidação.

A figura do árbitro-consolidador prevista no Regulamento ICDR 2014 pode ser uma interessante solução. A depender do resultado dessa interessante e ousada experiência da ICDR, a alternativa poderá ser incorporada a outros regulamentos arbitrais ao redor do mundo.

Soluções como a do Tribunal de Justiça do Estado do Rio de Janeiro que determinou a reunião dos três processos arbitrais paralelos administrados pela Câmara FGV parecem ser desconectadas da realidade vivenciada pela arbitragem no Brasil, na qual o princípio da competência-competência atua como aparato de defesa daquilo que teria sido, em tese, a vontade das partes quando convencionaram a arbitragem como mecanismo de solução de disputas, afastando a intervenção judicial da definição do litígio.

A fundamentação do Judiciário naquele caso se deu pela possibilidade de o Judiciário atuar cautelarmente antes da constituição do tribunal arbitral. Entende-se que o caso julgado não se enquadrava nesta hipótese, uma vez que se tratava de questão processual/procedimental em arbitragens administradas por instituição nos termos de regulamento eleito pelas partes. Embora não houvesse no regulamento institucional em questão norma específica sobre a consolidação de demandas arbitrais conexas, havia a autorização ao diretor daquela instituição para decidir sobre as questões processuais que surgissem antes da constituição do tribunal arbitral.

Por outro lado, o pouco explorado art. 7º da Lei de Arbitragem Brasileira pode ser uma interessante alternativa oferecida pelo sistema para aquelas hipóteses em que as partes não definiram uma instituição arbitral para administrar a disputa (ou cujas regras lhe seriam aplicávcis), ou seja, arbitragens *ad hoc* sem a escolha de regulamento (dentre as quais não se aplica, por exemplo, o Regulamento UNCITRAL).

Ao contrário do que possa parecer em um primeiro olhar, a leitura aqui proposta do art. 7º da Lei de Arbitragem Brasileira não significa uma abertura aos riscos da intervenção judicial, mas sim a utilização do mecanismo institucional oferecido pela legislação arbitral brasileira como porta de comunicação entre arbitragem e Judiciário com o objetivo de racionalizar, condicionar e limitar a atuação estatal em via privada de adjudicação de disputas. Como examinado no Caso Corumbá III e no Conflito de Competência FIESP/CIESP-CACI, o risco da intervenção judicial diante de lacunas de poder jurisdicional dos árbitros já existe.

A ausência de respostas para problemas como a definição de quem decidirá sobre a consolidação de demandas arbitrais conexas em vez de funcionar como freio à atuação estatal, autoriza as partes litigantes a buscar a tutela estatal por outras vias, tais quais: o conflito de competência, o mandado de segurança, a reclamação, dentre outros institutos. Diante disso, a proposta desta tese de interpretação do art. 7º da Lei de Arbitragem Brasileira é mais uma proposta de limitação das hipóteses de intervenção judicial na arbitragem do que seu alargamento.

Situação mais difícil de ser resolvida *lege lata* se dará nas hipóteses em que a as disputas envolvam instituições arbitrais distintas. Ainda que se possa atribuir ao Judiciário o exame dessa questão, dificilmente será possível a consolidação de demandas arbitrais decorrentes de convenções arbitrais que estabeleceram instituições e/ou regulamentos distintos. Como analisado no Capítulo 5 desta Tese, a divergência das convenções arbitrais quanto à instituição arbitral que administrará o processo e ao regulamento aplicável provavelmente tornará as convenções arbitrais incompatíveis, o que impossibilitará a sua consolidação.

A proposta interpretativa desta tese sobre o art. 7º da Lei de Arbitragem Brasileira é a de que tal dispositivo admite a análise da necessidade da consolidação de demandas arbitrais conexas pelo juiz togado desde que (i) haja *resistência* de uma das partes à consolidação; (ii) a cláusula compromissória seja vazia ou patológica no sentido mais amplo desses adjetivos; e que (iii) inexista *inequívoca indicação convencional de instituição arbitral* para decidir sobre questões processuais (*requisitos de admissibilidade*).

Por sua vez, para que o juiz togado esteja autorizado a consolidar demandas arbitrais conexas devem ser atendidos os seguintes requisitos: (i) utilidade (economia e grave risco de inconsistência) dessa consolidação à arbitragem; e (ii) existência de elementos mínimos de identificação do consentimento (ainda que implícito) das partes (*critérios para a consolidação*).

De todo modo, embora entendamos que o ordenamento jurídico brasileiro já possua respostas para os problemas discutidos nesta tese (embora nem todas sejam respostas satisfatórias), nada impede que em uma nova revisão da Lei de Arbitragem Brasileira sejam consideradas alternativas como a adotada pela lei holandesa que atribui expressamente a determinado órgão judicial a função de determinar a consolidação de demandas arbitrais conexas quando isso não puder ser feito pelos árbitros ou pelas instituições arbitratis. Também digno de exaltação na legislação holandesa é a possibilidade de as partes excluírem (*opt-out*) a autorização para a consolidação de demandas arbitrais conexas. A disciplina expressa da questão evitaria as dúvidas de interpretação enfrentadas por esta tese.

Em relação aos processos arbitrais relacionados, parece não haver motivo para se impedir a utilização de provas produzidas em um processo arbitral contra a parte que participe do processo para o qual a prova será emprestada e contra a qual a prova será utilizada. Nessa linha, os processos arbitrais paralelos parecem ser arena própria para a utilização da prova emprestada.

Um pouco mais polêmica, mas bastante útil, parece ser a produção comum de provas em processos arbitrais relacionados. Tal medida, introduzida originalmente na Inglaterra, parece ser fórmula bastante adequada para aqueles casos em que não foi possível a consolidação por conexão, desde que, claro, tal fórmula não se sobreponha nem ao consentimento das partes nem à confidencialidade do processo arbitral (que, em última análise, é fruto do consentimento das partes ou de imposição legal).

Respeitadas as diferenças legais e culturais, trata-se de sugestão de assimilação interessante para a arbitragem no Brasil. Seria uma alternativa interessante como mecanismo menos interventivo que a consolidação na busca por reduzir os riscos de inconsistência e maximizar os ganhos de eficiência com redução de custos e tempo de duração da arbitragem.

REFERÊNCIAS

ABBUD, André de Albuquerque Cavalcanti. Soft Law e produção de provas na arbitragem internacional. São Paulo: Atlas, 2014.

AFONSO DA SILVA, Luis Virgílio. O proporcional e o razoável. **Revista dos Tribunais**, São Paulo, v. 798, ano 91, p. 23-50, abr. 2002.

AIKEN, Shawn K. "Consolidation of Separate Arbitration Proceedings". **2009 Private Arbitration Update – Consolidation of Separate Arbitration Proceedings**. Phoenix, maio. 2009.

ALBANESI, Christian; FERRIS, José Ricardo; GREENBERG, Simon. Consolidação, integração, pedidos cruzados (cross claims), arbitragem multiparte e multicontratual e recente experiência na Câmara de Comércio Internacional (CCI). **Revista de Arbitragem e Mediação**, São Paulo, v. 28, ano 8, p. 85--100, jan. 2011.

ALEXY, Robert. **Teoría de los derechos fundamentales**. Madri: Centro de Estudios Políticos y Constitucionales, 2002.

ALMEIDA, Ricardo Ramalho. Formas de instituição do juízo arbitral em face da não colaboração da parte requerida. In: _____. **Arbitragem interna e internacional:** questões de doutrina e da prática. São Paulo: Renovar, 2003.

ALVES, Rafael Francisco. A inadmissibilidade das medidas antiarbitragem no direito brasileiro. São Paulo: Atlas, 2009.

AMADEO, Rodolfo da Costa Manso Real. Há fraude de execução na arbitragem? **Revista Brasileira de Arbitragem**, nº 40, São Paulo, Out-Dez/2013.

APRIGLIANO, Ricardo de Carvalho. Ordem Pública e Processo – O Tratamento das Questões de Ordem Pública no Direito Processual Civil. São Paulo: Atlas, 2011.

_____. "Jurisdição e Arbitragem no Novo Código de Processo Civil", Prelo.

ARAGÃO, E. D. Moniz. Conexão e "tríplice identidade". **Revista de Processo**, São Paulo, n. 29, p. 50-6, 1983.

ARON, Raymond. **Etapas do pensamento sociológico.** Trad. Sérgio Bath. São Paulo: Martins Fontes, 2002. [Ed. original: **Les Étapes de la pensée sociologique.** Paris: Gallimard, 1982.]

ASSIS, Araken. **Cumulação de ações.** 4. ed. São Paulo: Revista dos Tribunais, 2002.

AYMONE, Priscila Knoll. **A problemática dos procedimentos paralelos**: os princípios da litispendência e da coisa julgada em arbitragem internacional. 2011. 227 f. Tese (Doutorado em Direito Internacional) – Faculdade de Direito, Universidade de São Paulo, São Paulo, 2011.

AZEVEDO, Antônio Junqueira de. **Negócio jurídico**: existência, validade e eficácia. São Paulo: Saraiva, 2002.

_____. Novos estudos e pareceres de direito privado. São Paulo: Saraiva, 2009.

_____. Conexão, identificação e conexão de causas no direito processual civil. São Paulo: Salesiana, 1967.

BALKANYI-NORDMANN, Nadine. The Perils of Parallel Proceedings: Is an Arbitration Award Enforceable if the Same Case is Pending Elsewhere? **Dispute Resolution Journal**, American Arbitration Association, v. 56, n. 4, p. 21-9, nov. 2001/jan. 2002.

BAMFORTH, Richard; MAIDMENT, Katerina. "All Join in" or Not? How Well Does International Arbitration Cater for Disputes Involving Multiple Parties or Related Claims?. **Asa Bulletin**, v. 27, n. 1, 2009.

BAPTISTA, Luiz Olavo. **Arbitragem comercial e internacional.** São Paulo: Lex Magister, 2011.

_____. **Contratos internacionais.** São Paulo: Lex Editora, 2011.

_____. **Lições de direito internacional**: estudos e pareceres. Curitiba: Juruá, 2008.

_____. Parallel Arbitrations – Waivers and Estoppels. In: CREMADES, Bernardo M.; LEW, Julian D. M. (Coord.). **Parallel State and Arbitral Procedures in International Arbitration.** Dossiers ICC Institute of World Business Law, International Chamber of Commerce (ICC), p. 127-51, 2005.

_____. Sentença parcial em arbitragem. **Revista de Arbitragem e Mediação**, São Paulo, n. 17, p. 173-95, abr./jun. 2008.

_____ (Org.). **Construção civil e direito.** São Paulo: Lex Editora, 2011.

_____. Confidencialidade na arbitragem. V Congresso do Centro de Arbitragem da Câmara de Comércio e Indústria. Lisboa: Almedina, 2012.

_____. Arbitragem e contratos internacionais: a proteção da parte mais fraca. In: PUCCI, Adriana Noemi. **Arbitragem comercial internacional.** São Paulo: LTr, 1998.

_____.**Empresa transnacional e direito.** São Paulo: Revista dos Tribunais, 1987.

BAPTISTA, Luiz Olavo; MIRANDA, Silvia Bueno. Convenção de arbitragem e escolha da lei aplicável: uma perspectiva do direito brasileiro. **Revista de Arbitragem e Mediação**, vol. 27/2010, p. 11-34, Out-Dez, 2010.

BARBOSA MOREIRA, José Carlos. Problemas relativos a litígios internacionais. In: **Temas de direito processual civil**, 5. série. Rio de Janeiro: Forense, 1994.

_____. **Questões prejudiciais e coisa julgada**. 1967. 132 f. Tese (Livre-docência em Direito Judiciário Civil) – Faculdade de Direito, Universidade Federal do Rio de Janeiro, Rio de Janeiro, 1967.

_____. A conexão de causas como pressuposto da reconvenção. São Paulo: Saraiva, 1979.

_____. Efetividade do processo e técnica processual. In: **Temas de direito processual civil**, 6. série. Rio de Janeiro: Forense, 1997, p. 17-29.

_____. **O novo processo civil brasileiro**: exposição sistemática do procedimento. 25. ed. rev. e atual. Rio de Janeiro: Forense, 2007.

BAUM, Axel H. International Arbitration: the path toward uniform procedures. In: ASKEN, Gerald; BOCKSTIEGEL, Karl-Heinz; MUSTILL, Michael J.; PATOCHI, Paolo Michele; WHITESELL, Anne Marie (Coords.). **Global Reflections on International Law, Commerce and Dispute Resolution**. Liber Amicorum in Honor of Robert Brine, ICC Publishing, 2005.

_____. Reconciling Anglo-Saxon and Civil Law Procedure: The Path to a Procedural Lex Arbitrationis. In: BRINER, Robert; FORTIER, L. Yves; BERGER, Klaus Peter; BREDOW, Jens (Eds.). **Law of international businesse and dispute settlement in the 21st Century. Liber Amicorum Karl-Heinz Bockstiegel**. Colônia, Berlim, Bonn, Munique: R. Carl Heymanns Verlag, 2001, p. 21-30.

BEDAQUE, José Roberto dos Santos. **Efetividade do processo e técnica processual**. 3. ed. São Paulo: Malheiros, 2010.

_____. **Direito e processo**: influência do direito material sobre o processo. 3. ed. São Paulo: Malheiros, 2003.

BEELEY, Mark; SERIKI, Hakeem. Res Judicata: Recent Developments in Arbitration. **International Arbitration Law Report**, n. 4, p. 111-6, 2005.

BELL, Andrew S. **Forum Shopping and Venue in Transnational Litigation**. Oxford: Oxford University Press, 2003.

BENETI, A.C.; BARALDI, E.; GIUSTI, G.; BUENO, J. C.; BERNADES, M. A. **Novo regulamento da corte internacional de arbitragem da CCI busca celeridade dos procedimentos**. Disponível em: <http://www.bmfbovespa.com.br/juridico/noticias-e-entrevistas/Noticias/Novo-regulamento-da-Corte--Internacional-de-Arbitragem-da-CCI-busca-garantir-celeridade-dos-procedimentos.asp>. Acesso em: 8 nov. 2013.

BEN HAMIDA, Valid. La consolidation des procédure arbitrales. In FADLALLAH, Ibrahim, LEBEN; Charles, TEYNIER, Eric (Eds.). **Investissements internationaux et arbitrage**: Les Cachiers de l'arbitrage. Paris: Pedone, 2008.

BENTHAM, Jeremy. **The Rationale of Judicial Evidence**: Specially Applied to English Practice. Manuscritos de Jeremy Bentham, em cinco volumes (Ed. John Stuart Mill). Londres: Hunt & Clarke, 1827.

BELLET, Pierre. **Revue de l'arbitrage**. Paris: Comité français de l'arbitrage, 1987.

BENSAUDE, Denis. The International Law Association's Recommendations on Res Judicata and Lis Pendens in International Commercial Arbitration. **Journal of International Arbitration**, v. 24, n. 4, p. 415-22, 2007.

BERG, Albert Jan van den. **Improving the Efficiency of Arbitration Agréments and Awards**: 40 Years of Application of the New York Convention. Paris, 3-6 maio 1998. Alphen aan Den Rijn: Kluwer Law International, ICCA Congress series, n. 9, p. 25-34, 1998.

_____. Consolidated Commentary Cases Reported in Volumes XXII (1997) – XXVII (2002). In: _____ (Ed.). **Yearbook Commercial Arbitration 2003**, Alphen aan Den Rijn, v. XXVIII, p. 562-700, Kluwer Law International, 2003.

BERGER, Klaus Peter. Set-off in International Economic Arbitration. **Arbitration International**, Oxford, v. 15, n. 1, mar. 1999.

BERMANN, George A. Forum Shopping at the "Gateway" to International Commercial Arbitration. In: FERRARI, Franco. **Forum Shopping in the International Commercial Arbitration Context**. Nova York, Munique: NYU Center for Transnational and Commercial Law; Sellier European Law Publishers (SELP), 2013.

BERNINI, Giorgio. **Italy**. In: BERG, Albert Jan van den (Ed.). **Yearbook Commercial Arbitration 1988**, Alphen aan Den Rijn, v. XIII, p. 420-45, Kluwer Law International, 1988.

BETTI, Emilio. **Interpretação da lei e dos atos jurídicos**. São Paulo: Martins Fontes, 2007 [1949].

BIANCA, Cesare Massimo. **Diritto civile**, v. III, 2. ed. Milão: Giuffrè, 2000.

BOBBIO, Norberto. **Estado, governo, sociedade**: Para uma teoria geral da política. Rio de Janeiro: Paz e Terra, 1986.

BOISSÉSON, Matthieu de. Panel 3: Multi-party Arbitration Issues in International Project Finance Arbitration, **NYU Journal of Law and Business**, Nova York, v. 9, p. 759, 2013.

_____. La Nouvelle convention d'arbitrage. In: CLAY, Thomas (Org.). **Le Nouveau droit français de l'arbitrage**. Paris: Lextenso; Universités de Versailles, 2011.

BONATO, Giovanni. Panorama da arbitragem na França e na Itália. Perspectiva de direito comparado com o sistema brasileiro. In: CURSO DE PÓS--GRADUAÇÃO **Arbitragem no Brasil, na Itália e na França**: perspectiva de direito comparado, ministrado na USP no segundo semestre do ano acadêmico de 2013, com prof. Carlos Alberto Carmona, 2014. Disponível em: <http://disciplinas.stoa.usp.br/pluginfile.php/208504/mod_resource/content/0/BONATO%2C%20Arbitragem%20na%20França%20e%20na%20Italia..pdf>. Acesso em: 23 dez. 2015.

BOND, Stephen R. Dépeçage or Consolidation on the Disputes Resulting from Connected Agreements: The Role of the Arbitrator. In: HANOTIAU, Bernard; SCHWARTZ, Eric A. **Multiparty Arbitration**. Paris: Dossiers; ICC Institute of World Business Law, 2010, p. 35-44.

BORGES, Arnaldo de Lima Neto. Conflito de competência entre câmaras arbitrais: comentários ao acórdão "CC 113.260/SP" do STJ. **Âmbito Jurídico**, Rio Grande, XV, n. 96, jan. 2012. Disponível em: <http://www.ambitojuridico.com.br/site/index.php?n_link=revista_artigos_leitura&artigo_id=11047>. Acesso em: 22 set. 2015.

BORN, Gary B. **International Commercial Arbitration**. Alphen aan Den Rijn: Kluwer Law International, 2009.

_____. **International Arbitration and Forum Selection Agreements**: Drafting and Enforcing, 4. ed. Alphen aan Den Rijn: Kluwer Law International, 2013.

BRAGHETTA, Adriana. **A importância da sede da arbitragem**: visão a partir do Brasil, v. I. São Paulo: Renovar, 2010.

BREKOULAKIS, Stavros L. The Relevance of the Interests of Third Parties in Arbitration: Taking a Closer Look at the Elephant in the Room. **Penn State Law Review**, Pensilvânia, v. 113, p. 4, 2009.

_____. The Notion of the Superiority of Arbitration Agreements over Jurisdiction Agreements: Time to Abandon It? **Journal of International Arbitration**, Oxford, v. 24, n. 4, p. 341-64. Alphen aan Den Rijn: Kluwer Law International, 2007.

_____. Third Parties in International Commercial Arbitration. Oxford: Oxford University Press, 2011.

BRUNER, Philip L. Dual Track Proceedings in Arbitration and Litigation: Reducing the Peril of "Double Jeopardy" by Consolidation, Joinder and Appellate Arbitration. **The International Construction Law Review**, ICLR, v. 31, p. 537, 2014.

BUENO, Cássio Scarpinella. Conexão e continência entre ações de improbidade administrativa (Lei 8.429, de 1992, art. 17, §5º). In: BUENO, Cássio Scarpinella; PORTO FILHO, Pedro Paulo de R. (Coord.). **Improbidade administrativa**: questões polêmicas e atuais. São Paulo: Malheiros, 2001, p. 110-39.

_____. **Curso sistematizado de direito processual civil**. v. 1, 2. ed. São Paulo: Saraiva, 2010.

_____. **Amicus curiae no processo civil brasileiro**: um terceiro enigmático. São Paulo: Saraiva, 2006.

BUENO, Júlio César. Melhores práticas em empreendimentos de infraestrutura: sistemas contratuais complexos e tendências num ambiente de negócios globalizado. In: SILVA, Leonardo Toledo da. **Direito e infraestrutura**. São Paulo: Saraiva, 2012, p. 61-78.

CALAMANDREI, Pietro. **Eles, os juízes, vistos por um advogado**. São Paulo: Martins Fontes, 2000.

CALMON, Petrônio Filho. O conflito e os meios de sua solução. In: DIDIER JR., Fredie; JORDÃO, Eduardo Ferreira. **Teoria do processo**: panorama doutrinário mundial. Salvador: Podivm, 2008, p. 825-40.

CAMPBELL, David; COLLINS, Hugh; WIGHTMAN, John (Ed.). **Implicit Dimensions of Contract**: Discrete, Relational and Network Contracts. Oxford, Portland: Hart, 2003.

CANACCINI, Alessia. **Arbitrato e rapporti connessi**. 2011. Tese (Doutorado em Diritto dell'Arbitrato Interno e Internazionale) – L'Università di Pisa. Pisa, 2011.

CANIVET, Marie; GOFFIN, Jean-François. Arbitration in Belgium. **CMS Guide to Arbitration**. v. 1, 2012.

CAPPELLETTI, Mauro. La pregiudizialità constituzionale nel processo civile. Milão: Giuffrè, 1957.

_____. **Juízes legisladores?**. Trad. Carlos Alberto Avaro de Oliveira. Porto Alegre: Fabris, 1993. [Ed. original: **Giudice legislatori?** Milão: Giuffrè, 1984.]

CAPRASSE, Olivier. A constituição do tribunal arbitral em arbitragem multiparte. In: **Revista Brasileira de Arbitragem**, São Paulo, v. 8, 2006.

CARDOZO, Benjamin Nathan. **A natureza do processo judicial**. São Paulo: Martins Fontes, 2004 [1960].

CARMO, Lie Uema do. **Contratos de construção de grandes obras**. 2012. Tese (Doutorado em Direito Comercial) – Faculdade de Direito, Universidade de São Paulo, São Paulo, 2012.

CARMONA, Carlos Alberto. **Arbitragem e processo**: um comentário à lei n. 9.307/96. 3. ed. rev. atual. e ampl. São Paulo: Atlas, 2009.

_____. O processo arbitral. **Revista de Arbitragem e Mediação**, São Paulo, n. 1, ano 1, jan.-abr. 2004.

_____. Em torno do árbitro. **Revista de Arbitragem e Mediação**, São Paulo, v. 28, p. 47-63, 2011.

_____. Flexibilização do processo arbitral. **Revista Brasileira de Arbitragem**, São Paulo, v. 24, p. 1-7, 2010.

_____. **Arbitragem**: estudos em homenagem ao professor Guido Fernando da Silva Soares. v. 1. São Paulo: Editora Atlas, 2007.
_____. Das boas relações entre os juízes e árbitros. **Revista do Advogado**, São Paulo, v. 51, p. 17-24, 1997.
_____. Arbitragem internacional. **Revista Forense**, Rio de Janeiro, v. 91, p. 25-39, 1995.
_____. A arbitragem no processo civil brasileiro. São Paulo: Malheiros, 1993.
_____. Arbitragem e jurisdição. **Revista de Processo**, São Paulo, v. 58, p. 33-40, 1990.
CARMONA, Carlos Alberto; LEMES, Selma. Considerações sobre os novos mecanismos instituidores do juízo arbitral. In: MARTINS, Pedro A. Batista; LEMES, Selma M. Ferreira; CARMONA, Carlos Alberto, **Aspectos fundamentais da Lei de Arbitragem**. Rio de Janeiro: Forense, 1999.
CARNEIRO, Athos Gusmão. **Jurisdição e competência**. São Paulo: Saraiva, 2002.
CARNELUTTI, Francesco. **Instituições de processo civil**. São Paulo: Classic Book, 2000.
_____. **Diritto e processo**. n. 232. Nápoles: Morano, 1958.
_____. **Sistema de derecho procesal civil**. v. 2. Buenos Aires: Uthea Argentina, 1944.
_____. Lezzioni di diritto processuale civile. Pádua: CEDAM, 1931.
_____. Lite e processo (postilla). In: **Rivista di diritto processuale**, Roma, v. 5, arte I, 1928.
CARRETEIRO, Mateus A. **Tutela de urgência e processo arbitral**. 2013. Dissertação (Mestrado) Faculdade de Direito da Universidade de São Paulo, São Paulo, 2013.
CARVALHO, Lucia de Oliveira; LOPES, Luiz Felipe Calábria. Arbitragem multiparte e multicontrato: um estudo comparativo de regulamentos de arbitragem. **Revista Brasileira de Arbitragem**, São Paulo, Síntese, CBAr, p. 35-56.
CARVALHO FILHO, José dos Santos. **Ação civil pública**: comentários por artigo (lei n. 7.347/85). 7. ed. Rio de Janeiro: Lumen Juris, 2009.
CATE, Irene M. Ten. Multi-Party and Multi-Contract Arbitrations: Procedural Mechanisms and Interpretation of Arbitration Agreements Under U.S. Law. **The American Review of International Arbitration**. v. 4, 2004.
CHEVALIER, Pierre. Le Nouveau Juge d'appui. In: CLAY, Thomas (Org.). **Le Nouveau Droit français de l'arbitrage**. Paris: Lextenso; Universités de Versailles, 2011.
CHIU, Julie C., Consolidation of Arbitral Proceeding and International Arbitration, **Journal of International Arbitration**, Alphen aan Den Rijn, Kluwer Law International, v. 7, n. 2, p. 53-76, 1990.

CLAY, Thomas. **L'arbitre**. Paris: Dalloz, 2001.

CODICE DI PROCEDURA CIVILE, em vigor desde 2011.

CODE OF CIVIL PROCEDURE, Arbitration, amended by Legislative Decree of 2 February 2006, livro 4, título VIII, n. 40, Jan Paulsson (Ed.), p. 1-16, **International Handbook on Commercial Arbitration**, Alphen aan Den Rijn, Kluwer Law International, 1984, atualizado em: abr. 2007, suplemento, n. 49.

COHEN, Michael Mark. A Missed Opportunity to Revise the Arbitration Act 1996, **Arbitration International**, n. 23, 461, 2007.

COLLINS, Hugh. Introduction: The Research Agenda for Implicit Dimension of Contracts. In: CAMPBELL, David; COLLINS, Hugh; WIGHTMAN, John (Eds.). **Implicit Dimensions of Contract: Discrete, Relational and Network Contracts**. Oxford, Portland: Hart, 2003.

COLLINS, Michael. Privacy and Confidentiality in Arbitration Proceedings, **Texas International Law Journal**, v. 30, p. 121, 1995.

CORRÊA, Fábio Peixinho Gomes. **O objeto litigioso no processo civil**. São Paulo: Quartier Latin, 2009.

_____. Limites objetivos da demanda na arbitragem, **Revista Brasileira de Arbitragem**, São Paulo, Síntese, n 40, out.-dez. 2013.

COSSIO, Francisco Gonzáles de. **Arbitraje**. México: Editorial Porrúa, 2011.

COSTA, Cezar Augusto Rodrigues. Tutela cautelar visando à reunião de três processos conexos de arbitragem decorrentes de contrato de fornecimento de bens e serviços para implantação da usina hidrelétrica Corumbá III e do sistema de transmissão associado, **Revista de Arbitragem e Mediação**, São Paulo, v. 32, p. 394-418, jan. 2012, DTR\2012\2281.

COSTA, José Augusto Fontoura. A vontade e a forma: a percepção da arbitragem no caso do contrato de seguro do Projeto Jirau. **Revista de Arbitragem e Mediação**, São Paulo, v. 38, p. 35-60, 2013.

_____. Sobre corvos e ornitorrincos: arbitragem estrangeira e internacional no direito brasileiro, **Revista Brasileira de Arbitragem**, São Paulo, v. 8, p. 60-73, 2011.

_____. Sobre luzes e sombras: arbitragem. **Revista CEJ**, Brasília, v. 48, p. 110-7, 2010.

_____. Tentações, reputação e cultura: imparcialidade na arbitragem entre investidores e Estados, **Revista de Arbitragem e Mediação**, São Paulo, v. 21, p. 30-63, 2009.

COSTA, Susana Henriques da. O processamento coletivo na tutela do patrimônio público e da moralidade administrativa. São Paulo: Quartier Latin, 2009.

CRAIG, W. Laurence; PARK, William W.; PAULSSON, Jan Paulsson. **International Chamber of Commerce Arbitration**, 3. ed. Nova York: Oceana, 2000.

CREMADES, Bernardo M.; CAIRNS, David J. A. Contract and Treaty Claims and Choice of Forum in Foreign Investment Dispute. In: CREMADES, Bernardo M.; LEW, Julian D. M. (Coords.). **Parallel State and Arbitral Procedures in International Arbitration**. Dossiers ICC Institute of World Business Law. ICC Publication, 2005.

CREMADES, Bernardo M.; MADALENA, Ignácio. Parallel Proceedings in International Arbitration, **Arbitration International**, v. 24, n. 4, 2008.

_____. Multi-party Arbitration in the New ICC Rules, **Spain Arbitration Review – Revista del Club Español del Arbitraje**, Wolters Kluwer España, v. 14, p. 23-31, 2012.

CRIVELLARO, Antonio. Consolidation of Arbitral and Court Proceedings in Investment Disputes. In: CREMADES, Bernardo M.; LEW, Julian D. M. **Parallel State and Arbitral Procedures in International**. Arbitration, Dossiers. Paris: ICC Publishing, p. 662.

CUNIBERTI, Gilles. Parallel Litigation and Foreign Investment Dispute Settlement. **ICSID Review**, v. 21, n. 2, p. 381-426, outono de 2006.

DARWAZEH, Nadia; ZEMAN, Krista. Joint Nomination in Multiparty Arbitration: The Exercise of the ICC Court's Discretionary Power to Appoint the Entire Arbitral Tribunal Post-*Dutco*. **ICC International Court of Arbitration Bulletin**, v. 23, n. 1, 2012.

DAVIS, Morton D. **Game Theory**: A Nontechnical Introduction. Mineola: Dover Publications, 1997 [1983].

DEBEVOISE & PLIMPTON LLP. Annotated Model Arbitration Clause for International Contracts, 2011.

DEBOURG, Claire. Les contrariétés de décisions dans l'arbitrage international. Paris: L.G.D.J, 2011.

DECAMP, Michael L. Consolidation of Separate Arbitration Proceedings: Liberal Construction versus Contractarian Approaches – United Kingdom of Great Britain v. Boeing, **Journal of Dispute Resolution**, v. 11, art. 11, 1994.

DEGENSZJN, Daniel Raichelis. **Alteração dos fatos no curso do processo e os limites de modificação da causa petendi**. 2010. Dissertação (Mestrado em Direito Processual) –Faculdade de Direito, Universidade de São Paulo, 2010.

DEL PRATO, Enrico. Tipicità, atipicità, complessità, mistione, collegamento. In: _____. **Dieci lezioni sul contratto**. Pádua: Cedam, 2011.

DERAINS, Yves; SCHWARTZ, Eric A. **A Guide to the New ICC Rules of Arbitration**. Alphen aan Den Rijn: Kluwer Law International, 2005.

DERAINS, Yves; LÉVY, Laurent. **Is arbitration only as good as the arbitrator? Status, powers and role of the arbitrator**. Dossiers ICC Institute of World Business Law. Paris, ICC, 2011.

DIALLO, Ousmane. Le consentement des parties à l'arbitrage international. Paris: PUF, 2010.

DIDIER JR., Fredie. **Direito processual civil**: tutela jurisdicional individual e coletiva. 5. ed. v. 1. Salvador: Edições Jus Podivm, 2005.

_____. **Parecer sobre ações concorrentes**: prejudicialidade e preliminaridade, conexão, suspensão do processo, litispendência, continência, cumulação subsidiária de pedidos, cumulação ulterior de pedidos, honorários advocatícios, 2012. Disponível em: <http://www.frediedidier.com.br/wp-content/uploads/2012/02/parecer-conexao-preliminaridade.pdf>. Acesso em: 23 dez. 2015.

_____. Contradireitos, objeto litigioso do processo e improcedência, **Revista de Processo**, São Paulo, v. 223, p. 87-100, 2013.

_____. **Apontamentos para a concretização do princípio da eficiência do processo**, 2012, p. 438. Disponível em: <http://www.editorajuspodivm.com.br/i/f/soltas%20novas%20tendencias%20do%20processo%20civil.pdf>. Acesso em: 4 de outubro de 2015.

DIDIER JR., Fredie; JORDÃO, Eduardo Ferreira. **Teoria do processo**: panorama doutrinário mundial. Salvador: Podivm, 2008.

_____. **Sobre o conceito de conexão no Novo CPC**. Disponível em: <http://novocpc.direitointegral.com/2010/07/sobre-o-conceito-de-conexao-no-novo-cpc.html>. Acesso em: 31 mar. 2015.

DIDIER JR., Fredie; ZANETI Júnior, Hermes. **Curso de direito processual civil**: processo coletivo. 3. ed. Salvador: Podivum, 2008.

DINAMARCO, Cândido Rangel. Relativizar a coisa julgada material. **Revista Forense**, Rio de Janeiro, v. 97, n. 358, p. 11-32, nov.-dez. 2001.

_____. **Intervenção de terceiros**. 3. ed. São Paulo: Malheiros, 2002.

_____. **Instituições de direito processual civil**. v. I-IV. São Paulo: Malheiros, 2005.

_____. **A instrumentalidade do processo**. 11. ed. São Paulo: Malheiros, 2003.

_____. **Fundamentos do processo civil moderno**. tomo I, 4. ed. São Paulo: Malheiros, 2001.

_____. **Vocabulário do processo civil**. São Paulo: Malheiros, 2009.

_____. A arbitragem na teoria geral do processo. São Paulo: Malheiros, 2013.

DINAMARCO, Pedro da Silva. Competência, conexão e prevenção nas ações coletivas. In: Milarè, Edis (Coord.). **Ação civil pública após 20 anos**: efetividade e desafios. São Paulo: Revista dos Tribunais, 2005, p. 505-18.

EISEMANN, Féderic. La clause d'arbitrage pathologique. In: **Arbitrage Commercial: Essais in memorian Eugenio Minoli**. Turim: Unione Tipografico-editrice Torinese, 1974.

ELIAS, Carlos Eduardo Stefen. **Imparcialidade dos árbitros**. 2014. Tese (Doutorado em Direito Processual sob a orientação do Professor Carlos Alberto Carmona) – Faculdade de Direito, Universidade de São Paulo, 2014.

ERK, Nadja. Parallel Proceedings in International Arbitration: A Comparative European Perspective. Alphen aan Den Rijn: Kluwer Law International, 2014.

FAI, Edwin Tong Chun; DEWAN, Nakul. Drafting Arbitration Agreements with "Consolidation" in Mind?, **Asian International Arbitration Journal**, Singapura, International Arbitration Centre (em cooperação com Kluwer Law International), v. 5, n. 1, p. 70-94, 2009.

FARIA, José Eduardo Campos de Oliveira. **Poder e legitimidade**. São Paulo. Perspectiva, 1978.

FAWCETT, James. Declining Jurisdiction in Private International Law, **Report to the XIVth Congress of the International Academy of Comparative Law, Athens**, 1994 (Oxford University Press, Oxford, 1995).

FERRAZ, Manuel Carlos de Figueiredo. **Notas sobre a competência por conexão**. São Paulo: Saraiva, 1937.

FERRAZ, Tércio Sampaio Jr. prefácio a Adeodato, João Maurício Leitão. **O Problema da Legitimidade. No rastro do pensamento de Hannah Arendt**. Rio de Janeiro. Forense universitária, 1989.

FICHTNER, José Antonio; MANNHEIMER, Sergio Nelson; MONTEIRO, André Luís. Princípios processuais fundamentais aplicáveis à arbitragem brasileira. In: _____. **Novos temas de arbitragem**. Rio de Janeiro: Editora FGV, 2014.

FIELD, Richard H.; KAPLAN, Benjamin; CLERMONT, Kevin M. **Civil Procedure**: Materials for a Basic Course. 9. Ed. Nova York: Foundation Press, 2007.

FISS, Owen. **Um novo processo civil**: estudos norte-americanos sobre jurisdição, constituição e sociedade. Trad. Carlos Alberto de Salles. São Paulo: Revista dos Tribunais, 2004.

FLÓREZ, Ramiro Ortiz. **Pequenas Centrais Hidrelétricas**. Trad. Sandra Martha Dolinsky. São Paulo: Oficina de Textos, 2014.

FOUCHARD, Philippe; GAILLARD, Emmanuel; GOLDMAN, Berthold. **International Commercial Arbitration**. Alphen aan Den Rijn: Kluwer Law International, 1999.

_____. La coopération du tribunal de grande instance à l'arbitrage. **Rev. Arb**. 1985.

FRICK, Joachim G. **Arbitration and Complex International Contracts**. Alphen aan Den Rijn: Kluwer Law International, 2001.

FRIEDLAND, Paul. D. **Arbitration Clauses for International Contracts**. Huntington: JurisNet, 2007.

Fry, Jason; Greenberg, Simon; e Mazza, Francesca. **The Secretariat's Guide to ICC Arbitration**. Paris: ICC, 2012.

Fux, Luiz. **Curso de direito processual civil**. 2. ed. Rio de Janeiro: Forense, 2004.

Gabbay, Daniela Monteiro. **Pedido e causa de pedir**. São Paulo: Saraiva; Direito GV, 2010.

Gagliardi, Rafael Vilar. Confidencialidade na arbitragem comercial internacional. **Revista de Arbitragem e Mediação**, vol. 36/2013, p. 95-135, Jan-Mar/2013, DTR\2013\2517.

Gaillard, Emmanuel. **Teoria jurídica da arbitragem internacional**. Trad. Natália Mizrahi Lamas. São Paulo: Atlas, 2014. [Ed. original: **Legal theory of international Arbitration**, p. 35-52]

_____. The Consolidation of Arbitral Proceedings and Court Proceedings. **Complex Arbitrations**: Perspectives on Their Procedural Implications. Special Supplement, ICC, p. 35-42, 2003.

_____. "Efeito negativo da competência-competência". *Revista Brasileira de Arbitragem*. vol. 24, pp. 219-233.

_____. Savage, John (Eds.). Fouchard Gaillard Goldman on International Commercial Arbitration, p. 806; Renner, Moritz. Towards a hierarchy of norms in transnational law?, **Journal of International Arbitration**, v. 26, n. 4, p. 534 e 537, 2009.

_____. "L'affaire Sofidif ou les difficultés de l'arbitrage multipartite", **Rev. arb.**, 1987.

Gaillard, Emmanuel; Lapasse, Pierre de, "Le nouveau droit français de l'arbitrage interne et international", *Recueil Dalloz*, 20 jan 2011, nº 3, pp. 175-192.

Gaillard, Emmanuel; Lowenfeld, Andreas F. The Two-Way Mirror: International Arbitration as Comparative Procedure. **II Michigan Yearbook of International Legal Studies**, n. 187, p. 163, 1985.

Galanter, Marc. Reading the Landscape of Disputes: What We Know and Don't Know (and Think We Know) About Our Allegedly Contentious and Litigious Society. p. 31, **UCLA Law Review**.

_____. Compared to What? Assessing the Quality of Dispute Processing, **Denver University Law Review**, v. 66, n. 3, p. xi-xiv, 1989.

Gallagher, Norah. Parallel Proceedings, Res Judicata and Lis Pendens. In: Mistelis, Loukas; Lew, Julian D. M. (Eds.). **Pervasive Problems in International Arbitration**. Alphen aan Den Rijn: Kluwer Law International, 2006, p. 329-56.

Gertz, Craig M. The Selection of Choice of Law Provisions in Int'l Commercial Arbitration: A Case for Contractual *Depeçage*, **Northwestern Journal of International Law and Business**, v. 12, p. 163, 1991.

GHARAVI, Hamid. G. **The International Effectiveness of the Annulment of an Arbitral Award**. Alphen aan Den Rijn: Kluwer Law International, 2002.

GILLES, Peter. Comparative Procedure Law. In: DIDIER JR., Fredie; JORDÃO, Eduardo Ferreira. **Teoria do processo**: panorama doutrinário mundial. Salvador: Podivm, 2008.

GILLIÉRON, Philippe; PITTET, Luc. **Consolidation of Arbitral Proceedings (Joinder)**, participação no congresso Swiss Rules of International Arbitration, ed. Tobias Zuberbuhler, Klaus Muller, Philipp Habegger. Alphen aan Den Rijn: Kluwer Law International, 2005.

GOMES, Orlando. **Contratos**. 26. ed. [atualizadores: Antonio Junqueira de Azevedo e Francisco Paulo De Crescenzo Marino]. Rio de Janeiro: Forense, 2009.

GONÇALVES, Eduardo Damião; MANGE, Flávia Foz. **Request for consolidation of parallel arbitral proceedings led to improper intervention by the courts**. Disponível em: <http://uk.practicallaw.com/6-503-8194?service=arbitration>. Acesso em: 30 de abril de 2014.

GREENBERG, Simon; FERRIS, José Ricardo; Albanesi, Christian. Consolidation, Joinder, Cross-Claims, Multiparty and Multicontract Arbitrations: Recent ICC Experience. In: HANOTIAU & SCHWARTZ (Eds.). **Multiparty Arbitration, Dossier VII**, ICC Institute of World Business Law, n. 701, set. 2010, ICC Publication.

GRINOVER, Ada Pellegini. Ações coletivas. Identidade total ou parcial. Conexão, continência e litispendência. A aparente diversidade no pólo ativo. Conflito positivo de competência. Reunião de processos perante o juízo prevento. Critérios. In: _____. **A marcha do processo**. Rio de Janeiro: Forense Universitária, 1998.

_____. **O processo em evolução**. Rio de Janeiro: Forense, 1998.

_____. Parecer – arbitragem e litisconsórcio necessário, **Revista Brasileira de Arbitragem**, São Paulo, n. 10, 2006.

_____. **Prova emprestada**. O processo em evolução, 2. ed.. Rio de Janeiro: Forense.

GROLA, Fúlvia Bolsoni; FINZI, Igor. Arbitragem *ad hoc*, institucional e regimental: uma análise sobre vantagens e desvantagens. O que considerar no momento da escolha do tipo de arbitragem. **Revista de Direito Empresarial 2014** – ReDE 1 – Caderno Especial – O Negócio Jurídico da Arbitragem, p. 223-48, 2014.

GUERRERO, Luis Fernando. **Convenção de arbitragem e processo arbitral**. São Paulo: Atlas, 2009.

_____. Princípios da arbitragem não são entendidos por completo, **SP Mediação e Arbitragem**, set. 2013. Disponível em: <http://www.sa-

opauloarbitragem.com.br/noticias.asp?id_noticia=233&id_tipo_noticia=1&id_secao=2

HABERMAS, Jurgen. **Direito e democracia: entre facticidade e validade**. Tradução de Flávio Beno Siebeneichler. 2 v. Rio de Janeiro: Tempo Brasileiro, 1997.

HANESSIAN, Grant. **ICDR Awards and Commentaries**. Nova York: Juris, 2012.

HARDY, Clive. Multi-Party Arbitration: Exceptional Problems Need Exceptional Solutions. **Journal of the Chartered Institute of Arbitrators**, v. 66, n. 1, fev. 2000.

HAUNOTIAU, Bernard. **Complex Arbitrations**: Multiparty – Multi Contract, Multi-Issue and Class Action. Alphen aan Den Rijn: Kluwer Law International, 2005.

_____. Non-Signatories in International Arbitration: Lessons from Thirty Years of Case Law. In: BERG, Albert Jan van den (Ed). **International Arbitration**: Back to Basics?, ICCA Congress Series, n. 13, p. 341-58, 2006.

HAZARD, Geoffrey C. Drafter's Reflections on the Principles of Transnational Civil Procedure. In: ALI/UNIDROIT. **Principles of Transnational Civil Procedure**. Nova York: Cambridge University Press, 2006, p. xli-lii.

HOBÉR, Kaj. Parallel State and Arbitral Procedures in International Arbitration, **Dossiers – ICC Institute of World Business Law**, Paris, ICC Publication, 2005.

HOF, Jacomijn J. van Haersolte-Van. **Revision of the Dutch Arbitration Act: Making the Netherlands an Even Better Place for Arbitration, Journal of International Arbitration**, Alphen aan Den Rijn, Kluwer Law International, v. 31, n. 3, p. 425-37, 2014.

HOUTTE, Hans van. Parallel Proceedings Before State Courts and Arbitration Tribunals: Is There a Transnational Lis Alibi Pendens – Exception in Arbitration or Jurisdiction Conventions? In: KARRER, Pierre (Ed.). **Arbitral Tribunals or State Courts who must defer to whom?**, ASA Special Series, n. 15, p. 35-54, jan. 2001.

HLUBUCEK, Jan. **Multiple Claims from Multiple Contracts in International Commercial Arbitration**. 2015. Tese (Doutorado em Direito Internacional e Direito Europeu) – Faculdade de Direito, Universidade Masaryk, Brno; República Tcheca, 2015. Disponível em: <https://is.muni.cz/th/348630/pravf_m/Diplomova_prace_Hlubucek_-_FINAL.pdf>. Acesso em: 10 de novembro de 2015.

HUCK, Hermes Marcelo. Sentença estrangeira e *lex mercatoria* – Horizontes e fronteiras do comércio internacional. São Paulo: Saraiva, 1994.

INTERNATIONAL LAW ASSOCIATION ILA. Disponível em: <http://www.ila.hq.org/htm/layout_committee.htm>. Acesso em: 10 de janeiro de 2014.

_____. Final Report on Lis Pendens and Arbitration. **Commentary to Recommendations**. Conferência de Toronto, 2006.

_____. Interim Report on Res Judicata and Arbitration. Conferência de Berlim, 2004.

Isufi, Arben. **Multiple Parties and Multiple Contracts in Arbitration**. 2011--2012. Dissertação (Mestrado em Estudos e Direito Europeus) – Faculdade de Direito, Universidade de Ghent, Ghent, 2012.

Jabardo, Christina Saiz. **"Extensão" da cláusula compromissória na arbitragem comercial internacional: o caso dos grupos societários**. 2009. Dissertação (Mestrado em Direito Internacional) – Faculdade de Direito, Universidade de São Paulo, São Paulo, 2009.

Jarrosson, Charles. **La notion d'arbitrage**. Paris: Bibliothèque de Droit Prové, 1987.

Jenkins, Jane; Stebbings, Simon. **International Construction Arbitration Law**. Alphen aan Den Rijn: Kluwer Law International, 2006.

Jermini, Cesare. **Newsletter – 1/2015**, Swiss Chambers' Arbitration Institution, 2015.

Kalderimis, Daniel. Is Transnational Law Eclipsing International Law. In: Bekker, Pieter H. F.; Dolzer, Rudolf; Waibel, Michael Waibel. **Making Transnational Law Work in the Global Economy**: Essays in Honour of Detlev Vagts. Cambridge: Cambridge University Press, 2010.

Kalicki, Jean E. Lis Pendens in International Arbitration. **Revista de Arbitragem e Mediação**, n. 16, p. 197-204, jan.-mar. 2008.

Kantor, Elizabeth. **The Consolidation Arbitrator**: An Arbitrator Too Far?, 24 out. 2014. Disponível em: <http://kluwerarbitrationblog.com/blog/2014/10/24/the-consolidation-arbitrator-an-arbitrator-too-far>. Acesso em: 28 de dezembro de 2015.

Kaplan, Charles. Simultaneous Choice of Two Arbitration Institutions not (Immediately) Fatal, **Arbitration France, International Law Office Newsletter**, 12 jul. 2007.

Kassis, Antoine. Arbitrage juridictionnel et arbitrage contractuel – Tome I. In: **Problèmes de base de l'arbitrage en doit comparé et en droit international**. Paris: L.G.D.J., 1987.

Kaufmann-Kohler, Gabrielle. Globalization of Arbitral Procedure, **Vanderbilt Journal of Transnational Law**, n. 36, p. 1313-33, 2003.

Kaufmann-Kohler, Gabrielle; Schultz, Thomas. **Online Dispute Resolution Challenges for Contemporary Justice**. International Arbitration Law Library. Alphen aan Den Rijn: Kluwer Law International, 2004.

Kessedjian, Catherine. The Global Context: Is Global Harmonization Needed?, **Special Series n. 15, Arbitral Tribunals or State Court who must defer to whom?**, p. 101-6, jan. 2001.

KING, Brian D. Consistency of Awards in Cases of Parallel Proceedings Concerning Related Subject Matters. In: GAILLARD, Emmanuel (Ed.). **Towards a Uniform International Arbitration Law?** Paris: Juris Publishing, 2005, p. 293-317.

KING, Mitchell S.; MATOSKY, John. **Considering Consideration.** Changing Times in Reinsurance Disputes, 23 set. 2010. Disponível em: <http://www.princelobel.com/assets/attachments/170.pdf>. Acesso em: 20 de outubro de 2015.

KNIJNIK, Danilo. O recurso especial e a revisão da questão de fato pelo superior Tribunal de Justiça. Rio de Janeiro: Forense, 2005.

KONDER, Carlos Nelson. **Contratos conexos**: grupos de contratos, redes contratuais e contratos coligados. Rio de Janeiro: Renovar, 2006.

KREMSLEHNER, Florian. Lis Pendens and Res Judicata in International Commercial Arbitration: How to Deal With Parallel Proceedings – How to Determine the Conclusive and Preclusive Effects of Arbitral Awards. **Austrian Arbitration Yearbook**, p. 127-62, 2007.

LADEIRA, Ana Clara Viola. "Conflito de Competência em Matéria de Arbitragem". *Revista Brasileira de Arbitragem – RBA*, vol.41, pp. 42 – 67.

LEMES, Selma Ferreira. Cláusulas combinadas ou fracionadas: arbitragem e eleição de foro. **Revista do Advogado**, São Paulo, edição especial sobre arbitragem, n.119, abr. 2013.

_____. Arbitragem multiparte: notas sobre o caso dutco, **Revista Brasileira de Arbitragem**, São Paulo, n. 29, 2011.

_____. Convenção de arbitragem e termo de arbitragem: características, efeitos e funções, **Revista do Advogado**, São Paulo, n. 87, ano XXVI, set. 2006.

_____. Cláusulas compromissórias ambíguas ou contraditórias e a interpretação da vontade das partes. In: MARTINS, Pedro Batista; GARCEZ, José Maria Rossani (Org.). **Reflexões sobre arbitragem**: in memoriam do desembargador Cláudio Vianna de Lima. São Paulo: LTr, 2002.

LEONEL, Ricardo de Barros. **Causa de pedir e pedido**: o direito superveniente. São Paulo: Método, 2006.

_____. A causa petendi nas ações coletivas. In: TUCCI, José Rogério Cruz; BEDAQUE, José Roberto dos Santos. **Causa de pedir e pedido no processo civil**. São Paulo: RT, 2002.

LEW, Julian D. M.; Mistelis, Loukas A.; Kröll, Stefan M. **Comparative Internacional Commercial Arbitration**. Alphen aan Den Rijn: Kluwer Law International, 2003.

_____. Concluding Remarks: Parallel Proceedings in International Arbitration – Challenges and Realities. In: CREMADES, Bernardo M.; LEW, Julian D. M. (Coords.). **Parallel State and Arbitral Procedures in International**

Arbitration. Dossiers ICC, Institute of World Business Law, ICC Publication, 2005.

LEBOULANGER, Philippe. Multi-Contract Arbitration, **Journal of International Arbitration**, Alphen aan Den Rijn, Kluwer Law International, n. 4, v. 13, p. 43-97, 1996.

LEE, João Bosco. Arbitragem comercial internacional nos países do Mercosul. Curitiba: Juruá, 2003.

_____. Parecer Caso Inepar c. Itiquira. **Revista Brasileira de Arbitragem**, v. 17, p. 62-82, 2008.

_____. Resenha bibliográfica do livro Ecrits Droit de l arbitrage Droit du Commerce International. **Revista Brasileira de Arbitragem**, v. 19, p. 197-199, 2008.

_____. "Comentário sobre a Recomendação sobre a Interpretação do Artigo II, 2º e do Artigo VII, 1º da Convenção sobre o Reconhecimento e Execução de Sentença Arbitral Estrangeira de 1958". **Revista Brasileira de Arbitragem**, v. 15, p. 240-243, 2007.

_____. "Resenha bibliográfica do livro Complex Arbitration Multiparty, Multicontract, Multi-issue and Class Actions de Bernard Hanotiau". **Revista Brasileira de Arbitragem**, v. 14, p. 182-183, 2007.

_____. A Lei 9.307/96 e o direito aplicável ao mérito do litígio na arbitragem comercial internacional. In: PIMENTEL, Luiz Otávio; REIS, Murilo Gouvêa dos. **Direito comercial internacional: arbitragem**. Florianópolis: OAB-SC, 2002.

LEE, João Bosco; PROCOPIAK, Maria Claudia de Assis. "A obrigação da revelação do árbitro está influenciada por aspectos culturais o existe um verdadeiro standard universal?" **Revista Brasileira de Arbitragem**, v. 14, p. 9-22, 2007.

LEE, João Bosco; VALENÇA FILHO, Clávio de Melo. **Estudos de Arbitragem**. 1. ed. Curitiba: Juruá, 2008. v. 1.

LEONARDO, Rodrigo Xavier. Os contratos coligados. In: BRANDELLI, Leonardo. **Estudos em homenagem à professora Véra Maria Jacob de Fradera**. Porto Alegre: Lejus, 2013.

LIEBMAN, Enrico Tullio. **Manual de direito processual civil**. São Paulo: Malheiros, 1984.

LIMA, Leandro Rigueira Rennó. **Arbitragem**: uma análise da fase pré-arbitral. Belo Horizonte: Mandamentos, 2003.

LOCQUIN, Eric. De l'obligation de concentrer les moyens à celle de concentrer les demandes dans l'arbitrage, **Revue de l'Arbitrage**, n. 2, p. 201-33, 2010.

_____. note sous Versailles, 7 mar. 1990, **OIAETI et Sofidif c/ COGEMA, SERU, Eurodif, CEA** préc. spéc.

Lopes, José Reinaldo de Lima. **O direito na história**. 3. ed. São Paulo: Atlas, 2008.

Lopes, José Reinaldo de Lima e Macedo, Paulo Garcia Neto. "Critical legal thought (1920-1940) (the case of Brazil)". Direito GV-Working Papers, maio/2009. http://bibliotecadigital.fgv.br/dspace/bitstream/handle/10438/2849/working%2520paper%252037.pdf?sequence=1

Lopes, João Batista. A conexão e os arts. 103 e 105 do CPC, **Revista dos Tribunais**, v. 707, ano 83, p. 33-40, set. 1994.

Lucon, Paulo Henrique dos Santos. **Relação entre demandas**. 2015. Tese (Livre-Docência em Direito Processual) – Faculdade de Direito, Universidade de São Paulo, São Paulo, 2015.

Lucon, Paulo Henrique dos Santos; Gabbay, Daniela Monteiro; Alves, Rafael Francisco; Andrade, Tathyana Chaves. Interpretação do pedido e da causa de pedir nas demandas coletivas (conexão, continência e litispendência). In: Lucon, Paulo Henrique dos Santos. **Tutela coletiva**: 20 anos da lei da ação civil pública e do fundo de defesa de direitos difusos – 15 anos do código de defesa do consumidor. São Paulo: Atlas, 2005.

Lucy, William. **Understanding and Explaining Adjudication**. Oxford: Oxford University Press, 1999.

Luhmann, Niklas. Direito como generalização congruente. In: Souto, Cláudio; Falcão, Joaquim. **Sociologia e direito**. Trad. Dietlinde Maria Hartel. São Paulo: Pioneira, 2001, p. 129-38. Ed. original: Luhmann, Niklas. **Rechtssoziologie**. Reinbek bei Hamburg, Rowohlt Taschenbuch Verlang GmbH, "rororo studium", p. 94-106, 1972]

_____. **Sociologia do direito I**. Trad. Gustavo Bayer. Rio de Janeiro: Tempo Brasileiro, 1983.

_____. **Legitimação pelo procedimento**. Tradução de Maria da Conceição da Corte-Real. Brasília: Editora Universidade de Brasília, 1980.

MacCormick, Neil. **Rhetoric and the Rule of Law**: A Theory of Legal Reasoning. Oxford: Oxford Universuty Press, 2005.

_____. **H. L. Hart**. Redwood City: Stanford University Press, 1981.

Macedo, Paulo Garcia Neto. The Flipping Side of the International Investment Treaties: Brazil as an Outward Direct Investor and the New South-South Relationship. In: Gerdau, Ana; Pucci, Adriana. **Investment Arbitration in Brazil**. Alphen aan Den Rijn: Kluwer Law International, 2014.

_____. **A influência do realismo jurídico norte-americano no direito brasileiro**. 2008. Dissertação (Mestrado em Filosofia e Teoria Geral do Direito) – Faculdade de Direito, Universidade de São Paulo, São Paulo, 2008.

McLachlan, Campbell; Shore, Laurence; Weiniger, Matthew. **International Investment Arbitration**: Substantive Principles. Oxford: Oxford University Press, 2007.

Magalhães, José Carlos de. O árbitro e a arbitragem. **Revista de Arbitragem e Mediação**, v. 29, p. 25-58, 2011.

_____. Arbitragem multiparte, constituição do tribunal arbitral, princípio da igualdade e vinculação à cláusula compromissória. **Revista de Arbitragem e Mediação**, v. 38, p. 321-41, 2013.

_____. Arbitragem e processo. **Revista do Advogado**, São Paulo, v. 87, p. 61-6, 2006.

_____. Sentença arbitral estrangeira. **Revista de Direito Bancário do Mercado de Capitais e da Arbitragem**, São Paulo, v.01, p. 135-48, 2004.

_____. **Do estado na arbitragem privada.** v. 1. São Paulo: Max Limonad, 1988.

_____. A ordem das provas no processo arbitral. In: Bertasi, Maria Odete Duque; Corrêa Netto, Oscavo Cordeiro. (Org.). **Arbitragem e Desenvolvimento**. 1. ed. São Paulo: Quartier Latin, 2009, p. 51-9.

Magalhães, José Carlos de; Baptista, L. O. **Arbitragem comercial**. Rio de Janeiro: Freitas Bastos, 1986.

Mange, Flávia Foz. **Processo arbitral**: aspectos transnacionais. São Paulo: Quartier Latin, 2013.

Mariani, Rômulo Greff. **Arbitragens Coletivas no Brasil**. São Paulo: Atlas, 2015.

Marino, Francisco Paulo De Crescenzo. **Interpretação do negócio jurídico**. São Paulo: Saraiva, 2011.

_____. Contratos coligados no direito brasileiro. São Paulo: Saraiva, 2009.

Marinoni, Luiz Guilherme. Teoria geral do processo. **Curso de processo civil**. v. 1. São Paulo: RT, 2006.

Martins, Pedro A. Batista. Consolidação de procedimentos arbitrais. **Revista de Arbitragem e Mediação**, São Paulo, v. 32, p. 251, jan. 2012, DTR\2012\2281.

_____. **Apontamentos sobre a lei de arbitragem**. Rio de janeiro: Forense, 2008.

_____. **Arbitragem, capacidade, consenso e intervenção de terceiros**: uma sobrevista. In: Ferraz, Rafaella; Muniz, Joaquim de Paiva (Org.). **Arbitragem doméstica e internacional**: estudos em homenagem ao professor Theóphilo de Azeredo Santos. Rio de Janeiro: Forense, 2008.

Masons, Julian Cohen. **Practical Problems in Multi-Party Arbitration**. v. 2. Hong Kong: Asian DR, 1999.

Mattirolo, Luigi. **Trattato di diritto giudiziario civile italiano**. v. 1, 3. ed. Turim: Torinese, 1931.

MAYER, Pierre. The effects of awards rendered in multiparty/multicontract situations. In: HANOTIAU & SCHWARTZ (Eds.). **Multiparty Arbitration, Dossier VII**, ICC Institute of World Business Law, n. 701, set. 2010, ICC Publication, p. 223-33.

MAZZONETTO, Nathalia. **Partes e terceiros na arbitragem**. 2012. Dissertação (Mestrado em Direito Processual Civil) – Faculdade de Direito, Universidade de São Paulo, São Paulo, 2012.

_____. Uma análise comparativa da intervenção de terceiros na arbitragem sob a ótica dos ordenamentos jurídicos italiano e brasileiro, **Revista Brasileira de Arbitragem**, São Paulo, CBAr, n. 14, p. 45-60, 2007.

McLACHLAN, Cambell. **Lis Pendens in International Litigation**. Leiden: Haggue Academy of International Law, 2009.

MEDINA, Paulo Roberto de Gouvêa. **A conexão de causas no processo civil**. Repro, São Paulo: RT, n. 109, ano 28, p. 63-70, jan.-mar. 2003.

MELLO, Marcos Bernardes de. **Teoria do fato jurídico**: plano da existência. São Paulo: Saraiva, 2001.

MENDES, Rodrigo Octávio Broglia. Regras imperativas e arbitragem internacional. **Revista de Arbitragem e Mediação**, São Paulo, v. 19, ano 5, out. 2008, p. 38-9.

_____. Arbitragem, *lex mercatoria* e direito estatal – uma análise dos conflitos ortogonais no direito estatal. São Paulo: Quartier Latin, 2010.

MOHAN, R. Chandra; TECK, Lim Wee. Some Contractual Approaches to the Problem of Inconsistent Awards in Multi-party, Multi-contract Arbitration Proceedings, **Asian International Arbitration Journal**, Singapore International Arbitration Centre – in co-operation with Kluwer Law International; Kluwer Law International, n. 1, v. 1, p. 161-8, 2005.

MONTEIRO, André Luís Quintas. **Poderes instrutórios do árbitro na arbitragem comercial**: visão a partir do Brasil. 2012. Dissertação (Mestrado em Direito Processual Civil) – Faculdade de Direito, Pontifícia Universidade Católica de São Paulo, São Paulo, 2012.

MONTORO, Marcos André Franco. **Flexibilidade do procedimento arbitral**. 2010. Tese (Doutorado em Direito Processual) – Faculdade de Direito, Universidade de São Paulo, São Paulo, 2010.

MOURALIS, Denis. L' arbitrage face aux procèdures conduites en parallèle. Marselha: Marscille 3, 2008.

MOUROT, Alice. Le traitement des incidents de compétence dans l'arbitrage commercial international: étude comparée du droit français et du droit anglais. 2014. Tese (Doutorado em Direito Privado) – Institut François Gény, Universidade de Lorraine, Nancy, 2014.

MOURRE, Alexis. L'intervention des tiers à l'arbitrage, **Revista Brasileira de Arbitragem**, São Paulo, IOB-CBAr, v. 17, p. 82, 2007.

MUNHOZ, Eduardo Sechi. Arbitragem e grupos de sociedades. In: VERÇOSA, Haroldo Malheiros Duclerc (Org.). **Aspectos da arbitragem institucional**: 12 anos da lei 9.307/96. São Paulo: Malheiros, 2008.

MURPHY, Daniel et al. Parallel Proceedings and the Guiding Hand of Comity, **International Litigation**, The International Lawyer, n. 2, v. 34, p. 545-53, verão de 2000.

MUSTILL, Michael; BOYD, Steward. **Law and Practice of Commercial Arbitration in England**. 2. ed. Londres : Butterworths Law, 1989.

NAKAMURA, Tatsuya. Parallel proceedings before an arbitral tribunal and a national court from the perspective of the UNCITRAL Model Law, **Mealey's International Arbitration Report**, n. 7, v. 19, p. 23-9, jul. 2004.

NANNI, Giovanni Ettore. **Direito civil e arbitragem**. São Paulo: Atlas, 2014.

NERY JÚNIOR, Nelson; NERY, Rosa Maria de Andrade. **Código de processo civil comentado e legislação extravagante**. 8. ed. rev. e atual. São Paulo: RT, 2004.

NEVES, Celso. **Notas a propósito da conexão de causas**. n. 36. São Paulo: Repro, p. 34-42, 1984.

NUNES, Thiago Marinho. **Arbitragem e prescrição**. São Paulo: Atlas, 2014.

_____. Instituição da Arbitragem. In: SILVA, Eduardo Silva e; GUERRERO, L. Fernando; NUNES, Thiago Marinho. **Regras da arbitragem brasileira**. São Paulo: PONS/CAM-CCBC, 2015.

_____. Arbitragem e Demandas Paralelas: a Visão do Árbitro. In: CARMONA, Carlos Alberto; LEMES, Selma Ferreira; MARTINS, Pedro Batista (Coord.). **20 anos da Lei de Arbitragem: homenagem a Petrônio R. Muniz**. São Paulo: Atlas, 2017.

NUNES PINTO, José Emílio. A confidencialidade na arbitragem. **Revista de Arbitragem e Mediação**. vol. 6. p. 25. São Paulo: Ed. RT, 2005.

OETIKER, Christian. The Principle of Lis Pendens in International Arbitration: the Swiss decision, **Fomento v. Colon. International Arbitration**, n. 2, v. 18, p. 137-46, 2002.

OLIVEIRA, Bruno Silveira de. **De volta à conexidade entre demandas**: com especulações sobre o tema no futuro código de processo civil, 2014. Disponível em: <http://pensodireito.com.br/03/index.php/component/k2/item/121-de-volta-à-conexidade-entre-demandas-com-especulações-sobre--o-tema-no-futuro-código-de-processo-civil>. Acesso em: 11 abr. 2015.

OLIVEIRA, Marcelo Henrique Matos. Litispendência e conexão no processo coletivo brasileiro, **Revista da Faculdade de Direito de Uberlândia**, Uberlândia, v. 41-1, p. 109-32, 2013.

Oliveira Neto, Olavo. **Conexão por prejudicialidade**. São Paulo: RT, 1994.

Oppetit, Bruno. Justice étatique et justice arbitrale, Études offertes à Pierre Bellet. Paris: Litec, 1991.

Oppetit, Bruno. Justice étatique et justice arbitrale, Études offertes à Pierre Bellet. Paris: Litec, 1991. Versão em português elaborada por Valença Filho, Clávio; Lemos, Bruno. Justiça Estatal e Justiça Arbitral. Clássicos da Arbitragem. **Revista Brasileira de Arbitragem**, São Paulo, n. 25, 2010, p. 193.

_____. **Théorie de l'arbitrage**. Paris: PUF, 1998.

_____. **Droit et Modernité**. Paris: PUF, 1998

Orücü, Esin; e Nelken, David. **Comparative Law**. Portland: Hart, 2007.

Parceria Institucional Acadêmico-Científica da Escola de Direito de São Paulo da Fundação Getúlio Vargas (Direito GV) e do Comitê Brasileiro de Arbitragem (CBAr). **Ação de execução específica da cláusula compromissória ("Ação do art. 7º")**, 2009.

Pair, Laura Michaela. **Consolidation in International Commercial Arbitration** – The ICC and Swiss Rules. 2011. Tese (Doutorado em Filosofia do Direito) – School of Management, Economics, Law, Social Sciences and International Affairs, University of St. Gallen, St. Gallen, 2011.

Pair, P. Frankenstein L.M. The New ICC Rule on Consolidation: Progress or Change?, **Emory International Law Review**, Atlanta, v. 25, 2011.

Parente, Eduardo de Albuquerque. **Processo arbitral e sistema**. São Paulo: Atlas, 2012.

Park, William. Non-Signatories and International Contracts: An Arbitrator's Dilemma. **Multiple Parties in International Arbitration**, Oxford, 2009. Disponível em: <http://www.arbitration-icca.org/media/0/12571271340940/park_joining_non-signatories.pdf>. Acesso em: 10 de junho de 2015.

_____. Procedural Evolution in Business Arbitration – Three Studies in Change. In: Park, William W. **Arbitration of International Business Disputes**: Studies in Law and Practice. Oxford: Oxford University Press, 2006.

_____. Rectitude in International Arbitration. In: Bekker, Pieter H. F.; Dolzer, Rudolf; Waibel, Michael. **Making Transnational Law Work in the Global Economy**: Essays in Honour of Detlev Vagts. Cambridge: Cambridge University Press, 2010.

_____. The Lex Loci Arbitri and International Commercial Arbitration, **The International and Comparative Law Quarterly**, Cambridge, v. 32, n. 1, p. 21-53, jan. 1983.

Paulsson, Jan. Delocalisation of International Commercial Arbitration: When and Why It Matters, **The International and Comparative Law Quarterly**, v. 32, n.1, p. 53-61, 1989.

Pecoraro, Eduardo. Arbitragem nos contratos de construção". In: Silva, Leonardo Toledo da. **Direito e infraestrutura**. São Paulo: Saraiva, 2012, p. 231-56.

Pereira, Luiz Cezar Ramos. A litispendência internacional no direito brasileiro. **Revista dos Tribunais**, São Paulo, v. 84, n. 711, p. 27-37, jan. 1995.

Perret, François. Parallel Actions Pending Before an Arbitral Tribunal and a State Court: The Solution Under Swiss Law, **Journal of International Arbitration**, v. 16, n. 3, p. 333-42, 2000.

Pescatore, Matteo. **Sposizione compendiosa della procedura civile e criminale** (nelle somme sue ragioni e nel suo ordine naturale, con appendici di complemento sui temi principali di tutto il diritto giudiziario). v. 1, Turim: Unione Tipografico, 1864.

Pontes de Miranda, Francisco Cavalcanti. **Tratado de direito privado**. t. XXXVIII, 3. ed., 2. reimp. São Paulo: RT, 1984.

Poudret, Jean-François; Besson, Sébastien. **Comparative Law of International Arbitration**. Londres: Sweet & Maxwell, 2007.

Prodi, Paolo. **Uma história da justiça**. São Paulo: Martins Fontes, 2005.

Punzi, Carmine. **Disegno sistematico dell'arbitrato**. 2. ed. Milão: CEDAM, 2012.

Rau, Alan Scott. Disputes with Non-Signatories and "Consent" to Arbitral Jurisdiction. In: Sheppard, Ben H. Jr.; Hube, Stephen K. **AAA Yearbook on Arbitration and the Law**. 24. ed., JurisNet, LLC, 2012.

_____. **"Gap Filling" by Arbitrators**. In: Berg, Albert Jan van den (Ed). **Legitimacy**: Myths, Realities, Challenges. ICCA Congress Series, v. 18, Kluwer Law International, p. 935-1005, 2015.

Rau, Alan Scott; Sherman, Edward F. Tradition and Innovation in International Arbitration Procedure, **The Texas International Law Journal**, n. 30, 1995.

Redfern, Alan; Hunter, Martin; Blackaby, Nigel; Partasides, Nigel. **Redfern and hunter on international arbitration**. Oxford: Oxford University Press, 2009.

Reichert, D. Conséquences de l'annulation d'une sentence prononcée à l'etrnger – cass. Civ. Ire, 10 jun. 1997: Société Omnium de traitement et de valorisatin c/ société Hilmarton. **Petites affiches**, n. 133, 6 nov. 1998.

Reimann, Mathias; Zimmermann, Reinhard (Eds.). **The Oxford Handbook of Comparative Law**. Oxford: Oxford University Press, 2006.

Reisman, Michael. **Systems of Control in International Adjudication and Arbitration**. Breakdown and repair. Durban; Londres: Duke University Press, 1992.

Rocha, Caio Cesar Vieira. Conflito Positivo de Competência entre Árbitro e Magistrado. **Revista de Arbitragem e Mediação**, vol. 34/2012, p. 263-286, Jul-Set/2012.

Rodas, Rodrigo Otavio. **Elementos estruturantes para o estudo da reunião de causas por conexão no processo civil**. 2009. Monografia – Faculdade de Direito, Universidade Federal do Paraná, Curitiba, 2009.

Roppo, Vincenzo. **Il contratto**. 2. ed. Milão: Giuffrè, 2011.

Rumora-Scheltema, Barbara; Hoebeke, Bo Ra. **The New Dutch Arbitration Act 2015**, ArbitralWomen, 25 fev. 2015, p. 2. Disponível em: <http://kluwerarbitrationblog.com/blog/2015/02/25/the-new-dutch-arbitration-act-2015>. Acesso em: 9 de novembro de 2015.

Salles, Carlos Alberto de. **Processo civil e interesse público**: o processo como instrumento de defesa social. São Paulo: RT, 2003.

_____. Processo: procedimento dotado de normatividade – uma proposta de unificação conceitual. In: Zufelato, Camilo; Yarshell, Flávio Luiz (Org.) **40 anos da teoria geral do processo**: passado, presente e futuro. São Paulo: Malheiros, 2014.

_____. Mecanismos alternativos de solução de controvérsias e acesso à justiça: a inafastabilidade da tutela jurisdicional recolocada. In: Fux, Luiz; Wambier, Teresa; Nery, Nelson (Org.). **Processo e constituição**: estudos em homenagem ao professor Jose Carlos Barbosa Moreira. São Paulo: Revista dos Tribunais, 2006.

_____. **Arbitragem em contratos administrativos**. Rio de Janeiro: Forense; São Paulo: Método, 2011.

_____. Gabbay, D. M.; Silva, E. B.; Tartuce, F.; Guerrero, L. F.; Lorencini, M. A. A experiência do núcleo de estudos de meios de solução de conflitos (NEMESC). **Revista Direito GV**, v. 6, p. 64-94, 2010.

_____. Araujo, N.; Almeida, R. R. Cooperação interjurisdicional no Mercosul – cartas rogatórias, homologação de sentença estrangeira e laudos arbitrais e informações do direito estrangeiro. In: Basso, Maristela. (Org.). **Mercosul**: seus efeitos jurídicos, econômicos e políticos nos estados-membros. 1. ed. Porto Alegre: Livraria do Advogado, 1995, p. 339-69.

_____. A tutela jurisdicional do espaço urbano: técnica e estratégia processual. In: Freitas, José Carlos de (Org.). **Temas de direito urbanístico**. São Paulo: Imprensa Oficial do Estado, Ministério Público do Estado de São Paulo, 2001.

Salles, Marcos Paulo de Almeida. Da coisa julgada na arbitragem. **Revista do Advogado**, São Paulo, n. 51, p. 6-64, out. 1997.

Santos, Moacyr Amaral. **Prova judiciária no cível e comercial**. 2. ed. São Paulo: Max Limonad, 1952.

_____. Primeiras linhas de direito processual civil. v. I, n. 210.

SAVIGNY, Friedrich Carl von. **Sistema do direito romano atual**. v. VIII. Trad. Ciro Mioranza. Ijuí: Unijui, 2004.

SCHWAB, Karl H. **El objeto litigioso en el processo civil**. Buenos Aires: Ediciones Jurídicas Europa-America, 1968.

SERAGLINIE, Christophe; Ortscheidt, Jérôme. **Droit de l'arbitrage interne et international**. Paris: Montchrestien, 2013.

SICA, Heitor Vitor Mendonça. Velhos e novos institutos fundamentais do direito processual civil. In: ZUFELATO, Camilo; YARSHELL, Flávio Luiz (Org.) **40 anos da teoria geral do processo**: passado, presente e futuro. São Paulo: Malheiros, 2014.

SHAVELL, Steven. Basic Theory of Litigation. In: DIDIER JR., Fredie; JORDÃO, Eduardo Ferreira. **Teoria do processo**: panorama doutrinário mundial. Salvador: Podivm, 2008.

SHEPARD, Audley. Res judicata and Estoppel. In: CREMADES, Bernardo M.; LEW, Julian D. M. (Coords.). **Parallel State and Arbitral Procedures in International Arbitration**. Dossiers ICC Institute of World Business Law. ICC Publication, p. 219-42, 2005 SILVA, Edward Carlyle. **Conexão de causas**. São Paulo: RT, 2006.

SILVA, João Marçal Rodrigues Martins da. **A extensão dos efeitos da cláusula de arbitragem para partes não signatárias**. 2010. (Monografia) – Faculdade de Direito, Pontifícia Universidade Católica do Rio de Janeiro, Rio de Janeiro, 2010.

SMIT, Hans. A-national arbitration, **Tulane Law Review**, n. 63, p. 629-45, 1988-89.

SPIEGELMAN, Paul. J. Civil Procedure and Alternative Dispute Resolution: The Lawyer's Role and the Opportunity for Change, **Journal of Legal Education**, v. 26, 1987.

SODERLUND, Christer. Lis Pendens, Res Judicata and the Issue of Parallel Judicial Proceedings, **Journal of International Arbitration**, v. 22, n. 4, p. 301-22, 2005.

STRAUBE, Frederico José. Uma breve análise do novo Regulamento do CAM/ /CCBC. **Revista de Arbitragem e Mediação**, vol. 32/2012, p. 227-248, Jan--Mar/2012.

STRENGER, Irineu. **Arbitragem Comercial e Internacional**. São Paulo: LTr, 1996.

STEINGRUBER, Andrea Marco. **Consent in International Arbitration**. Oxford: Oxford University Press, 2011.

STRONG, S.I. Third Party Intervention and Joinder as of Right in International Arbitration: An Infringement of Individual Contract Rights or a Proper Equitable Measure?, **Vand. J. Transnational Litigation**, v. 31, p. 937, 1998.

Symeonides, Symeon C. Isue-by-Issue Analysis and Dépeçage in Choice of Law: Cause and Effect, **The University of Toledo Law Review**, v. 45, 2001.

Tarzia, Giuseppe. Il litisconsorzio facoltativo nel processo di primo grado. Milão: Giuffrè, 1972.

Talamini, Eduardo. Prova emprestada no processo civil e penal. **Revista de Processo**, v. 91, p. 92, jul. 1998.

Teitz, Louise Ellen. Developments in Parallel Proceedings: The Globalization of Procedural Responses. **The International Lawyer**, v. 37, p. 303-14, verão de 2004.

Theodoro Jr., Humberto. Arbitragem e terceiros: litisconsórcio fora do pacto arbitral – outras intervenções de terceiros. In: Martins, Pedro Antônio Batista; Garcez, José Maria Rossani (Org.). **Reflexões sobre Arbitragem**: in memoriam do desembargador Cláudio Vianna de Lima. São Paulo: LTr, 2002, p. 227-60.

_____. **Curso de direito processual civil**. 37. ed., v.1. Rio de Janeiro: Forense, 2001.

Teubner, Gunther. **Direito, sistema e policontextualidade**. Trad. Rodrigo Octávio Broglia Mendes. Piracicaba: Unimep, 2005.

Tucci, José Rogério Cruz e. Ações concorrentes, arbitragem, conexão e chamamento ao processo. **Revista do Advogado**, São Paulo, v. 33, p. 58-67, 2013.

_____. Arbitragem: garantias constitucionais do processo e eficácia da sentença arbitral. **Revista Magister de Direito Civil e Processual Civil**, v. 26, p. 43-46, 2008.

_____. Garantias constitucionais do processo em relação aos terceiros, **Revista do Advogado**, São Paulo, v. 99, p. 62-79, 2008.

_____. **A causa petendi no processo civil**. São Paulo: Revista dos Tribunais, 2001.

Twining, William. Globalization and Comparative Law. In: Orücü, Esin; Nelken, David. **Comparative Law**. Portland: Hart, 2007.

Vilhena, Paulo Emílio Ribeiro de. O pressuposto, o requisite e a condição na teoria geral do direito e no direito público, **Revista de Informação Legislativa**, Brasília: Senado Federal, p. 116. Disponível em: <http://www2.senado.leg.br/bdsf/bitstream/handle/id/180797/000349622.pdf?sequence=1>. Acesso em: 31 mar. 2015.

Visconte, Debora. **A jurisdição dos árbitros e seus efeitos**. 2009. Dissertação (Mestrado em Direito Internacional) – Faculdade de Direito, Universidade de São Paulo, São Paulo, 2009.

Waincymer, Jeff. Complex Arbitration, **Procedure and Evidence in International Arbitration**, parte II: The Process of an Arbitration, Kluwer Law International, p. 495-608, 2012.

Wald, Arnold. **Competência do STJ para dirimir conflito entre juiz e árbitro**. Conjur, ago. 2012. Disponível em: Acesso em: 10 maio de 2014.
Waldron, Jonathan R. **Resolving a Split**: May Courts Order Consolidation of Arbitration Proceedings Absent Agreement by the Parties, 2005. Disponível em: <http://scholarship.law.missouri.edu/jdr/vol2005/iss1/12>. Acesso em: 9 de abril de 2014.
Wambier, Luiz Rodrigues. **Curso avançado de processo civil**. São Paulo: RT, 2002.
Wambier, Luiz Rodrigues; Talamini, Eduardo. **Curso avançado de processo civil**: teoria geral do processo e processo do conhecimento. 11. ed. São Paulo: RT, 2010.
Watanabe, Kazuo. Demandas coletivas e os problemas da práxis forense. **Revista de Processo**, São Paulo, n. 67, jul.-set. 1992.
Weber, Max. **Economia e sociedade**. Trad. Gabriel Cohn. v. 2. Brasília: UnB, 2000.
Webster, Thomas H.; Buhler, Michael. **Handbook of ICC Arbitration**: Commentary, Precedents, Materials. Londres: Sweet & Maxwell, 2014.
Whitesell, Anne Marie; Silva-Romero, Eduardo. Multiparty and Multicontract Arbitration: Recent ICC Experience. **ICC Special Supplement**, Complex Arbitration, p. 7-18, 2003.
Wolfram, Charles W. Sneaking Around in the Legal Profession: Interjurisdictional Unauthorized Practice by Transactional Lawyers, **South Texas Law Review**, v. 36, p. 655, 1995. Disponível em: <http://scholarship.law.cornell.edu/cgi/viewcontent.cgi?article=1901&context=facpub>. Acesso em: 5 de julho de 2013.
Woollett, Mary; Sasson, Monique. Multi-party Arbitration, **Multi-party Arbitration Report**, Estolcomo, **Stockholm Arbitration Report (SAR)**, 2002.
Yarshell, Flávio Luiz. **Tutela jurisdicional**. São Paulo: Atlas, 1999.
Youssef, Karim. The Limits of Consent: the Right or Obligation to Arbitrate of Non-Signatories in Group of Companies. B. Hanotiau & E. Schwartz (Eds.), **Multiparty Arbitration, Dossier VII**, ICC Institute of World Business Law, ICC Publication, n. 701, set. 2010.
Zamir, Eyal. The Inverted Hierarchy of Contract Interpretation and Supplementation, **Columbia Law Review**, Nova York, p. 97, 1997.

ÍNDICE

Apresentação	7
Prefácio – A Obra e a Arbitragem no Brasil	11
Prefácio	15
Agradecimentos	17
Abreviações	23
Sumário	25
INTRODUÇÃO	31

PRIMEIRA PARTE — 59

CAPÍTULO 1. O QUE É A CONEXÃO E O QUE É A CONSOLIDAÇÃO DE PROCESSOS ARBITRAIS CONEXOS?	61
CAPÍTULO 2. POR QUE CONSOLIDAR PROCESSOS ARBITRAIS CONEXOS? FINALIDADE, VANTAGENS E DESVANTAGENS	93
CAPÍTULO 3. CONSENTIMENTO DAS PARTES COMO FONTE DE LEGITIMAÇÃO PARA DECIDIR NA ARBITRAGEM – PRIMEIRO CRITÉRIO	119
CAPÍTULO 4. DEMAIS CRITÉRIOS PARA QUE SEJA DETERMINADA A CONSOLIDAÇÃO DE PROCESSOS ARBITRAIS RELACIONADOS	163

CAPÍTULO 5. ARBITRAGENS MULTIPARTES E ARBITRAGENS
MULTICONTRATUAIS   181

SEGUNDA PARTE   207

CAPÍTULO 6. AUTORIDADE E COMPETÊNCIA PARA DECIDIR
SOBRE QUESTÕES DE CONEXIDADE – UMA PERSPECTIVA
DE DIREITO COMPARADO   209

CAPÍTULO 7. O DIREITO BRASILEIRO E A CONSOLIDAÇÃO
DE DEMANDAS ARBITRAIS RELACIONADAS   261

CAPÍTULO 8. TÉCNICAS DE CONSOLIDAÇÃO DE DEMANDAS
ARBITRAIS CONEXAS   297

CONCLUSÃO   323

REFERÊNCIAS   329